江蘇省哲學社會科學『中國古典文獻學』創新團隊項目
江蘇高校優勢學科建設工程資助項目（PAPD）
南京大學中國文學與東亞文明協同創新中心資助項目
南京大學『世界一流大學和一流學科建設』出版資助項目

古典目録學研究叢書

主編　張宗友

未名齋古典目録學考論

武秀成　著

鳳凰出版社

圖書在版編目（ＣＩＰ）數據

未名齋古典目録學考論 / 武秀成著. -- 南京 : 鳳凰出版社, 2023.12
（古典目録學研究叢書 / 張宗友主編）
ISBN 978-7-5506-4096-2

Ⅰ. ①未… Ⅱ. ①武… Ⅲ. ①目録學－中國－古代－文集 Ⅳ. ①G257-53

中國國家版本館CIP數據核字(2024)第021826號

書　　名　未名齋古典目録學考論
著　　者　武秀成
責任編輯　李相東
特約編輯　張淑婧
裝幀設計　陳貴子
責任監製　程明嬌
出版發行　鳳凰出版社(原江蘇古籍出版社)
　　　　　發行部電話025-83223462
出版社地址　江蘇省南京市中央路165號,郵編:210009
照　　排　南京凱建文化發展有限公司
印　　刷　徐州緒權印刷有限公司
　　　　　江蘇省徐州市高新技術産業開發區第三工業園經緯路16號
開　　本　880毫米×1230毫米　1/32
印　　張　13.75
字　　數　284千字
版　　次　2023年12月第1版
印　　次　2023年12月第1次印刷
標準書號　ISBN 978-7-5506-4096-2
定　　價　108.00圓
(本書凡印裝錯誤可向承印廠調换,電話:0516-83897699)

叢書緣起

先秦學術，掌於王官，司理典籍，當有目録，官法治要，學問存焉。故目録之學，所起甚遠，《詩》《書》之序，稱名喻類，標揭指趣，即其萌芽。迨至向、歆父子，領校群籍，撰成《别録》《七略》，分爲六略三十八種，小序作述群書源流，書録撮舉各著大旨，體例云備，斯學告成。自兹以降，類略有四分、七分、十二分之别，而經、史、子、集四部奠定於中古；解題則由叙録而傳録、輯録，乃至題跋記、藏書志，諸體大盛於清代。言其類别，或分官簿、史志、私目，鼎足而三；或曰綜合、專科、特種，畛域分明。撰者繼起，信校讎之總匯；代有佳構，實學術之淵棷。

昔阮士宗創『簿録』之部，隸次群目；鄭漁仲設『校讎』一略，縱論得失。晁氏書志，收藏家用求崖略；直齋解題，治學者藉覈异同。王應麟匯集藝文，考證《漢志》；馬端臨通録經籍，裁取衆説。精研流别，濬生堂首倡『通』『互』；遠承儉《志》，紅雨樓以傳述學。遵王敏求，究圖書之遞藏，辨别尤精；竹垞博綜，考經學之統緒，條析甚明。天禄琳琅，載板本之承傳；《總目》欽定，集目録之大成。讎校佞宋，題識盛於蕘圃；考索書目，佚籍備於山房。若實齋通義，深明道術精微；而文史考鏡，最重學術源流。西莊商榷乙部，揭橥讀書之門徑；文襄作育人材，推美治學之良師。任公西學，納諸史表；太炎好古，徵彼闕文。孫德謙由委溯源，舉例纂微；陳援庵沿波挹流，四庫探勝。開示方法，汪辟疆講論於南雍；燭照幽微，余嘉錫授學於京師。治者日衆，成果益豐。姚名達撰就學史，規模甚至；項士元通考簿録，多聞守約。或廣校讎，勒爲專著；或抒己見，單篇別行。千帆競秀，騰蛟起鳳；學脉承紹，踵美繼興。

方今東西會同，學術昌明，斯編蔚起，欣逢其盛。守正出新，冀發未盡之覆；薈粹群言，庶臻益進之境。大雅君子，幸屬意焉。

金寨張宗友，壬寅冬寫於南大啓園

目次

前言

目録之學，源遠流長。西漢劉向、劉歆父子，校理朝廷藏書，分撰《别録》《七略》，爲後世目録立法。東漢班固，『删取其要』〔一〕，編爲《漢志》，堪爲史志楷則。書目之作，發軔伊始，即至高峰。然魏晋以降，各家官修目録，似乎未得劉氏真諦。西晋荀勖，整理官藏，編撰《晋中經簿》，雖有十四卷之多，但祇著録書中篇名，加以『盛以縹囊，書用緗素』等裝幀説明，對於『作者之意』，則『無所論辯』〔二〕；東晋李充，撰《晋元帝書目》，其著録圖書更無叙録文字，『但以甲乙爲次』而已〔三〕。其後官簿，如《宋元嘉八年秘閣四部目録》《宋元徽元年秘閣四部書目録》《齊永明元年秘閣四部目録》《梁天監六年四部書目録》《梁文

〔一〕班固《漢書》卷三〇《藝文志序》，中華書局，一九六二年，第一七〇一頁。按：《漢志序》原文作『今删其要』，筆者校訂脱『取』字，此據補（詳見本書《〈漢書·藝文志〉總序獻疑》第二五—三五頁）。

〔二〕魏徵等《隋書》卷三二《經籍志序》（修訂本），中華書局，二〇一九年，第一〇二六頁。

〔三〕魏徵等《隋書》卷三二《經籍志序》（修訂本），第一〇二六頁。

德殿四部目録》《陳德教殿四部目録》《開皇八年四部書目録》《隋大業正御書目録》等，皆爲簡目，劉氏解題之體[一]，蕩然無存。唐初修《五代史志》，其經籍一目，采阮氏《七録》，附注於志内[二]，此則開啓後世書目標注載籍亡闕之例，劉氏解題之意稍顯。至唐開元，藏書之盛遠邁前朝，元行冲等整飭排比，仿劉氏《别録》而撰《群書四部録》，至二百卷之巨。稍後毋煚又删《群書四部録》而成《古今書録》四十卷，改叙録之例爲傳録之體[三]。北宋王堯臣等『仿《開元四部録》爲《崇文總目》』六十六卷[四]，南宋《中興館閣書目》及其《續編》又繼之而起，書目解題之體至此興盛起來。不僅官書目録，宋代私家目録亦然；今之傳世者四家，其中晁公武、陳振孫、趙希弁三家皆爲解題目録。當然，這并非説解題目録占據了主流。在官書目録、史志目録與私家目録三大體系中，據學者梳理統計，明末以前官書目録有六十種，私

[一] 按：據《七略》佚文與《漢志》附注，知《七略》於書名之下，多有注釋文字，較後世簡目爲詳，可視爲簡略的解題目録。

[二] 按：唐太宗貞觀十五年（六四一）詔于志寧、李淳風等修《五代史志》，高宗顯慶元年（六五六）成書。初單行，後并入《隋書》，其《經籍志》即今《隋書・經籍志》。

[三] 按：『傳録體』指『書名之下，每立一傳』（《隋書・經籍志序》）的目録體制，可以劉宋王儉《七志》爲代表。《古今書録》今亡，但《舊唐書・經籍志》全據《古今書録》删削而成，所删者衹有『釋道目』和『小序及注撰人姓氏』的文字（《舊唐志序》），『注撰人姓氏』即爲撰人作注，故推知《古今書録》當爲傳録體。後世元鍾嗣成《録鬼簿》、明徐𤊹《紅雨樓書目》、清黄虞稷《千頃堂書目》亦可歸入此類。

[四] 王應麟《玉海》（合璧本）卷五二《藝文》『淳化秘閣群書』條引《兩朝藝文志》，京都：中文出版社，一九七七年，第一〇四〇頁。

家目録七十七種，史家目録十四種，共一百五十一種〔一〕；有清一代，目録之學臻於鼎盛，各類書目合計多達上千種〔二〕。就其目録體制而言，在解題目録與簡目兩大基本類型中，歷代書目主要爲賬簿式的簡目，解題目録爲數不多，在清代中期以前更是屈指可數。乾嘉考據勃興，學風篤實，目録之學大爲昌明，而最能『辨章學術，考鏡源流』〔三〕的解題目録隨之如春木向榮，層出不窮。要之，此一時期代表版本鑒賞一派的有于敏中等人的《天禄琳琅書目》，黄丕烈的《百宋一廛書録》；代表讀書治學一派的有紀昀等人的《四庫全書總目》，周中孚的《鄭堂讀書記》；代表藏書校讎一派的有吴壽暘的《拜經樓藏書題跋記》，張金吾的《愛日精廬藏書志》；代表考訂著述一派的有吴騫的《海寧經籍備考》，邢澍的《關右經籍考》等。它們確定了後世解題目録發展的基本範式。

若就書目之性質而言，則有藏書目録、圖書總目與著述目録之别，而以藏書目録爲基本形態：或記朝廷之藏書，如魏鄭默《中經》；或記個人之收藏，如唐吴兢《西齋書目》；或記官署之藏書，如宋代

〔一〕此據汪辟疆《目録學研究》之《漢唐以來目録統表》（華東師範大學出版社，二〇〇〇年，第六六—九一頁）。

〔二〕據侯印國博士初步考察，清代私家書目（包括部分民國書目）即達千種（詳見侯印國《清代稀見私家藏書目録研究・緒論》，南京大學出版社，二〇二〇年，第二、三頁）。

〔三〕章學誠《校讎通義》卷首《自序》，王重民《校讎通義通解》，上海古籍出版社，一九八七年，第一頁。

《國子監書目》〔一〕、明代《都察院書目》〔二〕；或記一代之藏書，如梁阮孝緒《七録》〔三〕。上述官書目録與私家目録幾乎皆屬此類，據官書目録而成的史志目録亦屬此類，如《漢志》《隋志》《舊唐志》與《宋志》〔四〕。圖書總目，則以反映圖書總量與全貌爲中心，不論古今，不計存亡。此類書目後出，當以宋鄭樵《通志·藝文略》爲代表，明焦竑《國史經籍志》亦當歸於此類〔五〕。著述目録，乃一反書目編製之常例，而以前人著作爲著録範圍，旨在反映一代或一地學術之面貌。此則可以明清時期的史志目録爲代表，如《明史·藝文志》《清史稿·藝文志》，《明志》所出之清黄虞稷《千頃堂書目》自然也屬於此類〔六〕。

〔一〕脱脱等《宋史》卷二〇四《藝文志三》，中華書局，一九八五年，第五一四七頁。

〔二〕黄虞稷《千頃堂書目》卷一〇《簿録類》，上海古籍出版社，二〇〇一年，第二九四頁。

〔三〕阮孝緒《七録序》云：『凡自宋齊已來，王公搢紳之館，苟能蓄聚墳籍，必思致其名簿。凡在所遇，若見若聞，校之官目，多所遺漏，遂總集衆家，更爲新録。』（唐釋道宣編《廣弘明集》卷三，《四部叢刊初編》景明汪道昆刻本，上海書店，一九八九年，第九頁下）可知《七録》著録之書包括宋、齊、梁三朝公私藏書。

〔四〕按：《宋史·藝文志》雖然是據《三朝國史藝文志》《兩朝國史藝文志》《四朝國史藝文志》及《中興四朝國史藝文志》而成，但四種《國史藝文志》都是據各種官書目録編撰的，故《宋志》實質上仍出於官書目録。

〔五〕焦竑《國史經籍志序》云：『今之所録，亦準勖例，以當代見存之書，統於四部，而御製諸書則冠其首焉。』（《明代書目題跋叢刊》本，書目文獻出版社，一九九四年，第二一七頁）此乃虚飾之言，不可信。《四庫全書總目·〈國史經籍志〉提要》稱其『叢鈔舊目』而成（中華書局，一九六五年，第七四四頁），甚是。

〔六〕學界主流認爲黄虞稷《千頃堂書目》是黄氏《明史藝文志稿》的初稿，但井上進（日本）、李言及李鶴麗先後考定：《千頃堂書目》乃杭世駿據黄氏《明史藝文志稿》改名增補而成。不論二説之是非，舊題萬斯同《明史·藝文志》從黄氏《志稿》出，王鴻緒《明史稿·藝文志》從《萬志》出，欽定《明史·藝文志》從《王志》出，因此可以説，實質上欽定《明史·藝文志》就是從《千頃堂書目》出。

著述目録一體雖然晚出，但推原所始，亦可追溯至北周宋孝王《關東風俗傳》之《墳籍志》〔一〕。惜其書早佚，後人無緣見之，故此體創始之功還當歸於歐陽脩〔二〕《新唐書・藝文志》。《新唐志》以《舊唐志》爲藍本而修撰。《舊唐志》繼承的是《漢書・藝文志》采録《七略》，《隋書・經籍志》采用《隋大業正御書目録》的方法〔三〕，完全以毋煚的《古今書録》爲底本删削而成，因此《舊唐志》實質上與《古今書録》一樣，反映的是唐朝開元時期國家的藏書目録。《新唐志》沿襲《舊唐志》〔四〕的部分被歐公稱爲『著録』，自然屬於記藏書的性質，但力圖反映唐代文獻全貌的歐公對《舊唐志》著録止於開元的缺陷自然不滿，而補足唐代

〔一〕劉知幾《史通》卷三《内篇・書志第八》論『藝文志』云：『近者，宋孝王《關東風俗傳》亦有《墳籍志》。其所録皆鄴下文儒之士，讎校之司，所列書名，唯取當時撰者。』（《四部叢刊初編》景明萬曆張鼎思刻本，第六頁上）是此《墳籍志》已帶有著述目録之性質。

〔二〕按：歐陽脩之名，今人一般寫作『歐陽修』，但《歐陽文忠公集》（南宋周必大刻本、《四部叢刊》景元刻本）所載歐公書信、序跋等題署一律寫作『歐陽脩』，所附《四朝國史本傳》及元刻本《宋史》本傳亦作『歐陽脩』。又歐陽脩傳世書帖《灼艾帖》《局事帖》《與元珍帖》及《致端明侍讀留臺執事尺牘》之落款及文中自稱均作『脩』，其《新唐書》《五代史記》之宋元舊本於撰人題署亦皆寫作『歐陽脩』。雖然歐公《集古録》所鈐印章皆作『歐陽修』（《歐陽文忠公集》卷一一二《奏議十六》卷尾周必大跋），但歐公之名其本人及宋人慣用『脩』字無疑，今從其舊，一律寫作『歐陽脩』（參見日人小林義廣《『歐陽修』還是『歐陽脩』？》，《東海史學》第三十一號，日本東海大學史學會，一九九七年）。

〔三〕按：《隋書・經籍志》的編撰還根據貞觀時朝廷的實際藏書進行了核查、增補（參見張固也《〈隋書・經籍志〉所據『舊録』新探》，載張固也《古典目録學研究》，華中師範大學出版社，二〇一四年，第九六—九八頁）。

〔四〕《新唐書・藝文志》『著録』部分較《舊唐書・經籍志》多出數百種兩千餘卷，當是同時采用了唐朝開元天寶間成書的韋述《集賢書目》（詳見本書《〈新唐書・藝文志〉『著録』探源》，第一三七—一六五頁）。《新唐志》的編撰同時還參考了《舊唐志》的史源文獻《古今書録》。

中後期的文獻又没有唐代的官家藏書目録作爲藍本，於是更弦易轍，考據史傳，對於唐人著作，不論存佚，皆録以備覽。這部分歐公稱之爲『不著録』，附之於各類『著録』之後，二者性質迥然不同。《新唐志》『不著録』部分改史志紀藏書爲紀著述的這個創舉，對後世書目的發展産生了深遠的影響。最早受其影響的當是方志之藝文志。宋元方志傳於今者不過四十餘種，設有《文籍志》或《書籍》門類者僅數種，但其性質與正史藝文志不同，不屬於地方著作目録，而是地方詩文彙存，如同總集一類。祇有南宋高似孫《剡録》卷五中的《書》門，著録剡地學人或與剡地有關人物的著作四十二種，屬於著述目録的性質，可視爲現存最早的方志藝文志的雛形。至朱明一代，方志之藝文類始有變總集爲目録者。弘治十六年（一五〇三）成書的《温州府志》，卷一九至卷二二爲《詞翰》，如一般舊志之《藝文》，專録與郡邑相關之詩文，但該志又在卷一八設立《書目》一門，此《書目》門與南宋章如愚《群書考索》前集卷一九之《書目》門大不一樣〔一〕。章氏《書目》門可視爲書目之目録，即對漢唐幾種重要書目進行摘要介紹，與著述目録無關，也與郡邑無關，而《温州府志》之《書目》專録『吾鄉諸儒之書』，且不論『其存其亡，其顯其晦』〔二〕，凡收録郡人經史子集各類著作數百種。其著録體例，於書名、卷數、著者之外，又屢見作序者，并偶有涉及版刻、解題者，體例

〔一〕章如愚《群書考索》，書目文獻出版社，一九九二年，第一三三—一三五頁。

〔二〕鄧淮修，王瓚、蔡芳纂《（弘治）温州府志》，《天一閣藏明代方志選刊續編》影印明弘治刻本，上海書店，一九九〇年，第三二册，第八二九頁。

雖有駁雜之嫌，却能較一般的明代書目提供更多的文獻信息。此類性質之方志藝文志，萬曆以前不多見，萬曆之後漸爲興盛。如《（萬曆）温州府志》於卷一七《藝文志四》中設立《書目》類〔一〕，《（萬曆）淮安府志》於卷九設立目録體之《藝文志》〔二〕，《黔記》於卷一四設立《藝文志》，等等〔三〕。與此同時，獨立於方志之外的地方文獻目録也勃然興起。如萬曆年間李埈的《甬上著作考》〔四〕、祁承㸁《兩浙著作考》四十六卷〔五〕、姜準《東嘉書目考》〔六〕，稍後又有曹學佺的《蜀中著作記》十卷，等等〔七〕。此皆有别於一般地

〔一〕湯日昭修，王光藴等纂《（萬曆）温州府志》，明萬曆三十三年刻本。

〔二〕陳文燭修，郭大綸等纂《（萬曆）淮安府志》，《天一閣藏明代方志選刊續編》影印明萬曆元年刻本，第八册，第五五一頁。

〔三〕郭子章纂《黔記》卷一四，明萬曆刻本。

〔四〕錢維喬修，錢大昕纂《（乾隆）鄞縣志》卷二一載有此目（清乾隆五十三年刻本）。按：明初宋濂有《浦陽文藝録》八卷，雖然亡佚，但據王禕（董剛博士據宋濂《潛溪先生集》卷九《王子充字序》考其名作示旁誤，此據正〔詳見董剛《元末明初浙東士大夫群體研究》附録《關於王禕的名字》，浙江大學二〇〇四年博士論文，第一〇三頁〕）《王忠文公文集》卷五《浦陽文藝録叙》可知，此仍屬地方文章總集性質，而非地方文獻目録。嘉靖間楊慎編纂的《全蜀藝文志》六十四卷，也屬於同一性質。

〔五〕黄虞稷《千頃堂書目》卷一〇《簿録類》，上海古籍出版社，二〇〇一年，第二九四頁。

〔六〕周天錫《慎江文徵》卷三八，見孫詒讓《温州經籍志》卷首《叙例》、《籀廎述林》卷九《温州經籍志叙例》引。

〔七〕黄虞稷《千頃堂書目》卷一〇《簿録類》，第二九四頁。朱睦㮮《萬卷堂書目》卷二《書目類》尚著録有《福建書目》《東明書目》，當亦屬於此類。按：《福建書目》，《千頃堂書目》卷一〇《簿録類》、舊題萬斯同《明史》卷一三四《藝文志二》著録爲『一卷』，皆不著撰人。《（乾隆）福州府志》卷七二載：『羅泰《福建書目》二卷。』羅泰，福州閩縣人，明洪武、永樂間隱居教授，《（弘治）八閩通志》卷六二《人物志》有傳，疑非此人，或後世方志誤屬之。

志之藝文、經籍志，而成爲獨立的且能够完整反映一個地區古今學術全貌的專志，也成爲古代目録學著作中的一個重要門類。可惜這些明人撰寫的地方著述目録，除《蜀中著作記》外〔一〕，皆早已亡佚不傳。著述目録在清代得到了極大的發展。首先是各種正史的補志目録應運而生，就其性質而言，此皆屬於《新唐志》「不著録」之類。地方志中編有《藝文》一門者，無慮百十家，而地方藝文專志亦卓然可觀。其中較早繼承明人編撰地方著述目録傳統的學者是甘肅武都的邢澍。他在嘉慶初年任浙江長興知縣時撰成《全秦藝文録》八十卷，其後不久刊印時又改作了《關右經籍考》〔二〕。洪亮吉《全秦藝文録序》贊之云：「余讀之，嘆其搜羅之廣博，類例之嚴整。大致仿歷史藝文志等書，而參以近人朱檢討彝尊《經籍考》之例，分別門類，條舉遺佚。」邢氏《全秦藝文録》以其八十卷之巨制，奠定了有清一代地方文獻目録編撰的宏大格局。清人所撰地方文獻目録，不計亡佚，即今有傳本者就有三十餘種〔三〕，其中

〔一〕曹學佺《蜀中著作記》，爲其《蜀中廣記》之一種，今中國國家圖書館藏有明刻本。此書後又單行，但傳本不多，今僅見中山大學圖書館、上海圖書館分別藏有清抄本和民國劉氏遠碧樓抄本（見《中國古籍總目·史部·目録類》，中華書局、上海古籍出版社，二〇〇九年，第四九七五頁）。博學如孫詒讓，其撰《温州經籍志叙例》亦誤以爲其已「不傳」。

〔二〕邢澍《全秦藝文録》，又名《全秦藝文志》，嘉慶間刊印時改名《關右經籍考》。全書八十卷，著録甘肅學人著作，「始自三代，迄於有明」（洪亮吉撰，劉德權點校《洪亮吉集》第三册《更生齋文甲集》卷三《全秦藝文録序》，中華書局，二〇〇一年，第一〇〇五頁），而刊本及傳世抄本僅十一卷，著録止於隋，非全本。按：洪亮吉《更生齋文甲集》卷三《全秦藝文録序》云「（邢澍）脱稿後即郵以示余」，并三稱其名爲「全秦藝文録」，則其書稿正式名稱爲「録」不爲「志」亦可無疑。

〔三〕方志之藝文或經籍志別裁單行者除外，如《陝西經籍志》二卷，即爲沈青崖等《陝西通志》卷七四、七五《經籍志》改題之單行本。

孫詒讓《温州經籍志》，以其收録完備、體例謹嚴、考録精當而對後世影響尤巨。至此，地方藝文專志成了書目文獻的重要一類，也是著述目録之大宗。

古代書目如此發達，但古代書目之研究則大爲滯後。中國目録學史上有一個特别的現象，即獨立的書目，除佛經目録之外，唐代以前無有一種幸存下來。即以宋代書目而論，也僅有晁公武《郡齋讀書志》一種有完好的傳本。官修的南北宋解題目録《崇文總目》與《中興館閣書目》及《續編》原本都亡佚了，今傳《崇文總目》衹是一個删削後的一卷本簡目。尤袤《遂初堂書目》，今傳一卷本也是一個經過後人删削的本子。陳振孫《直齋書録解題》，則僅有一個殘缺過半的抄本存世，今通行本雖然較爲完好，但却是清人從《永樂大典》中抄録出來的一個輯本。《郡齋讀書志》得以完好地流傳下來，固然是晁氏弟子鏤版刊印了此書的原故，但諸多書目包括經典目録的失傳，并非都是没有雕版的結果。究其根本，還是因爲後人昧於向、歆父子的『校讎之義』〔一〕，而對目録之學的認知僅停留在便於檢閲的圖書管理層面，衹是視作一個書籍簿録而已。即如正史編撰『藝文志』，也似乎僅僅是『以表藝文之盛』的面子工程〔二〕。藏書散佚，則簿録檢視功能喪失，再無人爲之傳録；鼎革易代，無需藉表藝文之盛，更罕有人

〔一〕章學誠《校讎通義》卷首《自序》云：『校讎之義，蓋自劉向父子部次條别，將以辨章學術，考鏡源流。』（王重民《校讎通義通解》，上海古籍出版社，一九八七年，第一頁）

〔二〕劉昫等《舊唐書》卷四六《經籍志序》，中華書局，一九七五年，第一九六三頁。

爲之雕版。書目之亡，亦其必然之勢。

學術史上最先承繼劉氏校讎之旨而開目録研究先河者，是南宋初年的鄭樵。他在《通志總序》中説：『學術之苟且由源流之不分，書籍之散亡由編次之無紀。』〔一〕認爲『書之不明者，爲類例之不分也』〔二〕，『類例既分，學術自明』〔三〕。又説：『書籍之亡者，由類例之法不分也。類例分則百家九流各有條理，雖亡而不能亡也。』〔四〕因此特别强調：書目『編次必謹類例』，『編次必記亡書』〔五〕。鄭樵不僅有目録學理論研究的專著《校讎略》〔六〕，同時還進行了目録學的偉大實踐，即撰成了『紀百代之有無』〔七〕，『廣古今而無遺』〔八〕的古今圖書總目——《通志·藝文略》（《圖譜略》《金石略》性質略同），自此奠定了古代目録之學理論研究的基石。而宋末大儒王應麟，則以其獨特之價值判斷，對存世最早的目録學著

〔一〕鄭樵《通志二十略·通志總序》，中華書局，一九九五年，第八頁。
〔二〕鄭樵《通志二十略·校讎略·編次必謹類例論六篇》，第一八〇四頁。
〔三〕鄭樵《通志二十略·校讎略·編次必謹類例論六篇》，第一八〇六頁。
〔四〕鄭樵《通志二十略·校讎略·編次必謹類例論六篇》，第一八〇四頁。
〔五〕鄭樵《通志二十略·校讎略·編次必記亡書論三篇》，第一八〇六頁。
〔六〕按：鄭樵所謂『校讎』，棄其狹義之校勘，近似於今人之目録學（詳見姚名達《中國目録學史·叙論篇·目録學》，上海書店，一九八四年，第七頁）。
〔七〕鄭樵《通志二十略·校讎略·編次必謹類例論六篇》，第一八〇六頁。
〔八〕鄭樵《通志二十略·校讎略·編次必記亡書論三篇》，第一八〇七頁。

作《漢書·藝文志》進行了獨立的研究，其《漢藝文志考證》，捃摭舊文，疏證文義，補其闕載，訂其訛誤，考其亡佚，從此開啓了對目録學專書進行考證的新途。但學術的發展并非直綫，它必然受到時代政治、經濟、文化的影響，而專科學術的發展又受到整個學術態勢的制約。元明理學的一統獨尊，嚴重擠壓了目録學發展的空間，鄭、王二賢開闢的目録學研究的新途徑在元明兩朝幾乎成了絶響。隨着清初對元明理學的清算，對明代空疏學風的反動，以及在其他多種因素的作用下，樸學興起，考據漸行，目録研究重新受到關注。康熙時黄虞稷受聘入明史館，分撰《明史藝文志》，繼承前任尤侗《明史藝文志》之體例，改紀藏書性質的史志爲著述目録[二]，進而發展其體制，爲遼、金、元三史補志，又作《宋史藝文志補》。此爲目録學史上的一大創舉。在考據學風的加持下，清代很快形成了一個補史藝文志的熱潮。雍正時金門詔補撰遼金元《三史藝文志》，又擴展成《古今經籍志》。雍正時杭世駿重編《金史》，乾隆初厲鶚補注《遼史》，并爲之補撰《經籍志》。此後錢大昕《元史藝文志》、錢大昭《補續漢書藝文志》、侯康《補後漢書藝文志》《補三國藝文志》、顧懷三《補五代史藝文志》《補後漢書藝文志》等相繼問世。清末補志風氣更盛，而姚振宗成其大宗。在補史藝文志熱潮之外，目録學體制又另有突破。與黄虞稷同時代的朱彝尊，仿馬端臨《文獻通考·經籍考》輯録之體，廣蒐序跋、志乘、諸儒言論等與經義相關之

[二] 詳見李鶴麗《〈千頃堂書目〉係黄虞稷〈明史藝文志稿〉改竄本新考——兼論黄氏〈明志稿〉原本》（未刊稿）。

材料，通考漢以下歷代解説儒家經典之群籍，融考證於輯録體中，成三百卷『輯考體』專科目録巨著《經義考》。而在鄭、王開闢的兩條路徑上，也有令人矚目的成果。康熙時陳景雲注錢謙益《絳雲樓書目》，拉開了清人對私家藏書目録研究的序幕；章宗源所撰《隋書經籍志考證》（僅存史部），更成爲乾嘉時期目録學研究的代表性巨著。在考據學風盛行之際，章學誠异軍突起，完成了他目録學理論研究的新著《校讎通義》。該書總結劉向父子的目録學傳統，繼承鄭樵目録學思想，明確標舉『校讎之義』在『辨章學術，考鏡源流』。章氏的『校讎之學』，就是王鳴盛所稱的『目録之學』。乾嘉考史大家王鳴盛在他的《十七史商榷》中對目録學有過這樣一段論述：『目録之學，學中第一緊要事，必從此問塗，方能得其門而入。』〔一〕又云：『凡讀書，最切要者目録之學。目録明，方可讀書；不明，終是亂讀。』〔二〕章、王之論，標志着目録學概念的正式形成，反映的正是時代的觀念。乾隆後期奉敕撰定并刊印的《四庫全書總目》，集古典目録學之大成，標志着古典目録學發展的巔峰。至此，目録學作爲治學之基礎性工具的認知已經深入人心，一方面大量的新書目相繼涌現，一方面前代的書目得以不斷被傳録、翻印、校訂、考證、輯録，書目文獻，蔚成大國。

百十年後，我有幸生於斯世，得與古典文獻學結緣。二十世紀八十年代，師從楊明照先生研治校

〔一〕王鳴盛《十七史商榷》卷一《史記集解分八十卷》，中華書局，二〇一〇年，第一頁。

〔二〕王鳴盛《十七史商榷》卷七《漢書叙例》，第六九頁。

讎學；九十年代，師從徐有富先生研治目録學。研究生畢業後在南京大學古典文獻研究所從事古籍整理研究工作，長期親聆程千帆先生、周勛初先生和卞孝萱先生的教誨；在文學院從事文獻學教學近三十年，師友相與析疑，教學相長。南京大學文學院於古典研究特别强調文獻學與文藝學的結合，其課程設置也突顯了人才培養的這個思路，本科生設有『古典文獻學』『目録學』『四庫提要導讀』等指導性選修課程，研究生則開有『文獻學的理論與方法』『目録學研究』『文學文獻研究』『佛教文獻研究』『石刻文獻研究』以及多種文獻學專題研究。我主講『文獻學的理論與方法』已二十餘年，期間偶有所得，著於筆端，月積歲纍，漸成一帙。這部《未名齋古典目録學考論》即是本人在長期的教學、科研工作中對歷代目録學著作研究成果的一次結集。正因爲是單篇論文的彙總，故全書没有體系，也没有重點，讀者閲此，對古典目録學難窺全貌，故本人不辭繁瑣，略述目録學史淺見如上，而於書中所收論文十六題，亦不敢有絲毫苟且〔二〕。其内容從最古老的《漢書·藝文志》，到當代學人的目録學著作，凡所考論，不敢與前人雷同。文章或從細微處入手，辨正一字一句，如《〈漢書·藝文志〉總序獻疑》，指出漢代『數

〔二〕本書所收論文，大多曾發表於不同刊物，這次結集出版，筆者在文字内容上有一定的修改潤色。爲減少疏誤，又特請博士後李鶴麗，博士生時鵬飛、孫利政、馬聰、楊永政、羅韞哲、王雨非、陳天澍、王修齊，碩士生涂亮、陳思婷、胡琦、張鋒、劉曉倩等分校全書，李鶴麗、羅韞哲、陳天澍、胡琦等還二校書稿，拾遺補闕，多所匡益。責任編輯張淑婧女士細心加工，也爲此書增色不少，本人在此一并致謝。

術」與「術數」詞義有别，其「術數略」實爲「數術略」之誤倒； 又如《〈舊唐書・經籍志序〉考誤》，抉發序文所載「經解」與「詁訓」二類實爲衍文，開元書目四十二類之分類系統屬於子虛烏有。 或從宏大處着眼，辨别文獻真僞，如《劉向〈韓非子書録〉辨僞》，推翻余嘉錫對清人王先慎的辯難，釐清《韓非子書録》的文字來源與「訛變」痕迹； 又如《一部僞中之僞的明代私家書目》（與弟子李丹合作），揭露董其昌《玄賞齋書目》係後人雜抄《近古堂書目》（此目實據錢謙益《絳雲樓書目》而僞作）與錢曾《也是園書目》而成。 而觀《〈舊唐書・經籍志〉考校舉隅》《〈新唐書・藝文志〉「著録」探源》《〈直齋書録解題〉義例新探》諸篇，則可體會筆者對异文比勘、史源辨析與義例尋繹等方法在古典目録學研究中的運用。 至於得失，幸讀者鑒焉。 雖然考論力求篤實，但全書恐怕難免有餖飣之譏，此則余實有愧。 昔者聖賢有言：「賢者識其大者，不賢者識其小者。」〔二〕宏大之論述，尚有待於同道之賢達。

〔二〕 何晏集解，邢昺疏《論語注疏》卷一九《子張》，《十三經注疏》本，中華書局影印清嘉慶南昌府學刻道光修補本，一九八〇年，第二五三二頁。

劉向《韓非子書録》辨僞

今傳《韓非子書録》，一般都被視爲劉向《别録》的佚文。最早斷定其爲佚文的是清代著名目録學家姚振宗。他先在《隋書經籍志考證》中云：『《别録》佚文，今所傳尚有《戰國策》《管子》《晏子》《孫卿子》《韓非子》《列子》《鄧析子》諸叙奏，劉秀《上山海經表》，凡八篇，諸家輯本皆未録入。』〔一〕隨之他又把這些佚文輯爲《七略别録佚文》一卷，收在他編纂的《快閣師石山房叢書》中。此後的目録學著作多信從之，如余嘉錫先生的《目録學發微》〔二〕、羅孟禎先生的《中國古代目録學簡編》〔三〕、周少川先生的《古籍目録學》〔四〕等，張舜徽先生還把它作爲重要的目録文獻選入《文獻學論著輯要》〔五〕。但這篇《韓非子

〔一〕姚振宗《隋書經籍志考證》卷二三《七略》條，《續修四庫全書》本，上海古籍出版社，一九九六年，第九一五册，第三八七頁。
〔二〕余嘉錫《目録學發微》卷二《叙録・論考作者之行事》，巴蜀書社，一九九一年，第三九—四〇頁。
〔三〕羅孟禎《中國古代目録學簡編》，重慶出版社，一九八三年，第二四頁。
〔四〕周少川《古籍目録學》，中州古籍出版社，一九九六年，第一〇八頁。
〔五〕張舜徽《文獻學論著輯要》，陝西人民出版社，一九八五年，第一六—一七頁。

書録》的來歷并不可信。

它最早見於宋乾道元年黄三八郎刻本卷端，題曰《韓非子序》，無撰人。後嚴可均輯《全漢文》，把它録入《劉向集》中，改題爲《韓非子書録》。但嚴可均并未肯定它是劉向所作，而是采取闕疑的態度，於文末注曰：『宋本不著名，疑是劉向作。』〔一〕一直到了姚振宗，纔把嚴可均的『疑』字去掉，將此定爲劉向《别録》佚文。

姚振宗又是根據什麽而將此序斷歸劉向名下的，姚氏并未詳考，衹在文末按曰：『此似節去其前數行言校讎複重、定著殺青繕寫等事，而但録其叙，與馬總《意林》引文相校，大同小異，知叙文亦頗有删節。』〔二〕根據此按，我們可知姚氏所據衹有一條，就是與馬總《意林》的引文大同小異。因爲《意林》已標明『劉向云』，既然大同小異，則此無名氏序當即《韓非子書録》。這種推理頗不嚴密。所謂『大同小異』，必視具體情形方可判定其爲同爲異。《意林》卷一《韓子》載：『劉向云：秦始皇重韓非書，曰：「寡人得與此人游，死不恨矣。」李斯、姚賈害之，與藥令自殺。始皇悔，遣救之，已不及。』〔三〕内容雖見於《韓非子序》，但引文僅此數句，且叙述文字又多有不同，據此『大同小異』而推出的結論，自然缺乏可

〔一〕嚴可均編《全上古三代秦漢三國六朝文・全漢文》卷三七，中華書局，一九五八年，第三三三頁。
〔二〕姚振宗編《七略别録佚文》，《師石山房叢書》本，開明書店，一九三六年，第一二頁。
〔三〕王天海、王韌《意林校釋》卷一《韓子》，中華書局，二〇一四年，第一一五—一一六頁。

靠性。

要論證該序是否就是劉向的《韓非子書録》，還是應從劉向書録的體例與書録文字的來源方面入手。

第一個從書序體例方面來否定該序的是與姚氏同時的王先慎。他認爲該序『全鈔《史記》列傳，不得爲序』〔一〕。王氏之言，當是就一般書序的體例而言。既爲一般之體例，便缺少周延性。若從劉向父子的書録體例來看，則更易於辨其是非。王氏的意見，姚氏可能没有看到〔二〕，但他也看到了該序與現存其他幾篇《别録》佚文體例上的不同。爲了解決這個體例上的矛盾，姚氏作了這樣的推測：該序之首好像删去了一些劉向有關校讎該書的文字，并且正式的叙文也有所删節。這樣立論看似圓通，其實没有説服力。現幸存於宋刻、明刻卷端或卷末的《别録》佚文，計有《戰國策書録》《管子書録》《晏子叙録》《孫卿書録》《列子書録》《鄧析書録》《説苑叙録》及《上山海經表》（前七篇爲劉向撰，後一篇爲劉歆作。另有《關尹子書録》《子華子書録》兩篇，後人定爲僞作）八篇。此八篇書録皆首尾完整：前有整理者劉向（或劉歆）自叙校理該書的文字，而後有上奏之語。如《管子書録》篇首云：『護左都水使者光禄大夫臣向言：所校讎中《管子》書三百八十九篇，太中大夫卜圭書二十七篇，臣富參書四十一篇，射聲

〔一〕王先慎《韓非子集解》卷首《韓非子序》注，中華書局，一九九八年，第一六頁。

〔二〕《韓非子集解》與姚氏二書皆撰成於光緒二十二年（一八九六）至二十五年，而王氏稍早。

校尉立書十一篇，太史書九十六篇，凡中外書五百六十四。以校除復重四百八十四篇，定著八十六篇，殺青而書，可繕寫也。』[一] 末云：『向謹第録。』除篇目外，各篇書録皆無删削之事（因另編有篇目，故可删之），何以傳寫《韓非子》者既欲存此書録，却又砍頭截尾，毁其原貌呢？是姚氏之説頗違情理。近人余嘉錫也看出了姚氏臆測之妄，故不取其删節之説，但他并没有放棄劉向作的觀點，又轉而從另一角度否定了王氏的意見。他在《目録學發微》中歸納出諸家叙録考作者行事凡有三例，曰『附録』『補傳』『辯誤』，皆始於劉向《别録》。凡『《别録》於史有列傳事迹已詳者，即剪裁原文入録，是曰附録』[二]，其所據者即《管子書録》及此《韓非子書録》。其文曰：

> 案《管子書録》云：『管子者，潁上人也，名夷吾，號仲父。』其下即用《史記》原文，略有删節，只增入『管仲於周，不敢受上卿之命，以讓高、國，是時諸侯歸之，爲管仲城穀以爲乘邑，《春秋》書之，褒賢也』，及『孔子曰，微管仲，吾其被髮左衽矣』數語。後即引太史公論管子語，而終之曰：『《九府書》民間無有，《山高》一名《形勢》。凡《管子》書，務富國安民，道約言要，可以曉合經義。』計此一篇，多出於本傳，向所自爲者無幾。又《韓非子書録》，全用本傳，無所增删，惟削去所録《説難》

[一] 房玄齡注《管子》卷首《叙録》，國家圖書館出版社，二〇一八年，第一一頁。
[二] 余嘉錫《目録學發微》卷二《叙録・論考作者之行事》，第三九頁。

一篇耳。此即後人纂集或校刻古人書，附録本傳及碑志之法也。王先慎不能曉此……不知古人之序，正是如此，不如後人好發空論也。〔一〕

余氏所言附録之例誠然有理，但此僅爲叙録中考作者行事之例，非謂整篇叙録之體如此。其取《管子書録》爲據可也，其以《韓非子書録》證之則非。《管子書録》可以證成余説，衹是説對史傳中事迹已詳者便剪裁史傳原文編入書録，并非説整篇書録衹有史傳原文，而没有作者個人的任何見解。觀《管子書録》雖然『多出於本傳，向所自爲者無幾』，但文中還是有兩處插進了劉向用以表示己見的文字，尤其是篇終所加的一段，由論人轉而總論其書，正是班固所稱的劉向校書時『每一書已，向輒條其篇目，撮其指意，録而奏之』〔二〕的撰寫體例。而《韓非子書録》却與此迥異，通篇套用《史記》列傳原文（同時采納了《資治通鑒》潤色後的文字，説詳下），既不見校讎該書的必要説明，也不見『撮其指意』的文字，甚至竟没有撰者個人的一句話。這種體例的書録，不僅大異於劉氏其他八篇書録，即使在古今各家叙録中也是很少見的，尤其是爲整理藏書而撰寫的叙録更未曾見有此體例。王氏正是基於此纔斥其『不得爲序』的。余氏之責，實非允論。但余氏素爲學人宗仰，故此説一出，後罕有異議者。唯周勛初先生起而

〔一〕余嘉錫《目録學發微》卷二《叙録·論考作者之行事》，第三九—四〇頁。
〔二〕班固《漢書》卷三〇《藝文志序》，中華書局，一九六二年，第一七〇一頁。

辨之。周先生從劉向書録的格局與其撰寫書録的目的作用這兩方面進行了精闢的分析，指出該序『和劉向的其他一些書録的格局差别太大』，『與劉向當年的寫作目的相去太遠』〔一〕。但遺憾的是，周先生的意見没有引起學人的重視，目録學界仍因循舊説。如羅孟禎在其所著《中國古代目録學簡編》中亦譏王先慎『不得爲序』之語，『説明他不懂得《叙録》體例』〔二〕。或稍作修正，以求自圓其説，如鍾肇鵬稱《韓非子序》爲殘篇〔三〕。謂爲殘存者，蓋其心知該序體例不合，故以此塞難者之口。但該序述韓非生平，自其姓氏出身始，至其服藥自殺終，皆源於《史記》本傳，亦與本傳之起始相一致，全不似殘缺文字。且各書所附之劉向書録，或存（全篇）或亡或僞，却無殘存者。故殘存之説亦不足信。

今再就該序的文字出處試作辨析，以期正本澄源。

前人已言該序全出《史記·韓非列傳》，此言大體不差。但筆者發現，該序在剪裁《史記》與文字潤色方面還參照了《資治通鑒》。下面我們先比較一下該序與《史記》《通鑒》文字的異同：

《韓非子序》：

……非見韓之削弱，數以書干韓王，韓王不能用。於是韓非病治國不務求人任賢，反舉浮淫

〔一〕周勛初《〈韓非子〉札記·〈韓子〉的編者——劉向》，江蘇人民出版社，一九八〇年，第一三—二〇頁。

〔二〕羅孟禎《中國古代目録學簡編》，第二五頁。

〔三〕鍾肇鵬《七略别録考》注①，《文獻》一九八五年第三期，第七三頁。

之蠹，而加之功實之上。以爲儒者用文亂法，而俠者以武犯禁。寬則寵名譽之人，急則用介胄之士。所用非所養，所養非所用。廉直不容於邪枉。臣觀往者得失之變，故作《孤憤》《五蠹》《内外儲》《説難》五十五篇十餘萬言。

……秦王悦之，未任用。李斯害之。秦王曰：『非，韓之諸公子也，今欲并諸侯，非終爲韓不爲秦，此人情也。今王不用，久留而歸之，此自遺患也，不如過法誅之。』秦王以爲然，下吏治非。李斯使人遺藥，令早自殺。韓非欲自陳，不見。秦王後悔，使人赦之，非已死矣。〔一〕

《史記・韓非列傳》：

……非見韓之削弱，數以書諫韓王，韓王不能用。於是韓非疾治國不務脩明其法制，執勢以御其臣下，富國彊兵而以求人任賢，反舉浮淫之蠹而加之於功實之上。以爲儒者用文亂法，而俠者以武犯禁。寬則寵名譽之人，急則用介胄之士。今者所養非所用，所用非所養。悲廉直不容於邪枉之臣，觀往者得失之變，故作《孤憤》《五蠹》《内外儲》《説林》《説難》十餘萬言。

……秦王悦之，未信用。李斯、姚賈害之，毁之曰：『韓非，韓之諸公子也。今王欲并諸侯，非終爲韓不爲秦，此人之情也。今王不用，久留而歸之，此自遺患也，不如以過法誅之。』秦王以爲

〔一〕王先慎《韓非子集解》卷首《韓非子序》第一六頁。按：『臣觀』之『臣』，標點本屬上，今改屬下，説見下。

然，下吏治非。李斯使人遺非藥，使自殺。韓非欲自陳，不得見。秦王後悔之，使人赦之，非已死矣。〔一〕

《資治通鑒・秦紀一・始皇十四年》：

……見韓之削弱，數以書干韓王，王不能用。於是韓非疾治國不務求人任賢，反舉浮淫之蠹而加之功實之上，寬則寵名譽之人，急則用介胄之士，所養非所用，所用非所養。悲廉直不容於邪枉之臣，觀往者得失之變，作《孤憤》《五蠹》《内外儲》《説林》《説難》五十六篇，十餘萬言。

……王悦之，未任用。李斯嫉之，曰：『韓非，韓之諸公子也。今欲并諸侯，非終爲韓不爲秦，此人情也。今王不用，久留而歸之，此自遺患也；不如以法誅之。』王以爲然，下吏治非。李斯使人遺非藥，令早自殺。韓非欲自陳，不得見。王後悔，使人赦之，非已死矣。〔二〕

其主要異同如下〔三〕：（一）《史記》『諫韓王』，《通鑒》改作『干韓王』，《韓非子序》亦改作『干韓王』；（二）《史記》『今者所養非所用』二句，《通鑒》略『今者』，《韓非子序》亦略『今者』，『所養非所用』二句

〔一〕司馬遷《史記》（修訂本）卷六三《老子韓非列傳》，中華書局，二〇一三年，第二五九八—二五九九頁。

〔二〕司馬光《資治通鑒》卷六《秦紀一・始皇十四年》，中華書局，一九五六年，第二二〇—二二一頁。

〔三〕《韓非子序》標明『……』的兩處全抄自《史記》，此不贅。對秦王的稱呼，《通鑒》稱『王』，《韓非子序》從《史記》稱『秦王』，亦略之。

倒;(三)《史記》『不務』與『求人任賢』之間尚有十八字,《通鑑》删作『不務求人任賢』,《韓非子序》亦删作『不務求人任賢』。(四)《史記》『加之於功實之上』,《通鑑》略『於』字,《韓非子序》亦略『於』字。(五)《史記》『以爲儒者用文亂法』二句,《通鑑》删之,《韓非子序》從《史記》補之。(六)《史記》『十餘萬言』,《通鑑》作『五十六篇十餘萬言』,《韓非子序》作『五十五篇十餘萬言』。(七)《史記》『信用』,《通鑑》改作『任用』,《韓非子序》亦改作『任用』。(八)《史記》『李斯姚賈害之毁之曰』,《通鑑》删姚賈名,改作『李斯嫉之曰』,《韓非子序》亦删姚賈,改作『李斯害之秦王曰』。(九)《史記》『今王欲并諸侯』,《通鑑》無『王』字,《韓非子序》亦無『王』字。(十)《史記》『此人之情也』,《通鑑》無『之』字,《韓非子序》亦無『之』字。(十一)《史記》『使自殺』,《通鑑》改作『令早自殺』,《韓非子序》亦改作『令早自殺』。(十二)《史記》『後悔之』,《通鑑》無『之』字,《韓非子序》亦無『之』字。

從上面的比較可以看出,《通鑑》與《韓非子序》在文字上確實有着無可懷疑的淵源關係。那麼是《通鑑》襲用《韓非子序》,還是《韓非子序》襲用《通鑑》呢?

從《通鑑》編撰的情形看,其搜羅史料頗爲豐富,寫作時采用前史,其來源也往往不一,文字的剪裁潤色也多出己意,如《通鑑》此處叙述韓非,在上面所引兩段文字中間即有一段在《史記》之外。像這樣既采用《史記》,又斤斤於文字的異同而因襲《韓非子序》對《史記》的删改,這是不太合乎常理的。因爲該序完全套用《史記》,實在没有什麼可供《通鑑》參用的價值。再從文字句讀的正誤看,如《史記》的

『悲廉直不容於邪枉之臣』，《通鑒》同，而《韓非子序》作『廉直不容於邪枉臣』，前缺『悲』字，後缺『之』字，遂使『臣』字不得不屬下讀。此當爲作者誤讀所致，而非傳刻脱之。若爲劉向所撰，斷不致有此之誤。又如《史記》『今者所養非所用，所用非所養』，《通鑒》若襲《韓非子序》删『今者』二字，則當作『所用非所養，所養非所用』，而不至於又轉而與《史記》合。因爲這種語序的顛倒，不作版本對勘是不容易發現的。《通鑒》恐怕不會這樣做，而《韓非子序》抄襲《通鑒》，一不留意遂將兩句語序誤倒的可能性要大得多。最後我們再從兩處文字的異同上來確定它們的淵源關係。一處是《通鑒》比《史記》多出的『五十六篇』一句，《韓非子序》作『五十五篇』。學者一般會認爲：《漢書·藝文志》著録『《韓子》五十五篇』，歷代書目一般也都作『五十五篇』，傳本也是五十五篇，則作『五十六篇』必誤無疑。但是否別有一本爲五十六篇呢？王應麟《玉海·藝文·諸子》『《韓子》』條載：『《漢志·法家》：五十五篇。名非。《史記·列傳》：作《孤憤》《五蠹》《内外儲》《説林》《説難》，十餘萬言。韓安國受《韓子》雜家説。《隋志》：《唐志》同。二十卷。目一卷。今本五十六篇，注不詳名氏。』[一] 其《漢藝文志考證》卷六《法家》亦曰：『《韓子》五十五篇，……今本二十卷，五十六篇。』[二] 據此可知宋代別本有五十六篇，《通鑒》不誤[三]。若《通

〔一〕王應麟《玉海》（合璧本）卷五三《諸子》『韓子』條，京都：中文出版社，一九七七年，第一〇五八頁。
〔二〕王應麟《漢藝文志考證》卷六《法家》，中華書局，二〇一一年，第二三〇頁。
〔三〕《四庫全書總目·〈韓子〉提要》指王應麟《考證》『五十六篇』爲『傳寫字誤』，蓋未見《通鑒》所言。

鑒》因襲《韓非子序》，斷不至於改所言『五十五篇』爲『五十六篇』，因爲一則爲劉向所言，二則該本衹有五十五篇，即便别本有五十六篇者，也不當改之。反過來正可説明是《韓非子序》襲用了《通鑒》之語，但因該本衹有五十五篇（或亦疑其爲字誤），遂改之。另一處是《通鑒》删《史記》『姚賈』名，而《韓非子序》亦删之，但《意林》引劉向書録則有『姚賈』（引文見上）。《意林》引書，叙述文字或有所改動，甚至據引文内容概括成文，但不應無此人名而擅加之，此蓋劉向書録原本『李斯、姚賈』并舉。今《韓非子序》無姚賈之名，可明該序此處當是從《通鑒》而删之。

既明《韓非子序》在文字剪裁潤色上曾參照過《通鑒》，則《韓非子序》爲宋人所撰亦可知矣。宋本卷端該序之後尚有一行題記，曰：『乾道改元中元日黄三八郎印。』這篇序文或許就是黄三八郎據《史記》參《通鑒》增入刻印的。

（原載《歲久彌光：楊明照教授九十華誕慶典暨中國古典文獻學國際學術研討會論文集》，巴蜀書社，二〇〇一年）

《漢書·藝文志》總序獻疑

《漢書·藝文志》總序，是我國目録學史上的一篇經典論著。該序雖然僅有數百字，却對先秦的學術流派及漢代的文獻積聚與流傳進行了高度的概括論述，尤其是對西漢後期以劉向、劉歆父子爲首的中國歷史上首次大規模的文獻整理工程以及中國目録學的奠基作《七略》，進行了條分縷析的扼要説明，千百年來，人們諷誦不已。但此序也留下了幾個疑點：一是《七略》所定「六略」之名，其一是「數術略」還是「術數略」；二是「今删其要，以備篇籍」之「删」字到底如何解釋。這兩個問題，都集中在《漢志》總序的末尾，原文如下：

歆於是總群書而奏其《七略》，故有《輯略》，有《六藝略》，有《諸子略》，有《詩賦略》，有《兵書略》，有《術數略》，有《方技略》。今删其要，以備篇籍。〔一〕

〔一〕班固《漢書》卷三〇《藝文志》，中華書局，一九六二年，第一七〇一頁。

一

我們先討論第一個疑點。《漢志》『六略』之書，各有畛域，前三者爲一般文史類文獻，後三者爲專門技術類文獻，前者由文史學者整理，後者由各專門家整理，這樣纔能揚長避短，文獻纔能校讎得當。故『詔光禄大夫劉向校經傳諸子詩賦，步兵校尉任宏校兵書，太史令尹咸校數術，侍醫李柱國校方技』〔一〕，有條不紊，各司其職。

由此可見『數術』類文獻由太史令尹咸校定。『數術』謂何？顔師古注曰：『占卜之書。』顔師古的解釋可謂得其要，但并不完整。作爲分類之『術數略』，下分爲六種，即『天文』『曆譜』『五行』『蓍龜』『雜占』『形法』，占卜之書主要指後四者而言。從太史令的身份看，天文、曆法正是其重要職責之一，則尹咸負責校讎的『數術』類文獻應包括天文、曆法、占卜三大類。

尹咸所校，序稱『數術』，而其分類定名，又稱『術數略』，這是同實異名的混用，還是當時有所區辨的兩個名稱？班固《總序》原文到底用的是哪個？此處是否有傳寫的誤倒？

〔一〕班固《漢書》卷三〇《藝文志》，第一七〇一頁。

從版本上看，現存各種舊本文字都一樣，前稱『數術』，後稱『術數略』。我們依據北宋以前的文獻徵引，還可以窺見一點《漢志》早期的版本面貌。通檢宋以前典籍，一般多引作或稱作『術數略』。如《前漢紀》卷二五《成帝紀二》采《漢志》此文稱『有術數略』〔一〕。又《隋書》卷三二《經籍志序》曰：『歆遂總括群篇，撮其指要，著爲《七略》：一曰《集略》（按：『集』當作『輯』），二曰《六藝略》，三曰《諸子略》，四曰《詩賦略》，五曰《兵書略》，六曰《術數略》，七曰《方技略》。』〔二〕（《册府元龜》卷六〇八采録《隋志》此文同）《北堂書鈔》卷五七引〔三〕，《太平御覽》卷六一二、六一八兩引《漢志》皆作『有術數略』〔四〕，《資治通鑒》卷三三《漢紀二十五》采《漢志》亦作『有術數略』〔五〕。而作『數術略』者僅有二家：一、《廣弘明集》卷三阮孝緒《七録序》稱：『子歆撮其指要，著爲《七略》。其一篇即六篇之總最，故以《輯略》爲名，次《六藝略》，次《諸子略》，次《詩賦略》，次《兵書略》，次《數術略》，次《方伎略》。』〔六〕二、《文選》卷三六任彥昇

〔一〕荀悦《前漢紀》卷二五《成帝紀二》，《四部叢刊初編》景明嘉靖刻本，第四頁上。

〔二〕魏徵等《隋書》（修訂本）卷三二《經籍志序》，中華書局，二〇一九年，第一〇二五—一〇二六頁。

〔三〕虞世南《北堂書鈔》卷五七，清光緒孔氏三十有三萬卷堂刊本。

〔四〕李昉等《太平御覽》卷六一二，《景印文淵閣四庫全書》本。《太平御覽》卷六一八，中華書局，一九六〇年，第二七七六頁。

〔五〕司馬光《資治通鑒》卷三三，中華書局，一九五六年，第一〇五八頁。

〔六〕阮孝緒《七録序》，釋道宣編《廣弘明集》卷三，《四部叢刊初編》景明本，第一〇頁上。

《天監三年策秀才文》李善注引《漢志》此文作『有數術略』(《六臣注文選》同)〔一〕。《文選》李善所引，因其在卷四六任彥昇《王文憲集序》注中又引作『有術數略』(《六臣注文選》同)〔二〕，同一人、同一書兩引之，一作『數術略』，一作『術數略』，故不宜引以爲證。我們要討論的其實僅有《七録序》一例。《七録序》此叙劉略之名作『數術略』，因有下文『王儉《七志》改《六藝》爲《經典》，……次《數術》爲《陰陽》』作印證，此處文字當無傳寫問題。阮氏此據《漢志序》改寫，而稱作『數術略』，或阮氏所見本如此，或爲阮氏所改，但從《漢紀》《隋志》等諸家徵引看，更可能屬於後一種情況。從徵引的總體情況看，可能漢魏以來《漢志序》的文本面貌已經如此，至少在隋唐時期已如同今本，故此後諸家徵引幾乎再也没有區别。

從詞義來説，古代文獻中『術數』與『數術』往往同義混用，泛指各種方術，而主要指天文、占卜、命相、神仙術之類。《四庫全書總目》子部更設『術數類』以收録占卜、命相之書。既然二詞可以混用，則《漢志》稱此稱彼似乎亦無有不可。但是，作爲《漢志》的一篇短序，作爲一個一級分類名目，作者用詞是否應該統一呢？哪個纔是《漢志》的原文呢？我們在檢視班固自己使用該詞的情況以後，這個問題也就可以解决了。其答案就在《漢志》『術數略』的序文中，原文如下：

〔一〕蕭統編《文選》卷三六任彥昇《天監三年策秀才文》李善注，中華書局，一九七七年，第五一三頁。

〔二〕蕭統編《文選》卷四六任彥昇《王文憲集序》李善注，第六五四頁。

> 數術者，皆明堂羲和史卜之職也。史官之廢久矣，其書既不能具，雖有其書而無其人。《易》曰：『苟非其人，道不虛行。』春秋時魯有梓慎，鄭有裨竈，晉有卜偃，宋有子韋。六國時楚有甘公，魏有石申夫。漢有唐都，庶得麤觕。蓋有因而成易，無因而成難，故因舊書以序數術爲六種。〔一〕

此序之上，還有一個統計數字，稱『凡數術百九十家，二千五百二十八卷』。此皆針對『術數略』，而前後三稱『數術』，不用『術數』。《漢書》卷三六《劉歆傳》亦載：『（歆）河平中，受詔與父向領校秘書，講六藝傳記，諸子、詩賦、數術、方技，無所不究。』〔二〕此『詩賦、數術、方技』并列，指嚮甚明，可見除總序偶作『術數略』外，班固自己稱此類文獻凡五次，均作『數術』，我們有理由相信總序中的『術數略』應當是傳寫誤倒。前人於此并非没有絲毫察覺，如馬端臨《文獻通考·經籍考一·總叙》引《漢志》總序即改作『數術略』〔三〕。在宋以後版本定型的情況下，《文獻通考》徵引之異，可以理解爲是著者馬氏獨具慧眼，據《漢志》大序所改。

班固稱『數術略』而不稱『術數略』，是僅爲用詞統一，還是別有用意呢？我們先來考察一下《漢書》對二詞的用例。《漢書》凡用『數術』六次，五例已見上文，另一例在《漢書》卷六三《燕刺王劉旦傳》：

〔一〕班固《漢書》卷三〇《藝文志》，第一七七五頁。

〔二〕班固《漢書》卷三六《劉歆傳》，第一九六七頁。

〔三〕馬端臨《文獻通考·經籍考》卷一，華東師範大學出版社，一九八五年，第一一頁。

『（旦）博學經書雜説，好星曆數術倡優射獵之事。』[一]此『數術』與『星曆』并稱，其義專指占卜之類甚明。

《漢書》使用『術數』一詞凡五次（總序『術數略』除外），有四例見於《漢書》卷四九《鼂錯傳》，其文曰：

> （錯）遷博士。又上書言：『人主所以尊顯功名揚於萬世之後者，以知術數也。故人主知所以臨制臣下而治其衆，則群臣畏服矣；知所以聽言受事，則不欺蔽矣；知所以安利萬民，則海内必從矣；知所以忠孝事上，則臣子之行備矣：此四者，臣竊爲皇太子急之。人臣之議或曰皇太子亡以知事爲也，臣之愚，誠以爲不然。竊觀上世之君，不能奉其宗廟而劫殺於其臣者，皆不知術數者也。皇太子所讀書多矣，而未深知術數者，不問書説也。夫多誦而不知其説，所謂勞苦而不爲功。臣竊觀皇太子材智高奇，馭射伎藝過人絶遠，然於術數未有所守者，以陛下爲心也。竊願陛下幸擇聖人之術可用今世者，以賜皇太子，因時使太子陳明於前。唯陛下裁察。』上善之，於是拜錯爲太子家令。[二]

此『術數』之稱，據鼂錯之言，包括『知所以臨制臣下而治其衆』、『知所以聽言受事』、『知所以安利萬民』、『知所以忠孝事上』，即鼂錯所謂『聖人之術』，指的是君王治國之謀，統治駕馭之術，爲人主之要務。顔師古對此早有專門解釋：『張晏曰：「術數，刑名之書也。」臣瓚曰：「術數謂法制，治國之術

[一] 班固《漢書》卷六三《燕剌王劉旦傳》，第二七五一頁。

[二] 班固《漢書》卷四九《鼂錯傳》，第二二七七—二二七八頁。

也。」師古曰：「瓚説是也。公孫弘云：『擅生殺之力，通壅塞之途，權輕重之數，論得失之道，使遠近情僞必見於上，謂之術。』此與錯所言同耳。」〔一〕此與專指星曆、占卜之類的『數術』毫無關係。

另一例見《漢書》卷九九下《王莽傳下》：

是時嚴尤、陳茂破下江兵，成丹、王常等數千人別走，入南陽界。十一月，有星孛于張，東南行，五日不見。莽數召問太史令宗宣，諸術數家皆繆對，言天文安善，群賊且滅。莽差以自安。〔二〕

此『術數家』指的却是擅長星曆、占卜之人，其『術數』又與『數術』混用了。但值得注意的是，《漢書》中僅此一例混用二詞，而且是在特別的詞例中，即與『家』構成專有名詞『術數家』。帝王之學難以成家，又何敢稱家，意即實無『術數』之專家，故在東漢時期二詞開始混用的情況下，班固以之稱精於星曆、占卜的『數家』〔三〕，也不會造成詞義的混淆。此與單用『術數』爲『數術』有所不同。再者，漢魏至唐的文獻中稱『術數家』者僅見此一例〔四〕，也不能排除有傳寫誤倒的可能。因此可以這樣看，《漢書》中，在獨立

〔一〕班固《漢書》卷四九《鼂錯傳》顔師古注，第二二七八頁。
〔二〕班固《漢書》卷九九下《王莽傳下》，第四一七九頁。
〔三〕班固《漢書》卷六五《東方朔傳》，第二八四三頁。
〔四〕《宋本册府元龜》卷六〇八叙荀勖《中經新簿》有『術數家』（中華書局，一九八九年，第一八六八頁）。按：《册府元龜》此文出自《隋書》卷三二《經籍志序》，原文作『術數』，無『家』字。此存疑。

使用『數術』與『術數』的語境中，二者的區别是很清楚的，前者指的是星曆、占卜之學，即《漢志》『數術略』之書，而『術數』指的是治國安邦之學，統治駕馭之術，若爲典籍，則屬於『諸子略』，主要是法、名二家，也即張晏所稱『刑名之書也』。

不僅班固《漢書》於此界限分明，檢核西漢其他文獻，『術數』之義亦無淆亂。西漢凡見二例，一見於《淮南子》卷一一《齊俗訓》：

故堯之舉舜也，决之於目；桓公之取甯戚也，斷之於耳而已矣。爲是釋術數而任耳目，其亂必甚矣。〔一〕

再見於桓寬《鹽鐵論》卷一《通有》：

大夫曰：『燕之涿、薊，趙之邯鄲，魏之温軹，韓之滎陽，齊之臨淄，楚之宛、陳，鄭之陽翟，三川之二周，富冠海内，皆爲天下名都，非有助之耕其野而田其地者也，居五諸之衝，跨街衢之路也。故物豐者民衍，宅近市者家富。富在術數，不在勞身；利在勢居，不在力耕也。』〔二〕

〔一〕何寧《淮南子集釋》卷一一《齊俗訓》，中華書局，一九九八年，第七七七頁。
〔二〕王利器校注《鹽鐵論校注》卷一《通有》，中華書局，一九九二年，第四一頁。

此二例『術數』，謂帝王治國之術或齊家安身之謀，而與星曆、占卜之『數術』義別。

先秦文獻使用『術數』，也無有別義。其例見於《管子》《墨子》《韓非子》《鶡冠子》等。其中《管子》一書用例最多，其卷二〇《形勢解》曰：

> 奚仲之爲車器也，方圜曲直，皆中規矩鈎繩。故機旋相得，用之牢利，成器堅固。明主猶奚仲也，言辭動作皆中術數，故衆理相當，上下相親。巧者，奚仲之所以爲器也，主之所以爲治也。斫削者，斤刀也。故曰：奚仲之巧，非斫削也。……
>
> 人主務學術數，務行正理，則化變日進，至於大功，而愚人不知也。亂主淫佚邪枉，日爲無道，至於滅亡而不自知也。〔一〕

其卷二一《明法解》曰：

> 明主者，有術數而不可欺也，審於法禁而不可犯也，察於分職而不可亂也。故群臣不敢行其私，貴臣不得蔽賤，近者不得塞遠，孤寡老弱不失其所職，竟内明辨而不相逾越。此之謂治國。……

〔一〕黎翔鳳撰，梁運華整理《管子校注》卷二〇《形勢解》，中華書局，二〇〇四年，第一一七四、一一八三頁。

明主者，兼聽獨斷，多其門户。群臣之道，下得明上，賤得言貴，故奸人不敢欺。亂主則不然，聽無術數，斷事不以參伍，故無能之士上通，邪枉之臣專國，主明蔽而聰塞，忠臣之欲謀諫者不得進。……

主無術數則群臣易欺之，國無明法則百姓輕爲非。是故奸邪之人用國事，則群臣仰利害也。如此，則奸人爲之視聽者多矣，雖有大義，主無從知之。〔一〕

凡五例，所指明白，皆謂帝王人主治國之謀略。

《韓非子》卷四《奸劫弑臣》有二例：

夫奸臣得乘信幸之勢以毁譽進退群臣者，人主非有術數以御之也，非參驗以審之也，必將以曩之合己信今之言，此幸臣之所以得欺主成私者也。故主必蔽於上，而臣必重於下矣，此之謂擅主之臣。……

凡人臣者，有罪固不欲誅，無功者皆欲尊顯。而聖人之治國也，賞不加於無功，而誅必行於有罪者也。然則有術數者之爲人也，固左右奸臣之所害，非明主弗能聽也。〔二〕

〔一〕黎翔鳳撰，梁運華整理《管子校注》卷二一《明法解》，第一二〇七、一二一〇、一二一五頁。
〔二〕韓非撰，陳奇猷校注《韓非子新校注》卷四《奸劫弑臣》，上海古籍出版社，二〇〇〇年，第二七九、二九〇頁。

此二例亦無異義，皆指帝王治國馭臣之術。又《墨子》卷九《非儒下》一例：

（孔丘）乃遣子貢之齊，因南郭惠子以見田常，勸之伐吴，以教高、國、鮑、晏，使毋得害田常之亂，勸越伐吴。三年之内，齊吴破國之難，伏尸以言術數。〔一〕

此『術數』，依孫詒讓《閒詁》：『「術」當讀爲「遂」……此當爲「隧」之假字，謂伏尸之多以隧數計，猶言「以澤量也」。』〔二〕『術數』是否爲『隧數』之假藉可以再商討，要之，與指星曆、占卜之『數術』義迥然不同。

最後討論《鶡冠子》中的二例。其卷上《天則》云：

聖王者，有聽微决疑之道，能屏讒權實，逆淫辭，絶流語，去無用，杜絶朋黨之門，嫉妒之人不得著明，非君子術數之士，莫得當前。故邪弗能奸，禍不能中。〔三〕

又曰：

臨利而後可以見信，臨財而後可以見仁，臨難而後可以見勇，臨事而後可以見術數之士。〔四〕

〔一〕吴毓江撰，孫啓治點校《墨子校注》卷九《非儒下》，中華書局，一九九三年，第四四〇頁。

〔二〕孫詒讓《墨子閒詁》卷九《非儒下》，《諸子集成》本，中華書局，一九五四年，第一八六頁。

〔三〕黄懷信《鶡冠子彙校集注》卷上《天則》，中華書局，二〇〇四年，第三一—三二頁。

〔四〕黄懷信《鶡冠子彙校集注》卷上《天則》，第四二頁。

《鶡冠子》一書，前人指爲僞書〔一〕，四庫館臣認爲并非全僞，或者祇是漢以後有增益〔二〕，今人以爲『今本《鶡冠子》當是《漢志》道家《鶡冠子》與兵權謀家《龐煖》之合編』〔三〕。雖不能遽爲定論，但從『術數』一詞的使用上看，其指治國安邦處事之權術無疑，則仍保留有先秦文獻的特點。

此外，《黄帝内經素問》卷一《上古天真論篇》中的一例也要討論一下：

岐伯對曰：『上古之人，其知道者，法於陰陽，和於術數。』（王冰注：『……知道，謂知修養之道也。夫陰陽者，天地之常道；術數者，保生之大倫：故修養者必謹先之。』）〔四〕

此『術數』與『陰陽』并稱，其義與『數術』所指無别，可謂反證，但現今流傳的《黄帝内經素問》，其成書年代尚不能定，或以爲在戰國至東漢一段時期，一般認爲其文字經過了後人的增删。我們現在所看到的《素問》，是經過唐人王冰整理以後的面貌，因此該例祇能視爲特例。

『術數』之『數術』義，當是從東漢開始的。此從《論衡》卷二六《實知篇》可以看出來：

〔一〕見《柳宗元集》卷四《辯鶡冠子》，中華書局，一九七九年，第一一五—一一六頁。

〔二〕《四庫全書總目》卷一一七《〈鶡冠子〉提要》認爲『未可以單文孤證，遽斷其僞。惟《漢志》作一篇，而《隋志》以下皆作三卷，或後來有所附益，則未可知耳』。（中華書局，一九六五年，第一〇〇七—一〇〇八頁）

〔三〕黄懷信《鶡冠子彙校集注》卷首《前言》，第五頁。

〔四〕王冰注《重廣補注黄帝内經素問》卷一《上古天真論篇》，《四部叢刊初編》景明翻北宋刻本，第六頁下。

> 彼不以術數，則先時聞見於外矣。方今占射事之工，據正術數，術數不中，集以人事。人事於術數而用之者，與神無異。詹何之徒，方今占射事者之類也。如以詹何之徒，性能知之，不用術數，是則巢居者先知風，穴處者先知雨。〔一〕

此段『術數』一詞凡五見，指能預知事物未來與人事吉凶的方法，尤其與『占射事』之類相連，可知其與『數術』之義相同，而與帝王治國御下之術無關。

東漢出現『術數』與『數術』的混淆，并非是偶然的。這是因爲作爲星曆、占卜之義的『數術』一詞，在當時并未完全固定下來。『數術』一詞的産生，年代并不久遠。前人所舉《墨子》卷六《節用上》『數術而起』之例，其實出於誤解〔二〕。最早的用例，當即出自劉歆《七略》。《七略》雖然已經亡佚，但基本上被班固《漢志》所采用，現今《漢志》六略之名與數術略小序，必爲《七略》文字，故《漢志》用例（總序除外），即爲《七略》用例。由此可知，『數術』一詞，很可能爲劉歆命名占卜、星象之書所新創。東漢王充對此新詞，似乎未予采用，而是以舊瓶裝新酒的方法，用原有的『術數』一詞來指稱此義。二詞用字相同，而使用之初又是有此分歧，這或許就是後世二詞混用的主要原因。

〔一〕黄暉《論衡校釋》卷二六《實知篇》，中華書局，一九九〇年，第一〇八〇頁。

〔二〕《漢語大詞典》（第五卷），漢語大詞典出版社，一九九〇年，第五〇九頁。按：《墨子》卷六《節用上》之『數術』，凡二例，其義皆指『數種方法』。

據上可知，『術數』一詞，在先秦西漢時期，指帝王馭下用臣、治國安邦、立身處事之謀略，其義重在權術，與占卜、命相之『數術』一詞迥然義别。班固《漢書》使用『術數』一詞正是其本義的延續，尤其在《藝文志》中，它是采用劉歆《七略》删削而成的，反映的是西漢後期的詞彙狀況，而六略的命名更是劉向父子所定，故在總序中，班固叙述『七略』名目，自然不會采用過去别有意義的『術數』來命名星曆、占卜一類文獻的，今本總序『術數略』之『術數』二字爲『數術』之誤倒無疑。後世稱引或校訂《漢志》總序，對此顯見之異文而不置一詞，蓋因『術數』與『數術』已經義同混用，未嘗以爲有誤有異也。

二

總序的第二個疑點在『今删其要』句。對此句大義的理解，古今没有什麽不同。顔師古注曰：『删去浮冗，取其指要也。』〔一〕謂删去班固所據之《七略》中的繁雜多餘的内容，節取其中的精華要點（來充當《漢書》之《藝文志》）。其後各書志研究者皆遵循顔注以釋其義。

此句釋義，古今如此一致，是基於這樣一個基本事實，即《漢書·藝文志》是采用劉歆《七略》而成

〔一〕班固《漢書》卷三〇《藝文志》顔師古注，第一七〇二頁。

的，其不同主要在增補了劉歆、揚雄、杜林三家五十篇（《漢志》稱『入某某』），調整了少數著作的歸類（即《漢志》所謂『出某某』『入某某』），省略了少量重複或類似『別裁』的著録（《漢志》稱『省某某』），散《輯略》之大小序入各自本類（故《論衡》稱『《六略》之録』〔一〕），而其最大的變化則是删削了《七略》中大量的簡要解題文字〔二〕。有此事實爲基點，則此句大義萬變不離其宗：删去了繁複的文字，節取了它的精華。至於删去的是否爲『浮冗』，這是價值評判，班固自己并未説明，顔師古用詞未必妥帖，張舜徽《漢書藝文志通釋》從書籍體例的角度做了較好的闡釋：『《七略》原本，於每書名之下，各有簡要之解題，故爲書至七卷之多。由其爲簿録專籍，自可任情抒發。至於史册包羅甚廣，《藝文》特其一篇，勢不得不翦汰煩辭，但存書目。史志之所以不同於朝廷官簿與私家目録者，亦即在此。』〔三〕

文義没有異議，疑點又在哪裏？這就是那個『删』字到底作何解釋。顔師古之注，實際上是解作了『删而取』。『删』爲删汰，有删汰則必有所取，如《説文·刀部》曰：『删，剟也。』徐鍇《繫傳》：『古以簡

〔一〕黄暉《論衡校釋》卷二九《案書篇》，第一一七五頁。

〔二〕班固删削《七略》之解題文字，清人姚振宗輯有《七略》佚文，兩相比較，即可窺見《漢志》因襲與删削之情形。如《漢志》春秋類『馮商所續《太史公》七篇』顔師古注：『《七略》云商陽陵人，治《易》，事五鹿充宗，後事劉向，能屬文，後與孟柳俱待詔，頗序列傳，未卒，病死。』（第一七一五頁）

〔三〕張舜徽《漢書藝文志通釋》，華中師範大學出版社，二〇〇四年，第一七六頁。

牘，故曰孔子删《詩》《書》，言有取捨也。」〔二〕故「删」又可引申爲「取」義，此即古人所謂「反訓」，即一字兩義而相反相悖。「删」有「删削」與「采取」相反之兩義不足爲奇，引以爲奇的是顏師古所解的「删而取」，是一個「删」字在同一語境中具備相反的兩種含義，而這是有違訓詁規律的，故有學者指出此有「增字爲訓」之嫌。

「删」是「删」，「取」是「取」，「删取」是「删取」，「删」可以包含有「取」義，但不宜一個「删」字在同一語境下而取義却如同「删而取」或「删取」。

最早對顏注提出質疑的是清人段玉裁。他在《説文解字注》卷四篇下對「删」字的「取」義進行了較詳細的論證：

> 删，剟也。凡言删、剟者，有所去即有所取。如《史記・司馬相如傳》曰：「故删取其要，歸正道而論之。」删取，猶節取也。謂去其侈靡過實，非義理所尚，取其「天子芒然而思」已下也。既録其全賦矣，謂之「删取」，何也？言録賦之意，在此不在彼也。《藝文志》曰：「今删其要，以備篇籍。」删其要，謂取其要也。不然，豈劉歆《七略》之要，孟堅盡删去之乎？詳言之，則如《律曆志》曰

〔二〕徐鍇《説文解字繫傳》卷八《通釋》，《四部叢刊初編》景述古堂景宋鈔本，第一六頁下。

『删其僞辭，取其義者箸於篇』；約言之，則如《相如傳》《藝文志》。〔一〕

段氏認爲『删其要，謂取其要也』，直接訓『删』爲『取』。段氏的這個見解，多被現代詞書所接受，并舉《漢書·藝文志》總序此例爲書證。其中《漢語大詞典》釋『删』爲『節取，采取』，凡二例，除《漢志》外，另一例見《隋書》卷三二《經籍志一·尚書類》小序：

孔子觀《書》周室，得虞、夏、商、周四代之典，删其善者，上自虞，下至周，爲百篇，編而序之。〔二〕

此『删其善者』數語，劉知幾《史通》卷一《六家》也有采用，可證唐本如此，而此『删』字訓如『取』字，當無疑問。補此書證，《漢志》『删』字訓『取』當更爲可信。而今人又從『删』字的詞義發展、構詞情況與語源角度，以及《漢志》與《七略》之關係，進一步辨析了顔注的失誤和段説的精當〔三〕，可謂已成定説。

但問題在於，從詞義的演變歷史以及詞語的使用範圍看，各家所舉書證還缺乏關聯性和時代性。簡言之，除了《漢志》『今删其要』外，没有一條合乎邏輯的鐵證可以證明漢代『删』作『取』解。

我們首先看各家都舉證的《隋志》『删其善者』一例。『删其善者』，賓語爲『善者』，爲不可删削之事

〔一〕段玉裁《説文解字注》卷四篇下，上海古籍出版社，一九八一年，第一八〇頁。
〔二〕魏徵等《隋書》（修訂本）卷三二《經籍志一》，第一〇三五頁。
〔三〕紀健生《再釋〈漢書·藝文志〉總序『今删其要』》，《史學史研究》二〇〇三年第二期，第六八—七〇頁。

物，衹能訓之爲『取』，與『刪其要』完全相類，確實可以證明『刪』作『取』解的新義。但是，《隋志》爲唐初人所撰[一]，其行文用語，是無法證明五百年前班固時代『刪』字已經有了『取』義。事實上，這完全可能是因爲模仿《漢志》『刪其要』而造的新語。因此，在没有别的旁證的情况下，此例實在缺乏證據力。

能够證明『刪』有『取』義的例證，還在《漢書》本身。《漢書》卷一〇〇下《敘傳下》載：

> 虙羲畫卦，書契後作，虞夏商周，孔纂其業，篹《書》刪《詩》，綴《禮》正《樂》。[二]

孔子『刪《詩》』，謂刪汰一部分而節取一部分，其説本於《史記·孔子世家》：『古者《詩》三千餘篇，及至孔子，去其重，取可施於禮義……三百五篇孔子皆弦歌之，以求合《韶》《武》《雅》《頌》之音。』[三]『刪《詩》』之語，在漢代較爲流行，如《孔子家語》卷九《本姓解》云：

> 孔子生於衰周，先王典籍錯亂無紀，而乃論百家之遺記，考正其義，祖述堯、舜，憲章文、武，刪《詩》述《書》，定《禮》理《樂》，制作《春秋》。[四]

[一] 《隋書》紀傳部分撰成於貞觀十年（六三六），而《隋志》原名《五代史志》，撰成於唐高宗顯慶元年（六五六）。

[二] 班固《漢書》卷一〇〇下《敘傳下》，第四二四四頁。

[三] 司馬遷《史記》（修訂本）卷四七《孔子世家》，中華書局，二〇一三年，第二三三三頁。

[四] 《孔子家語》卷九《本姓解》，《四部叢刊初編》景明翻宋本，第一一頁下。

應劭《風俗通義·窮通第七》云：

陳蔡之厄，於丘其幸乎！自衛反魯，删《詩》《書》，定《禮》《樂》，制《春秋》之義，著素王之法。〔一〕

又如《文選》卷四三劉子駿《移書讓太常博士并序》李善注引《論語讖》曰：

自衛反魯，删《詩》《書》，修《春秋》。〔二〕

從「删《詩》」，到「删《詩》《書》」，再到「删《世本》《戰國策》」，如《後漢書》卷四〇上《班彪傳》載：

孝武之世，太史令司馬遷采《左氏》《國語》，删《世本》《戰國策》，據楚、漢列國時事，上自黄帝，下訖獲麟，作本紀、世家、列傳、書、表凡百三十篇，而十篇缺焉。〔三〕

此諸「删」字，皆内含「取」義，即徐鍇所謂「言有取捨也」，段玉裁所稱「有所去即有所取」也。此「删」字，《漢語大詞典》訓釋爲「删定」，《漢語大字典》訓釋爲「裁定」「節取」，皆可，但若單訓爲「取」，則仍有不妥。「删」的本義是有捨有取，「取」的含義是有取無捨，此處之「删」，皆爲有捨有取，故其被删之對象，

〔一〕應劭《風俗通義》卷七《窮通第七》，《四部叢刊初編》景元本，第一頁上。

〔二〕蕭統編《文選》卷四三劉子駿《移書讓太常博士并序》李善注，第六一一頁。

〔三〕范曄《後漢書》卷四〇上《班彪傳》，中華書局，一九六五年，第一三二五頁。

皆爲有可删汰之事物，是不能改易爲『取』字的。或者説，若改易爲『取』，則其文義頗有不同。此類用例，與《漢志》『删其要』顯然有别。『删其要』之『删』，所删之事物——『要』，即《七略》之綱要和精粹，實爲不能删之事物，而是删節後之事物，是當『取』而不當『删』、不能『删』之事物。换言之，『删其要』與『删《詩》』之『删』，其賓語性質不同，一則可删，一則可取而不可删。因爲『要』爲不可删之賓語，故段玉裁訓釋爲『取』。其於句義，甚妥甚當，這個新義的訓釋，解决了『删』字基本義的矛盾。但是要確立『删』字的這個新義，靠上述『删《詩》』『删《書》』之例是無法證明的，而捨此之外，各家都没有提供相類的書證。更爲重要的是，我們從《漢書》本身和先秦漢魏南北朝文獻中再也找不到『删』字作爲動詞用如『取』字的書證。《漢書》中『删』字用作動詞凡八例，二例作『删定』，二例作『删取』，一例作『删去』，一例作『删其僞詞』，一例作『删《詩》』，一例即『删其要』，無一例可證用如『取』。其他中古以前的文獻也不見有用作動詞而可直接訓作『取』義的例證。我們很難設想，在漢代『删』字引申發展了一個『取』的新義，而且是在像《漢書》這樣的經典著作中，結果在其後五百餘年間，這個使用頻率并不很低的『删』字的新義却又如同不曾存在過一樣，再也没有人使用過。果如此，我們寧可相信這個『删』字的新義其實并不曾出現過。所謂的新義，不過是後世不得其真解的一個不無道理的誤説。

既然『删』字用作『取』字没有可靠的書證，則不能强作『取』解，而顔師古解作『删去浮冗，取其指要』，則又因增字爲訓而難以服人，那麽從傳寫訛脱的角度來考察此『删』與『要』之間的矛盾，或許更合情理，即《漢志》在中古時期的傳寫中，『删其要』之『删』下脱漏了一個『取』字，原文本當作『删取其要』。這個理校，可以從班固本人以及班固前後人的詞語用例中得到印證〔一〕。

『删取其要』這個短語，最早見於《史記》卷一一七《司馬相如傳》：

> 賦奏，天子以爲郎。無是公言天子上林廣大，山谷水泉萬物，及子虚言楚雲夢所有甚衆，侈靡過其實，且非義理所尚，故删取其要，歸正道而論之。〔二〕

《漢書》卷五七上《司馬相如傳》沿用了《史記·司馬相如傳》的這段文字，亦稱『故删取其要，歸正道而論之』，顔師古注曰：『言不尚其侈靡之論，但取終篇歸於正道耳，非謂削除其辭也，而説者便謂此賦已經史家刊剟，失其意矣。』〔三〕宋代劉奉世對顔注所指馬遷所删所取之内容仍有不同理解：『觀傳所云，則是嘗删其辭矣。若是顔説，則「删」字爲長辭，恐非傳意。』〔四〕姑不論其所删所取具體爲何，作爲『删取』一詞與『要』字組合而成的短語『删取其要』，其語義則是明白的：删其不需，取其精要。

〔一〕古人有以注校經之例，顔師古注謂『删去浮冗，取其指要』，似針對『删取其要』而發，但因爲唐初魏徵等撰《隋志》（較顔注《漢書》同在貞觀時期而晚數年）所見本已同今顔注本而無『取』字，故不宜援此例以證之。

〔二〕司馬遷《史記》（修訂本）卷一一七《司馬相如傳》，中華書局，二〇一三年，第三六六五頁。

〔三〕班固《漢書》卷五七上《司馬相如傳上》顔師古注，第二五七六頁。

〔四〕王先謙《漢書補注》卷五七上《司馬相如傳上》，書目文獻出版社，一九九五年，第一一七四頁。

『删取』爲詞，《漢書・藝文志》中尚有别例，其《兵書略》序曰：

> 漢興，張良、韓信序次兵法，凡百八十二家，删取要用，定著三十五家。〔一〕

前舉『今删其要』是班固襲用史遷之文，而此『删取要用』，則是班固所造新語，不僅『删取』連用爲詞，而且也是與『要』字搭配，於此可見史遷『删取其要』對班固的影響。另外，從删汰與采用的關係看，《漢書》也喜歡用『删』字與『取』字相配，如《漢書》卷二一上《律曆志上》載：

> 至元始中王莽秉政，欲耀名譽，徵天下通知鐘律者百餘人，使羲和劉歆等典領條奏，言之最詳。故删其僞辭，取正義，著于篇。〔二〕

一『删』一『取』，雖然是分而言之，但其與『删取』一詞所表達的語義是一致的。正如顔師古所注：『班氏自云作志取劉歆之義也。自此以下訖於「用竹爲引者，事之宜也」，則其辭焉。』〔三〕清齊召南對班氏所采劉歆文字略有辨正：『「一曰備數」以下皆劉歆之詞，而班氏稍加删節，所謂「删僞辭，取正義」也。是以《晉志》引此志直云「劉歆序論」，而《風俗通義》引劉歆《鐘律書》當亦指此。若《隋書・

〔一〕班固《漢書》卷三〇《藝文志》，第一七六二—一七六三頁。
〔二〕班固《漢書》卷二一上《律曆志上》，第九五五頁。
〔三〕班固《漢書》卷二一上《律曆志上》，第九五六頁。

牛弘傳》引劉歆《鐘律書》「春宮秋律，百卉必凋；秋宮春律，萬物必榮」云云，今志所無，是則班氏所刪去者也。」〔一〕

『刪取其要』的短語，在其後不久也有沿用。如袁宏《後漢紀》卷二九《獻帝紀》建安十年載：

> 悦字仲豫，潁川人也。少有才理，兼綜儒史。是時曹公專政，天子端拱而已。上既好文章，頗有才意，以《漢書》爲繁，使悦刪取其要，爲《漢紀》三十篇。〔二〕

這表明，『刪取』確實成了一個合成詞，而『刪取其要』也成了具有一定穩定性的短語。

從刪汰、采用與精要這三者之間的關係看，用詞以『刪』『取』『要』三字相配也頗爲合理，班固也樂於使用。三者相配，文義完足，若必略其一而言之，則當稱『取其要』（唐以前舊籍中屢見之），而斷無作『刪其要』之理。故《漢志》之後，五百餘年無人仿其例而用『刪』字，而至唐五代八百年中，竟無一人沿用『刪其要』之語。此皆因『要』之類并非『刪』之對象，而是『刪』之目的，是『刪』後需要『取』來的對象，『刪』與『要』之矛盾，衹能補『取』字合成『刪取』一詞（或作『刪采』『刪著』『刪存』『刪撮』『刪録』等）以作

〔一〕王先謙《漢書補注》卷二一上《律曆志上》，第三六九頁。
〔二〕袁宏《後漢紀》卷二九《獻帝紀》，《四部叢刊初編》景明翻宋本，第一六頁下。

調和。但自北宋宋祁撰《新唐書》采用『今删其要』之後〔一〕，起而仿效者漸夥，此語始得到某種程度的認可。此可視爲習非成是之類，與《漢志》的文本原貌無關。

綜上所言，《漢志》『今删其要，以備篇籍』之『删其要』，在句義可以確定，即如顔注所言『删去浮冗，取其指要』，而前人關於『删』作『取』解的新義（在褒義詞作賓語的結構中）又難以成立的情況下，我們根據《漢書》沿襲史遷舊語『删取其要』以及班固仿造新語『删取要用』之例，結合『删』『取』『要』之間的語義關係，推測『删』下當脱『取』字，原文當作『今删取其要』，并非没有理據。此較鑿空而釋作『删而取』或徑訓作『取』，應當更爲可取。

（原載《古典文獻研究》第十六輯，鳳凰出版社，二〇一三年）

〔一〕歐陽脩、宋祁《新唐書》卷一九九《儒學中・柳冲傳》，中華書局，一九七五年，第五六七六頁。

唐《群書四部録》撰者「王仲丘」辨誤

《群書四部録》，又名《群書四録》《開元群書四部録》，凡二百卷，是唐代開元年間編撰的一部重要的朝廷藏書目録，也是古代卷帙最大的藏書目録之一。關於該書的編撰情况，史料記載比較清晰，一般不存在什麽疑問，但參與修撰該書的人員姓名，有關史料則略見歧異，後世言及此事也就不盡一致，甚至於習非成是了〔一〕。

最早記載修撰《群書四部録》情况的文獻當爲《舊唐書》。其卷四六《經籍志序》曰：

〔一〕今人論述《群書四部録》的編撰情況當以王重民《中國目録學史論叢》最爲詳細，書中引《新唐書》卷一九九《儒學・馬懷素傳》考察該書的編修人員，便將負責集部校理的「劉仲丘」直接改作了「王仲丘」（中華書局，一九八四年，第九七、九八頁）。其後周少川《古籍目録學》等又沿襲其誤（中州古籍出版社，一九九六年，第一三六頁）。

開元三年〔一〕，左散騎常侍褚無量、馬懷素侍宴，言及經籍。玄宗曰：『内庫皆是太宗、高宗先代舊書，常令宫人主掌，所有殘缺，未遑補緝，篇卷錯亂，難於檢閲。卿試爲朕整比之。』至七年，詔公卿士庶之家，所有異書，官借繕寫。及四部書成，上令百官入乾元殿東廊觀之，無不駭其廣。九年十一月，殷踐猷、王愜、韋述、余欽、毋煚、劉彦真、王灣、劉仲等重修成《群書四部録》二百卷，右散騎常侍元行冲奏上之。〔二〕

《唐會要》卷三六《修撰》所載略有異同：

九年十一月十三日，左散騎常侍元行冲上《群書四部録》二百卷，藏之内府。凡二千六百五十五部，四萬八千一百六十九卷，分爲經、史、子、集四部。經庫是殷踐猷、王恢編；史庫韋述、余欽；子庫毋煚、劉彦直；集庫王灣、劉仲。其序例，韋述撰。其後毋煚又略爲四十卷，爲《古今書録》。〔三〕

〔一〕『開元三年』，《唐會要》卷三五《經籍》同。據《唐六典》卷九『集賢殿書院』條，韋述《集賢注記》（《職官分紀》卷一五引），《通典》卷二一《職官三》『集賢殿書院』條，《舊唐書》卷四三《職官志二》、卷一〇二《韋述傳》，《資治通鑑》卷二一一《（玄宗）開元五年》及本文下引《新唐書》卷四七《百官志二》，『三年』當爲『五年』之誤。

〔二〕劉昫等《舊唐書》卷四六《經籍志上》，中華書局，一九七五年，第一九六二頁。按：《舊唐書》卷一〇二《馬懷素傳》《褚無量傳》《元行冲傳》《韋述傳》均載有此事，可互爲補充，而所涉修撰人員，不若《舊唐志》之詳。

〔三〕王溥《唐會要》卷三六《修撰》，上海古籍出版社，二〇〇六年，第七六七頁。

《新唐書》卷五八《藝文志二》又著録作：『《群書四録》二百卷。殷踐猷、王愜、韋述、余欽、毋煚、劉彦直、王灣、王仲丘撰，元行冲上之。』[一]同書卷一九九《馬懷素傳》叙此最爲詳盡：

> 開元初……（馬懷素）又言：『自齊以前舊籍，王儉《七志》已詳。請采近書篇目及前志遺者，續儉《志》以藏秘府。』詔可。即拜懷素秘書監。乃召國子博士尹知章、四門助教王直、直國子監趙玄默、陸渾丞吴綽、桑泉尉韋述、扶風丞馬利徵、湖州司功參軍劉彦直、臨汝丞宋辭玉、恭陵令陸紹伯、新鄭尉李子釗、杭州參軍殷踐猷、梓潼尉解崇質、四門直講余欽、進士王愜劉仲丘、右威衛參軍侯行果、邢州司户參軍袁暉、海州録事參軍晁良、右率府胄曹參軍毋煚、滎陽主簿王灣、太常寺太祝鄭良金等分部撰次……懷素卒後，詔秘書官并號修書學士……詔委行冲。乃令煚、述、欽總緝部分，踐猷、愜治經，述、欽治史，煚、彦直治子，灣、仲丘治集。八年[二]，《四録》成，上之。[三]

據上引文獻，《舊唐志》『劉彦真』爲『劉彦直』之形誤，《唐會要》『王恢』爲『王愜』之形誤，殆無疑問。而

[一] 歐陽脩、宋祁《新唐書》卷五八《藝文志二》，中華書局，一九七五年，第一四九八頁。
[二] 『八年』，據《舊唐書・玄宗本紀上》、《資治通鑑考異》卷一二『十一月元行冲上《群書四録》』條引韋述《集賢注記》、柳芳《唐曆》、陳嶽《統紀》以及本文上引《舊唐志》《唐會要》，當作『九年』。
[三] 歐陽脩、宋祁《新唐書》卷一九九《儒學中・馬懷素傳》，第五六八一—五六八二頁。

兩書之『劉仲』，《新唐志》則作『王仲丘』，《新唐書・馬懷素傳》又作『劉仲丘』〔一〕。『劉仲丘』之名，兩《唐書》中僅此一見，而『王仲丘』則屢見之，《新唐書》卷二〇〇《儒學傳下》并有傳，云『仲丘開元中歷左補闕内供奉、集賢修撰、起居舍人』〔二〕。又《千唐志齋藏志》收有《大唐故右領軍衛將軍上柱國新城縣開國伯薛府君墓志文并序》，曰『開元廿祀龍集壬申七月辛丑朔，河東薛府君諱璿卒於東都正平里第』，題『子婿左補闕内供奉集賢院修撰琅邪王仲丘撰』〔三〕。據此，王仲丘於開元二十年或之前曾官『集賢院修撰』無疑。集賢院修撰，同『（集賢院）直學士』，其職正是『掌刊緝古今之經籍，以辯明邦國之大典，而備顧問應對』〔四〕，因此後世學者多以爲『劉仲丘』爲『王仲丘』之誤，而『劉仲』之名則又當是脱去了『丘』字（唐宋文獻中罕見有以排行『仲』字單獨爲名者）。

但是，『王』『劉』二姓，形音迥異，頗不易致誤。今考諸家所載，《新唐志》所稱『王仲丘』者，實不足爲信。《舊唐志》作『劉仲』，《唐會要》亦作『劉仲』，這是目前所見記載《群書四部録》修撰人員最早的兩種文獻。從二者叙述的文字差異看，《唐會要》多出上奏的具體日期和四部分纂的責任名單，此條不可能抄自

〔一〕歐陽脩、宋祁《新唐書》本紀與志、表由歐陽脩負責，列傳則宋祁負責，故其志、傳有此歧異。
〔二〕歐陽脩、宋祁《新唐書》卷二〇〇《儒學下・王仲丘傳》，第五七〇〇頁。
〔三〕河南省文物研究所等編《千唐志齋藏志》，文物出版社，一九八四年，第七一四頁。
〔四〕李林甫等撰，陳仲夫點校《唐六典》卷九『集賢殿書院』條，中華書局，一九九二年，第二七九、二八〇—二八一頁。

《舊唐志》,而當是源自其作爲藍本的唐蘇冕《會要》。如此説來,二者皆寫作『劉仲』,并非是後人的傳刻之誤,而當是原本如此。而《新唐書・馬懷素傳》更較前二者多出許多内容,如詳細列出參與校理藏書、編撰書録的『修書學士』,而且姓名前均冠有其入選秘書省之前的職銜,顯然别有史源,而依然寫作『劉』,是三家所見此人姓『劉』而不姓『王』。《新唐書・馬懷素傳》中『仲丘』之名前後出現了三次,此人名『仲丘』而非單名『仲』字亦當可信。《舊唐志》與《唐會要》均作『劉仲』,蓋其所據史源文獻已有脱漏之故〔一〕。

劉仲丘事迹,史料鮮有記載,但《大唐傳載》中留下的一則佚事,却頗有助於辨别『王仲丘』與『劉仲丘』之是非。其文曰:

> 劉巨麟,開元中爲廣州刺史,弟仲丘爲麗政殿學士,兄弟友愛。有羅浮道者,爲巨麟合丹劑,將分半以遺仲丘,命刀中破之,分銖無差焉。〔二〕

此條所載劉氏兄弟友愛之事并無什麼特别,我們關注的是該條材料的可信性和劉仲丘的身份。《大唐傳載》,唐代無名氏所著,今人考定作者爲韋瓘,約撰於唐文宗大和八年,《四庫全書總目》入小説家雜事類,

---

〔一〕《舊唐志》此條雖不言四部分纂,但編者八人之姓名及序次與《唐會要》此條全同,是二者同源仍有迹可循,或皆本於蘇冕《會要》,或采自另一同源文獻。

〔二〕無名氏《大唐傳載》,清錢熙祚《守山閣叢書》本,第六頁上。按:『丘』原作『邱』,清人避孔子諱加『邑』旁,今回改。又『麗政殿』,唐宋載籍一般作『麗正殿』,此蓋傳寫者誤,以下通作『麗正殿』。

記唐初至文宗時雜事，『所録唐公卿事迹言論頗詳，多爲史所采用』〔一〕。他書所載亦可印證此條。《太平廣記》卷四三七引《摭異記》云：『劉巨麟，開元末爲廣府都督。』〔二〕據郁賢皓《唐刺史考全編》所考，劉巨麟爲廣州刺史在開元二十九年至天寶三載〔三〕。廣州於唐高祖武德七年設都督府，至玄宗天寶元年改爲南海郡，肅宗乾元元年又復爲廣州〔四〕，州長官稱刺史，郡稱太守，都督府則稱都督，劉巨麟的正式官銜應先爲『都督』，後稱『太守』，但前人在一般的叙述性文字中，也多有以『刺史』稱『都督』者。如《舊唐書》卷八九《王方慶傳》載：『則天臨朝，拜廣州都督。』〔五〕而《舊唐書》卷九九《張九齡傳》則稱張九齡『年十三，以書干廣州刺史王方慶』〔六〕。由此觀之，《大唐傳載》稱『劉巨麟開元中爲廣州刺史』是符合史實的〔七〕。

《大唐傳載》稱其『弟仲丘爲麗正殿學士』，『仲丘』之名是否有可能出現傳寫之誤呢？除《新唐書·馬懷

〔一〕永瑢等《四庫全書總目》卷一四〇《〈大唐傳載〉提要》，中華書局，一九六五年，第一一八五頁。詳見周勛初先生《唐代筆記小説叙録》，鳳凰出版社，二〇〇八年，第五四—五六頁。

〔二〕李昉等《太平廣記》卷四三七，中華書局，一九六一年，第三五五六頁。

〔三〕郁賢皓《唐刺史考全編》，安徽大學出版社，二〇〇五年，第三一六一頁。

〔四〕劉昫等《舊唐書》卷四一《地理志四》，第一七一一、一七一二頁。

〔五〕劉昫等《舊唐書》卷八九《王方慶傳》，第二八九七頁。

〔六〕劉昫等《舊唐書》卷九九《張九齡傳》，第三〇九七頁。

〔七〕史載劉巨麟爲廣州都督在開元末，而此條稱『開元中』，不甚準確，但在筆記小説的一般性叙述文字中，此類表示時間的模糊性用語較爲習見，不影響其史料在整體上的真實性。

素傳》外，《金石録》卷七《唐窣堵波幢銘》亦著録有『劉仲丘』之名，落款題『天寶四載七月』〔一〕，此可證開元天寶年間確有劉仲丘其人。仲丘職銜爲『麗正殿學士』，『麗正殿學士』之稱使用時間甚短。《新唐書》卷四七《百官志二》『集賢殿書院』條於此叙述甚明：

開元五年，乾元殿寫四部書，置乾元院使……六年，乾元院更號麗正修書院，置使及檢校官，改修書官爲麗正殿直學士。八年，加文學直，又加修撰、校理、刊正、校勘官。十一年，置麗正院修書學士；光順門外，亦置書院。十二年，東都明福門外亦置麗正書院。十三年，改麗正修書院爲集賢殿書院，五品以上爲學士，六品以下爲直學士，宰相一人爲學士知院事，常侍一人爲副知院事。〔二〕

據此可知，『麗正殿學士』是開元前期新設置的校理朝廷藏書的『修書官』，其前身是乾元院的修書官，開元六年始有此稱，至開元十三年，又改稱集賢院學士。集賢院修書官雖有直學士與學士之分，有官品的限制，但在時人或後人的叙述稱謂上，二者常常不加區分。如唐代詩人王灣有《哭補闕亡友綦毋學士》一詩〔三〕，據《唐才子傳》卷一『王灣』條，此『綦毋學士』爲開元時期的綦毋潛，今人雖有質疑，但仍

〔一〕趙明誠撰，金文明校證《金石録校證》卷七《唐窣堵波幢銘》著録：『劉仲丘撰，薛希昌八分書，天寶四載七月。』（廣西師範大學出版社，二〇〇五年，第一一八頁）

〔二〕歐陽脩、宋祁《新唐書》卷四七《百官志二》，第一二一二—一二一三頁。參見《唐六典》卷九『集賢殿書院』條，第二七九頁。

〔三〕彭定求等《全唐詩》卷一一五，上海古籍出版社，一九八六年，第二七一頁。

可確認此爲開元中人[一]。中書、門下兩省的左、右補闕都是從七品上，依規定當稱『直學士』而非『學士』，但王灣詩題中仍然將其稱作『學士』。又據此條及《職官分紀》卷一五引韋述《集賢注記》[二]，當時有『麗正殿直學士』，似乎并没有『麗正殿學士』之官[三]，但唐代文獻於此亦往往不作區分而統稱爲『麗正殿學士』。如《顔魯公文集》卷一〇《曹州司法參軍秘書省麗正殿二學士殷君墓碣銘》即稱殷踐猷爲秘書省學士與麗正殿學士，其墓碣又云：『解褐杭州參軍……開元初舉文儒異等，授秘書省學士，尋改曹州司法參軍、麗正殿學士，與韋述、袁暉同修王儉《今書七志》及《群書四録》。』[四]《文苑英華》卷九五六權德輿《叔父故朝散郎華州司士參軍府君墓志銘》，叙其叔母陳郡殷氏，是『曹州司法麗正殿學士踐猷之孫、清河尉宣之女』[五]，亦稱殷踐猷爲『麗正殿學士』，是當時雖無『麗正殿學士』之制，却實有『麗正殿學士』之名。《群書四部録》的修撰，正在『麗正修書院』，完成於開元九年，其修書官當時正應稱作『麗正殿學士』。殷踐猷於開元五年，以杭州參軍的身份被聘爲秘書省學士，六年爲麗正殿學士，負責

[一] 辛文房著、傅璇琮等校箋《唐才子傳校箋》，中華書局，一九八七年，第一八九—一九六頁。

[二] 孫逢吉《職官分紀》卷一五，中華書局，一九八八年，第三七六頁。

[三] 王應麟《玉海》（合璧本）卷五二『唐乾元殿四部書』條及卷一六七『唐集賢殿書院』條引《新唐書・百官志》作『麗正殿學士』（京都：中文出版社，一九七七年，第一〇三五、三一五九頁），蓋脱『直』字（今《新唐書・百官志》有『直』字）。

[四] 顔真卿《顔魯公文集》卷一〇，《四部叢刊初編》景明安氏館刻本，第一—二頁。

[五] 李昉等《文苑英華》卷九五六，中華書局，一九六六年，第五〇二九頁。

經部叙録的撰寫，正是劉仲丘撰寫《群書四部録》的同仁。由此觀之，《大唐傳載》所載『麗正殿學士』劉仲丘，與《新唐書·馬懷素傳》所載劉仲丘爲同一人無疑，其人於開元五年以進士的身份先受聘爲秘書省學士，參與乾元殿四部舊籍的校理，後改爲麗正殿學士，負責《群書四部録》集部叙録的撰寫。而《新唐志》所題『王仲丘』，官爲從七品的左補闕，任『集賢院修撰』，其時必在開元十三年（是年，改麗正修書院爲集賢殿書院）之後，屬集賢院學士（此爲泛稱），而非編撰《群書四部録》時期的『麗正殿學士』，與《群書四部録》無涉。是《新唐志》之誤，確然無疑。

但上文曾言『王』『劉』二字不易致誤，那麽『劉仲丘』又是怎麽訛作『王仲丘』的呢？《新唐志》的著録是『王灣』與『劉仲丘』連言，我們不排除傳寫中『劉』字有涉上而誤的可能，但更可能是因爲『劉仲』或『劉仲丘』之名罕見於各種史料，『劉仲』之名又似有脱字，史官無從辨析，而王仲丘則爲開元天寶間知名學者，精於禮學，開元中又曾爲集賢殿修撰，《新唐書》亦有傳，故史官以爲『劉仲』或『劉仲丘』之名應爲『王仲丘』之誤，遂徑改之〔一〕。

（原載《文獻》二〇一二年第四期）

〔一〕 歐陽脩負責《新唐書》本紀與志、表的修撰，宋祁負責列傳，紀傳之間或志傳之間多有抵牾，宋人吴縝曾撰《新唐書糾謬》一書專攻此失。

《舊唐書·經籍志》『增補説』辨正

《舊唐書·經籍志》是我們考察唐代開元時期圖書流傳最基本的書目文獻。過去，學者們對《舊唐志》關注較少，近年來研究論文漸多，其中牛繼清先生的論文特別引起了我的注意〔一〕。牛先生對《舊唐志》的研究主要做了兩個方面的工作：一是對今本《舊唐志》脱漏的圖書作鈎沉校補，二是對《舊唐志》與《古今書録》的關係進行了新的探索。尤其是後一方面，牛先生推翻前人成説，提出了一個重要的新觀點，即《舊唐志》對《古今書録》有所增補。這個新觀點，不僅關係到《舊唐志》的編纂問題，同時也涉及對《舊唐志》的校補問題。若依從增補説，則對《舊唐志》脱漏的校補大有可爲；若不能成立，則據此對《舊唐志》所作的

〔一〕牛繼清先生的論文主要有《〈舊唐書·經籍志〉史部脱漏書鈎沉》，載《史學史研究》二〇〇一年第三期；《〈舊唐書·經籍志〉研究三題》，載《古籍研究》二〇〇二年第一期。另據《〈舊唐書·經籍志〉研究三題》一文作者自注，牛先生尚有《〈舊唐書·經籍志〉經部脱漏書六種》《〈舊唐書·經籍志〉子部脱漏書考索》及《〈舊唐書·經籍志〉集部脱漏書十三種》三文待刊。同時及稍後張晚霞女士發表了《〈舊唐書·經籍志〉集部脱漏書十三種》（《古籍研究》二〇〇二年第一期）及《〈舊唐書·經籍志〉經部脱漏書考證》（《淮北煤炭師範學院學報》二〇〇三年第二期），此二文與牛文當有一定的淵源，可據以窺見其主要内容。

校補便多有可議。今筆者不揣謭陋，亦就此略陳己見，以求正於牛先生及各位專家。

《舊唐志》與《古今書録》的關係，學界原本早有公認，即《舊唐志》是采録《古今書録》編製而成的。其具體情況，正如王重民先生所言：『《舊唐書·經籍志》的改編方法是略去序録，删去提要，僅留下撰人姓氏，對於原有五一八五二卷圖書是照樣著録下來的。』〔一〕王氏所論，表面上看似乎衹是説《古今書録》著録的圖書全部被《舊唐志》保存下來了，并未排除五代史官在修撰《舊唐志》時有所增補的可能，但實際上是完全排除這種可能性的。因爲五一八五二卷是《古今書録》著録圖書的總數量，也是《舊唐志》所著録的圖書總數目。其證據就是《舊唐書·經籍志》總序中所載的《古今書録序》及《舊唐志》的四部大序〔二〕。《古今書録序》有一段文字説明其對《開元群書四部録》的訂補與《書録》的圖書分類及著録情況，曰：

> 紕繆咸正，混雜必刊。改舊傳之失者，三百餘條；加新書之目者，六千餘卷。凡經録十二家，五百七十五部，六千二百四十一卷。史録十三家，八百四十部，一萬七千九百四十六卷。子録十七家，七百五十三部，一萬五千六百三十七卷。集録三家，八百九十二部，一萬二千二十八卷。凡

〔一〕王重民《中國目録學史論叢》，中華書局，一九八四年，第一〇六頁。

〔二〕大序，指《舊唐志》經、史、子、集四部之前或其後所載的關於該類著録圖書的部、卷數及其分類的説明文字，雖非書序之體，但爲論述方便，姑稱之爲『大序』或『類序』。而四部下各小類後所載該類著録圖書的部、卷數，則姑稱之爲『小序』。實則《舊唐志》有總序而無大、小序。

四部之録四十五家，都管三千六十部，五萬一千八百五十二卷，成《書録》四十卷。〔一〕

我們合計此序所載四部四十五類圖書的部、卷數，正與文末的總計數目相合，即三〇六〇部，五一八五二卷。而《舊唐志》四部大序，也分別載有各部著録圖書的總數目：『甲部經録，十二家，五百七十五部，六千二百四十一卷。』『乙部史録，十三家，八百四十四部，一萬七千九百四十六卷。』〔二〕『丙部子録，十七家，七百五十三部，書一萬五千六百三十七卷。』『丁部集録，三類，共八百九十部，書一萬二千二十八卷。』〔三〕兩相比較，可知《舊唐志》與《古今書録》著録之圖書部數微有差異（當是傳寫訛脱所致），而四部分類之多寡及著録圖書之卷數，則毫釐不差，完全一致。

《舊唐志》據《古今書録》而成，其四部著録之卷數既然完全相同，則著録之圖書部數也理應相同，但今本《舊唐志》史部大序所載著録圖書之部數却較《古今書録序》所言多四部；而集部大序所載又較《古今書録序》所言少二部。何以史録、集録著録的圖書卷數一致而部數却多寡有異？是文字訛脱所致，還是《舊唐志》仿效《漢書·藝文志》采録《七略》而有所增删呢？幸而《舊唐志》集部後也載有該類部、卷數之統

〔一〕劉昫等《舊唐書》卷四六《經籍志上》，中華書局，一九七五年，第一九六五頁。

〔二〕劉昫等《舊唐書》卷四六《經籍志上》，第一九六六、一九八七頁。

〔三〕劉昫等《舊唐書》卷四七《經籍志下》，第二〇二三、二〇五一頁。

計：『右集録……凡八百九十二部，一萬二千二十八卷。』〔一〕（《舊唐志》僅集部後有此總計數目）據此可知，集部著録之書原本也是『八百九十二部』，與《古今書録》并無不同，是《舊唐志》集部前所載『八百九十部』文字有誤，當是傳寫中偶然脱去了『二』字。二書各録既卷數一致，經、子、集三録部數也一致，何以《舊唐志》史部大序所載又偏偏多出四部圖書呢？若爲《舊唐志》所增補，而總計卷數又保持不變，則勢必同時要删去《古今書録》原本所著録的一些圖書，因爲增補了新書，其卷數自然無法一致。但這既過於巧合，也完全背離了《舊唐志》著録之宗旨。《舊唐志》乃『據開元經籍爲之志』者〔二〕，《古今書録》所收既爲開元藏書，自不當删之，且《舊唐志序》也未曾言及删削過《古今書録》著録的圖書。由此觀之，《舊唐志》史部著録的部數差異并非是由史臣增補造成的，那麽《舊唐志》史部大序之『八百四十四部』與《古今書録序》之『八百四十部』就必有一誤。因『八百四十部』有總計『三千六十部』作爲旁證，似乎『八百四十四』之『四』字當爲衍文〔三〕。但從衍脱之理看，『八百四十』之衍作『八百四十四』遠不如『八百四十四』之易於脱漏成『八百四十』。而更重要的是，《玉海》卷五二《書目》『唐續七志、《群書四録》《古今書録》《集賢書目》《四庫更造書目》』條記載：『《舊史志》載《書録序》：改舊傳之失三百餘條，加新書

〔一〕劉昫等《舊唐書》卷四七《經籍志下》，第二〇八一頁。

〔二〕劉昫等《舊唐書》卷四六《經籍志上》，第一九六六頁。

〔三〕按：一般皆視其爲衍文，牛文也認爲『四』字爲衍文，見《〈舊唐書·經籍志〉史部脱漏書鈎沉》，第五三頁注釋②。

之目六千餘卷，凡四録四十五家，三千六十四部，五萬一千八百五十二（原殘作『一』）卷。』〔一〕《玉海》所引《書録序》與今本《舊唐志序》所載，除去中間叙述各部分類及著録圖書部、卷數的文字被删削之外，其他文字内容完全一致，可見王應麟確實是據《舊唐志》采録的，唯此言著録圖書『三千六十四部』，比《舊唐志序》所言多四部。考察上下文，這個『四』字的確不易致衍，那麽是王應麟所見《舊唐志》原本即當如此。《舊唐志》史部作『八百四十四部』，則正合《玉海》所言『三千六十四部』之總數。若以爲總數『三千六十部』可信，便無法解釋何以王應麟所引《古今書録序》稱『三千六十四部』與《舊唐志》史録前所載『八百四十四部』分别都衍出一個『四』字。而『三千六十部』之誤則不難理解：當是因爲《舊唐志序》所載《古今書録序》之『八百四十四部』傳寫偶脱後『四』字，而後世淺人合計四録僅得『三千六十部』，便又妄删『三千六十四部』之『四』字。明人刻書妄删妄改實爲通病，聞人本有此誤删也不足爲怪〔二〕。

〔一〕王應麟《玉海》（合璧本）卷五二《書目》，京都：中文出版社，一九七七年，第一〇三七頁。

〔二〕明聞人詮刻本於《舊唐書》之流傳爲功甚巨，但因其刊刻時無善本可據，加之卷帙繁多，又受明人刻書陋習之影響，故其文字訛誤甚多，有手民之誤，也有妄改之誤。如《舊唐書·太宗紀》載：『（貞觀二年）秋七月戊申，詔……隋武牙郎將高元禮，并於隋代俱蒙任用，乃協契宇文化及，構成弑逆。宜依裴虔通，除名配流嶺表。』王鳴盛《十七史商榷》卷七〇云：『考《隋書·煬帝紀》及《通鑑》第一百八十五卷，虎賁郎將元禮與司馬德戡、裴虔通同弑帝，無所謂「高元禮」者，「高」字衍。下文貞觀七年正月，禁錮宇文化及等詔，仍作「元禮」。』今按：《新唐書·太宗紀》載此事亦作『高元禮』，似乎《舊唐書》别有所本，不可遽指爲衍文。但檢《舊唐書》葉石君校抄宋本，此則作『元禮』，《册府元龜》卷一五二載此文亦作『元禮』，是知唐代國史原本即作『元禮』，宋本作『元禮』（轉下頁）

據此可以明確：《舊唐志》各類大序所載著録圖書部、卷數，與《古今書録》各部著録的圖書部、卷數皆完全一致，凡三千六十四部，五萬一千八百五十二卷。在著録圖書的數量上《舊唐志》無任何增删。

這是非常堅實可信的證據。對此，牛文在論證『增補説』的時候是如何處理的呢？牛氏作了一個假想：五代史官在增補《古今書録》而編成《舊唐志》的時候，『却因疏漏未能在「總序」和「類序」中反映出來』[二]。也就是説，史官在四部各類新增了著録的圖書之後，没有忘記改動各小類的著録數目，却忘記了改動四部原來的統計數目，不僅總序中忘記了，而且是四部各大類之前的統計數目都忘記了作相應的改動。這種假設是不太合理的，我們根本無法想象史官在編纂《舊唐志》的時候會如此的草率，竟然接二連三地忘記了那必不可少的改動説明。

疑惑之餘，我們還是來看看牛文是怎麽提出這個『增補説』的。如果别有確鑿可信的與《舊唐志》總序、大序所稱不同的反證，我們也將不得不相信那是史官不可原諒的粗疏。

檢查牛文，其最重要的證據，就是『發現《舊唐志》各類目「小序」所載纔是實際著録圖書的部、卷

（接上頁）甚確，聞人本『高』字爲衍文無疑。但何以《新唐書》與聞人本《舊唐書》會如此巧合而同衍『高』字呢？《新唐書·太宗紀》之『高』蓋因武后時高元禮而誤衍，而聞人本則當是沈桐等人校刻時據《新唐書》而誤改。

〔二〕牛繼清《〈舊唐書·經籍志〉研究三題》，第六〇頁。

數，其合計數與「總序」「類序」有較大差異』，『四部各類「小序」之和爲三千八十九部、五萬二千八十卷，這應該是《舊唐志》編纂時實際著録圖書的部、卷數，比「總序」數及各「類序」之和多出二十九部、二百二十八卷』。〔一〕

比較總序、類序所載與各小序之和，二者的差異是確實存在的。但爲什麼會有這個差異，牛文并没有作出合理的分析，而衹是貿然認定《舊唐志》四部各類『小序』之和纔是《舊唐志》編纂時實際著録圖書的部、卷數。這其中牛文又作了一個并不周密的假設：即今本各小序所載的合計數目仍然準確無誤，尤其是那些小序統計數目大於該類實際著録之數目者。但如果其中一些小序的統計數目是傳寫有誤而非著録之脱漏，則『增補説』頓成無根之談，因爲今本《舊唐志》實際著録之圖書并未有任何超出《古今書録》著録範圍之外者。顯然，牛氏的這個假設是不成立的。檢核今本《舊唐志》，『小序』中的數字之誤實在不在少數。如子部儒家類載：『儒家二十八部，凡七百七十六卷。』〔二〕而該類實際著録有八十一部，顯然這『二十八』三字有誤，應當作『八十二』或『八十一』。這説明小序的合計數目在没有旁

〔一〕 牛繼清《〈舊唐書·經籍志〉研究三題》，第五九頁。據牛文校正後統計：經部小序合計爲五百七十六部，較大序所言多一部；史部小序合計爲八百五十七部，較大序多十七部；子部小序合計爲七百六十四部，較大序多十一部；集部小序合計與大序相符。這麽看，差異大者衹有子、史二部。

〔二〕 劉昫等《舊唐書》卷四七《經籍志下》，第二〇二六頁。

證的情况下是不宜信之無疑的。雖然牛文對小序中這類明顯的數字訛脱也曾作過幾處校補，但牛文的校補，祇限於小序的合計數目少於該類實際著録的部、卷數的那些類别，而對實際著録部數少於小序合計數目者，則在毫無依據的情况下一律認定是傳寫中著録的圖書有了脱漏。從邏輯上説，這是不太嚴密的，因爲合計數目大於實際著録之數目者也同樣可能會有傳刻或編纂中的文字訛誤。此可先以《新唐書·藝文志》證之。《新唐志》經部《孝經》類載：『右《孝經》類二十七家，三十六部，八十二卷。失姓名一家，尹知章以下不著録六家，一十三卷。』〔一〕檢核該類『著録』部分，實際僅有二十七部（『不著録』部分尹知章以下六部不誤），而小序却稱『三十六部』。這是數目有誤，還是該類著録後來有脱漏呢？若以爲是脱漏，一共三十六部書就脱漏了九部，也未免殘缺過甚，《新唐志》各類尚未見其例。若證以《舊唐志》，《孝經》類正好也是二十七部書；再證以《新唐志》該類二十七部書之卷數，共計八十二卷，與小序所載合計之數『八十二卷』完全一致，因知《新唐志》所言『三十六部』實爲『二十七部』之訛。我們雖然没有這樣確切的内證或其他證據可以確定《舊唐志》所載此類合計之數必然有誤，但同樣會存在這類訛誤却是完全可能的。如《舊唐志》經部各類『小序』所載圖書的部、卷數，牛氏統計爲五百七十六部，六千二百四十卷，比總序及經部大序所載多一部，少一卷〔二〕。這多出一部的差異，實際上就在詁

〔一〕歐陽脩、宋祁《新唐書》卷五七《藝文志一》，中華書局，一九七五年，第一四四三頁。

〔二〕牛繼清《〈舊唐書·經籍志〉研究三題》，第六二頁。

訓、小學類。其小序原文載：『右小學一百五部〔一〕，《爾雅》《廣雅》十八家，偏傍音韻雜字八十六家，凡七百九十七卷。』〔二〕《舊唐志》的『家』即『部』（與《新唐志》的『家』的含義不同），《爾雅》等十八部，加文字、音韻著作八十六部，共一百四部，比該類小序總計『一百五部』少一部。是總數『一百五』爲『一百四』之誤，還是其下的『十八』或『八十六』文字有誤呢？從邏輯上説，二者皆有可能。牛氏在没有任何旁證的情况下，便認定『十八家』當作『十九家』，并據《新唐志》補出所闕之書爲韋昭《辨釋名》〔三〕，實在過於武斷。如果我們推斷是總數『一百五』字誤，至少還有總序及大序所載『五百七十五部』作爲旁證（各小序所載合計數加此類『一百四』正好是五百七十五部）。同時『十八家』不誤也有一個旁證，即該類實際著録的圖書正好是十八家。若以爲當作『十九家』，則不僅是此處有文字訛誤，而且該類的實際著録也正好脱漏了一種圖書。這種置多種旁證於不顧，而在無據之下采信那種既訛且脱的多重假設證成的新説，到底又有幾分可信度呢？

當然，如果説牛文的『增補説』再没有提出過别的證據，那也不免有些輕率了。牛文還有什麽旁證

〔一〕據總序及經部大序，《舊唐志》『小學類』并未包括『詁訓』著作，而此處所言一百五部却包括了下文的『《爾雅》《廣雅》』，是此處『小學』二字當爲衍文。

〔二〕劉昫等《舊唐書》卷四六《經籍志上》，第一九八七頁。

〔三〕牛繼清《〈舊唐書·經籍志〉研究三題》，第六二頁。牛氏考證過程，可參見張晚霞《〈舊唐書·經籍志〉經部脱漏書考證》，第八〇頁。

呢？那就是《新唐志》史部類序所載的『凡著録五百七十一家，八百五十七部，一萬六千八百七十四卷』〔一〕。《新唐志》的這條記載爲何可以成爲旁證呢？牛氏是這樣認爲的：『《新唐志》也是以《書録》（原注：實際上是以《舊唐志》）爲藍本，但增補了唐開元以後的著作撰集而成，爲了保持原貌，它把《書録》或《舊唐志》原有書目標識作「著録」部分，而把新增部分標識作「不著録」部分。』〔二〕這裏牛氏也提出了自己的新看法，即《新唐志》的著録部分實際上是根據《舊唐志》編撰成的〔三〕，而《新唐志》史部稱『著録八百五十七部』，又『恰好是《舊唐志》史部小序的合計數』，因此牛文認定這正是『《舊唐志》史部的原著録數』的遺存〔四〕。那麽《新唐志》史部所稱『著録八百五十七部』與《舊唐志》到底有没有關係呢？我們暫且不論《新唐志》直接依據的是《古今書録》還是《舊唐志》，先姑從牛説來看看《新唐志》是怎樣采用《舊唐志》

〔一〕歐陽脩、宋祁《新唐書》卷五八《藝文志二》，第一四五三頁。

〔二〕牛繼清《〈舊唐書·經籍志〉研究三題》，第六〇頁。

〔三〕過去一般認爲《新唐志》著録部分是以《古今書録》爲藍本編成的，由於它比《古今書録》著録的圖書多出數百種，所以王重民懷疑『歐陽脩所據的《古今書録》是一個經過增訂的本子』（《中國目録學史論叢》，中華書局，一九八四年，第一〇七頁）。即使有人稱《新唐志》〈著録部分〉是根據《舊唐志》編成的，也是因爲認可《舊唐志》全出於《古今書録》的原故。筆者在研究生課程『校讎學講義』中曾指出：《新唐志》的著録部分還同時采用了唐代開元時期的另一部朝廷藏書目録，即韋述的《集賢書目》。如果衹是《古今書録》版本的差異，一般是不可能多出數百種圖書的，而且也没有任何文獻透露過《古今書録》曾有一個增訂本的信息。參見張固也《唐代目録考》，《古籍整理研究學刊》二〇〇一年第四期。

〔四〕牛繼清《〈舊唐書·經籍志〉研究三題》，第六〇頁。

的。歐陽脩采用《舊唐志》是不同於《舊唐志》采用《古今書録》的，其差異主要有兩點：一是增補了數百種圖書（指著録部分）〔二〕；二是對圖書的歸類作了不少的調整，如《舊唐志》集部總集類著録的荀勖《太樂雜歌詞》等八種圖書，《新唐志》即改入經部樂類，釋僧祐《弘明集》、釋道宣《廣弘明集》則改入子部道家類所附釋氏。這種歸類調整中自然不免有《舊唐志》別類的著作改入到了《新唐志》的史部，也有《舊唐志》史部的著作被《新唐志》移入到別部。如《舊唐志》集部總集類的徐湛之《婦人訓誡集》十卷、《女訓集》六卷，《新唐志》便改入史部雜傳記類所附女訓；宋幹《詔集區別》二十七卷、温彦博《古今詔集》三十卷、李義府《古今詔集》一百卷、薛堯（當作「薛克構」）《聖朝詔集》三十卷等，《新唐志》則改入史部起居注類所附詔令。又如《舊唐志》史部雜史類的伏無忌《古今注》八卷、虞世南《帝王略論》五卷、朱敬則《十世興王論》十卷，《新唐志》又改入子部雜家類。《舊唐志》雜傳類的葛洪《神仙傳》十卷等多種，《新唐志》又改入道家類；張華《列異傳》三卷、干寶《搜神記》三十卷等多種，《新唐志》則改入子部小説家類。《新唐志》對《舊唐志》所做的這兩個改動的任何一個，都不可能再保留《舊唐志》史部原著

〔二〕如《舊唐志》經部「書類」收書二十九部，「詩類」三十部，史部「目録類」十八部；《新唐志》「著録」部分「書類」則有三十三部，「詩類」有三十一部，「目録類」有二十二部，兩志小序所載與今本實際著録之部數皆一一相合，無所缺漏，可證《新唐志》「書類」確實增補了四部，「詩類」增補了一部，「目録類」增補了四部。因《新唐志》四部類序所稱「著録」圖書部數之和、各類小序所言「著録」圖書部數之和及各類實際著録之部數互相歧異，故較《舊唐志》總序及大序所載的「三千六十部」分別有增加二一七部、二六七部、四三三部之説。見《〈舊唐書·經籍志〉研究三題》，第六一頁。

録圖書的部、卷數。因此可以説，《新唐志》史部大序所稱的著録「八百五十七部」，衹是針對《新唐志》史部增補調整後的「著録」部分而言的，與《舊唐志》原著録數目毫無關係。這不僅是從編纂邏輯上説的，也可以從《新唐志》此句上下所稱的「著録五百七十一家」與「一萬六千八百七十四卷」兩個數目上得到證實。今本《新唐志》史部各類小序所載家數與卷數之總和，即爲五百七十一家，一萬六千八百七十四卷〔一〕，與史部大序所言完全相符。其所言「八百五十七部」自然屬於同一性質〔二〕，它與《舊唐志》的某個數目的相同衹是一種巧合。如果一定要説那是《舊唐志》實際著録圖書統計的遺留，就衹能又把它看作是《新唐志》編者不應該出現的一種「忘記」：即先把《舊唐志》四部中各小類後所載著録圖書的部、卷數統計出來（因爲《舊唐志》原本并未載增補後的大類著録的總計數目），標於《新唐志》各部之首，其他大類皆因編者的增補、調整而改成了新著録的部、卷數，但史部却衹對當時實際著録的家數及卷數做了重新統

〔一〕《新唐志》編者未將「正史」「起居注」及「雜傳記」三類所附的「集史」「實録」「詔令」「女訓」等小類計算在内。按：《新唐志》史部所附這四小類本身的家數計算以及「著録」與「不著録」的分合是互不一致的，但皆不在史部大序所載「著録」的合計數目之中却是一致的。

〔二〕今本《新唐志》史部各類小序所載部數之總和，爲八百五十三部，比史部大序所載少四部。但「職官類」稱著録「二十六部，二百六十二卷」，今本實際著録却有三十部。而此三十部之卷數總計正好爲二百六十二卷，是小序所稱「二十六部」實當作「三十部」。如此，則《新唐志》史部大序所稱著録之部數與小序之和并無矛盾，「八百五十七部」完全是針對《新唐志》的實際著録而言的。今本《新唐志》史部各類實際著録數目有五類與小序小有不合，或少了一兩部，或多出一兩部，這當是因爲編纂時統計有誤，或傳刻中出現脱漏錯簡所致。

計，而忘記了對夾於其間的《舊唐志》原著録部數作相應的改動，以致保留下了珍貴的《舊唐志》史部實際著録的圖書數目。不用説，這種『忘記』是没有任何説服力的，因此它根本不能成爲『增補説』的旁證。

此外，我們也可以從《舊唐志》的編纂情形和增補意圖上來考察一下。《舊唐志》不以當時官府藏書作爲著録基礎，當是因爲晚唐以來社會動蕩不已，書籍殘缺極爲嚴重。據《舊唐志序》所言，朝廷藏書至唐末僅存一萬八千卷。及五代後梁『遷都洛陽，又喪其半』〔一〕，則其時不足萬卷了。而最能表現唐朝『藝文之盛』的，當然要屬安史之亂以前的開元時期，因此五代史官劉昫等選擇了開元時編成的比《群書四部録》著録更爲豐富的《古今書録》作爲《舊唐志》的藍本。其采用《古今書録》的具體情形，也選擇了最爲簡便的方法，這在《舊唐志》總序中有清楚的交代：『煚等《四部目》及《釋道目》，并有小序及注撰人姓氏，卷軸繁多，今并略之，但紀篇部，以表我朝文物之大。其《釋道録目》附本書，今亦不取，據開元經籍爲之志。天寶已後，名公各著文章，儒者多有撰述，或記禮法之沿革，或裁國史之繁略，皆張部類，其徒實繁。臣以後出之書，在開元四部之外，不欲雜其本部，今據所聞，附撰人等傳。其諸公文集，亦見本傳，此并不録。』〔二〕這裏交代了兩個問題，一是如何采用《古今書録》的，即删削了《古今書録》的小序、釋道目録以及對撰人的注解文字，祇保留了著録的圖書；二是説明爲何不補録天寶以後

〔一〕劉昫等《舊唐書》卷四六《經籍志上》，第一九六二頁。
〔二〕劉昫等《舊唐書》卷四六《經籍志上》，第一九六六頁。

的著述（衹在著者本傳中記載），即不想與開元四部藏書相混。那麽開元以前的著作是否有新的增補呢？雖然序言没有明説，但如果史官以爲毋《録》著録有所遺漏而想進行增補，那麽在此處專門論述該志編纂體例時就會作出必要的説明。既然没説增補，自然是因爲没有增補。牛文也感覺到了這個明顯的矛盾，於是便委之於史官的『疏漏』。『疏漏』之事雖然難免，但并非任何事情都會出現疏漏，此段文字專言《舊唐志》著録的依據、範圍、體例等問題，又怎會把對特别能顯示自己功績的『增補』工作的説明偏偏給『疏漏』了呢？如果非要認爲五代史官對《古今書録》有所增補，則筆者要問：史官爲什麽要爲《古今書録》做增補呢？必答曰：當然是爲了表現『我朝文物之大』了。要表現『藝文之盛』，而又『在開元四部之外，不欲雜其本部』，其最好的增補方法是什麽呢？當然是像《新唐志》那樣再取一部開元時的官府藏書目録，把未見於《古今書録》的圖書都補充進來，可謂既多且快，事半功倍。那麽當時的開元藏書目録還有什麽呢？這就是韋述的《集賢書目》。此目見於《崇文總目》，則至北宋時尚有流傳。《新唐志》著録部分當即據此目而補入了數百種圖書。《舊唐志》的編者爲什麽要捨棄這種簡便有效的方法，衹增補了那區區二十九部書呢？如果據本文所考，《古今書録》著録總數實爲三〇六四部，則衹增補了二十五部圖書。這與意欲表現『我朝文物之大』的編纂意圖是否太背離了呢？

或以爲《集賢書目》雖然北宋時尚有流傳，但後晉時朝廷未必收藏了此目，五代史官未必就能見到。但即便如此，五代史官也能從别的方面很容易地獲得遠較這二十五部書更爲豐富的資料，這就是

《舊唐書》本身。《舊唐書》在本紀志傳中著録有數百種唐人著述，其中開元以前的著述也多有記載。如《舊唐書》卷六一《竇璡傳》載其武德中『撰《正聲調》一卷，行於代』〔一〕（《新唐志》著録作《正聲樂調》）；卷六三《蕭鈞傳》載其『顯慶中卒。所撰《韵旨》二十卷（《新唐志》著録作《韵音》），有集三十卷行於代』〔二〕；卷七三《令狐德棻傳》附《鄧世隆傳》載其『撰爲《東都記》三十卷』〔三〕，所附《李仁實傳》又載其『嘗著《格論》三卷』，又撰『《戎州記》』〔四〕，等等。這些唾手可得的文獻，何以史官也棄之不顧呢？尤其不合情理的是，《舊唐志》原本已經著録了《蕭鈞集》及李仁實的《通曆》等，若要增補，爲何不據此補入同見於本傳的《韵旨》《格論》《戎州記》等書呢？這説明：《舊唐志》編者根本就没有對《古今書録》做過任何增補工作，否則絶不會捨棄這種快捷有效的增補方式。

若必以爲《舊唐志》的增補并無什麽特別意圖，史官祇是『按照實際情況對《書録》作了適當的補充』〔五〕（這是説史官祇是就眼前所見的朝廷藏書對《古今書録》的遺漏略作補苴），那也有不可解之處：即開元以前的著作不見於《古今書録》而流傳至宋代的達上百種之多，如蕭統的《陶潛傳》，賈閏甫的《李密

〔一〕劉昫等《舊唐書》卷六一《竇璡傳》，第二三七一頁。
〔二〕劉昫等《舊唐書》卷六三《蕭鈞傳》，第二四〇五頁。
〔三〕劉昫等《舊唐書》卷七三《鄧世隆傳》，第二六〇〇頁。
〔四〕劉昫等《舊唐書》卷七三《李仁實傳》，第二六〇一頁。
〔五〕牛繼清《〈舊唐書·經籍志〉研究三題》，第六〇頁。

傳》，杜儒童的《隋季革命記》《中書則例》，李靖的《霸國箴》《陰符機》，魏徵的《時務策》《祥瑞録》等，顔師古的《大業拾遺》《獬豸記》《隋遺録》，王方慶的《文貞公事録》《魏玄成傳》，吴兢的《貞觀政要》《睿宗實録》《唐書備闕記》《唐太宗勛史》《樂府古題要解》，元行沖的《魏典》，姚最的《續畫品》，李嗣真的《畫後品》，盧藏用的《子書要略》，武平一的《景龍文館記》，姚崇的《六誡》，劉仁軌的《河洛行年記》，孫思邈的《千金方》《千金翼方》《退居志》等十餘種，李淳風的《九章算經注》《四民福禄論》《質龜論》等數種，劉知幾的《史通》，開元敕撰的《大唐六典》，等等。這些圖書都見於《崇文總目》或《宋志》，説明至宋代仍有流傳，甚至還有一些流傳至今的名著，何以《舊唐志》編者增補時皆不予采録呢〔一〕？雖説北宋結束了五代割據的分裂局面，朝廷大興文治，失散亡佚之書多重見天日，但也不至於五代之時這些典籍全都不能見到，尤其是敕撰的《大唐六典》、吴兢的《貞觀政要》、劉知幾的《史通》等史部重要文獻，史官絶無不知未見之理，而皆未補入《舊唐志》。這衹有一個理由，就是劉昫等人并未曾對《舊唐志》做什麽補充。

這樣説來，在没有任何依據證明那些小序合計數目一定不誤的前提下，輕率地否定有着堅實證據的『照樣著録』説，推斷《舊唐志》『對《書録》作了適當的補充』，其性質就衹能是一個不合邏輯的假設了。若再據此進而推斷《舊唐志》所補之書爲某某，就衹能是愈推愈遠，愈遠愈奇了。如牛氏在這個假

〔一〕除賈閏甫、杜儒童、武平一等數人外，其餘著者皆有别種著作收入《舊唐志》。

想的基礎上考證出的《舊唐志》所增補的唐開元以前的十七部著作，就顯得有些離奇。我們先看牛氏認定這十七種作爲《舊唐志》增補的依據吧。其唯一的證據就是：《新唐志》的『不著録』部分也著録了這十七種書。爲什麽《新唐志》歸入『不著録』就可以認定不是《古今書録》原有的而是《舊唐志》增補的呢？原文的邏輯推理是頗爲怪異的。牛文在考證增補圖書之前，特别强調《新唐志》『是以《書録》（實際上是以《舊唐志》）爲藍本』而編成的[一]，又稱《新唐志》史部『著録八百五十七部』是『《舊唐志》史部的原著録數』，這麽説來，牛氏是認定了《新唐志》的『著録』部分是依據《舊唐志》編成的。既然《新唐志》是根據《舊唐志》編成的，那麽《舊唐志》增補的那二十九種書自然應該在《新唐志》的『著録』之中了，又怎麽能從其『不著録』部分找到《舊唐志》增補的圖書呢？正如牛文所言：《新唐志》『把新增部分標識作「不著録」部分』，但這指的是《新唐志》自己的新增部分，而不是《舊唐志》的新增部分，其『不著録』又如何能作爲《舊唐志》新增補的證據呢？

如果一定要從《新唐志》的『不著録』中找到《舊唐志》增補的圖書，則其推理的邏輯必然要改成這樣：先確認《新唐志》『著録』部分是根據《古今書録》而不是根據有增補的《舊唐志》編成的[二]，『不著

[一] 見《〈舊唐書·經籍志〉研究三題》，第六〇頁。又見《〈舊唐書·經籍志〉史部脱漏書鈎沉》，第五三頁。

[二] 如此，則牛文所認可的《新唐志》史部『著録八百五十七部』是《舊唐志》原著録數的這條旁證，也就變得更加的風馬牛不相及了。事實上，因爲《舊唐志》完全是依據《古今書録》編成的，著録的圖書完全一致，因此説《新唐志》是據《古今書録》還是據（轉下頁）

録』部分是歐陽脩在《古今書録》之外增補的，《舊唐志》在《古今書録》之外增補的二十九部書，如果也全部或部分地被歐陽脩補入了《新唐志》，那自然應放在其『不著録』部分。現見於《舊唐志》著録的這十七部書不在《新唐志》『著録』之中而在『不著録』之中，説明《古今書録》原本没有著録這十七部書，因此推斷：這正是《舊唐志》增補的二十九部書中的一部分。

這是筆者根據牛文的證據和結論演繹的最佳推理。但即便如此，這個推理仍有其不嚴密的地方，即《新唐志》在區分所收圖書爲『著録』與『不著録』時必須是準確無誤的。難道歐陽脩編撰《新唐志》在全部采録《古今書録》的時候，連自己新增補的圖書是不是《古今書録》已經著録過的都有分不清的嗎？事實正是如此。在一般情況下，這種簡單區分當然不會有問題，但前文已經討論過，《新唐志》采録《古今書録》是不同於《舊唐志》的，它對《古今書録》的圖書歸類作了不少的調整。正是這種歸類調整，成了導致這一問題的主因。因爲圖書由此類而改入彼類，編纂者在最後逐類統計時因一時疏忽而

（接上頁）《舊唐志》，從邏輯上説，并無什麼區别。但從史料學角度考察，《古今書録》爲歐公所親見（《崇文總目》目録類有著録），他不會捨原始文獻於不取而采用《舊唐志》這個第二手資料；再從兩《唐志》著録方式的差異看，如《舊唐志》雜史類著録：『《古今注》八卷，伏無忌撰。』《新唐志》改稱：『伏侯《古今注》三卷。』一稱字，一稱名，這類一般著者的字號，史官通常是不會知道的，《新唐志》不從《舊唐志》稱『伏無忌』而爲改稱『伏侯』，顯然是另有所據。這個依據應當就是《古今書録》，因爲《古今書録》采用的是『注撰人姓氏』的體例，編者可於此極爲便利地獲得有關著者的個人信息，若非依據《古今書録》，則很難解釋這種差異。雖然編者也可從别的文獻中輾轉查考到，但在史志編纂中却不可能如此捨易而從難。

忘記了這是由别類轉來的，但見《古今書録》該類無此書，便誤把這些改類的圖書當作未著録的圖書來處理了。牛文所考的十七部圖書，涵蓋四部，其屬於經部、史部、集部的圖書，全部都是《新唐志》改類著録的圖書，凡八種。子部的九種圖書也有三種是改類著録的，另二種成玄英的『《老子》二卷』『《莊子疏》十二卷』，《新唐志》已經明言有『著録』，牛氏失察〔一〕。實際上衹有道家類的楊上善《道德經三略論》三卷、楊上器注《太上玄元皇帝聖紀》十卷〔二〕與雜家類的張大素《説林》二十卷，雜藝術類的吕才《大博經》二卷四種書不屬改類而致誤〔三〕。由此看來，《新唐志》這類『不著録』之誤，主要是由於圖書歸類調整時重新統計所造成的〔四〕。少數的則是由於《新唐志》著録圖書繁富而一時疏忽弄錯的。這種疏忽之

〔一〕《新唐志》道家類『不著録』中有：『道士成玄英注《老子道德經》二卷、又《開題序訣義疏》七卷、注《莊子》三十卷、《疏》十二卷。』其下自注曰：『玄英，字子實……唯《老子注》《莊子疏》著録。』是《新唐志》明確指出《古今書録》已經有著録，『不著録』者僅指《開題序訣義疏》七卷與《莊子注》三十卷二種。因此處與《新唐志》一般體例不同，遂致牛文失察。

〔二〕《舊唐志》道家類有楊上器《太上玄元皇帝道德經》二卷與尹父操《太上老君玄元皇帝聖紀》十卷，據《宋志》道家類、《秘書省續編到四庫闕書目》道書類著録作『尹文操《玄元聖記經》十卷』，疑《新唐志》稱『楊上器注《太上玄元皇帝聖紀》十卷』著者有誤。又《舊唐志》楊上器與尹父操二書相連，而《新唐志》僅見其一，因疑此處非誤稱著者，而是『楊上器注』下脱去『《太上玄元皇帝道德經》二卷尹父操（『父』當從《宋志》等作『文』）』數字。

〔三〕《新唐志》道家類的楊上善《道德經三略論》三卷，當涉下『道士成玄英注《老子道德經》二卷』而誤入『不著録』之列。又『楊上器注《太上玄元皇帝聖紀》十卷』，《新唐志》入道家類所附神仙，與改類亦不無關係。

〔四〕類似的誤例還有《舊唐志》儀注類著録的徐令信《玉璽正録》一卷，《新唐志》不改類則入『著録』部分，而改入雜傳記類的，稱『徐景《玉璽正録》一卷』，則誤歸於『不著録』。

誤，并非僅此數種。如《新唐志》縱横家類載『右縱横家類四家，四部』〔一〕，此與《新唐志》實際著録之部數正好相合，與《舊唐志》小序所言『右縱横家四部』〔二〕及實際著録也正好相符。但《新唐志》却又稱『尹知章不著録』（指尹知章《鬼谷子注》三卷），此不僅誤《舊唐志》著録爲『不著録』，而且也與《新唐志》本身所稱『著録』爲『四家四部』相抵牾。更可怪者，該類四部圖書凡十八卷，與《舊唐志》小序所稱及實際著録完全一致，而《新唐志》却稱『著録』之四家四部爲『十五卷』，而除去『尹知章不著録』又正好是十五卷，似乎尹知章《鬼谷子注》真不在『著録』之列。於此可見《新唐志》因疏忽以致相互抵牾之一斑。

如果我們再從這十七部書的增補與《舊唐志》大小序所載圖書部卷數之間所形成的矛盾看，則更可彰顯『增補説』之誤。如《舊唐志》經部《禮》類載：『右《禮》一百四部，《周禮》十三家，《儀禮》《喪服》二十八家，禮論答問三十五家。』〔三〕《禮》類總數一百四部與其下所言各小類部數頗不相符，因今本實際著録《儀禮》等祇有二十七部，而《禮記》等二十八部又無類可歸，因此清劉毓崧『疑「《喪服》」下本有「二

〔一〕歐陽脩、宋祁《新唐書》卷五九《藝文志三》，第一五三三頁。
〔二〕劉昫等《舊唐書》卷四七《經籍志下》，第二〇三二頁。
〔三〕劉昫等《舊唐書》卷四六《經籍志上》，第一九七五頁。

十七家禮記」六字，今本脱去」〔一〕，甚確。『禮論答問』類實際著録爲三十六種，『三十五家』當爲『三十六家』之誤，此四小類合計正好一〇四部。此一〇四部，與經部它類小序合計數相加正好五七五部，與總序及大序所載相同（據牛説則多出一部）。但此處若從牛説，『禮論答問』中的《大唐新禮》與《紫宸禮要》兩種爲五代史官所補，則《古今書録》此類原本衹有三十四部，若原作『三十四家』，則該類不足一〇四部，經部各類著録合計數目則無法與總序及大序所載著録數目相合。最能突顯其謬的是牛文所考《舊唐志》集部增補的圖書。《舊唐志》集部大序稱『凡八百九十二部』〔二〕，這實際上是《古今書録》集部著録的總數，與總序所言合，可謂準確無誤。其中『楚詞七家』不誤，別集類經校正爲七百六十家較爲可信，剩下一百二十五家則當爲總集，而序稱『總集一百二十四家』，與總數『八百九十二部』差一部，很可能總集『一百二十四家』當作『一百二十五家』〔三〕。但若從牛氏所考，總集類尚有温彦博《古今詔集》三十卷、李義府《古今詔集》一百卷、薛堯（當作『薛克構』）《聖朝詔集》三十卷三種是五代史官所增補，則《古今書録》總集類原載數目充其量衹能作『一百二十二家』，這便造成了與準確無誤的集部總數『八

〔一〕羅士琳等《舊唐書校勘記》卷二八《經籍志》，張舜徽主編《二十五史三編》本，岳麓書社，一九九四年，第六册，第四九五頁。按：卷二八、二九《舊唐書經籍志校勘記》爲劉毓崧所撰。

〔二〕劉昫等《舊唐書》卷四七《經籍志下》，第二〇八一頁。

〔三〕若以爲『總集一百二十四家』不誤，則別集類必爲七百六十一家。參見本書《〈舊唐書·經籍志〉考校舉隅》第八七—九八頁。

百九十二部』無法彌合的差距。此可證温彦博《古今詔集》等書絶非《舊唐志》所增補。

既然『增補説』難以成立，那麽以此爲前提而對今本《舊唐志》著録脱漏所作的校補，便帶有先天性的缺陷，即必然導致出現以不脱爲脱，不當補而補的現象。如經部凡五百七十五部，今本實際著録爲五百七十部，牛文及張文皆補入六部，多出一部；史部凡八百四十四部，今實際著録爲八百一十七部，牛文補入三十八部，超出十一部〔一〕；子部凡七百五十三部，今實際著録爲七百四十八部，牛文擬補十六部，溢出九部〔二〕。此則仍有再檢討之必要。

（原載《古典文獻研究》第八輯，鳳凰出版社，二〇〇六年）

〔一〕牛繼清《〈舊唐書·經籍志〉史部脱漏書鈎沉》，第五三—五九頁。

〔二〕牛繼清《〈舊唐書·經籍志〉研究三題》，第六三頁。

《舊唐書·經籍志序》考誤

《舊唐書·經籍志序》中有一段文字「録開元盛時四部諸書以表藝文之盛」，其辭曰：

四部者，甲、乙、丙、丁之次也。甲部爲經，其類十二：一曰《易》，以紀陰陽變化。二曰《書》，以紀帝王遺範。三曰《詩》，以紀興衰誦嘆。四曰《禮》，以紀文物體制。五曰《樂》，以紀聲容律度。六曰《春秋》，以紀行事褒貶。七曰《孝經》，以紀天經地義。八曰《論語》，以紀先聖微言。九曰圖緯，以紀六經讖候。十曰經解，以紀六經讖候。十一曰詁訓，以紀六經讖候。十二曰小學，以紀字體聲韵。乙部爲史，其類十有三：一曰正史，以紀紀傳表志。二曰古史，以紀編年繫事。三曰雜史，以紀異體雜紀。四曰霸史，以紀僞朝國史。五曰起居注，以紀人君言動。六曰舊事，以紀朝廷政令。七曰職官，以紀班序品秩。八曰儀注，以紀吉凶行事。九曰刑法，以紀律令格式。十曰雜傳，以紀先聖人物。十一曰地理，以紀山川郡國。十二曰譜系，以紀世族繼序。十三曰略録，以紀史策條目。丙部爲子，其類一十有四：一曰儒家，以紀仁義教化。二曰道家，以紀清净無爲。三曰法家，以紀刑法典制。四曰名家，以紀循名責實。五曰墨家，以紀强本節用。六曰縱横家，以紀辯説詭詐。七曰雜家，以紀兼叙衆説。八曰農家，以紀播植種藝。九曰小説家，以紀芻辭輿誦。十曰兵法，以紀權謀制度。十一曰天文，以紀星辰象緯。十二曰曆數，以紀推步氣朔。十三曰五行，以紀卜筮占候。十四曰醫方，以紀藥餌針灸。丁部爲集，其類有三：一曰楚詞，以紀騷人怨刺。二曰别集，以紀詞賦雜論。三曰總集，以紀文章事類。〔一〕

這段文字其實并不能説明開元時的『藝文之盛』，而衹是一個圖書分類系統（包括對所分各類收録圖書的概括説明），凡四部四十二類。但其中經部第九類圖緯、第十類經解、第十一類詁訓，皆言『以紀六經讖候』，則頗有疑問。若此三類功用性質一致，則不當分别，既分三類，則明其圖書性質不同。故清沈炳震《新舊唐書合鈔》於此序『十曰經解，以紀六經讖候』下校曰：『「讖候」字訛，下同。』〔二〕後殿本《舊唐書考證》又引沈德潜之説：『「圖緯」乃紀讖候之書，「經解」「詁訓」不得亦云「讖候」也，應訛。』〔三〕乾嘉時期的朴學大師錢大昕對此亦有考訂，曰：『甲部。九曰圖緯，以紀六經讖候。十曰經解，以紀六經讖候。十一曰詁訓，以紀六經讖候。按：經解、詁訓與圖緯各自爲類，何得蒙上六經讖候之文？考《唐六

〔一〕劉昫等《舊唐書》卷四六《經籍志上》，中華書局，一九七五年，第一九六三—一九六四頁。

〔二〕沈炳震《新舊唐書合鈔》卷七二《經籍志一》，臺北：鼎文書局，一九七三年，第三册，第一〇七五頁。

〔三〕劉昫等《舊唐書》卷四六《經籍志上》附《考證》，清乾隆武英殿刻本。

典》，秘書郎掌四部之圖籍，甲部其類有十，乙部其類十三，景部其類十四，丁部其類三，此《志》全采其文。惟《六典》甲部祇有《易》、《書》、《詩》、《禮》、《樂》、《春秋》、《孝經》、《論語》、圖緯、小學十門，其五經異義等部，并入《論語》類，此《志》增入經解、詁訓二門，當闕其文而校書者妄益之耳。」〔一〕其後羅士琳等撰《舊唐書校勘記》，認爲錢説「尤爲精確」〔二〕。

三家皆據「經解」「詁訓」二類目名稱與收録圖書説明之矛盾及與上文「圖緯」類文字重複，指出此處文字當有訛誤，確然可信。錢氏更爲淵博，又從《唐六典》中找到此段文字之所從出，并明確指出「經解」「詁訓」二類爲《舊唐志》所增補，其後缺了二類説明文字，校書者遂據上文妄補了「以紀六經讖候」二句。三家之説雖小有差别，但實質所指并無不同，即皆以爲誤在二類的説明文字，而不疑有它。夷考其實，《舊唐志》并不曾增補「經解」「詁訓」二類，「十曰經解，以紀六經讖候。十一曰詁訓，以紀六經讖候」數句皆當爲衍文。何以知之？試考證如下：

我們先從《唐六典》卷一〇《秘書省》「秘書郎」下所載的一個圖書分類系統入手。爲方便比較，今亦全文録於下：

〔一〕錢大昕《廿二史考異》卷五八《經籍志》，《嘉定錢大昕全集》，江蘇古籍出版社，一九九七年，第一一三九頁。

〔二〕羅士琳等《舊唐書校勘記》卷二八《經籍志·總序》，張舜徽主編《二十五史三編》本，岳麓書社，一九九四年，第六册，第四九二頁。

> 秘書郎掌四部之圖籍，分庫以藏之，以甲、乙、景（唐人避諱改『丙』爲『景』）、丁爲之部目。甲部爲經，其類有十：一曰《易》，以紀陰陽變化（原注曰：『《經籍志》：《歸藏》等六十九部，五百五十一卷。』以下各類例同，略）；二曰《書》，以紀帝王遺範；三曰《詩》，以紀興衰誦嘆；四曰《禮》，以紀文物體制；五曰《樂》，以紀聲容律度；六曰《春秋》，以紀行事褒貶；七曰《孝經》，以紀天經地義；八曰《論語》，以紀先聖微言；九曰圖緯，以紀六經讖候；十曰小學，以紀字體聲韵。乙部爲史，其類一十有三：一曰正史，以紀紀傳表志；二曰古史，以紀編年繫事；三曰雜史，以紀異體雜記；四曰霸史，以紀僞朝國史；五曰起居注，以紀人君動止；六曰舊事，以紀朝廷政令；七曰職官，以紀班叙品秩；八曰儀注，以紀吉凶行事；九曰刑法，以紀律令格式；十曰雜傳，以紀先賢人物；十一曰地理，以紀山川郡國；十二曰譜系，以紀氏族繼序；十三曰略録，以紀史策條目。景部爲子，其類一十有四……丁部爲集，其類有三……〔一〕

此凡四部四十類。與《舊唐志序》所載相比，除了《舊唐志序》多出的『經解』『詁訓』二類外，其類目名稱與序次完全一致，各類説明文字也都基本相同（歧異處見文末），故錢大昕認爲《舊唐志》『全采其文』，筆者認爲也有可能二書皆本自當時的國家藏書目録——《群書四部録》，此無關主旨。要之，二者的淵

〔一〕李林甫等撰，陳仲夫點校《唐六典》卷一〇《秘書省》，中華書局，一九九二年，第二九八—三〇〇頁。

源關係當無疑義。

現在我們再來探討一下這兩個圖書分類系統的性質，即是屬於當時的藏書分類系統，還是具有專家研究性質的目録分類系統。據《唐六典》卷一〇之文『秘書郎掌四部之圖籍，分四庫以藏之』及其成書年代——開元二十七年（七三九）〔二〕，我們可知《唐六典》所載應當是開元時秘書省等藏書處的藏書分類系統，亦即開元時期國家圖書館的藏書分類系統。那麽《舊唐志序》所載呢？從《舊唐志序》載此圖書分類系統的動機——『今録開元盛時四部諸書以表藝文之盛』來看，其目的祇是爲了表現『藏書之盛，莫盛於開元』〔三〕，因此該圖書分類，應當就是當時的一個國家藏書分類系統。再從其與《唐六典》的淵源關係來看，我們也可以推斷《序》中所載應是開元時期著録國家藏書的一個圖書分類系統，而不是

〔二〕二十七年説，首見於《唐會要》卷三六《修撰》，文曰：『（開元）二十七年二月，中書令張九齡等撰《六典》三十卷成，上之，百官稱賀。』（上海古籍出版社，二〇〇六年，第七六八頁）《玉海》（合璧本）卷五一《典故》『《唐六典》』條引《會要》此條同（通行本誤作『二十六年』），注曰：『九齡二十三年已罷中書令，當考。』（京都：中文出版社，一九七七年，第一〇一七頁）《册府元龜》卷六〇七《學校部・撰集》亦載：『張九齡爲中書令，開元二十七年二月，九齡等撰《六典》三十卷成，上之。』（中華書局，一九六〇年，第七二八五頁）而《大唐新語》卷九《著述第十九》則云：『開元十年，玄宗詔書院撰《六典》以進。……至二十六年，始奏上。百僚陳賀，迄今行之。』（中華書局，一九八四年，第一三六頁）《直齋書録解題》卷六『《唐六典》三十卷』條引《集賢注記》甚詳，言『二十六年奏草上。至今在書院，亦不行』（上海古籍出版社，一九八七年，第一七二頁）。《玉海》（合璧本）卷五一《典故》『《唐六典》』條引《集賢注記》略同。《新唐志》原注亦言『二十六年書成』（第一四七七頁）。

〔三〕歐陽脩、宋祁《新唐書》卷五七《藝文志序》，中華書局，一九七五年，第一四二二頁。

像鄭樵《通志·藝文略》那樣的具有目録研究性質的分類系統。這一點還可以從以下兩個方面來加以印證：

一是從開元時的國家圖書編目情況來考察它。關於開元時期的國家圖書目録，《舊唐書·經籍志序》、《唐會要》卷三五《經籍》及卷三六《修撰》有扼要記載，今人王重民在《中國目録學史論叢》中有專門的論述[一]。其時共編有兩部國家圖書目録：一爲元行沖等編成的《群書四部録》（或稱《群書四録》），一爲其後毋煚據《群書四部録》而重加修訂的《古今書録》。《群書四部録》之修撰，是因爲當時『内庫』藏書『所有殘缺，未遑補緝，篇卷錯亂，難於檢閲』，故唐玄宗命馬懷素等（馬氏死後由元行沖繼任）『爲朕整比之』[二]。經數年整理編目，至開元九年（七二一）十一月由『元行沖上《群書四部録》二百卷，藏之内府』[三]。是此書確實爲當時的國家藏書目録，藏書之所則包括秘書省與集賢書院等處[四]。《群書四部録》雖已亡佚，但其分類系統仍可考知。《舊唐志序》載毋氏《古今書録序》批評《群書四部

[一] 詳見王重民《中國目録學史論叢》，中華書局，一九八四年，第九六—一〇一頁。

[二] 劉昫等《舊唐書》卷四六《經籍志序》，第一九六二頁。

[三] 王溥《唐會要》卷三六《修撰》，上海古籍出版社，二〇〇六年，第七六七頁。

[四] 唐代開元時國家藏書共有六處，一曰集賢書院，二曰秘書省，三曰弘文館，四曰史館，五曰司經局，六曰崇文館，而以御用之集賢書院藏書爲最富（見《唐六典》卷九《中書省·集賢殿書院》及《玉海》卷五二《書目》『唐十二庫書』條）。

録》『所用書序，咸取魏文貞；所分書類，皆據《隋經籍志》』〔一〕，是《群書四部録》與《隋志》之分類完全一致，即經部十家，史部十三家，子部十四家，集部三家，共四部四十家（其分類詳情亦可據《隋志》而知）。此與《唐六典》所載圖書分類系統完全吻合。此可證《唐六典》所載確爲開元時的國家藏書分類系統。《舊唐志序》既『全采其文』以表『藏書之盛』，又爲何要標新立異而增補『經解』『詁訓』兩類呢？於理實屬不必。或以爲，《舊唐志》增補所依據的正是開元時的另一部國家圖書目録——《古今書録》。那我們再來考察一下《古今書録》的成書情況。《群書四部録》修成後，毋煚因對其不滿，便進行了一些修改補充，編成《古今書録》四十卷。其分類爲：『經録十二家』『史録十三家』『子録十七家』『集録三家』，『凡四部之録四十五家』〔二〕。因《舊唐志》即據此《書録》編成，其部類皆一仍其舊，故其類目名稱、序次等詳情皆可從《舊唐志》中得知。《書録》部類的增加和析分，以及類名的變更〔三〕，可能衹是説明毋氏個人對圖書著録分類研究的深入，而當時國家藏書未必就依據其意見作了相應的調整，因爲前者是奉詔而

〔一〕劉昫等《舊唐書》卷四六《經籍志序》，第一九六四頁。

〔二〕劉昫等《舊唐書》卷四六《經籍志序》引毋氏《古今書録序》，第一九六五頁。

〔三〕二目分類，其不同主要有二：一是《古今書録》增加了五個小類，即經部增補了『經解』『詁訓』二類，子部增加了『雜藝術類』『類事類』，又把『醫方』分爲『經脈』『醫術』二類。二是史部類名序次的變化，如《古今書録》史部十三類：正史類一、編年類二、僞史類三、雜史類四、起居注類五、故事類六、職官類七、雜傳類八、儀注類九、刑法類十、目録類十一、譜牒類十二、地理類十三；《群書四部録》依次作：正史、古史、雜史、霸史、起居注、舊事、職官、儀注、刑法、雜傳、地理、譜系、略録。

行，并是在『整比』『内庫』藏書中編定的，而毋氏衹是個人行爲。因此準確説，《古今書録》可以説是一部國家圖書目録，而不宜視之爲當時國家的實際藏書分類目録。既非實際藏書分類目録，《舊唐志序》此處爲表開元藏書之盛又何須據其增補二類呢？若以爲《古今書録》更能表開元藏書之盛，故《舊唐志》全采其書而不用《群書四部録》，是以《舊唐志序》分類亦據之增補。但既據其增補，又何以僅取其經部，而捨棄《古今書録》史、子兩部之變更呢？此皆於理難通。或認爲，這正是《舊唐志序》對當時兩部國家圖書目録所作的折衷調和。

對此，我們可以從另一方面，即《舊唐志》的編纂成書情况作進一步的考察。

上文説到，《舊唐志》是根據毋煚的《古今書録》編成的，這從《舊唐志序》的叙述中可以得到肯定的回答。但二書在體例及著録圖書方面是否如《漢志》采《七略》一樣也做過一些增補呢？《舊唐志序》曰：『煚等《四部目》及《釋道目》，并有小序及注撰人姓氏，卷軸繁多，今并略之，但紀篇部，以表我朝文物之大。其《釋道録目》附本書，今亦不取。』又云：『天寶已後，名公各著文章，儒者多有撰述……臣以後出之書，在開元四部之外，不欲雜其本部，今據所聞，附撰人等傳。其諸公文集，亦見本傳，此并不録。』〔二〕據此可知，《古今書録》的各類小序、釋道目録及各書之撰者簡介，被《舊唐志》删去了，所保留的

〔二〕劉昫等《舊唐書》卷四六《經籍志序》，第一九六六頁。

衹是各類圖書的『篇部』及『撰人姓氏』，也就是圖書的部、卷數目及著者姓名。王重民曾指出《舊唐志》『對於原有五一八五二卷圖書是照樣著録下來的』〔一〕，但未多作説明，亦未言及圖書的部數。今通過《古今書録序》自述其著録圖書之家、部、卷數，與《舊唐志》四部前所載各部著録圖書之家、部、卷數的比勘，可知《舊唐志》與《古今書録》四部分類之多寡與四部著録之圖書部、卷數完全一致〔二〕，正如《玉海》卷五二《書目》『唐續七志、《群書四録》《古今書録》《集賢書目》《四庫更造書目》』條所云：『凡四録四十五家，三千六十四部〔三〕，五萬一千八百五十二卷。』〔四〕《舊唐志》采用《古今書録》而無任何增補，可見該志的編纂工作是以守成簡略爲旨趣，因此也顯得較爲粗糙。那麽《舊唐志序》所載用以顯示開元『藏書之盛』而全采《唐六典》舊文的這個藏書分類系統，撰者有可能獨於經部據《古今書録》增補兩類而棄其子、史兩部之變更，使之變成一個既不同於《群書四部録》（包括《唐六典》），又不同於《古今書録》，實際上是開元時期并不存在的一種圖書分類系統嗎？答案是否定的。《舊唐志》既無必要，亦無可能。

〔一〕見王重民《中國目録學史論叢》，第一〇六頁。

〔二〕詳考見本書下文《〈舊唐書·經籍志〉考校舉隅》，第八〇—八四頁。

〔三〕今本《舊唐書·經籍志序》引《古今書録序》作『三千六十部』，蓋脱『四』字。詳考見下文《〈舊唐書·經籍志〉考校舉隅》。

〔四〕王應麟《玉海》（合璧本）卷五二『唐續七志』條，京都：中文出版社，一九七七年，第一〇三七頁。按：『五萬一千八百五十二卷』之『二』，原殘作『一』，今據《舊唐志序》改正。

此既不出史官之筆，又何以有此數句？錢氏以爲二句衍文爲後之校書者據上文而增補，但此人之愚實在令人無法相信。余則以爲此當是後世傳寫不慎，涉上下文而重衍『十曰……以紀六經讖候』二句，後之淺人見之，亦知此處有誤，但以爲是字訛，小類説明之誤無以正之，因姑仍其舊，而於類名則以爲此即《舊唐志》之類目[一]，遂據《舊唐志》序文末經部之首所列類目妄自改作『經解』『詁訓』，又據文例補改其後序次作『十一曰』『十二曰』。不僅如此，而且還於『甲部爲經，其類十』下又補上一個『二』字[二]，似乎經部本有十二類，益使後人見怪不疑。其實細心察之，我們仍能發現此處『其類十二』之『二』爲後人所補之痕迹。據《舊唐志》文例，『十』與尾數之間當有一個『有』字，如下文曰『乙部爲史，其類十有三』『丙部爲子，其類一十有四』，若經部果爲十二類，則當云：『其類十有二』（或作『其類一十有二』[三]），而不當言『十二類』。

這條衍文又是何時出現的呢？因今存《舊唐書》宋刻本僅存六十九卷，缺《經籍志》部分，而據明至

[一] 著名目録學家姚名達撰《中國目録學史》，即誤此爲《舊唐志》分類。見該書所附《四部分類源流一覽表》，上海書店，一九八四年，第九七頁。

[二] 此類補改，未必是一人一次之所爲。

[三] 《唐六典》此處文例更爲嚴密，數目爲一字者則於其前加『有』字，如『其類有十』『其類有三』；數目爲二字者其前用『一』字，數目之間添『有』字，如『其類一十有三』『其類一十有四』。

樂樓抄宋本對校的清初葉石君校本亦無《經籍志》部分〔一〕，我們無以窺見宋刻之原貌。但檢閲類書，見南宋章如愚《群書考索》前集卷一九《書目門》比較完整地引用了《舊唐志》該段文字，此處則作「經解，以通六經大義。詁訓，以解六經章句」〔二〕。此處文字與「經解」「詁訓」二類目雖然較爲吻合，但我們仍能從中看出此二句非出史官之手的痕迹。《唐六典》及《舊唐志序》各類文字説明皆用整齊劃一的「紀」字，而此則改用「通」「解」二字，若爲舊史原文，斷無於此二類自破文例之理。若以爲字誤，則亦無可能，因改用「紀」字，「經解」「以紀六經大義」尚無不可，若言詁訓「以紀六經章句」則名實不符〔三〕。那麽此爲章氏所見《舊唐志》原本如此，還是章氏自己據小類性質改書？若以爲原本如此，則章氏所見之本，當非明嘉靖時聞人詮重刻《舊唐書》所據之南宋紹興間越州刻本。否則，宋本改竄於前，而明刻又誤之於後，亦過於巧合。若以爲章氏所據果爲別一刻本，但從章氏編纂是書所處的時代和地域看〔四〕，可能性甚微，因爲紹興越州刻本之後没有文獻表明尚有重刻，章氏所見當同於聞人所據之本。觀《群書考索》所引該段文字，除

〔一〕明至樂樓抄宋本，爲明嘉靖時常熟陳察據宋本抄録。該本已經亡佚，但清初葉石君曾用以校聞人詮本。葉校極爲嚴謹，故藉此仍可看到至樂樓抄宋本文字之面貌。但葉氏所見至樂樓抄宋本已多有殘缺，從所校異文判斷，當時僅存九十八卷（包括子卷四卷），而缺《經籍志》部分。葉校本今藏湖南圖書館。

〔二〕章如愚《群書考索》，書目文獻出版社，一九九二年，第一三五頁。

〔三〕此類收録《爾雅》《廣雅》之屬。

〔四〕章如愚，金華（今屬浙江）人，宋寧宗慶元二年（一一九六）進士。寧宗開禧時因忤韓侂胄罷歸，因結草堂於山中，著書講學，人稱山堂先生。《群書考索》蓋撰成於是時。事迹見鄭柏《金華賢達傳》卷七。

删去各類之序數詞「一曰」「二曰」等以外，其它異文僅七處：（一）「正史以紀紀傳表志」，此因重文脱一「紀」字。（二）「起居注以紀人君言動」，此誤倒作「君人」。（三）「職官以紀班序品秩」，「班序」此誤作「官序」。（四）「雜傳以紀先聖人物」，「先聖」此作「先賢」，《唐六典》亦作「先賢」，是《舊唐志》誤，當據改。（五）子部「其類一十有四」，此無「一」字。（六）「縱横家」，此脱「家」字。（七）「播植」，此作「播殖」，二字通。此可見章氏編纂態度較爲嚴肅（有的訛錯當爲傳刻之誤）。《四庫全書總目》亦稱其書「博采諸家而折衷以己意」[一]，當時「最爲精博」[二]。章氏編纂是書，見《舊唐志》此處訛誤殊甚，自然無法容忍沿襲其謬，於是據小類性質而删改之，或爲避免混淆，故用「通」「解」以示區别。或章氏所見之本已有人旁注其語以識其誤，而章氏遂取而代之。如是説來，宋刻此處錯謬已然，則其誤由來亦久矣。

最後再比較一下《舊唐志序》與《唐六典》所載各類的説明文字，尚有六處歧異：乙部起居注類「以紀人君言動」，《唐六典》「言動」作「動止」；雜傳類「以紀先聖人物」，《唐六典》「先聖」作「先賢」；譜系類「以紀世族繼序」，《唐六典》「世族」作「氏族」；丙部縱横家類「以紀辯説詭詐」，《唐六典》「詭詐」作「譎詐」；兵法類「以紀權謀制度」，《唐六典》「制度」作「制變」；丁部總集類「以紀文章事類」，《唐六典》「文章事類」作「類分文章」。其中「言動」與「動止」詞義略同，「詭詐」與「譎詐」更爲同義，宜兩存之。總集類所收

[一] 永瑢等《四庫全書總目》卷一三五《〈山堂考索〉提要》，中華書局，一九六五年，第一一五〇頁。

[二] 永瑢等《四庫全書總目》卷一三五《〈源流至論〉提要》，第一一五一頁。

著作多以類相從，各爲條貫，曰『類分文章』，殊爲相宜，而稱『文章事類』，其『事類』二字似於義未安，但若遽改之，又乏堅證，亦可兩存。其餘三處則據其類目之義，可以考知爲《舊唐志》字誤。雜傳類所收傳記無關『先聖』，而是記前代各類人物，當作『先賢』；譜系類所收爲家譜、族譜、諸姓譜等氏姓之書，而非專論『世家大族』，是以作『氏族』爲優；兵法類著作要義在權謀應變，三國魏曹植有《求自試表》言：『兵者，不可預言，臨難而制變者也。』〔一〕制變者，應變之謂也，是此當作『制變』〔二〕。此均當從《唐六典》改正。

（原載《古典文獻研究》第六輯，江蘇古籍出版社，二〇〇三年）

〔一〕蕭統編《文選》卷三七，中華書局，一九七七年，第五一九頁。

〔二〕孫逢吉《職官分紀》卷一六引《唐六典》亦誤作『制度』，蓋不僅形近，亦因習見之故也。

《舊唐書·經籍志》考校舉隅

《舊唐書·經籍志》是繼《漢書·藝文志》與《隋書·經籍志》之後的又一部重要史志目録，是我們查考唐代圖書流傳情况最基本的文獻。《漢志》《隋志》後人多有考訂研究，成果纍纍，而對《舊唐書·經籍志》的研究，却顯得很單薄。到目前爲止，還没有出現過專門的比較精審的論著，加之《舊唐書》版本的缺陷（今存最古者爲明嘉靖間聞人詮刻本，且其所據底本又非完刻，而宋、元舊本今僅存南宋紹興時兩浙東路茶鹽司所刻殘本六十七卷及子卷二卷，又無《經籍志》部分），故其文字的訛脱情况頗爲嚴重。中華書局點校本采用版本對校，并參用《隋書·經籍志》《新唐書·藝文志》等書目及其他文獻進行校勘，改正了一些訛誤，但遺留的問題仍然不少。本文則試圖用本校法并結合他校法來解决一些問題，以期爲全面整理《舊唐志》做點嘗試。

《舊唐書》中還有什麽資料可用來本校呢？最重要而又容易忽略的，就是《舊唐書·經籍志序》所引録的《古今書録序》及《舊唐志》各個部類後的部、卷合計數目。我們知道，《舊唐志》是根據唐開元時期毋煚的《古今書録》編成的，這從《舊唐志序》的叙述中可以得到肯定的回答。但二書在體例及著録圖書方面又有何異同呢？《舊唐志序》曰：『煚等《四部目》及《釋道目》，并有小序及注撰人姓氏，卷軸繁多，今并略之，但紀篇部，以表我朝文物之大。其《釋道録目》附本書，今亦不取。』又云：『天寶已後，名公各著文章，儒者多有撰述……臣以後出之書，在開元四部之外，不欲雜其本部，今據所聞，附撰人等傳。其諸公文集，亦見本傳，此并不録。』[一]據此可知，《古今書録》的各類小序、釋道目録及各書之撰者簡介，都被《舊唐志》删去了，所保留的衹是各類圖書的『篇部』，也就是圖書的部、卷數量，《舊唐志》没有作過什麼增補。但若量化，《古今書録》於四部圖書著録了多少部多少卷呢？《舊唐志》又著録了多少部多少卷圖書呢？是否如《漢志》於《七略》一樣也做過一些增補呢？過去目録學家們多未言及於此或語焉不詳[二]。下面我們通過二書的比較，先明確它們在著録圖書數量上的關係。

《古今書録序》自述其著録圖書之家、部、卷數云：『凡經録十二家，五百七十五部，六千二百四十一卷。史録十三家，八百四十部，一萬七千九百四十六卷。子録十七家，七百五十三部，一萬五千六百三十七卷。集録三家，八百九十二部，一萬二千二十八卷。凡四部之録四十五家，都管三千六十部，五萬一千八百五十二卷，成《書録》四十卷。』檢核各部小計，正與四部總計數目相符，因此一般來説這是

[一] 劉昫等《舊唐書》卷四六《經籍志序》，中華書局，一九七五年，第一九六六頁。

[二] 王重民曾指出《舊唐志》『對於原有五一八五二卷圖書是照樣著録下來的』，但未多作説明，亦未言及圖書的部數（參見王重民《中國目録學史論叢》，中華書局，一九八四年，第一〇六頁）。

比較可信的。但《玉海》卷五二《書目》『唐續七志、《群書四録》《古今書録》《集賢書目》《四庫更造書目》』條叙曰：『《舊史志》載《書録序》：改舊傳之失三百餘條，加新書之目六千餘卷，凡四録四十五家，三千六十四部，五萬一千八百五十二卷。』[一]所引《書録序》與今本《舊唐志序》所載内容一致，唯此言著録圖書三千六十四部，比《舊唐志序》所言多四部。考察上下文，『四』字實無緣致衍，則當是王應麟所見《舊唐志》原本如此。再考以《舊唐志》各類著録之部卷情况，益信『三千六十四部』之説。《舊唐志》四部之前都載有著録圖書的情况説明：『甲部經録，十二家，五百七十五部，六千二百四十一卷。』『乙部史録，十三家，八百四十四部，一萬七千九百四十六卷。』[二]『丙部子録，十七家，七百五十三部，書一萬五千六百三十七卷。』『丁部集録，三類，共八百九十部，書一萬二千二十八卷。』[三]兩相比較，可知《舊唐志》與《古今書録》四部分類多寡與四部著録的圖書卷數完全一致。《舊唐志》既據《古今書録》而成，其四部著録的卷數也分别完全相同，則著録的圖書部數也理應相同，但今則微有差異。其不同有二：一則史部，較《古今書録序》所叙多四部；二則集部，較《古今書録序》所言少二部。何以兩部書目史録、集録著録的圖書卷數一致而部數多寡有異？其爲文字訛脱所致耶，抑《舊唐志》效《漢志》例而有所

[一] 王應麟《玉海》（合璧本）卷五二『唐續七志』條，京都：中文出版社，一九七七年，第一〇三七頁。
[二] 劉昫等《舊唐書》卷四六《經籍志上》，第一九六六、一九八七頁。
[三] 劉昫等《舊唐書》卷四七《經籍志下》，第二〇二三、二〇五一頁。

增删耶？幸《舊唐志》集部後復有統計云：『右集録……凡八百九十二部，一萬二千二十八卷。』〔一〕（四部僅集部後有總計數目）據此可知，集部著録之書原本也是『八百九十二部』，與《古今書録》一致，是《舊唐志》集部前所言『八百九十部』乃傳寫中偶脱一『二』字。二書各録既卷數一致，經、子、集三録部數亦一致，何以《舊唐志》史録獨又多出四部圖書？若爲《舊唐志》所增補，而總計卷數又保持不變，則勢必同時要删去《古今書録》所著録的相同卷數的圖書，因爲增補了新書，其卷數自然無法一致。這既過於巧合，也背離了《舊唐志》著録之宗旨。《舊唐志》乃『據開元經籍爲之志』者〔二〕，《古今書録》所收既爲開元藏書，自不當删之，且《舊唐志序》亦未曾言删削過《古今書録》著録的圖書。由是觀之，《舊唐志》既無增補，則《舊唐志》史録前所言之『八百四十四部』與《古今書録序》所言『八百四十部』必有一誤〔三〕。從衍脱之理看，『八百四十』之衍作『八百四十四』遠不如『八百四十四』之易於脱漏成『八百四十』，而作『八百四十四部』，則正合《玉海》所言『三千六十四部』之數。若以爲『三千六十部』可信，便無法解釋何以王應麟所説『三千六十四部』與《舊唐志》史録前所言『八百四十四部』同時都衍出一個『四』

〔一〕劉昫等《舊唐書》卷四七《經籍志下》，第二〇八一頁。
〔二〕劉昫等《舊唐書》卷四六《經籍志序》，第一九六六頁。
〔三〕《舊唐志》史部各小類後所載著録部數，合計爲八百五十七部，與史部序及《古今書録序》所載皆不合，蓋傳寫中數字有訛誤，詳見上文《〈舊唐書·經籍志〉『增補説』辨正》。

字。而『三千六十部』之誤，則可能因爲《舊唐志序》所載《古今書録序》之『八百四十四部』傳寫偶脱後『四』字，而後世淺人合計四録僅得『三千六十部』，遂又妄删『三千六十四部』之『四』字。明人刻書妄删妄改實爲通病，此亦不足怪也。

據此可以明確：《舊唐志》與《古今書録》著録的四部圖書部數、卷數皆完全一致，凡三千六十四部，五萬一千八百五十二卷，在著録的數量上《舊唐志》無任何增删〔二〕。

〔二〕本論文撰成於二〇〇〇年夏，改定於二〇〇一年春，發表於《中國典籍與文化論叢》第七輯（北京大學出版社，二〇〇二年，第六〇—七七頁）。後見《古籍研究》二〇〇二年第一期第五八—六八頁發表的牛繼清《〈舊唐書·經籍志〉研究三題》與張晚霞《〈舊唐書·經籍志〉集部脱漏書十三種》二文與本文略有異同，讀者可參閱。但牛氏認爲《舊唐志》在著録圖書時『按照實際情況對《書録》作了適當的補充』（共增補了『二十九部著作』）的新觀點是錯誤的。理由如下：一、《舊唐志序》明確説明了《舊唐志》對《古今書録》的采用和删削，而没有任何有增補的暗示。二、《舊唐志》四部之首的部、卷數統計説明與《古今書録》著録圖書的部、卷數完全一致（集部前的脱字可由大類後序及總數合計），假設《舊唐志》在增補後改動了各小類後的部、卷數統計説明，却忘了改動四部之前各大類的部、卷數統計説明，這種疏忽是不可思議的。三、各小類後的部、卷數統計文字本多有訛誤，豈可以此爲據而否定各大類之前所載的部、卷數統計文字。四、史官有何必要爲采用《古今書録》的《舊唐志》增補區區二十九種著作？增補的依據又是什麽？爲什麽集部不作任何增補？爲什麽經部衹增補一家？皆屬無理之舉。五、作者最爲得意的兩《唐志》史部都是『八百五十七部』的證據，實際上衹是作者的誤解。《新唐志》史部類序所言『著録八百五十七部』，衹是《新唐志》史部本身『著録』部分的圖書部數，與《舊唐志》史部各小序之和的『八百五十七部』并無任何關涉。從《新唐志》對史部圖書歸類的調整看，其將《舊唐志》史部的一些圖書改换到子部，又將《舊唐志》别部的一些圖書改入到史部，如《舊唐志》史部雜史類的《東殿新書》二百卷，《新唐志》改入子部類書類；伏無忌《古今注》八卷、虞世南《帝王略論》五卷、朱敬則《十世興王論》十卷，皆改入子部雜家類；雜傳類的章懷太子《列藩正論》三十卷，又改入子部儒家類（《新唐志》雜傳記類重出，當屬於漏删）；劉向《列仙傳贊》二卷、葛洪《神仙傳》（轉下頁）

我們既知《舊唐志》各部著録圖書的確切可靠的部數卷數，通過本校及與《新唐志》等對勘，就可推求所載各小類的部、卷數是否有誤，并進而推求今本《舊唐志》各小類著録的圖書是否有缺漏，以及考察在書名、作者及卷數等方面的著録情况。

一般來説，史志目録著録圖書的數量各不相關（各家藏書目録亦然），無法用以互校，那《新唐志》又爲何可以作爲我們校證《舊唐志》著録圖書數目的依據呢？這裏有必要先説明一下《新唐志》與《舊唐志》的關係。《新唐志序》曰：『藏書之盛，莫盛於開元，其著録者，五萬三千九百一十五卷，而唐之學者自爲之書者，又二萬八千四百六十九卷。』[一]這實際就是《新唐志》所著録的圖書數目（《新唐志》四部之前所載『著録』部分的統計卷數合計爲五萬二千九十四卷，有異）。其各類所著録的圖書皆分爲二部分，前部分即爲見於『著録』的，後一部分爲『不著録者』，即『唐之學者自爲之書』。『不著録者』這一部分，是歐氏編修《新唐志》時所增補，而『著録』指的是唐代書目已有著録。《新唐志》『著録』部分所依據

（接上頁）十卷等數種改入子部道家類神仙目；張華《列異傳》三卷等數種則改入子部小説家類；地理類的陽衒之《洛陽伽藍記》五卷等數種又改入子部道家類釋氏目。而《舊唐志》集部總集類的宋幹（《隋志》作『宗幹』）《詔集區别》二十七卷、温彦博《古今詔集》三十卷、李義府《古今詔集》一百卷、薛堯（當作『薛克構』）《聖朝詔集》三十卷等數種，《新唐志》又改入史部起居注類詔令目。歐公如此一番出入調整之後，如何還會沿用『《舊唐志》史部的原著録數』呢？顯然，兩個『八百五十七部』衹是一個錯誤的巧合，《舊唐志》各小類後序記載的部、卷數統計之和與各部之前記載的統計數字不符，衹能是小序記載的數字有誤。《舊唐志》增補説被否定之後，牛氏對《舊唐志》脱漏的增補就多有可議之處了。筆者擬另文詳加檢討。

[一] 歐陽脩、宋祁《新唐書》卷五七《藝文志一》，中華書局，一九七五年，第一四二二頁。

的又是哪些書目呢？因『著録』部分的圖書爲開元藏書，所據自然是開元時期的書目。開元時的大型國家圖書目録僅有《群書四部録》與《古今書録》兩種，而《古今書録》收書又囊括了《群書四部録》，所以《新唐志》『著録』的依據自然應是《古今書録》〔一〕。但《新唐志》的『著録』部分又比《舊唐志》（上文已言其著録的部卷數與《古今書録》全同）多出二千餘卷，各類『著録』部分的圖書也確有不見於《舊唐志》者（可以確定非《舊唐志》所脱漏）。因此有的學者『疑歐陽脩所據的《古今書録》是一個經過增訂的本子』〔二〕。不管是增訂本還是别有所據，這超出部分都是有限的，其主體仍出於《古今書録》。故《舊唐志》《新唐志》基本上可説是同出一源。因爲《新唐志》『著録』部分超出《舊唐志》的數量有限，有

〔一〕因《舊唐志》全出於《古今書録》，故有人誤以爲『《新志》據《舊志》寫録』（見姚振宗《隋書經籍志考證》卷三九之一一《後周明帝集》考證）。但比較二志的撰人著録，如正史類《後漢書》李賢注、《晉書》一百三十卷、《陳書》三十六卷等，詳略頗不一致，又觀書名著録，如《舊唐志》起居注類有房玄齡撰《太宗實録》、長孫無忌撰《太宗實録》、許敬宗撰《高宗實録》等，《新唐志》分别題作『《今上實録》』『《貞觀實録》』『《皇帝實録》』，仍保留着當時書名的原貌，這説明《新唐志》直接采用的應是《古今書録》而非《舊唐志》。《古今書録》之名雖不見於《崇文總目》，但《崇文總目》目録類尚著録有『《開元四庫書目》四十卷』一種，此當即《古今書録》之别稱（開元時四十卷之書目僅此一家），另南宋尤袤《遂初堂書目》亦有著録，是《古今書録》至南宋初猶存。從史源上説，歐氏修《新唐志》自當取原書而捨《舊唐志》。

〔二〕王重民《中國目録學史論叢》，第一〇七頁。按：此亦推測之詞，王氏并無實據。余以爲《新唐志》除用《古今書録》爲底本外，尚參用了開元時的另一部簡目，即韋述的《集賢書目》一卷，此擬另文討論，不贅。張固也先生最近撰文也持同樣見解，參見《唐代目録考》，《古籍整理研究學刊》二〇〇一年第四期，第三五頁。

的小類可能根本就没有作過任何增補，這自然是校理《舊唐志》最爲珍貴的資料。有的雖有增補，但參考其他旁證，也可用來校補《舊唐志》著録圖書的缺漏。

今試以集部爲例校證如下：

《舊唐志》集部共分三類：『《楚詞》類一，别集類二，總集類三。』其末載曰：『右集録《楚詞》七家；帝王二十七家，太子諸王二十一家，七國趙、楚各一家，前漢二十家，後漢五十家，魏四十六家，蜀二家，吴十四家，西晉一百一十九家，東晉一百四十四家，宋六十家，南齊十二家，梁五十九家，陳十四家，後魏十家，北齊四家，周五家，隋十八家，唐一百一十二家，沙門七家，婦人七家；總集一百二十四家。凡八百九十二部，一萬二千二十八卷。』[一]《舊唐志》所言『家』與《新唐志》不同，『家』即『部』也。合計所載各類家數，得八百八十四部，與總數八百九十二部尚差八部。前已證明集部『凡八百九十二部』準確無誤，則此處所載各小類統計數目必有訛誤。以此統計數目與各類實際著録之圖書對照，又發現實際著録的圖書有的小類部數不足，有的則又多出若干。其具體情況如下：

一、實際著録圖書數目多出者：後漢别集五十五部，比原載統計數目『後漢五十家』多出五部。

二、實際著録圖書數目不足者：

[一] 劉昫等《舊唐書》卷四七《經籍志下》，第二〇五一、二〇八一頁。

（一）三國吴别集十三部，比原載統計數目『吴十四家』少一部；

（二）東晉别集一百四十一部，比原載統計數目『東晉一百四十四家』少三部；

（三）宋别集五十九部，比原載統計數目『宋六十家』少一部；

（四）陳别集十三部，比原載統計數目『陳十四家』少一部；

（五）唐别集一百一十部，比原載統計數目『唐一百一十二家』少二部；

（六）總集類一百二十一部，比原載統計數目『一百二十四家』少三部。

三、實際已著録而無類可歸者：一類一部，即道士《江旻集》三十卷。

其他如《楚詞》類，别集類之帝王、太子諸王、七國趙楚、前漢、魏、蜀、西晉、南齊、梁、後魏、北齊、周、隋、沙門、婦人，實際著録的圖書多寡與所載統計部數皆相合無誤。總計實際著録的圖書僅有八百七十九部，較原書所載統計總數少十三部。

下面試逐類辨證之：

一、實際著録圖書數目多出者

實際著録之圖書較統計數目多出者，若非誤衍，又非後人增補，自是所載統計數目傳寫有誤。《舊唐志》原載『後漢五十家』，實際著録圖書多出五種，共爲五十五家。因别集之名一般冠以著者之名，據其書名之迥異，可知超出者顯非傳寫誤衍。史志亦非私家藏書目録之比，其後人可以續補（如明代陳第《世善堂書目》），此當是傳寫中於『五十』下偶脱『五』字。證以《新唐志》，當無疑義。上文已指出，《新唐志》有的類别可能全出自《古今書録》而未作任何增補。通過比較，我們發現：《新唐志》别集類除唐代别集外其餘各朝各類别集皆無『未著録』部分，亦即全出於唐代書目的『著録』。不僅如此，從著録的圖書數目與序次看，還可以肯定二者皆全出自《古今書録》，《新唐志》未增補任何新書。在《新唐志》的各類别集中，帝王、太子諸王、七國趙楚、前漢、蜀、南齊、梁、後魏、北齊、周、隋、婦人的序次與數目皆全同於《舊唐志》，《新唐志》所改動的衹是將帝王與太子諸王之别集散置於各代之首（各書序次仍未改變），又將婦人别集從唐人别集後移於唐代之前。三國魏别集部數亦相同，其序次僅將『《吴質集》五卷』與『《劉廙集》二卷』前後調换了一下。沙門類序次略有調整而部數則無異（亦從唐後移於唐前）。有的類别著録的圖書看似有多寡不同，實則衹是《新唐志》對其朝代作了調整，而非有何增删。如西晉部分，《新唐志》無『《薛瑩集》二卷』一種〔二〕，而實際上衹是調整進

〔二〕今本《新唐志》又無『《劉頌集》三卷』及『《華嶠集》一卷（當作『二卷』）』二種，而在『《華嶠集》』位置上却有『《華頌集》三卷、《劉嶠集》二卷』，此則又爲《舊唐志》所無。華頌、劉嶠於史無考，而劉頌、華嶠，則皆爲晉之名流，《晉書》并有傳。若二集姓氏互换，則鑿枘相應。且二人别集均見於《隋志》，稱『《華嶠集》八卷』，注曰：『梁二卷。』又『晉尚書僕射《裴頠集》九卷』下注曰：梁有『光禄大夫《劉頌集》三卷，録一卷』（《通志·藝文略七》從《隋志》著録）。是《新唐志》二集姓氏誤混，當互乙（殿本《華嶠集》不誤，而脱《劉頌集》）。

了吴國别集，其序次也是一致的（僅有『《劉頌集》三卷』一處序次不同，疑爲《新唐志》傳寫脱誤所致〔二〕）。其餘各代别集二志雖多寡小有出入，而序次仍絲毫無異，實則《新唐志》所多出者，并非是《古今書録》之外的增補，而正是《舊唐志》傳寫訛脱所致（下文將逐類辨證），僅有一處是因爲《新唐志》失考而誤删（見下『《傅毅集》五卷』條校證）。我們比較二志的東漢别集，《新唐志》著録多出『《楊厚集》二卷』一種，缺『《虞翻集》三卷』一種，雖部數相同而著録的圖書實際有别，似乎《舊唐志》可能不止『五十五家』。實則這衹是《新唐志》所作的朝代調整：將《舊唐志》吴國中的『《楊厚集》二卷』移於此，又將《舊唐志》東漢的『《虞翻集》三卷』移於其下吴國内，并未增減一部，其餘序次也完全一致，可知歐氏所見《古今書録》中的東漢别集正是五十五部。是《舊唐志》『後漢五十家』於『五十』下補一『五』字，確然無疑。

二、實際著録圖書數目不足者

實際著録圖書少於統計數目者，則可能是所載之統計數目有誤，也可能是著録之圖書在傳寫中有所脱漏。下面試分别辨析：

〔二〕《舊唐志》中《劉頌集》與《華嶠集》相間數種圖書，而《新唐志》則二集相連。從《隋志》排列順序看：《劉頌集》與《劉寔集》并列，《王濟集》與《華嶠集》相連，《舊唐志》亦如此，當爲《古今書録》之原貌。《新唐志》别集類對著録序次雖有調整，但如文中所述，僅限於朝代變動等原因，而各朝别集之内部序次則與《舊唐志》完全一致（僅出現一處前後互换），説明其采用《古今書録》時對圖書序次未作隨意變動。《新唐志》將《劉頌集》調至《王濟集》後，實屬無謂，當非歐氏所爲。推其原由，應是傳寫時脱抄《劉頌集》，發覺後即接抄於此，而後人又誤混其姓氏。

（一）『吴十四家』，著録實爲十三家，缺一家。新、舊二志比較，《新唐志》著録吴國别集多出三家：《虞翻集》三卷，《陸凱集》五卷，《薛瑩集》二卷。少一家：《楊厚集》二卷。上文已言《虞翻集》乃從東漢移入，《楊厚集》已移至東漢，而《薛瑩集》實從下面晉朝移入，實際祇多《陸凱集》一種。在著録序次上，除這三種别集做了朝代調整外，其餘皆與《舊唐志》一致，《舊唐志》言『吴十四家』，而《新唐志》正好爲十四家，説明《新唐志》吴國别集亦全出自《古今書録》而未作任何增補。是《新唐志》所多出的《陸凱集》一種，正是《舊唐志》所脱漏的那一種。《陸凱集》，又見於《隋志四》著録，亦云五卷，説明該集唐初即爲五卷，《新唐志》作『五卷』著録無誤。據此，當於『《姚信集》十卷』下補入『《陸凱集》五卷』一部。

（二）『東晉一百四十四家』，著録實僅一百四十一家，缺三家。與《舊唐志》比較，《新唐志》正好多出三家：《甄述集》下多『《王嶠集》二卷』，《張俊集》下多『《應碩集》二卷』『《陸沈集》二卷』。又少一家：《王洽集》下少『《傅毅集》五卷』。《舊唐志》著録之别集，《新唐志》理應全部著録，今缺者，若非傳寫中誤脱，即爲編者有意删汰。實際上除此處缺《傅毅集》一種外，《舊唐志》著録之别集皆見於《新唐志》。然則此處究爲誤脱抑或删汰？據情理言，《古今書録》既有著録，明開元時藏有是書，紀開元藏書之盛的《新唐志》（指『著録』部分）何得妄加删汰？自然當以誤脱釋之。但其實不然，理由有二：一是《舊唐志》中實有兩《傅毅集》，而且皆五卷，一在後漢，一在東晉。歷史上同名之書甚多，但集名相同，撰者亦同，甚至卷數亦相同，則實爲罕見。《新唐志》編者見《舊唐志》後漢別集中已有『《傅毅集》五卷』之著録，又見東晉別集中著録有『《傅毅集》五卷』，以爲此乃《舊唐志》重複著録，遂删去東晉無名之《傅毅集》，而保留東漢名家之集。考《隋志》著録，東漢別集中『《班固集》』上有『後漢車騎司馬《傅毅集》二卷』，注曰：『梁五卷。』但於晉朝別集『晉會稽王《司馬道子集》八卷』下亦注曰：梁『又有鎮東從事中郎《傅毅集》五卷』。是原有兩《傅毅集》，梁時皆五卷。東漢傅毅，與班固同時，爲後漢中前期人，《後漢書》卷八〇上《文苑上》有傳，而東晉傅毅於史無考。又因其在梁朝時文集皆五卷，或疑爲同一人。《新唐志》删之，或有所據。然《隋志》於晉朝傅毅特題『鎮東從事中郎』，以別於『後漢車騎司馬』。鎮東從事中郎爲鎮東將軍之屬官，考鎮東將軍之設置，《通典》卷二九《職官十一·四鎮將軍》云：『鎮東將軍，後漢末，魏武帝爲之。』〔一〕《文獻通考》卷五九《職官考十三》同之。是鎮東一職始於東漢末年，與東漢傅毅時代不合。據此可知《隋志》著録爲二傅毅當無疑義（《通志·藝文略七》亦作兩種著録，蓋從《隋志》），《新唐志》失考，故誤删之也。多出之《王嶠集》，《隋志》亦有著録：『晉太僕卿《王嶠集》八卷。』卷數雖異，但流傳脉絡可尋。另兩家，《隋志》於『晉散騎常侍《王鑒集》九卷』下注曰：『汝南太守《應碩集》二卷……揚州從事《陸沈集》二卷。』《隋志》

〔一〕杜佑撰，王文錦等點校《通典》卷二九《職官十一》，中華書局，一九八八年，第八〇二頁。

雖云亡，但唐初失傳而至開元又復出者并不鮮見，《舊唐志》中亦多見其例（如經部《論語》類多有《隋志》言『亡』者），不得以此見疑。據《新唐志》補此三家，正合『一百四十四家』之數。應碩、陸沈二家集卷數無異，當從《新唐志》補入無疑。而『《王嶠集》二卷』與《隋志》著録之卷數不同，『二卷』是否傳寫有誤？觀《王嶠集》前後別集皆五卷，不易涉上下文誤，而與《隋志》之『八卷』亦不易致誤，蓋流傳中集有散逸，《新唐志》之『二卷』仍似可信。

（三）『宋六十家』，實際著録爲五十九家，缺一家。二志比較，著録之劉宋別集序次全同，唯《新唐志》多出二部：《陶潛集》二十卷和《謝惠連集》五卷。此與《舊唐志》統計數目不符，且《舊唐志》已著録『《陶淵明集》五卷』一部（《新唐志》作『《陶潛集》二十卷，又《集》五卷』），似乎多出的一部陶集是《新唐志》所補，因陶集二種卷數差異較大，故并録之。但《舊唐志》別集中同一書因卷帙差異而并録者并不乏其例，如『魏《陳思王集》二十卷，又三十卷』（《新唐志》同）〔二〕。是《陶潛集》二十卷仍當在《舊唐志》著録之列。而《謝惠連集》五卷，《隋志》著録作六卷，并注云：『梁五卷，録一卷。』至宋晁公武《郡齋讀書志》卷一七仍著録爲五卷，是自梁至宋此書流傳不絕，且謝氏爲詩文名家，《舊唐志》無有不載之理。是

〔二〕《舊唐志》著録不同版本的別集另有『《梁元帝集》五十卷，《梁元帝集》十卷』，但《隋志》《新唐志》後一種稱《梁元帝小集》十卷。據《舊唐志》從前省略相同書名之文例，若書名相同，應作『又十卷』；今重書集名，説明原名本不相同。此當從《隋志》與《新唐志》，《舊唐志》蓋傳寫中脱『小』字耳。

劉宋别集共有六十一家，《舊唐志》云『宋六十家』者，蓋『六十』後脱『一』字。當據《新唐志》於『《陶淵明集》五卷』前補『《陶淵明集》二十卷』一種〔二〕（據《舊唐志》從前省稱相同書名之例，『《陶淵明》五卷』則當作『又五卷』），於『《王弘集》二十卷』下補《謝惠連集》五卷』一種。

（四）『陳十四家』，實際著録有十三家，缺一家。與《新唐志》對照，二者著録序次全同，唯《新唐志》『《周弘正集》二十卷』下多『《周弘讓集》十八卷』一種。檢《隋志》，著録有『陳金紫光禄大夫《周弘讓集》九卷』『陳《周弘讓後集》十二卷』二種，後蓋合二本爲一種。此蓋涉其上集名相似而脱，補上正合『陳十

〔二〕據《新唐志》補入一種陶集當無疑問，而此本作『二十卷』，則頗有可疑之處。《隋志》載：『宋徵士《陶潛集》九卷。』又注：『梁五卷，録一卷。』《日本國見在書目》及宋代《崇文總目》《郡齋讀書志》《直齋書録解題》等官私藏書目録則皆作『十卷』。兩《唐志》著録之五卷本，當即梁時之舊本；宋代所傳之十卷本，即北齊陽休之所編本（見《郡齋讀書志》卷一七、《四庫全書總目》卷一四八《陶淵明集》提要》）；《隋志》之『九卷』本，或即陽休之本除序目而稱之，或爲梁蕭統所編八卷本（《郡齋讀書志》言『七卷』）之訛。唯不見《新唐志》著録的『二十卷』本的記載。《通志·藝文略七》雖載有『《處士陶潛集》二十卷』，但《通志》非藏書目録，其所載唐以前書亦非鄭樵所親見，而是抄録前代書目而成，此條當即本於《新唐志》，故不得視爲旁證。『二十卷』本既不見他書有記載，又反常地比《隋志》等書目所載之本多出一倍，而《新唐志》《陶潛集》前後著録之别集又皆爲『二十卷』，因疑《新唐志》原亦當作『十卷』，蓋編刻時涉上下文而誤也。但十卷本在唐代是否流傳呢？今人有言：『陽休之本於隋季亡其序目，爲九卷本。此後爲要湊足十卷之數，别本紛出。至北宋，又經宋庠重新刊定爲十卷本《陶潛集》。』（逯欽立校注《陶淵明集·出版説明》，中華書局，一九七九年，第二頁）認爲宋代之十卷本已非陽氏之舊，而唐代十卷本之有無更在疑似之間。但《日本國見在書目》的著録，至少説明晚唐以前曾有十卷本傳入彼國。又見唐吴兢《西齋書目》著録有《陶潛集》十卷（原書已佚，此據《郡齋讀書志》卷一七引），吴兢爲武后至玄宗時期著名的史官，并曾參與開元時的秘閣藏書整理及《群書四部録》的編撰，其所藏《陶潛集》既爲十卷本，則開元時成書的《群書四部録》及《古今書録》著録之本同爲十卷，亦甚相宜。此亦可證《新唐志》原本當作『十卷』，但終乏確證，故仍其舊而不改。

四家』之數。

（五）『唐一百一十二家』，實際著録僅一百一十家，缺二家（劉毓崧《舊唐書經籍志校勘記》云『與總數相合』[二]，誤計）。檢《新唐志》，於唐『《陳叔達集》五卷』下多『《竇威集》十卷』一部，『《盧照鄰集》二十卷』下多『又《幽憂子》三卷』一種，其餘圖書序次全同。補此二種，則正與《舊唐志》所載部數合。

三、實際已著録而無類可歸者

見於《舊唐志》著録而於類末統計無所附麗者僅有一家，即『道士《江旻集》三十卷』。該集排列在唐人別集之後，『沙門七家，婦人七家』十四部書之前。劉氏《舊唐書經籍志校勘記》云：『疑「沙門七家」之上，本有「道士一家」四字，而傳寫者誤脱之也。』[三]是也。江旻，隋朝道士，若以爲或由隋入唐，故入於唐人別集亦可，不得遽稱無類可歸。然《舊唐志》唐人別集皆以時代爲序，由唐初至開元，《江旻集》若入唐人別集類亦當次於唐初，而不得置之唐人別集之末。其在『沙門七家，婦人七家』之前，實與『沙門』等并稱爲類。《新唐志》將『道士《江旻集》』及沙門、婦人十五家移於唐集之前隋集之後，亦可明《江旻集》不可入唐人別集（《通志·藝文略八》入隋朝別集）。《江旻集》既不屬於唐集，更不能入沙門，

〔二〕 羅士琳等《舊唐書校勘記》卷二九《經籍志》，張舜徽主編《二十五史三編》本，岳麓書社，一九九四年，第六册，第五二七頁。按：卷二八、二九《經籍志校勘記》爲劉毓崧所撰。

〔三〕 羅士琳等《舊唐書校勘記》卷二九《經籍志》，第五二七頁。

顯然此屬《舊唐志》統計有脱漏，當補入「道士一家」四字。

統觀《舊唐志》别集類，其各類各朝之統計數目與今本實際著録，所訛脱缺漏者，若證以《新唐志》，皆若合符契，凡七百六十部。《新唐志》别集類所言「右别集類七百三十六家，七百五十部，七千六百六十八卷」〔二〕，「七百五十部」顯誤。一則《新唐志》實際著録達七百五十九部，二則《舊唐志》别集著録爲七百六十部（今本亦有七百五十一部），而《新唐志》云「著録」之數僅有「七百五十部」，其有訛脱自不待言。《新唐志》的實際著録，可説明其誤，尚不可遽指其爲何數之誤，因爲傳寫中《新唐志》亦可能有脱漏。但上文通過新、舊二志别集類的比較，我們得知《新唐志》除唐代别集「玄宗以下不著録四百六家」爲新增外，其「著録」之别集全合於《舊唐志》統計之數目，亦即全録自《古今書録》，各類各朝别集均未見增補新書，唯於東晉别集中誤删《傅毅集》一種，則《新唐志》著録本爲七百五十九部，與實際著録相符。是「七百五十部」原當作「七百五十九部」，後偶脱一「九」字。或疑《新唐志》增補之書亦有可能脱漏，此恐不足爲信。設若新增一種，則當作「七百六十」，但「六十」與「五十」又不易致誤；若新增二種，則當爲「七百六十一」，而「六十一」與「五十」更不易相誤。且《舊唐志》著録之别集皆不曾脱漏，唯新增之一種、二種却在傳寫中脱漏了，亦難以服人。《新唐志》别集類「著録」數目爲「七百五十九部」，亦可

〔二〕 歐陽脩、宋祁《新唐書》卷五〇《藝文志四》，第一六一八頁。

反證《舊唐志》别集類正好爲七百六十部。

《舊唐志》總集類情况複雜一些。原書統計曰：『總集一百二十四家。』實際著録爲一百二十一家，脱漏三家（劉氏《舊唐志校勘記》云：『凡一百二十家。較總數少四家。』〔一〕誤計）。二志比較，《新唐志》變動較大：一是圖書序次多有改動，如以書從人，凡同一撰者之書，皆移置於該撰人之下，而撰者之名則從前省之；二是圖書類别多有調整，如改入經部樂類、史部雜傳記類及所附女訓、起居注類附詔令、子部道家類附釋氏；三是集部總集類附設文史類；四是多出圖書六種：殷淳《婦人集》三十卷、《新文要集》十卷、《七集》十卷、《詩録》二十卷、許凌《六代詩集鈔》四卷以及文史類的鍾嶸《詩評》三卷（《舊唐志》中此類書歸總集類）。《舊唐志》脱漏的爲哪幾家？《新唐志》又增補了哪幾種？『總集一百二十四家』是否有誤？據上文所考，集部圖書共爲八百九十二部是確鑿無疑的，《楚詞》七部是確定的，别集類爲七百六十部也是可信的，則總集類當有一百二十五家，原載數目『一百二十四家』有誤。或疑别集類『宋六十家』亦可能爲『宋六十二家』之誤（其他各朝各類别集數目均無疑問），若爲『六十二家』，則總集類『一百二十四家』正合。但『宋六十二家』，找不到任何證據，且若作『宋六十二家』，則《舊唐志》别集類有七百六十一部，而《新唐志》别集類的統計數目『七百五十部』（實爲『七百五十九部』）便無法找到

〔一〕羅士琳等《舊唐書校勘記》卷二九《經籍志》，第五二七頁。

合理的解釋了。其推測必然是：《新唐志》『七百五十』原爲『七百六十』之誤，後世傳抄中不慎脱漏了一種别集，而《新唐志》抄脱的這部别集，正好《舊唐志》也脱漏了。但這種推測實在過於牽强。既明總集類應爲『一百二十五家』，則《舊唐志》今本著録實缺四部，多出的另兩部則爲《新唐志》所補，至於哪二種爲《新唐志》所增補，因乏旁證，無以確指；而『許凌《六代詩集鈔》四卷』與《新唐志》著録的另一部總集『徐陵《六代詩集鈔》四卷』（《舊唐志》同）是否爲同一書之誤衍亦姑存疑待考〔一〕。

《舊唐志》因無宋元舊本，其誤始於何時似難以遽言，但《玉海》卷五四『唐三類集録』條引録《舊唐志》集部末此段文字，與今本《舊唐志》基本無異（《玉海》省略了若干『家』字），是王應麟所見宋本已然，則其誤由來亦久矣，不得皆視爲明人之過。

《舊唐志》集部各類衹有部數之統計，而未統計其卷數，若非《新唐志》於别集『著録』部分未作任何增補，實不易補出《舊唐志》之缺漏。而《舊唐志》經、史、子三部各小類，其後皆有部、卷數之統計，這對

〔一〕《通志》卷七〇《藝文略八》載：『《六代詩集鈔》四卷，許凌集。又四卷，徐陵集（此據《景印文淵閣四庫全書》本，浙江書局本誤作『許陵』）。』從其著録方式看，鄭樵認爲此爲兩種同名之書。沈炳震《新舊唐書合鈔》卷七五《經籍志四》校曰：『案《隋書》止一部，《新書》疑訛「徐陵」爲「許凌」，作二部，誤也。』（臺北：鼎文書局，一九七三年，第三册，第一一四〇頁）姚振宗《隋書經籍志考證》卷四〇亦認爲『似史駁文』（《二十五史補編》本，中華書局，一九五五年，第四册，第五八八四頁）。

我們校補《舊唐志》著録的脱誤，又多提供了一份依據。今以子部類事類爲例試作校證如下〔二〕：

《舊唐志》子部類事類末曰：「右類事二十二部，凡七千八十四卷。」但今本實際著録衹有二十一部、六千四百八十四卷，比原書統計少一部、六百卷。是類末所載部、卷數有誤，還是著録的圖書有脱漏呢？《新唐志》「著録」部分有「類書類十七家，二十四部，七千二百八十八卷」。二志對比，《新唐志》多出三部：「許敬宗《摇山玉彩》五百卷」「《目録》四卷，許敬宗等撰」「《東殿新書》二百卷，許敬宗、李義府奉詔於武德内殿修撰」。此三書，《東殿新書》二百卷，見於《舊唐志》史部雜史類，是《新唐志》移至類書類的；《目録》四卷，不見於《舊唐志》。余以爲此乃許敬宗《累璧》四百卷的目録（《新唐志》於「《累璧》四百卷」下列「又《目録》四卷」），非獨立之書。一則從其書名看，若爲獨立一書，則不當歸入類書類；二則《目録》是部僅四卷的小書，撰者何須題「許敬宗等」；三則此類小書，何須注明「龍朔元年上」。《舊唐書·高宗本紀上》載曰：「（龍朔元年）六月庚寅，中書令許敬宗等進《累璧》六百三十卷

〔二〕《舊唐志》類事類，子部前所列十七家類目稱「事類」，而該類末則稱「類事」。「事類」「類事」僅變换詞序，其義皆似可通，故後人稱引往往莫衷一是。劉毓崧《舊唐書經籍志校勘記》即云：「「右類事」，沈本「事」在「類」上（今按：同治本《合鈔》「事」在「類」下）。按上文云「事類十五」，當從沈本爲是。」但從《舊唐志》行文看，各類後所言類名皆省稱「類」字，而各部前所列類目則皆帶「類」字，據此文例，「類事」即「類事類」，而「事類」則成了「事類類」，後者造語頗不雅順，《古今書録》不當取之。若以爲原有「類」字，不必重疊，但僅以一「事」字名類，義不明晰，而且除經部有以書名一字爲類目外，其餘各類皆取兩字爲名，此不當獨以一「事」字名類。再者，該類特點在「分門别類」，豈可無「類」字。考其後書目分類，亦有沿用「類事類」者（如《宋志》），却無稱「事類類」者。是《舊唐志》「事類十五」前脱一「類」字當無疑義。

（《唐會要》卷三六所載亦作「六百三十卷」〔一〕，是其原爲六百三十卷，後蓋合并爲四百卷），目録四卷。」〔二〕此可證《累璧》目録本爲四卷。然《新唐志》明言「二十四部」，若以此爲《累璧》之《目録》，則又僅有二十三部；若以爲《新唐志》著録脱漏一部，而卷數又合；若以爲字誤，而「三」與「四」又不易致誤。是《新唐志》統計時原本以此爲獨立一書，蓋一時疏忽所致。《摇山玉彩》五百卷，則當爲《舊唐志》所脱〔三〕。《舊唐志》既著録許敬宗的《累璧》四百卷，没有理由不著録其五百卷的《摇山玉彩》。補此一部，正合「二十二部」之數，但卷數尚有差異。檢《舊唐志》所録《長洲玉鏡》，云「一百三十八卷，虞綽等撰」，而《新唐志》云「二百三十八卷」。虞綽，隋朝人，《隋書·文學傳》有傳，《隋志三》雜家類亦著録是書，正作「二百三十八卷」，是《舊唐志》「一百」當作「二百」。增此一百卷，再補五百卷，正合「七千八十四卷」之數。此之補改，當無疑義也。補於何處，因無例可循，姑從《新唐志》置於「《累璧》四百卷」之前可也。

〔一〕王溥《唐會要》卷三六《修撰》，上海古籍出版社，二〇〇六年，第七六六頁。

〔二〕劉昫等《舊唐書》卷四《高宗本紀上》，第八二頁。

〔三〕《摇山玉彩》，《新唐書》卷八一《三宗諸子·孝敬皇帝弘傳》、《舊唐書》卷四《高宗本紀上》、卷八二《許敬宗傳》、卷八六《高宗中宗諸子·孝敬皇帝弘傳》、卷八九《姚璹傳》、卷一八五上《良吏上·高智周傳》、卷一九〇上《文苑上·孟利貞傳》，《唐會要》卷三《雜録》、卷三六《修撰》，《册府元龜》卷六〇七皆作「《瑶山玉彩》」，是原文當作「瑶」字。但《通志》卷六九《藝文略七·類書類》、《玉海》卷五四《藝文·總集文章》及卷一二九《官制·儲官》載此書并作「《摇山玉彩》」，又《新唐志》儒家類尚有裴光庭《摇山往則》，《新唐書》卷一〇八《裴光庭傳》亦作「《摇山往則》」，是《新唐志》字本作「摇」。蓋二字可通，歐、鄭、王諸公并不以爲字誤，今姑從《新唐志》，以存志文之舊。

自然也應該注意，有些小類所載的統計卷數并不可靠，我們則又可通過確定的部數與實際著録的圖書卷數來驗證其正誤。如史部目録類云：著録『雜四部書目十八部，凡二百一十七卷』。實際著録正好十八部，而卷數則爲三百六十七卷，多出一百五十卷。因所著録的元行冲等編撰的《群書四録》一種（即《群書四部録》）即有二百卷，《舊唐志序》《新唐志》等皆無異詞，知其所言目録類『凡二百一十七卷』必誤。對照《新唐志》，各書卷數著録完全一致（《隋志》除《群書四部録》《梁天監四年書目》《隋開皇二十年書目》及《史目》四種不載外，所著録的十四部書中也僅有《新撰文章家集》一種卷數有異）。可見《舊唐志》著録之卷數不誤。各書卷數既不誤，該類部數又確定，則是類著録『凡二百一十七卷』當作『凡三百六十七卷』。『三』與『二』形近易訛，『六』與『一』則當爲字壞而誤。王應麟《玉海》卷五二《目録》『唐十九家目録』條徵引《舊唐志》亦曰：『《舊唐志》：書目十八部，凡二百十七卷。』[一]是宋本已誤。

有的雖然明知其誤，却已難以確考其實。最明顯者莫過於子部儒家類的統計：『儒家二十八部。』這是個顯見的訛誤，因爲實際著録已達八十一部。但對子部儒家類的圖書歸類，目録學家多有歧見，如該類末四種書《新唐志》即移入史部雜傳記類。是否有《新唐志》已移入他類而《舊唐志》却又脱漏的？《新唐志》著録而《舊唐志》不載的王肅撰《政論》十卷等數種，是《新唐志》所補還是《舊唐志》脱

[一] 王應麟《玉海》（合璧本）卷五二『唐十九家目録』條，京都：中文出版社，一九七七年，第一〇三四頁。

漏？今皆不能定。此等亦衹好存疑了。

《舊唐志》與《新唐志》『著録』部分的主體因同出於《古今書録》，二志於同一部書理應著録一致，若有歧異，則當有一誤（甚或二者皆誤）。若參以旁證，則可定其是非。通過與《新唐志》的比勘，我們自然可以發現、糾正《舊唐志》在書名、撰者、卷數等方面的著録錯誤。今仍以集部爲例説明之（集部無之，則兼取它類）：

一、書名訛誤例（此略，詳見本書《〈舊唐書·經籍志〉著録書名訂誤》）

因别集一般即以著者之名名之，故此類書名訛誤，實亦著者之名有誤。真正的書名與撰者兩項皆誤的現象，在其他部類中還很少見，但仍不乏其例。如史部譜牒類『《桂氏世傳》七卷，桂顔撰』，實即《新唐志》雜傳記類著録的『《崔氏世傳》七卷，崔鴻』之誤。

二、撰人訛誤例

（一）《楚詞》類：『《〈離騷〉草木蟲魚疏》一卷，劉沓撰』，《新唐志》著録作『二卷』，撰人作『劉杳』。《隋志》亦云『二卷，劉杳撰』。劉杳，《梁書》卷五〇及《南史》卷四九均有傳，皆云撰『《楚辭草木疏》一卷』[一]。『沓』顯爲『杳』之形訛。檢百衲本，『杳』字本不誤，又云『二卷』（《合鈔》同），則可定《舊唐志》原

[一] 姚思廉《梁書》（修訂本）卷五〇《劉杳傳》，中華書局，二〇二〇年，第七九五頁；李延壽《南史》（修訂本）卷四九《劉杳傳》，中華書局，二〇二三年，第一三三四頁。

作『二卷』，『一』爲字誤（本傳所云『一卷』則仍不能決其疑）。無獨有偶，《舊唐志》類事類《壽光書苑》二百卷，撰人『劉杳』却又誤作了『劉香』。姚振宗《隋書經籍志考證》已言其非，惜點校本未予采用。

（二）總集類：『《聖朝詔集》三十卷，薛堯撰』，《新唐志》作『薛克構《聖朝詔集》三十卷』。薛堯無考，而薛克構，新、舊《唐書》有傳，附其父薛大鼎後，爲高宗、武后時人，『天授中官至麟臺監』[一]。據新、舊唐志，薛克構尚別有撰述，《舊唐志》雜家類著録有：『《子林》三十卷，薛克構撰。』疑『堯』當作『克』，而《舊唐志》又脱『構』字。《全唐詩》卷四四『薛克構』，原校：『克一作堯。』[二]是『克』『堯』二字形近易誤。

（三）『《策集》六卷，謝靈運撰』，《新唐志》著録作『宋伯宜《策集》六卷』，《通志·藝文略八》亦作『宋伯宜《策集》六卷』[三]，蓋從《新唐志》。《隋志》總集類雖著録有『《策集》六卷』一部，但不著撰者姓名（另著録一種『《策集》一卷，殷仲堪撰』）。新、舊二志撰人各異，必有一誤。宋伯宜始末不詳，《新唐志》也僅見於此處，無緣致誤，當是歐氏所見《古今書録》原本如此，或別有所據而有意改之。《舊唐志》又何以題作『謝靈運撰』？細察《舊唐志》著録，此書上有『《宋元嘉策》五卷』，下有『《七林集》十二卷，卞氏

[一] 劉昫等《舊唐書》卷一八五上《薛大鼎傳》，第四七八八頁。

[二] 彭定求等編《全唐詩》卷四四，中華書局，一九六〇年，第五四七頁。

[三] 鄭樵《通志》卷七〇《藝文略八》，中華書局，一九八七年，第八二八頁。

撰』『《七悟集》一卷，顔延之撰』。《隋志》亦『《策集》與『《宋元嘉策孝秀文》十卷』（疑與《宋元嘉策》爲同一種）一起，『《七林》十卷（原注：梁十二卷，録一卷。卞景撰）』與『《七悟》一卷』一起，二者著録序次有共同的特點，即按文體排列（其他如賦、碑、論、詩、歌詞、詔令等皆如此）。《新唐志》在繼承《舊唐志》編排體例的同時，對圖書序次又作了一些調整，其中一個特點就是以書從人，即把同一撰者的著作編在一起，著録在後的圖書皆承前省略撰人。如此，《新唐志》便把《隋志》著録在『《七林》』之前的謝靈運『《七集》十卷』移到了『謝靈運《詩集》五十卷』『又《詩集鈔》十卷、《詩英》十卷、《回文詩集》一卷』之下（此四種在《舊唐志》總集類分於三處）。今本《舊唐志》不見謝氏此書，但我們有理由相信此書本在《舊唐志》著録之列。上文已考知《舊唐志》總集類今本脱漏了四種，《新唐志》著録多出的六種中，雖不能一一確指何種爲《舊唐志》脱漏抑或《新唐志》據它目所補，但仍可推知《七集》當爲脱漏之書：一則因爲《隋志》既加著録，并流傳不絶，《舊唐志》無有捨棄之理；二則此爲名家所編，更不易被編者忽略。《七集》既當著録，根據《舊唐志》以文體相聚的體例，自然是仿效《隋志》將其列於『《七林集》』之上，因正好在『《策集》』之側，傳寫者不慎將《七集》之撰人『謝靈運』著於《策集》之下，遂有此張冠李戴之誤，而『《七集》』則因與下『《七林集》』名似而抄脱。

（四）『《七悟集》一卷，顔延之撰』，《新唐志》作『顔之推《七悟集》一卷』。顔延之，劉宋時著名詩人，與謝靈運并稱『顔謝』。顔之推，也是聞人，《北齊書》卷四五有傳。二撰者名必有一誤。檢《隋志》，亦著録作『《七悟》一卷，顔之推撰』，據此可知當作『顔之推』（《合鈔》已校改），但不知《舊唐志》緣何而誤。

因別集一般皆標有著者之名，故不再著録撰人，所以集部此類撰人誤例不多。綜觀全志，著者名誤實較書名之誤爲多。如史部編年、僞史類（《舊唐志》此二類合編，共『七十五部』）：

（五）『《梁典》三十卷，劉璠撰。又三十卷，何元之撰』，《新唐志》『何元之』作『何之元』，《隋志》古史類題『陳始興王諮議何之元撰』。《日本國見在書目録》亦稱『何之元撰』[一]。何之元，《陳書》卷三四有傳，言其撰《梁典》三十卷。《史通·古今正史篇》亦言『廬江何之元』『撰《梁典》三十篇』[二]。當據乙。

（六）『《南燕録》六卷，王景暄撰』，《新唐志》『王景暄』作『王景暉』，《隋志》霸史類云：是書『記慕容德事。僞燕中書郎王景暉撰』。《初學記》卷六《渭水第八》亦引有『王景暉《南燕書》』[三]。《史通·古今正史篇》又云：『南燕有趙郡王景暉，嘗事德、超……官至中書令，仍撰《南燕録》六卷。』[四]是『暄』爲

[一] 日本藤原佐世《日本國見在書目録》，東京名著刊行會影印室生寺古寫本，一九九六年，第三二頁。

[二] 劉知幾《史通》卷一二《古今正史》，《四部叢刊初編》景印明萬曆刻本，第一三頁上。

[三] 徐堅等《初學記》卷六《渭水第八》，中華書局，一九六二年，第一三六頁。

[四] 劉知幾《史通》卷一二《古今正史》，第一四頁下。

『暉』之字誤甚明。姚氏《考證》正之，惜未加利用。

（七）『《南燕書》五卷，張銓撰』，《新唐志》『張銓』作『張詮』。《隋志》霸史類載：『《南燕録》五卷，記慕容德事。僞燕尚書郎張詮撰。』書名雖有小異，但仍可確定其爲同一書。《初學記》卷一一《僕射第四》及《太平御覽》卷四六四引《南燕書》，撰人皆作『張詮』[一]。是『銓』乃『詮』之形誤。

又有《晉續記》著者『郭季産』、《三十國春秋》撰人『蕭方等』，原本則分别誤作『郭秀彦』『蕭方』，點校本皆已校改（《合鈔》已改作『郭季産』）。凡此皆可説明撰人訛誤之夥。

有的訛誤則非出自手民，而是《舊唐志》所據之書《古今書録》原本如此。如僞史類：

（八）『《漢趙記》十卷，和包撰』，《隋志》霸史類撰人作『和苞』。和苞，《晉書》卷八六及卷一〇三兩見其名，卷八六《劉曜傳》云劉曜封和苞爲『平輿子』。《史通·古今正史篇》亦曰：『劉曜時，平輿子和苞撰《漢趙記》十篇。』[二]是當作『和苞』。然《新唐志》撰者著録却同《舊唐志》，説明二志所據《古今書録》已作『和包』。此類情況，校理者於校記中説明即可，而不必一一改動原文。

三、卷數訛誤例

新、舊二志對勘，卷數差異者最多。若爲不同時代之公私藏書目録，因皆據各自藏本著録，其卷數

[一] 徐堅等《初學記》卷一一《僕射第四》，第二六二頁。李昉等《太平御覽》卷四六四，中華書局，一九六〇年，第二一三五頁。

[二] 劉知幾《史通》卷一二《古今正史》，第一三頁下、一四頁上。

自然會有差異，後人正可藉以考見其卷帙之分合變化。但新、舊二志同出一源，其卷數理應一致，今之差異，適可説明傳寫中産生的文字訛脱，是應該引起讀者注意的。其錯誤類型主要是數字脱漏與數字訛誤二類，衍文與誤倒則較爲少見。數字脱漏如：

（一）別集類梁：『《劉之遴前集》十卷、《劉之遴後集》三十卷』，《新唐志》著録：『《劉之遴前集》十一卷、《後集》三十卷。』《隋志》著録是集亦云：『梁太常卿《劉之遴前集》十一卷。』《新唐志》無由衍『一』字，是《古今書録》本作『十一卷』，與《隋志》合，《舊唐志》脱『一』字無疑。

（二）唐：『《陳叔達集》五卷』，《新唐志》作『十五卷』。對唐人別集，我們無法利用《隋志》，又不能據宋代書目以定其正誤，因爲五代以後雕版盛行，唐代典籍由手抄而變爲刻印，其卷帙多有變化。且唐人別集，宋人多爲之重編，卷帙自有變化。我們祇有從唐代文獻中來尋找旁證，而其中《舊唐書》列傳最有參考價值。《舊唐書》卷六一《陳叔達傳》即曰：『有集十五卷。』[一]《新唐志》『著録』部分的圖書并未參考《舊唐書》撰者本傳，主要是根據《古今書録》，集部別集類的『著録』更全出於《古今書録》，而同作『十五卷』，説明原書本爲十五卷，《舊唐志》『五』上脱『十』字無疑。

（三）『《劉子翼集》十卷』，《新唐志》作『二十卷』。《舊唐書》卷八七《劉禕之傳》附劉子翼傳亦曰子

[一] 劉昫等《舊唐書》卷六一《陳叔達傳》，第二三六三頁。

翼『有集二十卷』，知《舊唐志》脱『二』字。

（四）『《袁朗集》四卷』，《新唐志》作『十四卷』。《舊唐書・文苑上・袁朗傳》亦載袁朗『有文集十四卷』，知當從《新唐志》。

（五）『《劉子玄集》十卷』，《新唐志》作『三十卷』。《舊唐書》卷一〇二《劉子玄傳》亦云『有集三十卷』，是《舊唐志》脱『三』字。

《舊唐志》中也偶有不載卷數的圖書，從其著録體例看，這并非原書不分卷或《舊唐志》未著録，而是傳寫中脱書卷數。這種脱漏，也可藉《新唐志》補足。如史部編年類：

（六）『《山陽義紀》，樂資撰』，未載卷數。《新唐志》作『樂資《山陽公載記》十卷』。『義紀』，於義未安，當爲『載紀』之形誤（『紀』與『記』義同，二字多混用）。證以《隋志》，更無疑義。《隋志》雜史類載：『《山陽公載記》十卷，樂資撰。』《三國志》裴松之注亦屢引『樂資《山陽公載記》』（或不稱撰者名）。是書所載爲獻帝時軍閥攻戰之事，山陽公，即指漢獻帝（曹丕稱帝時奉獻帝爲山陽公）。《欽定四庫全書考證》卷二七『《經籍志》《山陽公載記》』條已指出：『刊本脱「公」字，又「載」訛「義」。』〔一〕《合鈔》、閣本均已校改，點校本不當忽略。該書《新唐志》著録爲『十卷』，正與《隋志》合，是《古今書録》所載原爲『十卷』

〔一〕王太岳等輯《欽定四庫全書考證》卷二七，書目文獻出版社，一九九一年，第六六一頁。

無疑,《舊唐志》可據補。

卷數的數字訛誤比數字脱漏更多,情況也更複雜一些。上述諸例中,用以説明數字脱漏的書證也衹有一個,但一般却不會産生疑問。因爲卷數的誤衍比較少見,而非涉上下文的誤衍就更爲稀見,若無淵源關係的兩種文獻同時誤衍出相同的卷數,則更無可能。至於卷數的字誤,則不太一樣。雖然同樣有《隋志》或《舊唐書》本傳爲證,但如果是易於相誤的數字,或《新唐志》有涉上下文而誤之可能,則衹能説明其可能爲某字之誤,而不能確定其必作某字。如:

(一)别集類諸王:『宋《江夏王集》十三卷』,《新唐志》作『十五卷』,《隋志》亦著録:『宋《江夏王義恭集》十一卷。』注曰:『梁十五卷,録一卷。又有《江夏王集别本》十五卷。』是梁時《七録》著録宋《江夏王集》爲十五卷,《新唐志》『十五卷』當淵源有自,因疑《舊唐志》『十三卷』字誤。但因『五』與『三』易於相誤,故仍不能完全排除宋《江夏王集》傳至唐時卷數已變爲十三卷,而《新唐志》『十五』正是『十三』之誤的可能。

下皆此類疑誤者:

(二)魏:『《杜摯集》一卷』,《新唐志》作『二卷』,《隋志》亦著録曰:『魏校書郎《杜摯集》二卷。』『一卷』疑誤。

(三)吴:『《華覈集》三卷』,《新唐志》作『五卷』。《隋志》於『吴侍中《胡綜集》二卷』下注曰:『又有東觀令《華覈集》五卷，録一卷。」是「三」疑作「五」。

（四）「《薛綜集》二卷」，《新唐志》作「三卷」。《隋志》於「吴偏將軍《駱統集》十卷」下注曰：梁「又有太子少傅《薛綜集》三卷，録一卷」。疑當從《新唐志》。

（五）晉：「《王祜集》二卷」，《新唐志》作「《王祜集》三卷」。《隋志》無《王祜集》，而有「晉散騎常侍《王佑集》三卷」，并注曰：「録一卷。梁有晉驃騎將軍《王濟集》二卷。」檢《晉書》，「王佑」之名散見於《晉書》卷三《武帝本紀》、卷四二《王濟傳》、卷七五《王嶠傳》、卷九三《王濛傳》等，爲王濟從兄。《隋志》於《王佑集》下繫以《王濟集》，正可見其二人之關係，是《隋志》「王佑」之名無誤。而新、舊二志於《王祜集》下亦列「《王濟集》二卷」，可知其排列序次正源於《隋志》，而「王祜」爲「王佑」字誤亦明矣。其卷數，則宜從《新唐志》。

（六）東晉：「《顧榮集》二卷」，《新唐志》作「五卷」。《隋志》「晉衡陽内史《曾瓌集》三卷」下注曰：梁「又有驃騎將軍《顧榮集》五卷，録一卷」。《舊唐志》疑涉下文「二卷」而誤。

（七）「《應詹集》三卷」，《新唐志》作「五卷」。《隋志》「晉侍中《孔坦集》十七卷」下亦曰：梁有「晉鎮南大將軍《應詹集》五卷」。《舊唐志》「三卷」疑涉上文而誤。

（八）宋：「《劉義宗集》十五卷」，《新唐志》著録作「《新渝侯義宗集》十二卷」。劉義宗，劉宋宗室，賜爵新渝侯，卒謚惠侯，《宋書》卷五一有傳。《隋志》「宋《南平王鑠集》五卷」下注曰：「《新渝惠侯義宗集》十二卷。」《舊唐志》「五」疑爲「二」誤。

（九）「《何承天集》三十卷」，《新唐志》作「二十卷」。《隋志》亦著録：「宋御史中丞《何承天集》二十卷。」疑當從《新唐志》。

（十）梁：「《徐勉前集》二十五卷、《徐勉後集》十六卷」，《新唐志》作：「《徐勉前集》三十五卷、《後集》十六卷。」《隋志》亦著録是書，作「梁儀同三司《徐勉前集》三十五卷、《徐勉後集》十六卷并序録」。是自隋至開元，徐勉前後集卷數未變，《舊唐志》「二十五」疑爲字誤。

（十一）婦人：「范靖妻《沈滿願集》五卷」，《新唐志》作「三卷」，《隋志》著録亦作「三卷」，《舊唐志》疑誤。

（十二）唐：「《庾抱集》六卷」，《新唐志》作「十卷」，《舊唐書》卷一九〇上《文苑上·庾抱傳》亦載其「有集十卷」，《舊唐志》疑誤。

（十三）「《許敬宗集》六十卷」，《新唐志》作「八十卷」。據《舊唐書》卷八二《許敬宗傳》所載「文集八十卷」，《舊唐志》「六十」疑爲「八十」之誤。

（十四）「《顔師古集》四十卷」，《新唐志》作「六十卷」，《舊唐書》卷七三《顔師古傳》亦載「有集六十卷」，《舊唐志》疑誤。

（十五）「《劉褘之集》五十卷」，《新唐志》作「七十卷」，《舊唐書》卷八七《劉褘之傳》亦云「有集七十卷」，《舊唐志》「五十」疑爲「七十」之誤。

（十六）『《崔融集》四十卷』，《新唐志》作『六十卷』，而《舊唐書》卷九四《崔融傳》亦言『有集六十卷』。疑當從《新唐志》。

（十七）『《李嶠集》三十卷』，《新唐志》作『五十卷』，《舊唐書》卷九四《李嶠傳》亦曰：『有文集五十卷。』《舊唐志》『三十』疑當作『五十』。

如果卷數的數目之間不易相誤，而《舊唐志》又有涉上下文致誤之可能，則可作出較爲肯定的判斷。如：

（十八）帝王：『《晉宣帝集》十卷』，《新唐志》作『五卷』，《隋志》亦云『五卷』。『五』『十』不易相誤，《舊唐志》蓋涉右行『《魏文帝集》十卷』『《魏明帝集》十卷』（聞人詮刻本）而誤。

（十九）晉：『《欒肇集》二卷』，《新唐志》作『五卷』。《隋志》於『晉尚書《盧播集》一卷』下注曰：梁『又有《欒肇集》五卷，録一卷』。是《新唐志》著録的五卷本《欒肇集》源自梁時，《舊唐志》作『二卷』，蓋涉上下著録皆二卷而誤也。

（二十）『《摯虞集》二卷』，《新唐志》作『十卷』。《隋志》載：『晉太常卿《摯虞集》九卷。』又注曰：『梁十卷，録一卷。』是《新唐志》『十卷』淵源有自。『十』與『二』形音相差較遠，不易致誤，《舊唐志》蓋涉前後之書皆爲二卷而誤。

在其他部類中，《舊唐志》各小類後所載的部、卷數目頗有助於考證各圖書卷數的訛誤。如子部名家類：

（二十一）『《兼名苑》十卷，釋遠年撰』，《新唐志》作『二十卷』（《通志》卷六八《藝文略六》作二十卷，蓋從《新唐志》）。其爲《舊唐志》脱文，抑《新唐志》誤衍？雖《新唐志》無由衍出『二』字，但終因缺乏可信之旁證而不能確認。若能藉助該類部、卷之統計則問題可迎刃而解。類末統計曰：『名家十二部，凡五十六卷。』實際著録正好十二部，但卷數却僅有四十六卷，缺了十卷。而《兼名苑》從《新唐志》作『二十卷』，則正合『五十六卷』之數，是《舊唐志》傳寫脱『二』字無疑。若非《舊唐志》有此『凡五十六卷』之卷數統計，我們今天將無法辨别《兼名苑》『十卷』與『二十卷』之是非。又如同類：

（二十二）『《尹文子》二卷』，《新唐志》作『一卷』。檢《隋志三》、《崇文總目》卷三、《中興書目》（《玉海》卷五三引）、衢本《郡齋讀書志》卷一一俱作『二卷』，唐馬總《意林》卷二引録此書亦云『二卷』，則作『二卷』不應有誤。然《宋志四》《四庫全書總目》皆同《新唐志》作一卷，今之傳本又有一卷與二卷之分，則『一卷』亦似不誤。若爲不同之藏書目録，此可説明所據藏本有異，但新、舊二志同出一源，卷數本應一致，今之差異當有一誤，因各有旁證，無以决疑。但前文已言，該類『凡五十六卷』，補正《兼名苑》『二十卷』之後統計數目與實際著録之部、卷數吻合無差，是知《舊唐志》『二卷』不誤，《新唐志》作『一卷』蓋爲字訛。又據《尹文子序》，知其分爲上、下二篇（據《漢志》載，《尹文子》原爲一篇），始於魏黄初末山陽仲長氏，則自魏晉而歷隋唐至南宋初，《尹文子》卷數并無變化。《宋志》作一卷或爲字誤或據南宋合并本著録，此則不敢必〔二〕。

《舊唐志》中數字誤衍及誤倒的情形頗爲罕見，今各舉一例如下：

（一）經部春秋類：『《何氏春秋漢議》十一卷，何休撰，鄭玄駁，糜信注』，《新唐志》著録曰：『《春秋漢議》十卷，糜信注，鄭玄駁。』又《日本國見在書目録》亦曰：『《春秋漢議》十卷，何休撰。』〔三〕檢《隋志》，春秋類著録了何休兩部相似的著作，一名『《春秋議》十卷』，一曰『《春秋漢議》十三卷』。書名雖有差異，但仍可看出，二者當爲同書之不同傳本。是唐代所傳之十卷本，淵源有自，《舊唐志》作『十一卷』者，蓋涉下文服虔撰《（駁）何氏春秋漢記》『十一卷』而誤衍。

（二）別集類晉：『《衛展集》四十卷』，《新唐志》作『十四卷』。據《隋志》著録，梁時晉人文集上四十卷者僅傅玄、陸機、蔡謨、桓温等數人，皆名重一時，其後多散佚。唐初編《隋志》時晉人文集至多不過二十餘卷，至開元舊籍漸有復出，二志中西晉亦僅傅玄、傅咸父子二人別集如梁時卷帙（五十卷與三十

〔二〕《宋史·藝文志》乃據四種國史藝文志（即《三朝國史》《兩朝國史》《四朝國史》《中興四朝國史藝文志》，而《兩朝國史》及《中興四朝國史藝文志》分別主要依據《崇文總目》《中興館閣書目》及《續書目》而成）編成，唯於南宋寧宗嘉定以後書有小量增補，今既不見宋人書目有著録爲一卷者，且《宋志》編次之草率亦有公認，因頗疑《宋志》之『一卷』亦爲字誤，今之一卷本蓋宋以後人所并（今存最早之一卷本爲明刻本）。

〔三〕日本藤原佐世《日本國見在書目録》，第一五頁。

卷），其他一般皆在十卷以下，二十卷者亦僅有荀勖、杜預二人，罕聞有卷數不減反增於梁時者。衛展，《晉書》無本傳，《衛恒傳》載其事迹，官至廷尉，既非顯要，亦無文名，不太可能成四十卷之文集。《衛展集》，《隋志》著録爲『十二卷』，并注曰：『梁十五卷。』是梁時《衛展集》亦僅十餘卷，至唐時絶無可能反倍增於舊時。是當從《新唐志》，《舊唐志》蓋傳寫誤倒。

有的卷數差異，則并無正誤之分，而是新、舊二志著録之角度有别或所據書目不同所致，這是校理者應當特别謹慎的。如：

史部地理類：『《山海經》十八卷，郭璞撰』，《新唐志》云：『郭璞注《山海經》二十三卷。』『十八』與『二十三』絶無可能爲傳寫之誤，或疑有『撰』『注』之别，恐非一書，實則《舊唐志》『注』『撰』多有混用，此指同一書無疑。檢《隋志》著録正作『二十三卷』，是《新唐志》不誤。觀《日本國見在書目録》土地家著録云『《山海經》廿一卷，郭璞注，見十八卷』〔一〕，知唐時傳本有十八卷者。後《崇文總目》及《郡齋讀書志》亦皆作『十八卷』，可知《舊唐志》『十八卷』亦不誤。至於二志著録何以有此區别，尚待細緻探究。

也有不少歧異、矛盾之處，今則因資料匱乏而無法定其是非，如别集類：『宋《建平王小集》十五

〔一〕日本藤原佐世《日本國見在書目録》，第四二頁。

卷』，《新唐志》著録作『六卷』，他書皆不載建平王劉宏有《小集》事，無以明其卷數之是非。又如唐《孔紹安集》三卷』，《新唐志》作『五十卷』，而《舊唐書·文苑上·孔紹安傳》又云『有文集五卷』，亦因無旁證，不能確指其誤。此皆當存疑俟考。

新、舊二志對勘，自然也可以發現、糾正《新唐志》在部卷數統計、圖書著録及書名、撰者、卷數等方面的訛誤脱漏，此則擬另文檢討。

（原載《中國典籍與文化論叢》第七輯，北京大學出版社，二〇〇二年）

《舊唐書·經籍志》著録書名訂誤

《舊唐書·經籍志》是我們查考唐代圖書流傳情况最基本的書目文獻，但由於點校本本身體例及時代的限制[一]，加之《舊唐書》版本上的缺陷[二]，其文字訛脱的情况仍然頗爲嚴重。涉及的方面有：著録圖書的脱漏，各類圖書統計數目的訛誤，著録的書名、撰人、卷數的訛脱等，今僅就點校本《舊唐志》中存在的書名訛誤略作考辨如下：

[一] 劉昫等《舊唐書》卷四六、四七《經籍志》，中華書局，一九七五年。

[二] 《舊唐書》無完好的宋、元舊本傳世（僅存南宋紹興時兩浙東路茶鹽司所刻殘本六十七卷及子卷二卷，且無《經籍志》部分），現存最早刻本爲明嘉靖年間聞人詮本，而其所據底本又非完刻。

一、『《禮儀問答》十卷，王儉撰。』（經部《禮》類，第一九七四頁）『《禮儀答問》十卷，王儉撰。』（同上）

按：在同一小類中著録同一人的兩部著作（前後相隔數種圖書），從書名與卷數看，除了『答問』詞序的變化，并没有任何實質區別，若非誤衍，則書名必有訛誤。《新唐書·藝文志一》著録『王儉《禮儀答問》十卷又《禮雜答問》十卷』[一]。《隋書·經籍志一》《禮》類中王儉討論禮學的著作有『《禮答問》三卷』『《禮義答問》八卷』及『《禮論要鈔》十卷』三種[二]，説明王儉有關禮學的『答問』著述不止一種，是《舊唐志》未曾誤衍，其誤當在書名。《新唐志》後一種稱『禮雜』而非『禮儀』，兩者之析分標準雖不明晰，但爲不同之書名當無疑問。因新、舊二志基本上同出一源，即皆出於唐開元毋煚的《古今書録》[三]，故對同一圖書的著録，書名理應一致（尤其是不可省改的關鍵詞語），是後一種書名之『禮儀』當從《新

[一] 歐陽脩、宋祁《新唐書》卷五七《藝文志一》，中華書局，一九七五年，第一四三二頁。

[二] 魏徵等《隋書》（修訂本）卷三二《經籍志一》，中華書局，二〇一九年，第一〇四四—一〇四五頁。

[三] 《舊唐書·經籍志》據毋煚的《古今書録》删削而成，其圖書分類與著録的經史子集四類圖書數目與《古今書録》完全一致（《舊唐志》『四録』前載有經史子集四類著録圖書的部、卷數説明，其所載各類著録圖書的卷數與《舊唐志序》引《古今書録序》所（轉下頁）

唐志》作『禮雜』。沈炳震《新舊唐書合鈔》據以校改〔一〕，是也。劉毓崧《舊唐書經籍志校勘記》云：『《禮儀答問》十卷，沈本「儀」作「雜」。按《新志》與今本同，《隋志》「儀」作「義」。沈本未知何據。』〔二〕此蓋劉氏未見《新唐志》著録有兩種《答問》，故有此疑，實則沈氏《合鈔》所據即《新唐志》也。沈氏《合鈔》常以新、舊兩《唐書》互校，亦常以意校改，并非别有異本爲據，其所改或是或非，皆不舉證，故難以取信，今

（接上頁）載各類著録圖書的卷數完全相同，合計五一八五二卷。經、子、集三類著録的部數亦相合，唯史類部數相差四部，當是傳寫訛誤所致）。《新唐書・藝文志》著録的圖書則分爲兩部分，各小類前一部分被稱爲『著録』者，後一部分被稱爲『不著録者』。『不著録者』這一部分，是歐陽脩在編修《新唐志》時所增補的，即『唐之學者自爲之書』，也是《舊唐志》所不載的（由於編者的疏忽，也偶有《舊唐志》已著録而歸入『不著録者』）；而『著録』指的是唐代書目已有著録。因『著録』部分的圖書爲開元時國家藏書，所據自然應是開元時期的書目。開元時的大型國家圖書目録僅有《群書四部録》與《古今書録》兩種，而《古今書録》收書又囊括了《群書四部録》，所以《新唐志》『著録』的依據自然應是《古今書録》。但《新唐志》所載『著録』部分的卷數説明又比《舊唐志》多出二千餘卷，實際著録也確有不見於《舊唐志》者（可以確定并非《舊唐志》所脱漏），因此有學者懷疑歐陽脩所依據的《古今書録》是一個增訂本。近來有學者認爲《新唐志》尚參用了開元時的另一部書目，即韋述的《集賢書目》一卷。不管是增訂本還是别有所據，這超出部分都是很有限的，其主體仍出於《古今書録》（有的類别著録的圖書全同於《舊唐志》，甚至其著録的序次也没有什麽變化，如集部《楚辭》類、别集類等（今本《舊唐志》别集類脱漏圖書九種，可據集部末所載各朝各類别集家數及《新唐志》别集類『著録』部分考知），此即二志所據同爲《古今書録》之故）。故《舊唐志》《新唐志》基本上可説是同出一源，《新唐志》自然也是校理《舊唐志》最珍貴的資料。參見王重民《中國目録學史論叢》，中華書局，一九八四年，第一〇六—一〇七頁；張固也《唐代目録考》，《古籍整理研究學刊》二〇〇一年第四期，第三四—三七頁。

〔一〕沈炳震《新舊唐書合鈔》卷七二《經籍志一》，臺北：鼎文書局，一九七三年，第三册，第一〇八一頁。

〔二〕羅士琳等《舊唐書校勘記》卷二八《經籍志》，張舜徽主編《二十五史三編》本，岳麓書社，一九九四年，第六册，第四九五頁。按：卷二八、二九《經籍志校勘記》爲劉毓崧所撰。

皆當再證之而後可。又，前一種稱『問答』，義雖無別，但據《隋志》與《新唐志》著録，其原文仍當作『答問』，故沈氏《合鈔》乙之。

二、『《禮論降議》三卷，顔延之撰。』（同上）

按：《新唐志》作『《禮逆降議》』。《儀禮・士喪禮》鄭玄注曰：『逆降者，後升者先降。』〔一〕『逆降』是古代禮制中的一種升降儀式，不當議『降』而不及『逆』。《舊唐志》『論』疑爲『逆』字之誤。《隋志》『《禮》類』『《三禮雜大義》』下注曰：梁有『《逆降義》三卷，宋特進顔延之撰；《逆降義》一卷，田僧紹撰』。此可明顔氏正以『逆降』名書，而討論禮制中『逆降』之義者亦非顔氏一家，是《舊唐志》『論』當作『逆』，此蓋涉其下書名而誤。沈氏《合鈔》已察其非，但校補作『《禮論逆降議》』，則仍似未達一間。若從《合鈔》，則不僅視《舊唐志》脱『逆』字，亦同時以爲《新唐志》脱『論』字矣。據新、舊唐志著録之書名看，一『議』字題意已足，『論』與『議』顯然重複，是書名仍當從《新唐志》。至於《隋志》作『義』，新、舊唐志作『議』，其是非則已不可考矣（要之，新、舊唐志原文作『議』）。

〔一〕鄭玄注，賈公彦疏《儀禮注疏》卷三七，阮元校刻《十三經注疏》，中華書局，一九八〇年，第一九七頁。

三、『《詁幼文》三卷，顔延之撰。』（經部小學類，第一九八六頁）

按：『詁幼』一詞文義晦澀，疑誤。《隋志》小學類『《證俗音字略》』下注曰：『梁有《詁幼》二卷，顔延之撰。《廣詁幼》一卷，宋給事中荀楷撰。』此又作『詁幼』。《説文解字·言部》：『詁，訓故言也。』〔一〕亦常『詁訓』連言，引申爲『訓』義似可成立，但『詁』後以人爲對象則未見用例，然則『詁幼』亦爲疑似之詞。姚振宗《隋書經籍志考證》卷一〇以爲『詁幼』『詁幼』『似皆「誥幼」之誤』〔二〕。其説是也。陸德明《經典釋文》卷三〇《爾雅音義》即引作『《誥幼》』〔三〕（此條引書雖無撰人，但因同卷仍引有『顔延之』注音文字，并與『荀楷』連稱，故知其所指即顔氏《誥幼》與荀氏《廣誥幼》，而前引之《誥幼》爲顔氏之書亦無疑問）。又《後漢書·輿服志上》劉昭注引『顔延之《幼誥》』文〔四〕兩處，皆作『顔延之《幼誥》』（馬國翰《玉函山房輯佚書》漏輯一條〔五〕），字雖互倒（義無區别），但仍可證『詁』『詁』當作『誥』（《誥幼》爲啓蒙讀物，

〔一〕許慎《説文解字》卷三上，中華書局，一九六三年，第五二頁。

〔二〕姚振宗《隋書經籍志考證》卷一〇，《二十五史補編》本，中華書局，一九五五年，第五二二一頁。

〔三〕陸德明《經典釋文》卷三〇《爾雅音義》，中華書局，一九八三年，第一三〇頁。

〔四〕司馬彪撰，劉昭注補《後漢書志》卷二九《輿服志上》，范曄撰，李賢等注《後漢書》，中華書局，一九六五年，第三六四五—三六四六頁。

〔五〕馬國翰輯《玉函山房輯佚書》，江蘇廣陵古籍刻印社，一九九〇年，第六册，第一三五頁。

傳本非一，劉昭所見與《隋志》所注書名二字互倒，亦爲正常），皆形近致誤也。然《新唐志》亦作『《詰幼文》』，是二志所據之《古今書録》已誤。原本既如此，則不必校改，但於校記中説明可也。又《宋書》顔延之本傳載其著有《庭誥》一書并節録其文[一]，其性質與《誥幼》相似而書目皆未載，故姚氏《考證》又疑『《誥幼》亦似《庭誥》異名』。

四、『《山陽義紀》，樂資撰。』（史部編年類，第一九九一頁）

按：『義紀』，於義未安。《新唐志》著録作『樂資《山陽公載記》十卷』，『義紀』當爲『載紀』之形誤（『紀』與『記』義同，二字古多混用）。證以《隋志》，更無疑義。《隋志》雜史類載：『《山陽公載記》十卷，樂資撰。』《三國志》裴松之注亦屢引『樂資《山陽公載記》』（或不稱撰者名）[二]。是書所載爲獻帝時軍閥攻戰之事，山陽公即指漢獻帝（曹丕稱帝時奉獻帝爲山陽公）。《欽定四庫全書考證》卷二七『《經籍志》《山陽公載記》』條已指出：『刊本脱「公」字，又「載」訛「義」。』[三]《合鈔》《四庫全書》本均已校改，點校本

[一] 沈約《宋書》（修訂本）卷七三《顔延之傳》，中華書局，二〇一八年，第二〇七二頁。

[二] 陳壽撰，裴松之注《三國志》，中華書局，一九八二年。

[三] 王太岳等輯《欽定四庫全書考證》卷二七，書目文獻出版社，一九九一年，第六六一頁。

不當忽略。

五、『《列女傳》二卷，劉向撰。』（史部雜傳類，第二〇〇二頁）

按：劉向撰有《列女傳》，見《漢書》本傳、《漢書·藝文志》儒家類及《隋志》雜傳類，事無可疑，然此處著録則疑有訛誤。《隋志》《崇文總目》《新唐志》著録皆爲十五卷之曹大家注本[一]，未見有二卷本者，姚氏《隋書經籍志考證》以爲『此蓋無注本』，非是。若此果爲二卷本《列女傳》，據《舊唐志》著録體例當次於雜傳類之末『列女十六家』之内，決不應出現在『高逸十八家』中（實際著録亦十八家，無誤鈔之可能）。據《新唐志》雜傳類著録，劉向除有《列女傳》十五卷外，另撰有『《列士傳》二卷』，正次於逸士傳之列，又《隋志》雜傳類亦著録有劉向『《列士傳》二卷』（《文選》李善注及《太平御覽》引其文甚多[二]）。是《舊唐志》之『《列女傳》』乃『《列士傳》』之誤也。而原當次於『列女十六家』中的『《列女傳》十五卷』則因傳寫誤脱之耳（『列女十六家』今僅存十家）。《合鈔》從《新唐志》補入劉向《列女傳》十五卷甚確，然移『《列女傳》二卷』於類末『列女十六家』中則誤。

[一] 王堯臣等編，錢東垣等輯釋《崇文總目》卷二傳記類上，《中國歷代書目叢刊》本，現代出版社，一九八七年，第六七頁。

[二] 蕭統編，李善注《文選》，中華書局影印胡克家刊本，一九七七年。李昉等編《太平御覽》，中華書局，一九六〇年。

六、『《雜儀》三十卷，鮑昶撰。』（史部儀注類，第二〇〇八頁）

按：《新唐志》作『鮑泉《新儀》三十卷』。《隋志》亦曰：『《新儀》三十卷，鮑泉撰。』鮑泉，《梁書》卷三〇、《南史》卷六二均有傳，皆言其撰有《新儀》[一]。是《舊唐志》不獨書名有誤，且撰人亦誤（『昶』又寫作『㫤』，故與『泉』字形近易誤）。姚氏《隋書經籍志考證》已言之，惜點校本未參用。

七、『《義熙已來雜集目録》三卷，丘深之撰。』（史部目録類，第二〇一一頁）

按：《新唐志》『雜集』作『新集』。檢《隋志》亦作『《義熙已來新集目録》三卷』。又《世説新語·言語篇》劉孝標注引是書稱『丘淵之《新集録》』（撰人名異，乃《舊唐志》避唐諱改）[二]，雖爲簡稱，而仍可證《舊唐志》『雜集』之誤。『新』『雜』形近，二字頗易致訛。如前例，又如本志同類『《新撰文章家集（叙）》

[一] 姚思廉《梁書》（修訂本）卷三〇《鮑泉傳》，中華書局，二〇二〇年，第四九五頁；李延壽撰《南史》（修訂本）卷六二《鮑泉傳》，中華書局，二〇二三年，第一六六一頁。

[二] 劉義慶撰，劉孝標注，余嘉錫箋疏《世説新語箋疏》卷上之上（修訂本），上海古籍出版社，一九九三年，第一五九頁。

《新唐志》同),《隋志》即誤作『《雜撰文章家集叙》』。而《舊唐志》兵書類『《雜兵法》二十四卷』(《隋志》有『《雜兵注》二十四卷』,『注』當爲『法』之誤),《新唐志》又誤作『《新兵法》』,皆其證。《册府元龜》卷六〇八《學校部·目録》又轉誤作『離集』[一]。

八、『《桂氏世傳》七卷,桂顏撰。』(史部譜牒類,第二〇一三頁)

按:《新唐志》無此書名與著者,而於雜傳記類著録有:『《崔氏世傳》七卷,崔鴻。』此書亦不見於《舊唐志》。《舊唐志》譜牒類共著録『五十五部』圖書,《新唐志》分之於兩類,譜牒類保存了三十二部,其餘則全移之於雜傳記類,唯不見此書。今見《舊唐志》此書前著録有『《褚氏家傳》一卷』『《殷氏家傳》三卷』二種,此書後復有『《邵氏家傳》十卷』一種,而《新唐志》於『《崔氏世傳》』前後亦著録有此三種圖書,序次亦完全一致,且《桂氏世傳》與《崔氏世傳》卷數又相同,『崔』與『桂』字形又相近,因而可斷定二者原爲同一書,撰者『桂顏』與『崔鴻』亦當爲形近致誤。桂顏其人無考,而崔鴻係北魏名家,著有《十六國春秋》,《魏書》有傳。再者所謂『某氏家傳』『世傳』,一般皆爲當時著姓,崔氏爲六朝時名門顯姓,而

[一] 王欽若等《宋本册府元龜》卷六〇八《學校部·目録》,中華書局,一九八九年,第一八六八頁。

桂氏於六朝典籍中則較爲罕見。又《太平御覽》卷四六五引有『崔鴻《崔氏家傳》』一條(卷二六二、二六八、四七七復引有《崔氏家傳》三條),『家傳』『世傳』其義無别,説明崔鴻撰有此類著作無疑(或即同一書),當從《新唐志》校改。今檢百衲本(《舊唐志》即據明嘉靖聞人詮刻本影印),此書名已誤,而撰者却作『崔項』,姓氏仍不誤,其名之誤亦更可見其訛誤之迹。至沈氏《新舊唐書合鈔》,乃轉誤作『桂顔』。此類圖書,若非通過新、舊唐志的細緻比較,簡直無法擿抉其謬誤。《藝文志二十種綜合引得》即作爲二書處理,遂平空造出了一個虚無的著者和一本虚無的書。

九、『《國郡城記》九卷,周明帝撰。』(史部地理類,第二〇一五頁)

按:《新唐志》稱『周明帝《國都城記》九卷』。《隋志》有『《國都城記》二卷』,不著撰人。據《史記·五帝本紀》《夏本紀》《周本紀》《秦本紀》《晉世家》《鄭世家》《孔子世家》及張守節《正義》〔一〕,《元和郡縣志》卷一一《河南道七·考城縣》,《初學記》卷八《州郡部·山南道第七》,《太平御覽》卷一六〇《州郡部

〔一〕司馬遷《史記》(修訂本)卷一《五帝本紀》、卷二《夏本紀》、卷四《周本紀》、卷五《秦本紀》、卷三九《晉世家》、卷四二《鄭世家》、卷四七《孔子世家》,中華書局,二〇一三年,第一八、九二、一六五、二三三、二三五、一九六六、二一二六、二三三九頁。

六・泗州》，《太平寰宇記》卷一三《河南道・曹州》等書所引與《新唐志》著録〔一〕，除有不標撰人的《國都城記》《都城記》外，同名之書另外尚有三家，即徐才《宗國都城記》、顧野王《十國都城記》、皇甫謐《國都城記》〔二〕。各家皆稱『都城記』，則《舊唐志》『郡』爲『都』之形誤可無疑矣。《合鈔》已校改。

十、『《劉氏法言》十卷，劉邵撰。』（子部法家類，第二〇三一頁）

按：《新唐志》作『《劉氏法論》』。《隋志》法家類於『《正論》六卷』下注曰：『梁有《法論》十卷，劉邵撰。』劉邵，《三國志・魏書》有傳（字作『劭』，二字古代多混用），亦稱其撰有《法論》。是《舊唐志》『《法言》』當作『《法論》』，蓋字壞而誤。

〔一〕李吉甫《元和郡縣圖志》卷一一《河南道七・考城縣》，中華書局，一九八三年，第二九四頁。徐堅等《初學記》卷八《州郡部・山南道第七》，中華書局，一九六二年，第一八一頁。李昉等《太平御覽》卷一六〇《州郡部六・泗州》，中華書局，一九六〇年，第七七九頁。樂史撰，王文楚等點校《太平寰宇記》卷一三《河南道・曹州》，中華書局，二〇〇七年，第二五九頁。

〔二〕參見章宗源撰，王頌蔚批校，黄壽成點校《隋經籍志考證》卷六『《國都城記》二卷』條，中華書局，二〇二一年，第二五〇頁；姚振宗《隋書經籍志考證》卷二一『《國都城記》』條，第五四〇九頁。

十一、『《兵法捷要》七卷，魏武帝撰。』（子部兵書類，第二〇四〇頁）

按：《新唐志》作『《兵書接要》七卷，孫武』。《隋志》著録有：『《兵書接要》十卷，魏武帝撰。』『《兵法接要》三卷，魏武帝撰。』（《通志・藝文略六》從《隋志》[一]）并注曰：『梁有《兵書接要别本》五卷。』《日本國見在書目》兵家類亦有：『《兵書接要》三卷，魏武帝撰。』[二]又《文選》卷六《魏都賦》李善注引有『魏武《兵接要》』。《三國志・魏書・武帝紀》裴注引孫盛《異同雜語》曰：『（太祖）博覽群書，特好兵法，抄集諸家兵法，名曰《接要》，又注《孫武》十三篇，皆傳於世。』[三]是魏武所撰兵書，本名『《接要》』，其後諸家書目及時人引用亦稱『《接要》』，則《舊唐志》『捷』字當作『接』自無可疑。而《新唐志》撰人作『孫武』，亦可知其誤矣。至於是『《兵法接要》』還是『《兵書接要》』，據《隋志》則無以定之。復檢明聞人本（《舊唐志》今存最早的刻本），原即作『《兵書接要》』，二字皆不誤。岑刻本蓋襲殿本之誤，點校本失察。『接』猶

[一] 鄭樵《通志二十略・藝文略第六》，中華書局，一九九五年，第一六五九頁。
[二] 日本藤原佐世《日本國見在書目録》，東京名著刊行會影印室生寺古寫本，一九九六年。
[三] 陳壽撰，裴松之注《三國志》卷一《魏書・武帝紀》，中華書局，一九八二年，第三頁。

『撮』也，『接要』即撮取精華之義，前人或謂『接』本作『節』，或謂通『捷』，皆强爲誤字作解也〔一〕。

十二、『《兵法要略》十卷，魏文帝撰。』（同上）

按：《新唐志》『兵法』作『兵書』。《隋志》有：『《兵書略要》九卷，魏武帝撰。』（《通志·藝文略六》從《隋志》）《日本國見在書目》兵家類亦曰：『《兵書要略》，同撰。』『同撰』，指撰人同上，即魏武帝。《太平御覽》卷三五七亦引作『魏文帝《兵書要略》』〔二〕。諸家所載書名、卷數、撰人雖有小異，但仍可確定其指同一種書，則『兵法』二字當從《新唐志》校改。復檢聞人本，原正作『兵書』，《合鈔》亦作『兵書』，別本蓋涉上而誤。至於撰人，新、舊唐志皆題『魏文帝撰』，則《古今書録》原本即作『魏文帝』。又據《太平御覽》，唐宋時原有一本題『魏文帝』，則《古今書録》當是據藏書題名而著録，不得遽指其誤矣〔三〕。

〔一〕參見周一良《魏晉南北朝史札記》『《兵書接要》』條，中華書局，一九八五年，第一—二頁。
〔二〕李昉等《太平御覽》卷三五七《兵部八八·銜枚》，第一六四三頁。
〔三〕姚振宗《隋書經籍志考證》卷三三『《兵書略要》』條曰：『考《日本書目》《通志略》，皆無之（今按：無題『魏文帝撰』者），似《舊唐志》之誤，《新唐志》仍之也。』（第五五四九頁）

十三、『《後魏明帝集》一卷。』（集部别集類，第二〇五二頁）

按：《新唐志》作『《後梁明帝集》一卷』。《隋志》不載。從著録的先後序次看，《舊唐志》是書下著録有『《後魏文帝集》四十卷』，後魏明帝在文帝之後，《舊唐志》不當次於文帝前。若作『後梁』，則正當處於『《梁元帝集》十卷』之下，是當從《新唐志》。此蓋涉下『《後魏文帝集》』而誤，而《新唐志》之『後梁』二字則絶無字誤之可能，一則『後梁』二字無緣致誤，二則據《新唐志》著録文例，若《新唐志》原作『後魏』，則其下『《後魏文帝集》四十卷』之『後魏』二字當從前省略，今不省略，説明歐氏原稱『後梁』。《通志·藝文略七》亦作『《後梁明帝集》一卷』，蓋從《新唐志》。

十四、『《梁元帝集》五十卷，《梁元帝集》十卷。』（集部别集類，第二〇五二頁）

按：《舊唐志》著録圖書，有書名從前省略例，若經部《易》類，省書名稱『又』者達數十部。若别集類書名相同，一般即意味着爲同一書之不同卷本，如『魏《陳思王集》二十卷，又三十卷』。據此文例，『《梁元帝集》十卷』應作『又十卷』，今重書集名，説明書名可能本不相同。檢《隋志》與《新唐志》，後一種乃稱『《梁元帝小集》十卷』。既爲《小集》，則不得以『又』省代，若下文著録之『宋《建平王集》十卷，宋《建平王小集》十五卷』。是當從《隋志》《新唐志》補『小』字，《舊唐志》蓋傳寫中脱之耳。

十五、『《王祐集》二卷。』（集部别集類，第二〇五九頁）

按：《新唐志》稱『《王祐集》三卷』。《隋志》無《王祐集》，而有『晉散騎常侍《王佑集》三卷』，并注曰：『録一卷。梁有晉驃騎將軍《王濟集》二卷。』檢《晉書》，『王佑』之名散見於《晉書》卷三《武帝本紀》、卷四二《王濟傳》、卷七五《王嶠傳》、卷九三《王濛傳》等[一]，爲王濟從兄。《隋志》於《王佑集》下繫以《王濟集》，正可見二人之關係，是《隋志》『王佑』之名無誤。而新、舊二志於《王祐集》下亦列『《王濟集》二卷』，可知其排列序次正源於《隋志》，而『王祐』爲『王佑』字誤亦明矣。蓋『佑』與『祐』音同義通，古多混用，而『祐』又轉誤作『祜』。其卷數，則宜從《新唐志》。

[一] 房玄齡等《晉書》卷三《武帝本紀》、卷四二《王濟傳》、卷七五《王嶠傳》、卷九三《王濛傳》，中華書局，一九七四年，第八一、一二〇五—一二〇六、一九七四、二四一八頁。

十六、『《劉訏集》二卷。』（集部别集類，第二〇六〇頁）

按：《新唐志》作『《劉許集》二卷』，是。《隋志》别集類於『晉頓丘太守《歐陽建集》二卷』下注曰：『梁有宗正《劉許集》二卷，録一卷。』其『劉許』原誤作『劉訏』，點校本據《魏志·劉放傳》注及《世説新語·排調篇》注改。是《舊唐志》之誤有自矣。《通志·藝文略七》作『劉訏』，誤同《舊唐志》。

十七、『《阮循集》二卷。』（集部别集類，第二〇六一頁）

按：《新唐志》作『《阮脩集》二卷』。《隋志》於『晉太傅從事中郎《庾敳集》一卷』下亦注曰：『梁有太子洗馬《阮修集》二卷，録一卷』。《舊唐志》是書前後著録之别集，與《隋志》此處全同，所指爲同一種别集無疑。阮修，傳附《晉書》卷四九《阮籍傳》，乃當時名士，而阮循無考，是此爲『阮修』之訛甚明。『修』『循』二字形近，古書中誤例亦甚夥。《合鈔》已正之，姚氏《隋書經籍志考證》亦指出：『《舊唐志》

岑氏刻本誤作「阮循」。』〔二〕點校本失察。

十八、『《張俊集》二卷。』（集部别集類，第二〇六三頁）

按：《新唐志》作『《張悛集》二卷』。《隋志》『晉散騎常侍《王鑒集》九卷』下注曰：梁有『宗正卿《張悛集》五卷，録一卷』。可證『張俊』乃『張悛』形誤。檢百衲本，『張悛』不誤，至武英殿本始作『張俊』，沈氏《合鈔》、殿本《新唐志》又誤作『張峻』。

十九、『《江淳集》五卷。』（集部别集類，第二〇六四頁）

按：《新唐志》作『《江惇集》五卷』。《隋志》於『《春秋公羊經傳》十三卷』下注曰：梁有『《春秋公羊音》，李軌、晉徵士江惇撰』，又於『晉尚書令《顧和集》五卷』下注曰：梁有『徵士《江惇集》三卷，録一卷』。『江惇』原皆誤作『江淳』，點校者據《經典釋文》卷一《序録》、《晉書·江統傳》及《新唐志》改〔三〕，甚

〔二〕姚振宗《隋書經籍志考證》卷三九『晉太傅從事中郎庾敳集一卷』條，第五七四九頁。

〔三〕魏徵等《隋書》（修訂本）卷三二《經籍志一》、卷三五《經籍志四》，第一〇二六、一二四九頁。

是。江淳事迹無考，而江惇事迹見載於《經典釋文·序録·注解傳述人》，稱「爲《詩音》者九人：……江惇、干寶、李軌」，并注曰：「江惇，字思俊，河内人，東晉徵士。」〔一〕據《晉書·江統傳》載，江統有二子，一曰虨，一曰惇。今《舊唐志》「《江淳集》五卷」上即爲「《江虨集》五卷〔二〕」「《范宣集》五卷」，亦可見其當爲江惇。沈氏《合鈔》已改作「《江惇集》」。

二十、「《宗史集》十卷。」（集部别集類，第二〇六九頁）

按：《新唐志》作「《宗夬集》十卷」，《隋志》著録作「梁司徒諮議《宗夬集》九卷并録」。南朝梁宗夬，《梁書》卷一九、《南史》卷三七有傳，而宗史無考。傳載宗夬「（齊）永明中，與魏和親，敕夬與尚書殿中郎任昉同接魏使，皆時選也」〔三〕。宗夬與任昉爲同朝官，故此於「《任昉集》三十四卷」下即緊接「《宗夬集》」。「史」顯爲字誤，而《唐書經籍藝文合志》却以爲「『史』誤作『夬』」〔四〕。

〔一〕陸德明《經典釋文》卷一《序録》，中華書局，一九八三年，第一〇頁。

〔二〕《江虨集》，聞人詮刻本、武英殿本、懼盈齋刻本原皆誤作「江霦」，劉氏《舊唐書經籍志校勘記》有校正，點校本從之。

〔三〕姚思廉《梁書》（修訂本）卷一九《宗夬傳》，第三三五頁。

〔四〕《唐書經籍藝文合志》别集類，商務印書館，一九五六年，第三二二頁。

二十一、『《王瑓集》二十卷。』（集部别集類，第二〇六九頁）

《新唐志》作『《王暕集》二十卷』。《梁書》卷二一、《南史》卷二二有王暕傳，載：『齊明帝詔求異士，始安王遥光薦暕及東海王僧孺。除暕驃騎從事中郎。』[一]當即此人也。《隋志》著録亦有『梁尚書左僕射《王暕集》二十一卷』。是當作『王暕』。復檢百衲本、沈氏《合鈔》、武英殿本、懼盈齋刻本，『王暕』并不誤，此蓋點校本誤排。

二十二、『《庾景興集》十卷。』（集部别集類，第二〇七〇頁）

按：《新唐志》作『《庾曇隆集》十卷』，《隋志》作『梁光禄大夫《庾曇隆集》十卷并録』。庾曇隆，《南齊書》卷九《禮志上》、卷五〇《巴陵王昭傳》，《梁書》卷一四《江淹傳》等載其名[二]，而未見有名庾景興

[一] 李延壽《南史》（修訂本）卷二二《王暕傳》，第六六一頁。

[二] 蕭子顯《南齊書》（修訂本）卷九《禮志上》、卷五〇《巴陵王昭傳》，中華書局，二〇一七年，第一三五、九五四頁。姚思廉《梁書》（修訂本）卷一四《江淹傳》，第二七八頁。

者。是『景』蓋『曇』字形訛，『興』則當爲編者避唐玄宗諱所改，而《新唐志》又回改。沈氏《合鈔》即改作『《庾曇興集》』，劉氏《舊唐志校勘記》亦有校正，不知點校本何以棄而不用。

綜觀全志，書名的訛誤已不少見，至於撰人、卷數著録的訛誤歧異則更爲嚴重。因篇幅所限，此不贅言。讀者在使用中，若能與《新唐志》并讀，并參考《隋志》著録、史傳記載及古書稱引，亦不難發現。

（原載《古籍整理研究學刊》二〇〇二年第四期）

《新唐書·藝文志》『著録』探源

兩《唐書》藝文志是我們考察唐代圖書流傳及著述情況最重要的文獻。對兩《唐書》藝文志的研究，學界已有不少成果，但其中關於《新唐書·藝文志》的史源問題，還有一些錯誤或模糊的認識。《新唐志》與此前史志目録的性質有所不同，它既是紀唐朝開元藏書的一部目録，又是紀唐代著述的一部書目。其在文中的具體表現方式，一爲『著録』，一爲『不著録』。所謂『不著録』部分，意指不見於唐代開元書目之著録，而爲歐陽脩編撰時所增補。其據何增補，過去大多以爲主要是依據北宋的朝廷藏書目録《崇文總目》，近年來經專家考證認爲，其主要依據乃是唐代史傳，而主要是《舊唐書》列傳等文獻〔二〕。這個結論是可靠的，這意味着《新唐志》增補的『不著録』部分，并不是宋代的實際藏書，它并不反映這些圖書在宋代的實際流傳情況。而其『著録』部分之來源，則或曰本於《舊唐志》，或曰本於《古

〔二〕說詳張固也《也論〈新唐書·藝文志〉》，《烟臺師範學院學報》一九九八年第一期，第五八—六二頁。又見張固也《論〈新唐書·藝文志〉的史料來源》，《吉林大學社會科學學報》一九九八年第二期，第八七—九〇頁。

今書録》，或曰本於《開元四庫書目》，或曰本於《古今書録》增訂本，或曰增損改易《古今書録》或《舊唐志》，或曰綜合《古今書録》與《群書四部録》，衆説紛紜，莫衷一是。本文對諸説逐一進行辨析，并在此基礎上對這一問題作進一步的探討。

一、本於《舊唐志》

《新唐書》之出，雖源於對《舊唐書》的不滿，但《舊唐書》又是修撰《新唐書》的底本。下令修撰《新唐書》的宋仁宗在該書編成之後就這樣説過：『故擇廷臣，筆削《舊書》，勒成一家。』〔一〕這麽看來，兩唐志的關係似乎也就無須多言了。最早明確提出《新唐志》本於《舊唐志》的，應是清代目録學家姚振宗。他在《隋書經籍志考證》『《後周明帝集》』條中指出：『《新志》據《舊志》寫録。』〔二〕近代目録學家也是這樣看待二志的，如民國時劉咸炘《目録學》論曰：

《舊唐書·經籍志》據《開元四部目》書之，亦是藏目。《新唐書·藝文志》增加《舊志》所未收。

〔一〕劉敞《任轉禮部侍郎制詞》，歐陽脩《文忠集》附録卷一《制詞》，《景印文淵閣四庫全書》本，臺灣『商務印書館』，一九八六年，第一一〇三册，第五八九頁。

〔二〕姚振宗《隋書經籍志考證》卷三九之一一《後周明帝集》，《二十五史補編》本，中華書局，一九五五年，第四册，第八一一九頁。

及《宋史・藝文志》則全録一代所有，竟是總目矣。〔一〕

姚名達《中國目録學史》於《史志篇》亦論之曰：

《唐志》實爲《古今書録》之節本，既非通撰古今，亦未備録唐代。蓋《古今書録》雖以古今爲名，而實據當時秘書省及諸司所藏之書而記其目，皆確有其書，并非盡録古書，虚存其目也。史志之任務，或專記一代著述，或通録一代典藏，或盡收前代書目，三者必有其一。惟《唐志》不然，嚴格論之，殆非史志之體。故宋祁撰《新唐藝文志》，加録唐代學者自爲之書，多至二萬八千四百六十九卷。而後唐人所著與唐代官府所藏，約略俱備焉。〔二〕

他們似乎没有明指《新唐志》是依據《舊唐志》修撰的，但劉氏稱《新唐志》『增加《舊志》所未收』，其言下之意即指非增加部分乃爲《舊唐志》原有部分。劉氏在《續校讎通義》中的叙述可證明我們的理解不誤：『其他《舊志》沿《隋》誤，《新志》沿《舊》誤者，悉不具論。《隋》誤《舊》必誤，《舊》誤《新》必誤，乃至《舊書》誤字《新書》亦沿之焉。』〔三〕既然誤字都沿襲下來了，可見二志之繼承關係甚明。姚明達在論述

〔一〕劉咸炘《目録學》上編，民國二十三年（一九三四）刻本（劉咸炘《推十書》本），第四頁。

〔二〕姚名達《中國目録學史》，上海書店，一九八四年，第二〇八—二〇九頁。

〔三〕劉咸炘《續校讎通義》，民國十七年（一九二八）刻本（劉咸炘《推十書》本），第四五頁。

《舊唐志》之後稱《新唐志》『加録唐代學者自爲之書』，是説《新唐志》較《舊唐志》增加了唐人的著述。我們在新、舊《唐書》特殊關係的基礎上再聯繫《新唐志》的體制分爲『著録』與『不著録』兩部分來看，其『不著録』部分即爲歐陽脩所增補的唐人著作，那麽推其文意，其『著録』部分自當認爲是本於《舊唐志》。因二者關係簡單清楚，故論者皆不著一言。這種《新唐志》（『著録』部分）本於《舊唐志》的觀點，雖然没有經過什麽論證，但在後世却一直影響不絶，而且有了越來越明確的表述。如臺灣學者編撰的一部《中國目録學史》論道：

> 或問曰：《舊唐志》之爲《古今書録》之節本也，既聞命矣；則《新唐書·藝文志》又據何書修撰歟？答曰：《新唐志》係據《舊唐志》撰成，而更加録唐代學者自爲之書，多至二萬八千四百六十九卷（見《新唐志序》），連《舊唐志》所著録之五萬三千九百一十五卷，合計之，是書所著録者，爲八萬二千三百八十四卷，亦可謂鉅矣。〔一〕

《新唐志》本於《舊唐志》的觀點，籠統地看并不能説是完全錯誤的，這是因爲《新唐書》就是以《舊唐書》爲底本修撰而成的，那麽説《新唐志》出於《舊唐志》也就在情理之中，而且《新唐志》與《舊唐志》的同一

〔一〕許世瑛《中國目録學史》，中國文化大學出版部，一九八二年新一版，第七三頁。又參見昌彼得、潘美月《中國目録學》，文史哲出版社，一九八六年，第一五五頁；周少川《古籍目録學》，中州古籍出版社，一九九六年，第一四八頁。

性也很多，如著録的圖書有相當的一致性，而且有些類目著録的圖書完全一致，如《論語》類、《孝經》類、讖緯類等[一]。但如果仔細比較，我們還是能從二志的重要區别上找到否定此説的可信證據：主要是《新唐志》『著録』部分的圖書明確超出《舊唐志》二百餘部、二千餘卷。《新唐志序》明確指出：『其著録者，五萬三千九百一十五卷。』[二]《舊唐志序》則説明著録了『五萬一千八百五十二卷』[三]，《新唐志》比《舊唐志》多了二千六十三卷。這是否是數字傳寫有誤呢？《舊唐志》各部之首也分别記載有一個著録數，經史子集四部相加，其卷數與《舊唐志序》所言完全一致；《新唐志》在四部之首分别也記載有一個著録數，四部相加，其著録卷數也基本一致[四]，可見這些統計數字并無手民之誤。由此可知，

[一] 《新唐志》《孝經》類『著録』部分有圖書二十七部，與《舊唐志》完全一致，而且小類後統計的卷數『八十二卷』與著録的實際卷數也完全一致，因此可知小類後的合計數目『三十六部』應作『二十七部』，而《新唐志》《論語》類著録圖書三十六部，也與《舊唐志》完全吻合，其所稱『三十七部』也應當是『三十六部』之誤。

[二] 歐陽脩、宋祁《新唐書》卷五七《藝文志一》，中華書局，一九七五年，第一四二二頁。

[三] 劉昫等《舊唐書》卷四六《經籍志上》，中華書局，一九七五年，第一九六二頁。

[四] 《新唐志》各部部首載：經部六一四五卷，史部一六八七四卷，子部一七一五二卷，集部一一九二三卷，凡五二〇九四卷。據四部各小類後著録卷數之合計，經部爲六一三五卷（少一〇卷），史部爲一六八七四卷，子部爲一七一四四卷（少八卷），集部爲一一九二三卷，凡五二〇七六卷，與各部部首所載著録卷數之和五二〇九四卷相差僅一八卷，因此可知，其著録總卷數并不包含史部、集部中四個類目下的五個三級小類的獨立著録數：正史類之『集史』七八二卷，起居注類之『實録』三四五卷、『詔令』三〇五卷，雜傳記類之『女訓』三八三卷，集部總集類之『文史』一八卷，合計一八三三卷（子部道家類之『神仙』三四五卷、『釋氏』三八四卷（轉下頁）

《新唐志》『著録』部分的圖書確實大大超出了《舊唐志》的範圍。而且，從《新唐志》實際著録的圖書看，也多有超出《舊唐志》的。如道家類〔一〕，《舊唐志》稱『右道家一百二十五部，老子六十一家，莊子十七家，道釋諸説四十七家，凡九百六十卷』〔二〕，而《新唐志》則稱『右道家類……一千二百四十卷。總一百三十七家，一百七十四部』〔三〕，較《舊唐志》多出四十九部，二百八十卷。因此準確地説，《新唐志》所本絶不衹是《舊唐志》（若從二志著録之差異看，《新唐志》相同部分亦非直接采自《舊唐志》，説詳下）。

因有此重要明顯之區别，故目録學家們又總在不斷地爲《新唐志》另覓來源。

（接上頁）則已經計算在子部内了，這是《新唐志》原本不一致的地方）。各部大序所載『著録』總數五二〇九四卷，若加上五個三級小類『著録』之卷數，則多達五三九二七卷，與《總序》所稱五三九一五卷僅相差一二卷。

〔一〕《新唐志》對圖書的歸類多有調整，與《舊唐志》各類著録的圖書會有所出入，因此這裏選擇類别性質清楚的『道家類』作爲比較對象。

〔二〕劉昫等《舊唐書》卷四七《經籍志下》，第二〇三〇—二〇三一頁。

〔三〕歐陽脩、宋祁《新唐書》卷五九《藝文志四》，第一五三一頁。按：《新唐志》道家類『著録』部分的圖書實際有一七六部、一一二三四卷。

二、本於《古今書録》

《唐書經籍藝文合志·出版説明》有云：

《新志》比《舊志》增加很多，但亦有少數爲《舊志》有而《新志》所没有的，頗疑爲鈔寫時所遺漏。就内容而論，二志的來源，大致都以《古今書録》爲藍本；但《舊志》更比較接近《書録》，多少還保存着毋氏的形式。〔一〕

這段話在認識《新唐志》的來源上應該説大致是不錯的，它已經注意到了《新唐志》『著録』部分與《舊唐志》的差異，但由於没有進一步地細緻討論，容易使人誤解成它與《舊唐志》一樣衹是《古今書録》的一個節本〔二〕。後來羅孟禎在《中國古代目録學簡編》中就這樣明確提出：新、舊唐志『都以《古今書録》爲藍本，而删去其説明學術源流的各類小序』。又云：『《新唐志》也有其優點，如每一類目，都分「著録」

〔一〕劉昫、歐陽脩等《唐書經籍藝文合志》，商務印書館，一九五六年，第二頁。

〔二〕《舊唐志》完全是根據《古今書録》删削而成的，這在《舊唐志》總序中有明確的交待。姚名達在《中國目録學史》中也有專門的論述，并指出『《唐志》（筆者注：此處指《舊唐志》）實爲《古今書録》之節本』（上海書店，一九八四年，第二〇八頁）。詳見本書《〈舊唐書·經籍志〉『增補説』辨正》，第四五—六六頁。

「不著録」兩部分。「著録」指《古今書録》原有的書；「不著録」指新增入的唐代著作。』〔一〕這就明確地限定了《新唐志》『著録』的來源——《古今書録》。

由於《舊唐志》也是根據《古今書録》編成的，而且是『一點没有改動地保存了五一八五二卷圖書的著録（筆者注：《舊唐志序》稱《古今書録》著録圖書爲五一八五二卷）』〔二〕，因此，説《新唐志》本於《舊唐志》還是本於《古今書録》又似乎并無什麽區别，故又有目録學家混合二説。如臺灣學者胡楚生所撰《中國目録學》即稱：

《新唐書·藝文志》四卷，歐陽脩撰，此志乃係根據《舊唐書·經籍志》，另加著録唐代學者自撰之書，凡二萬八千四百六十九卷而成。……而《新唐志》於每一類目之中，分『著録』與『不著録』兩項，『著録』指《古今書録》原有之書，『不著録』指《新唐志》所增之唐人著作。〔三〕

在這裏似乎《舊唐志》與《古今書録》已經合而爲一了。但如果我們注意到新、舊二志在著録同一種文獻上屢屢出現的差異，那麽本於《舊唐志》的觀點是不能不令人懷疑的。對比新、舊二志，它們著録的

〔一〕羅孟禎《中國古代目録學簡編》，重慶出版社，一九八三年，第七〇、七二頁。

〔二〕王重民《中國目録學史論叢》，中華書局，一九八四年，第一〇七頁。按：王重民之意指《舊唐志》著録圖書的部、卷數以及分類等全同於《古今書録》，至於其他方面，如大小序、著者小傳及釋道目等，《舊唐志》則一律削去。

〔三〕胡楚生《中國目録學》，文史哲出版社，一九九五年，第四一—四二頁。

圖書有着高度的一致性，二者之間確實有着一定的淵源關係，但《新唐志》直接采用的是《舊唐志》還是《古今書録》，我們不能據其同一性，而要考察其差異性。《新唐志》在著録相同的圖書方面，有些地方與《舊唐志》存在明顯的差異。其中以圖書卷數的差異爲最多，不下百十部〔一〕。如劉陟《齊書》，《舊唐志》正史類著録作八卷，而《新唐志》作十三卷；張銓（當作『詮』）《南燕書》，《舊唐志》僞史類作五卷，《新唐志》作十卷；《宋元嘉起居注》，《舊唐志》起居注類作六十卷，而《新唐志》作七十一卷。此類數字差異不易互訛，當是《新唐志》别有所據，而其他大量差異，或以傳寫造成的居多，但若《新唐志》直接取用《舊唐志》，恐不致如此歧異。比較能説明問題的是書名與著者著録的差異。如《舊唐志》起居注類有房玄齡撰《太宗實録》、長孫無忌撰《太宗實録》、許敬宗撰《高宗實録》，《新唐志》分别題作『《今上實録》』『《貞觀實録》』『《皇帝實録》』，仍保留着當時書名的原貌，這説明《新唐志》直接采用的應是《古今書録》而非《舊唐志》。又如《舊唐志》雜傳類有《陳留志》，《新唐志》稱『《陳留人物志》』；譜牒類之《冀州譜》《洪州譜》，《新唐志》稱『《冀州姓族譜》《洪州諸姓譜》』，若《新唐志》直接采用的是《舊唐志》，這類并無錯誤的書名是不容易被編撰者關注并爲之添補文字的。著者的著録，其差别主要有三：一是《舊唐志》無撰人，而《新唐志》有撰人。如起居注類《尚書大事》《江南故事》，雜傳類《徐州先賢傳》，地理類《西域道里記》，曆算類《大唐光宅

〔一〕詳見楊果霖《新舊唐書藝文志研究》，潘美月、杜潔祥主編《古典文獻研究輯刊》初編，花木蘭文化出版社，二〇〇五年，第一四册，第一九一——二〇四頁。

曆草》，五行類《崔氏周易林》，醫術類《黄素方》，《舊唐志》皆未著録撰人，《新唐志》分别補范汪、應詹、王羲度、程士章、南宫説、崔篆、謝泰爲撰人。 二是新、舊唐志皆有撰人，而《新唐志》較爲詳細。 如《新唐志》儀注類著録『陸開明、宇文愷《東宫典記》七十卷』，《舊唐志》故事類則稱『宇文愷等撰』； 儀注類『裴矩、虞世南《大唐書儀》十卷』，《舊唐志》但稱『裴矩撰』； 刑法類『賈充、杜預《刑法律本》二十一卷』，《舊唐志》則稱『賈充等撰』。 再如《新唐志》道家類著録『《廣成子》十二卷，商洛公撰，張太衡注』『法琳《辯正論》八卷，陳子良注』，曆算類著録『劉洪《乾象曆術》三卷，闞澤注』，而《舊唐志》著録皆無注家。 又如《春秋穀梁傳》十三卷，《舊唐志》春秋類曰『段氏注』，《新唐志》曰『段肅注』； 《四時食法》一卷，《舊唐志》醫術類曰『趙氏撰』，《新唐志》則注明『趙武』。 三是撰人時有改易。 如《舊唐志》雜傳類著録《燉煌實録》二十卷，作『劉延明撰』，《新唐志》則題『劉昞』； 《孝友傳》八卷，《舊唐志》作『梁元帝撰』，《新唐志》則稱『申秀』撰； 《舊唐志》醫術類著録『《崔氏纂要方》十卷，崔知悌撰』，《新唐志》則改作『崔行功』。 第一類情形，尚有《新唐志》後出，據其他資料補録撰人之解釋，而第二類情形，原先已有著者，《新唐志》若采用《舊唐志》，直接抄録即可，而不大可能又别費周折去添補其他撰者。 第三類情形，因爲無疑可啓，而此又非據藏書實録，若非編者别有書目作依據，是不太可能作如此改易的〔二〕。 新、舊唐志有如此區别，與其説《新唐志》本之於《舊

〔二〕 如《燉煌實録》，《古今書録》因避唐高祖之父李昞諱而題著者作『劉延明』，《舊唐志》沿之，《新唐志》則回改。 但《新唐志》（轉下頁）

唐志》，不如説《新唐志》亦本之於《古今書録》爲妥。因爲《新唐志》與《舊唐志》的差異與同一，祇有是同源於《古今書録》而又各有所取，這樣纔能找到合理的解釋。再者，從史源上説，當時《古今書録》尚在，歐公脩《新唐志》自當據原書而捨《舊唐志》。

也有的學者綜合上面二説，不是因爲忽略了它們二者的區别，而是誇大了二者的差異，或者是表述上不够準確。如喬好勤《中國目録學史》云：『《新唐書・藝文志》也是根據唐毋煚的《古今書録》，參考劉昫等《舊唐書・經籍志》編撰而成的。……「著録」即毋煚《古今書録》曾經著録的圖書。』〔二〕這很容易讓人理解爲《舊唐志》還有一些超出《古今書録》的新東西可供《新唐志》參考，但我們知道《舊唐志》對《古今書録》祇有删削而没有增補，喬先生對《舊唐志》『照録《古今書録》』的關係也是清楚的，既然如此，《舊唐志》在内容上也就没有什麽可參考的了。

我們認爲本於《古今書録》説大體無誤，可以解決《新唐志》與《舊唐志》在著録相同著作上存在的

（接上頁）又何以知其爲避諱呢？《舊唐志》不留一絲痕迹，史官一時亦難以察其原委，推測其因，當是因爲《古今書録》『注撰人姓氏』（即附有著者簡略小傳）而招致注意的。劉昞，《魏書》卷五二有傳，《北史》卷三四改稱《劉延明傳》。

〔二〕喬好勤《中國目録學史》，武漢大學出版社，一九九二年，第一九一頁。

一些差異問題[一]，但仍然不能回答《新唐志》「著録」之圖書何以較《古今書録》多出二千餘卷的問題。

三、本於《開元四庫書目》

近代目録學巨擘余嘉錫，對《新唐書・藝文志》「著録」的史源有獨特的看法。其在《古書通例・案著録第一》「二、《隋書・經籍志》」條云：「《舊唐志》本之毋煚《古今書録》，《新志》本之《四庫書目》，二書皆修於開元時。」又於「四、《新唐書・藝文志》」條詳論之曰：

> 《新志序》云：「藏書之盛，莫盛於開元，其著録者五萬三千九百一十五卷，而唐之學者自爲之書，又二萬八千四百六十九卷。」卷數較《古今書録》加多，知其所據，非毋氏書，與《舊志》不同。考《通志・藝文略》，於《古今書録》之外，别有《開元四庫書目》四十卷。亦見《崇文總目》卷二十三。蓋修於毋氏書之後。毋書修於開元九年。故書多於《舊》。《新志》蓋即據之以爲藍本，固可稍補《舊志》

[一]《新唐志》在采用《古今書録》時對圖書的歸類作了適當的調整，如集部總集類的《樂府歌詩》《樂府歌詞》等改入經部樂類，《聖朝詔集》改入史部起居注類之詔令，《弘明集》《廣弘明集》改入子部道家類。此類圖書歸類的差異與所討論的問題無必然關係，故略去。

之闕憾，然仍多不著録之書。〔一〕

余嘉錫的這個觀點在《目録學發微》卷三《目録學源流考下》亦有説明：

其時又别有《開元四庫書目》十四卷（筆者按：當作『四十卷』，引文偶誤），見於《崇文總目》，見原本卷二十三，不著撰人名氏，非毋煚書，亦見《通志・藝文略》。唐宋志均不著録。是宋初尚存。歐陽脩等修《唐書・藝文志》，當即據此書。〔二〕

余嘉錫顯然是注意到了《新唐志》『著録』部分比《古今書録》或《舊唐志》多出若干的問題，而這個問題又不是一般的版本異同所能説明的，因此認定是别有所本。而《崇文總目》所載的《開元四庫書目》四十卷，正是歐陽脩所能見到的另一部卷帙較大的開元時期的藏書目録，故余嘉錫斷然提出此即《新唐志》所本的新説〔三〕。此説較《古今書録》説或《舊唐志》説確實更爲周延，彌補了前二説的明顯漏洞，加之余嘉錫的重要學術地位，故此説對後來影響較大，講目録學者多從之。如王欣夫《文獻學講義》即采其説：『宋歐陽脩、宋祁修《新唐書》，中有《藝文志》四卷，係根據唐《開元四庫書目》。

〔一〕余嘉錫《古書通例》，上海古籍出版社，一九八五年，第一〇頁。
〔二〕余嘉錫《目録學發微》卷三《目録學源流考下》，巴蜀書社，一九九一年，第一一一頁。
〔三〕此説或許受到劉咸炘『本於《開元四部目》的影響』，但劉氏所指實爲《古今書録》。説詳下。

其書《崇文總目》著録四十卷，是宋初尚存，故得據以纂入。』〔一〕但細察此《開元四庫書目》，實多有疑竇。主要疑點在：

一、在四十卷《古今書録》以外，唐宋文獻未曾提及別有一種四十卷的《開元四庫書目》。若其爲開元時期別一種國家藏書目録，以其四十卷之巨，以及唐宋人對開元文化推崇之心理，不太可能在唐宋文獻中不留下一點蛛絲馬迹。五代劉昫撰《舊唐志》，其序中詳叙開元時期寫録、整理舊籍以及編撰書目之情形，於此不著一言。《唐會要》卷三六《修撰》叙開元修撰藏書目録，有《群書四部録》及《古今書録》，亦不及《開元四庫書目》。據此看來，《崇文總目》著録之《開元四庫書目》并非一種新書目，而應該衹是《古今書録》的一個別名。

二、在宋代藏書目録中，《古今書録》與《開元四庫書目》二者不并載〔二〕。南宋尤袤《遂初堂書目》、《宋史》卷二〇四《藝文志三》『目録類』皆載有毋煚《古今書録》四十卷〔三〕，而未著録《開元四庫書目》。

〔一〕王欣夫《文獻學講義》，上海古籍出版社，二〇〇五年，第三二一頁。

〔二〕鄭樵《通志》卷六六《藝文略四》既載有《古今書録》四十卷，又載有《開元四庫書目》四十卷，但鄭《志》并非藏書目録，而是抄撮衆目而成的一部圖書總目。其并載二目，當即彙抄《新唐志》與《崇文總目》所致。

〔三〕趙士煒《中興館閣書目輯考》卷三亦載有《古今書録》，但又曰：『今此録雖非毋氏全書，而綱目大抵已是以其所定著書。』（《群書考索》前集卷一九引《中興書目》）《中國歷代書目叢刊》第一輯，現代出版社，一九八七年，第四〇六頁。

《崇文總目》卷二『目録類』著録有《開元四庫書目》四十卷〔一〕，却不著録四十卷的《古今書録》。我們從宋代官私書目的著録可以知道，《古今書録》於五代時被史官采録進《舊唐書》作《經籍志》以後，北宋至南宋前期一直流傳不絶，反映兩宋朝廷藏書的《宋志》也有著録。《宋志》是根據四種《國史藝文志》編撰而成的，而其中《兩朝國史藝文志》主要是根據《崇文總目》修成的，因此《崇文總目》不著録《古今書録》的可能性很小，而《宋志》既與《崇文總目》有此淵源，也不應該捨棄《開元四庫書目》不予著録。出現這種不并載的現象，惟一合理的解釋就是：《開元四庫書目》不過是《古今書録》在宋代的一個别名，它們實際上是同一種書。

三、《新唐志》没有補録《開元四庫書目》，這是很有説服力的一條證據。歐陽脩撰《新唐志》，在開元『著録』之外又補録了若干家唐人書目，其中有《古今書録》《集賢書目》等，却没有《開元四庫書目》。但歐陽脩是親自參與修撰過《崇文總目》的，其親見《開元四庫書目》應該是没有疑問的。若《開元四庫書目》果爲别一種開元書目而爲《崇文總目》所著録，歐公絶無不補入《新唐志》之理。反之，《新唐志》不予補録，是因爲歐公確認其與《古今書録》不過是同書異名而已。

這個觀點還可以從《崇文總目》與《開元四庫書目》的特殊關係上得到證明。《宋史・藝文志序》

〔一〕王堯臣等編次，錢東垣等輯釋《崇文總目》卷二，《中國歷代書目叢刊》第一輯，現代出版社，一九八七年，第七六頁。

曰：『仁宗既新作崇文院，命翰林學士張觀等編四庫書，仿《開元四部録》爲《崇文總目》，書凡三萬六百六十九卷。』〔一〕此段文字本於《兩朝國史藝文志》，《玉海》卷五二《藝文》引《宋兩朝藝文志》即有此文，亦稱『仿《開元四部録》爲《崇文總目》』〔二〕。馬端臨《文獻通考·經籍考》卷一《總序》略同〔三〕。此事《續資治通鑒長編》卷一三四《慶曆元年十一月》亦有記載：『己丑，翰林學士王堯臣等上新修《崇文總目》六十卷。景祐初，以三館、秘閣所藏書，其間亦有謬濫及不完者，命官定其存廢，因仿《開元四部録》爲《總目》，至是上之。』〔四〕此《開元四部録》爲《崇文總目》仿效之書，其對《崇文總目》而言極爲重要，《崇文總目》無有不著録之理，今該目中不見其名，推測其由，蓋即《開元四庫書目》之别名。或疑此《開元四部録》指《開元群書四部録》，但《開元群書四部録》北宋時已經亡佚（説詳下），那麽，説《開元四部録》指的就是《崇文總目》著録的《開元四庫書目》應當是可信的。宋太宗雍熙元年的一道詔令也可以作爲旁證。《續資治通鑒長編》卷二五《太宗雍熙元年》載：『春正月壬戌，上謂侍臣曰：「夫教化之本，治亂之源，苟無書籍，何以取法？今三館所貯，遺逸尚多。」乃詔三館以《開元四庫書目》閲館中所闕者，具列其

〔一〕脱脱等《宋史》卷二〇二《藝文志一》，中華書局，一九八五年，第五〇三二頁。
〔二〕王應麟《玉海》（合璧本）卷五二『淳化秘閣群書』條，京都：中文出版社，一九七七年，第一〇四〇頁。
〔三〕馬端臨《文獻通考·經籍考》，華東師範大學出版社，一九八五年，第二八頁。《景印文淵閣四庫全書》本則作『《開元四部書目》』。
〔四〕李燾《續資治通鑑長編》卷一三四，中華書局，二〇〇四年，第三二〇六頁。

名，募中外有以書來上及三百卷，當議甄録酬獎。」〔一〕崇文院設立之初，即據《開元四庫書目》檢核三館藏書之存佚狀況，此《開元四庫書目》與《崇文總目》所著録的爲同一書目無疑，而與後來編撰《崇文總目》時所仿效的書目——《開元四部録》爲同一書目，亦頗合情理。由是可知，《開元四庫書目》又稱《開元四部録》。此外還有稱《開元四部書目》者，如《玉海》卷四三「乾德求書」條、卷五二「太平興國三館四庫書籍、崇文院六庫書籍」條皆稱太宗命三館以《開元四部書目》比校闕逸。又有稱「《開元四部》」者，如宋胡柯《歐陽文忠公年譜》載：「景祐元年……三館秘閣所藏書多脱謬，七月甲辰，詔委官編定，仿《開元四部》著爲總目，公預焉。」〔二〕凡此種種，實際上皆當是《古今書録》的别名。

《古今書録》爲何又改稱《開元四部録》或《開元四庫書目》呢？追尋其迹，當源於《舊唐志序》。《舊唐志序》在徵引完《古今書録序》之後有言：「煚等《四部目》及《釋道目》，并有小序及注撰人姓氏，卷軸繁多，今并略之。」〔三〕此「《四部目》」爲隨文簡稱，指《古今書録》甚明。因其成書於開元時期，後人於書名上冠「開元」二字亦屬自然。由「録」變「目」，《舊唐志序》已啓其端，而宋人自己對「四部録」「四庫書目」「四部書目」也已經混稱，那麽由「開元四部目」而改稱「開元四部録」「開元四庫書目」或「開元四部

〔一〕李燾《續資治通鑑長編》卷二五，第五七一頁。
〔二〕胡柯《廬陵歐陽文忠公年譜》，《歐陽文忠公集》卷首，《四部叢刊初編》景元刻本，上海書店，一九八九年，第四頁上、下。
〔三〕劉昫等《舊唐書》卷四六《經籍志上》，第一九六六頁。

書目』，亦頗合乎情理。這種書名改易，尤其是個别無關緊要的文字變動的現象，在古書流傳中十分常見。我們據其年代與卷數，即可以大致推定其爲同書異名，更遑論唐代文獻皆不載其名，宋代官私藏書目録又不并載二書，而歐公《新唐志》也不加補録。余嘉錫先生未及細察，以爲乃别一種開元書目，故有《新唐志》本於《開元四庫書目》之説。

對於《開元四庫書目》的性質，前賢實際上早有質疑，汪辟疆《目録學研究》即云：『此疑毋煚《古今書録》四十卷之誤。』〔一〕其後臺灣學者昌彼得亦持此觀點：『案其目《通志・藝文略》作四十卷，疑即《古今書録》之易名，非又别造目録。』〔二〕惜未作論證，故難有影響，幾爲人所遺〔三〕，今試作補論於上。

四、本於《古今書録》增訂本

王重民應該也覺察到了《開元四庫書目》與《古今書録》的同一關係，故不采信余嘉錫的觀點，而提

〔一〕汪辟疆《目録學研究》，華東師範大學出版社，二〇〇〇年，第七一頁，又見第三一頁。

〔二〕昌彼得《中國目録學講義》，文史哲出版社，一九七三年，第一六〇—一六一頁。

〔三〕張固也《唐代目録考》曾采汪説，并分析宋代書目不并載二家書目之原因：『豈宋初此「非毋氏全書」之本原并書名亦經改題，後人復追改爲本名，故《崇文目》與《宋志》俱不重出與？』（《古籍整理研究學刊》二〇〇一年第四期，第三五頁）可參考。

出了一個新看法：

> 《新唐書・藝文志》是歐陽脩在公元一〇五四—一〇六〇年依據《古今書録》(其實際意義是依據《舊唐書・經籍志》)編成的……《新唐書・藝文志》的每個類目內，分『著録』與『未著録』兩部分〔一〕。『著録』是指《古今書録》原有的著録，『未著録』是指歐陽脩所增入的唐代著作。《藝文志》著録了開元時代藏書五三九一五卷，比毋煚自己所稱的(也是《舊唐書・經籍志》所著録的)五一八五二卷較多一些，拿《藝文志》的著録和《經籍志》比較，所著録的圖書數目也確是多些，注解説明也詳細些，(其中還有一些是歐陽脩用自己的意見改動的)因此，疑歐陽脩所據的《古今書録》是一個經過增訂的本子。〔二〕

王重民對《舊唐志》與《古今書録》的關係，對《新唐志》與《古今書録》的差異有很清楚的認識，因而提出了一個《新唐志》所據是『增訂的本子』的設想。但唐宋文獻中没有任何資料透露過《古今書録》曾有修訂的信息，而且五代劉昫等撰《舊唐志》，其采用的《古今書録》也没有任何修訂過的痕迹。因此説，雖然增訂本《古今書録》可以解決《新唐志》差異的矛盾，但這衹是一個假想，而且是不太合乎情理的假想，因《古今書

〔一〕據《新唐書・藝文志》用語，『未著録』當作『不著録』。

〔二〕王重民《中國目録學史論叢》，中華書局，一九八四年，第一〇七頁。

録》名爲『古今』，實際仍是開元藏書目録，後人若非重編開元藏書總目，自不當對早已廣泛流傳的這部《古今書録》擅作增訂，在目録學史上，也不曾出現過這類後世增訂前代朝廷藏書目録的現象（作僞者除外）。

五、增損改易《古今書録》或《舊唐志》

主張此説的有臺灣學者喬衍琯，其論之曰：

其實以班固刪節《七略》，且又稍加增損改易而成《漢志》的例子來看，《新唐志》對《古今書録》或《舊唐志》，也會稍加增損改易，而不必照單全收。所以不僅比《古今書録》多出兩千多卷，也有刪減改易的地方。〔一〕

此説似較合理，且有《漢志》與《七略》之關係爲例，容易爲人接受，但失之含糊，故亦少有影響。應該説，《新唐志》對《古今書録》的『增』與『損』是不可同日而語的，此意謂：《新唐志》對《古今書録》原則上是不能減省的，因爲《古今書録》是開元時期的藏書目録，《新唐志》的『著録』部分正是要表現唐代開元時期的著録盛況，除去歐公視作偶爾的重複著録外，不應該刪去任何一部圖書的著録。而《新唐志》對

〔一〕喬衍琯《〈新唐書·藝文志〉考評》，《『國立政治大學』學報》第五七期，一九八八年五月，第四三頁。

《古今書録》的增補，也不是像《漢志》對《七略》那樣衹有區區三家的不同，而是多出二千餘卷，此於《古今書録》之外的開元書目必定别有所本。

六、綜合《古今書録》與《群書四部録》

這是臺灣學者楊果霖在他的新著《新舊唐書藝文志研究》中對《新唐志》『著録』來源所作的新探討：

> 若《新唐志》已著録部分不全是根據《古今書録》，尤其是多出的二千餘卷典籍究竟是從何而來？《群書四部録》載録『四萬八千一百六十九卷』，《古今書録》增新目『六千餘卷』，然而《古今書録序》僅言『五萬一千八百五十二卷』，其中差距『二千三百餘卷』。喬好勤先生於《中國目録學史》中已注意此一現象，他認爲毋煚對於《群書四部録》必有删除，其説可從。《古今書録》删録《群書四部録》爲何書？今已不得詳考。《新唐志》已著録典籍達『五萬三千九百一十五卷』，且云根據『開元著録』，則較接近的推測是根據《古今書録》《群書四部録》的綜合，再删去重複卷帙而來。案：《古今書録》較《群書四部録》增加六千餘卷，若《古今書録》并無删録，則總卷數當爲『五萬四千一百六十九卷左右』，其距《新唐志》已著録典籍『五萬三千九百一十五卷』已然未遠，若加上卷

數的可能改變、重複等因素，則《新唐志》已載録部分當非全據《古今書録》，而可能是《古今書録》《群書四部録》復删去重複著録之書所編成的。至於《新唐志》列於著録部分，而《舊唐志》未載其書，則可能是《古今書録》删録《群書四部録》的典籍；但由於今本《舊唐志》已有殘缺，因此也可能是《舊唐志》遺漏的部分。[一]

楊果霖先生探討的思路是正確的，即《新唐志》在《古今書録》之外，對唐代開元書目必定别有所本。其不僅思路正確，而且也不乏證據。唐代開元時期的大型藏書目録，除了《古今書録》之外，便衹有《開元群書四部録》，因此歐公采用《群書四部録》也甚合情理。但《古今書録》與《群書四部録》有特别的淵源關係，《古今書録》是以《群書四部録》爲藍本增訂而成的，故一般人衹關注《古今書録》而不再考慮其所依據的底本。楊先生注意到，毋煚《古今書録》著録的圖書總卷數，比《群書四部録》的總卷數再加上毋煚增補的六千餘卷，少了一千三百餘卷，也就是説，《古今書録》對《群書四部録》不僅有增補，而且也有删汰[二]，而這正好是《新唐志》『著録』比《古今書録》多出的卷數，因此他推測《新唐志》可能是綜合《古今書録》與《群書四部録》兩部開元目録再删去重複之書編成的。但我們在考察《古今書録》的編撰與

[一] 楊果霖《新舊唐書藝文志研究》，花木蘭文化工作坊，二〇〇五年，第一四七頁。

[二] 參見喬好勤《中國目録學史》，武漢大學出版社，一九九二年，第一四〇頁。

《群書四部録》的流傳情況後發現，楊先生的這個推斷是無法成立的。

毋煚據《群書四部録》編撰《古今書録》有删削與增補是可信的，其增删之情形毋煚自序中有明白的交代：『紕繆咸正，混雜必刊，改舊傳之失者，三百餘條；加新書之目者，六千餘卷。』〔二〕增補六千餘卷是毋煚在自序中明確交代過的，其删削者雖未作具體説明，但屬於『紕繆』『混雜』一類却是清楚的。這二千三百餘卷既因『紕繆』『混雜』而被毋煚删去，歐公又有何理由再摭入《新唐志》呢？而且從《新唐志》各類多出的各種文獻看，絲毫也看不出毋煚當初删削它們的理由。如經部詩類，《舊唐志》著録三十部，小類後合計數目亦云『右《詩》三十部』；《新唐志》著録三十一部，小類後合計數目亦稱『三十一部』，知今本著録部數無訛誤，《新唐志》較《舊唐志》多出『王玄度注《毛詩》二十卷』一部。此書若《群書四部録》有著録，則《古今書録》没有任何理由删去此書（《舊唐志》著録有王玄度其他著作多種）。又如《舊唐志》史部僞史類著録十八部，小類後合計數目稱『右七十五部，編年五十五家，雜僞國史二十家』，據此僞史類應有二十部，今本存十八部，當是脱漏了兩部；《新唐志》僞史類著録二十八部，除歸類調整因素之外，有常璩《漢之書》十卷、《苻朝雜記》一卷、《二石書》十卷、段龜龍《凉記》十卷、劉炳《凉書》十卷五部爲《舊唐志》所不載，除了其中兩種當爲《舊唐志》傳寫脱漏外，其他三種皆爲《新唐志》所增。

〔二〕 劉昫等《舊唐書》卷四六《經籍志上》，第一九六五頁。

若以爲《新唐志》乃據《群書四部録》增入，則《古今書録》又因何要删去它們呢？既没有任何理由删去它們，則衹能説明《群書四部録》原本就未著録它們，《新唐志》所增，必是别有來源。

若從《群書四部録》的流傳來考察，更可確定《新唐志》的增補與《群書四部録》没有任何關係。《群書四部録》二百卷，元行冲等於開元九年撰成，至宋代，各種藏書目録及其他文獻皆不見著録與徵引，當在北宋時已亡佚。此書是清代以前卷帙最大的一部藏書目録，如此重要的書目文獻，若北宋時尚存，《崇文總目》與《宋史·藝文志》絶無不著録之理〔一〕。既已不傳，歐陽脩撰《新唐書·藝文志》根本無從得見，所謂據《群書四部録》增補云云，頓成無根之談。

結論：本於《古今書録》，兼采《集賢書目》

《新唐志》本於《古今書録》，這在學術上并無什麽新意，但前人於此多未作論述，本文於『一、本於《舊唐志》』與『二、本於《古今書録》』二節中從《新唐志》與《舊唐志》的異同比較上確定：《新唐志》『著

〔一〕《宋史·藝文志》雖成書於元代，但所據是宋代四種《國史藝文志》，反映的正是宋代各個不同時期的藏書情況。其中《兩朝國史藝文志》又主要是根據《崇文總目》編撰的，《宋志》不著録《群書四部録》，説明該書不見於《崇文總目》并不是簡單的脱漏造成的，而是《兩朝藝文志》及《崇文總目》原本就没有著録此書，由此可知《群書四部録》在宋初就已經亡佚不傳了。

録》主要采用的是《古今書録》。若再從歐陽脩編撰《新唐志》的旨意條例與唐代開元書目流傳的情況看，更可見《古今書録》在《新唐志》編撰中的重要作用。歐陽脩在《新唐志序》中稱道：『藏書之盛，莫盛於開元，其著録者，五萬三千九百一十五卷，而唐之學者自爲之書者，又二萬八千四百六十九卷。嗚呼，可謂盛矣！』檢《新唐志》實際著録之圖書，其『著録』與『不著録』者之卷數與此約略相等，因此可知歐陽脩《新唐志》有兩部分組成，其『著録』之圖書，即開元有『著録者』；其『不著録』者，即『唐之學者自爲之書』。『著録』部分既爲開元『著録者』，則必據開元時期所編藏書目録。開元時期藏書目録，其巨者有二，一爲元行沖等所撰《開元群書四部録》二百卷，一爲毋煚所撰《古今書録》四十卷。前者至宋代已無人得見，歐陽脩自然無法采用，即便偶存，因《古今書録》是在該書基礎上增補修訂而成的，《群書四部録》對《新唐志》亦無甚參考價值，而《古今書録》自然就成了歐公編撰《新唐志》最主要的來源。應該説，《舊唐志》以《古今書録》爲藍本，對《新唐志》是有着啓示作用的，但《新唐志》對《古今書録》的采用原則與《舊唐志》是大有區别的。《舊唐志》於《古今書録》是照單全録，《新唐志》則有意創新，故一則補録『唐之學者自爲之書』而成唐人一代著述之目，以補《古今書録》斷於開元之不足；二則於采用《古今書録》時對其分類多有調整，并於其著録之外另覓來源，以補其遺漏，如此方可見開元藏書之盛與唐人著述之盛。

那麽除《古今書録》之外，開元時期還有什麽藏書目録呢？開元時參與《群書四部録》編撰的韋述曾編有《集賢書目》一卷。韋述，兩《唐書》皆有傳，其於開元五年由櫟陽尉入秘閣，與元行沖、吴兢等一起編撰《群書四部録》。開元十三年改麗正書院爲集賢殿書院，中書令張説以集賢學士知院事〔一〕，「引述爲直學士」，二十七年「充集賢學士」。《集賢書目》當即韋述在集賢院時所編，但其編於何時，史文無載。又由於韋述「在書府四十年」，天寶間亦得入集賢，故其目成於開元還是天寶，僅據其身份尚不能確定。但集賢院藏書之盛况，在韋述撰寫的另一部書《集賢注記》中有精確統計。《玉海》卷五二「集賢院典籍」條引《會要》云：「（開元）十九年冬十月丙申。車駕發京。時集賢院四庫書，總八萬九千卷，《注記》同。經庫一萬三千七百五十二卷，《注記》『五十三』。史庫二萬六千八百二十卷，子庫二萬一千五百四十八卷，集庫一萬七千九百六十卷。《注記》『六十九』。」〔二〕從其來源看，《會要》亦當本於《集賢注記》。《集賢注記》中有言及天寶末事迹者，韋述自序亦題「時丙申歲」（天寶十五年，七五六）〔三〕，故其成書在天寶末無疑，而其所載開元十九年集賢院各庫藏書卷數，頗有可能依據的就是《集賢書目》。張固也先

〔一〕李林甫等撰，陳仲夫點校《唐六典》卷九《集賢殿書院》，中華書局，一九九二年，第二七九頁。

〔二〕王應麟《玉海》（合璧本）卷五二，京都：中文出版社，一九七七年，第一〇三六頁。《唐會要》卷三五《經籍》、卷六四《集賢院》亦載此文，各庫藏書卷數不盡一致，比較諸家，以經庫一三七五三卷、史庫二六八二〇卷、子庫二一五四八卷、集庫一七九六九卷較爲可信，總八萬九十卷，「八萬九千卷」之「千」疑爲「十」字誤。

〔三〕王應麟《玉海》（合璧本）卷四八「唐集賢注記」條引《中興書目》，第九六五頁。

生據此推測，《集賢書目》之成書「當亦在此年或稍早」〔一〕。據文獻記載，開元天寶間，集賢院確實編有書目。《唐會要》卷三五《經籍》載：「天寶三載六月，四庫更造見在庫書目，經庫七千七百七十六卷，史庫一萬四千八百五十九卷，子庫一萬六千二百八十七卷，集庫一萬五千七百二十二卷。」〔二〕總五萬四千六百四十四卷。從《唐會要》卷六四《集賢院》及《玉海》卷五二「《四庫更造書目》」條引《集賢注記》載此文可知，此「四庫更造見在庫書目」是指新編集賢院藏書目録。但在開元天寶這樣的承平年代，集賢院天寶三年的藏書何以反比此前開元十九年的藏書減少了數萬卷呢？其中奥秘，或是因爲玄宗喜幸東都，京師集賢藏書亦有移於東都集賢院者〔三〕。如開元二十四年玄宗從東都回京，即下令「減省集賢書籍，三分留一，貯在東都」〔四〕。或是因爲將集賢院所藏複本，移充秘省、史館或其他館院的緣故。因有此變化，故天寶三年又重編現存書目。此「更造見在庫書目」，從名稱看，所指當非韋述《集賢書目》，而

〔一〕張固也《唐代目録考》，《古籍整理研究學刊》二〇〇一年第四期，第三五頁。

〔二〕王溥《唐會要》卷三五《經籍》，上海古籍出版社，二〇〇六年，第七五二頁。按：《唐會要》卷六四《集賢院》及《玉海》卷五二引《會要》及《集賢注記》亦載此文，卷數小異，當出於《集賢注記》。又：「集庫一萬五千七百二十二卷」之「二十二」，原作「二十」，此據《唐會要》卷六四及《玉海》卷五二補「二」字。

〔三〕關於集賢院的體制、沿革等問題，可參閲日人池田温《盛唐之集賢院》，《唐研究論文選集》，中國社會科學出版社，一九九九年，第一九〇—二四二頁。

〔四〕王溥《唐會要》卷三五《經籍》，第七五二頁。按：據上文文意，此當指東都集賢書籍移往京師，但我們亦可於此窺見二京集賢藏書之變化不定。

『更造』二字也表明，此前集賢書院已經編有院藏書目，其時當在開元二十四年集賢書籍分貯之前。聯繫開元時期朝廷編撰藏書目録之風，以及韋述開元五年入秘閣，至開元二十四年，其居院已達二十年之久，其欲編撰《集賢書目》，宜在這一時期。更爲重要的是，『開元十八學士』享譽士林，幾可與唐初以杜如晦、房玄齡等爲代表的『文學館十八學士』相媲美。《新唐志》雜藝術類著録有殷穀、韋无忝《開元十八學士圖》，注稱其爲『開元人』，是開元時即有人圖畫其像。韋述身爲開元十八學士之一〔一〕，不僅榮寵當時，而後世亦想望其風采。歐陽脩於此自當耳熟能詳，其視韋述爲開元時人亦屬當然。其《集賢書目》縱不能定爲開元所撰，但因其人爲開元時人，故視其書目爲開元著録，亦甚相宜。據此，歐陽脩在編撰《新唐志》欲對《古今書録》有所補充時，韋述《集賢書目》無有不采録之理。此目北宋時尚有流傳，見録於《崇文總目》，正是歐公唾手可得者。

此外，開元時期曾參與《群書四部録》編撰的吴兢還編有一部《吴氏西齋書目》一卷，《崇文總目》《郡齋讀書志》《宋志》皆有著録，此爲歐公所親見無疑。但《吴氏西齋書目》著録的爲吴兢『家藏書』，『凡一萬三

〔一〕見《舊唐書》卷一〇二《韋述傳》，又見《玉海》卷五七《唐開元十八學士圖》、卷一六七《開元十八學士圖》。

千四百六十八卷。兢自撰書，附於正史之末，又有續鈔書列於後』〔一〕，而《新唐志》所稱唐代『著録』之圖書，從前代史志目録及《新唐志序》下文看，當指唐代朝廷藏書，并不包括私家藏書。再者唐代及此前私家藏書的規模還比較小，其對朝廷藏書的補充作用也較爲有限，故《新唐志》不予考慮亦在情理之中。

要之，《新唐志》直接采用的是《古今書録》而非《舊唐志》，其采用《古今書録》除删去類序、小傳，調整部分圖書分類外，對其著録的圖書也是全部照收的〔二〕。此外，《新唐志》還采用韋述《集賢書目》對開元朝廷藏書作了必要的補充。

（原載莫礪鋒編《周勛初先生八十壽辰紀念文集》，中華書局，二〇〇八年）

〔一〕晁公武撰，孫猛校證《郡齋讀書志校證》卷九，上海古籍出版社，一九九〇年，第四〇〇—四〇一頁。《玉海》卷五二《藝文》：『《西齋書目》一卷。分五十七部，總一萬四百有三卷（《崇文目》同）。』按張固也『疑《玉海》誤千作百』，可從。見張固也《唐代目録考》，《古籍整理研究學刊》二〇〇一年第四期，第三六頁。

〔二〕《新唐志》唯別集類因不知實有兩家《傅毅集》（皆五卷，一在後漢，一在東晉）而誤删東晉《傅毅集》。詳見拙著《〈舊唐書〉辨證》，上海古籍出版社，二〇〇三年，第二九九—三〇三頁。

《直齋書録解題》的成書與流傳

一、《直齋書録解題》的成書

私家書目提要與其他類型圖書的編撰多有不同，最突出的一點就是歷時長久而又續有增補，而南宋陳振孫的《直齋書録解題》又與其他書目提要的編撰有所不同。現在已經没有任何文獻明確記載陳振孫的《直齋書録解題》是什麽時候開始撰寫的，又是什麽時候殺青成書的。我們惟一能依據的就是《直齋書録解題》本身給我們的提示。

前人多認爲《直齋書録解題》始撰於陳振孫任紹興教授時（寧宗嘉定六年〔一二一三〕至嘉定十一年）。其依據就是《書録》卷五「詔令類」《東漢詔令》提要：

《東漢詔令》十一卷，宗正寺主簿鄞樓昉暘叔編。大抵用林氏舊體，自爲之序。帝王之制具在百篇，後世不可及矣。兩漢猶爲近古，愚未冠時，無書可觀，雖二史亦從人借。嘗於班《書》志、傳録出諸詔，與紀中相附，以便覽閲。既仕於越，乃得見林氏書，而樓氏書近出，其爲好古博雅，斯以勤矣。惟平、獻二朝，莽、操用事，如錫莽及廢伏后之類，皆當削去，莽時尤多也。〔一〕

此云其『既仕於越』，指在越州即紹興任職見到林虙的《西漢詔令》并無疑問，但此處時間狀語衹能管到『乃得見林氏書』，而不能必然延伸至下面的文字。正如何廣棪所指出的那樣，他們共同的缺點是『忽視「樓氏書近出」一語』〔二〕。此稱『近出』，則時間完全可能在仕越之後又改掌鄞學任上。若聯繫何氏所點明的《東漢詔令》編者樓昉乃鄞人這一情況，則更有可能是不在紹興任上。但何氏據陳振孫於寧宗嘉定十一年出任鄞學教官而定『此條之撰年，當在嘉定十一後不遠』（何氏之意仍在執掌鄞學這一時期），也有不够精密之處，即『近出』一詞在時間上可以不承『既仕於越』之後，而祇從撰寫提要之時言之，那麽撰寫時間也可能在離開紹興很久以後了。這一點，我們可以通過樓昉《東漢詔令》的成書年代來加以確定。《東漢詔令》現今仍有傳本，其後有『嘉定十有五年歲次壬午二月朔甬東樓昉自序』云：『竊不自揆，仿林君前書之體，纂次成之，目曰《東漢詔令》。非敢傳之他人，亦聊以備遺忘。與我同志

〔一〕陳振孫撰，徐小蠻、顧美華點校《直齋書録解題》卷五，上海古籍出版社，一九八七年，第一三三頁。
〔二〕何廣棪《陳振孫之生平及其著述研究》，文史哲出版社，一九九三年，第三四〇頁。

者，幸訂正而刊削之，毋以河汾譏我。』〔一〕據此内容可知，此爲該書殺青時樓昉自序，時間在嘉定十五年，因有『歲次壬午』相印證，此『十有五年』不可能有傳寫之誤，然則直齋所稱『近出』，必在嘉定十五年之後，其時已經離開鄞縣（嘉定十四年遷南城縣宰）。其既已不在鄞縣，則樓氏稿本直齋殊不易見到，而從『樓氏書近出』一語看，更可能是指其書近來刊刻行世。據樓氏婿范光刻書跋語：

> 先生生死文字間，茂製滿家，少須薈蕞，次第流傳。惟《東漢詔令》成書已久，手所勘訂，當在他書先，亟求鋟梓，俾與《西漢詔令》駢行，以續成一代典章。嗚呼，先生又豈以此書爲身後名哉！紹定戊子中秋日婿范光識。〔二〕

『紹定戊子』即紹定元年（一二二八），所謂『樓氏書近出』，當指此次鏤版行世。其時直齋已數次遷轉而回京城臨安上任軍器監簿了，臨安與鄞縣相距不遠，直齋得見此書并爲之撰寫解題，當即在是年或稍後不久。

何廣棪先生考定《直齋書録解題》始撰於陳振孫執掌鄞學時，尚舉有卷四『編年類』《國紀》與卷一四『音樂類』《琴譜》兩書解題爲證。前者曰：『鄞學有魏邸舊書，傳得之。』後者曰：『鄞學魏邸舊書有

〔一〕樓昉編《東漢詔令》卷末附《東漢詔令後序》，元至正九年（一三四九）蘇天爵刻明修本。

〔二〕范光《識》，《兩漢詔令》卷首，清道光二十一年（一八四一）蔣氏別下齋鈔本；又見於張金吾撰，馮惠民整理《愛日精廬藏書志》卷一二，《書目題跋叢書》本，中華書局，二〇一二年，第一五二頁。

之，己卯分教傳録。」『己卯』即嘉定十二年，正是陳振孫執掌鄞學的時候，但此兩條原文祇能説明傳録二書的時間，而没有任何文字表明撰寫解題也在此一時期。

何先生考證撰寫於『宰南城』的解題，也有同樣的問題。如卷三『經解類』《九經字樣》提要云：

> 《九經字樣》一卷，唐沔王友翰林待詔唐玄度撰。補張參之所不載，開成中上之。二書却當在小學類，以其專爲經設，故亦附見於此。往宰南城出謁，有持故紙鬻於道者，得此書，乃古京本，五代開運丙午所刻也。遂爲家藏書籍之最古者。[一]

何氏據此「有振孫自言『宰南城』之記載」，而考定其『撰就於宰南城時也』[二]。這條考證自然不能成立。原文『往宰南城』，謂過去爲南城縣令，已經明白告知此條解題非撰寫於『宰南城』之任上，如何却推斷出了『撰就於宰南城時』呢？也没有任何資訊表明是在『或離南城任未久』的時候。其他所據如卷一二『神仙類』《參同契分章通真義》《金碧古文龍虎上經》《群仙珠玉集》等解題中『曩在麻姑山傳録』『麻姑所録本』『余宰南城』等，也祇是表明收藏傳録諸書在南城任上，而與解題撰作年代無關，而『曩在』等表示追憶的時間詞語，更證明諸條解題之撰寫不在南城之時。何氏據卷五『雜史類』《邠志》、卷一二『陰

[一] 《直齋書録解題》卷三，第八一頁。

[二] 何廣棪《陳振孫之生平及其著述研究》，第三四一—三四二頁。

陽家類』《陰陽二遁圖局》、卷一三『醫術類』《龐氏家藏秘寶方》諸書解題所載借書人之籍貫以證其爲『直齋辛南城時所作』[一]，也犯了同樣的錯誤：將傳録諸書的時間當作了爲之撰寫解題的時間。更值得注意的是，上引《九經字樣》解題還透給我們這樣的信息：這個五代後晉開運刻本，是直齋藏書中版本最古的一種，這種鎮庫之寶在南城時尚且没有爲之撰寫解題，其他一般藏書自然也不會爲之解題，這説明當時直齋還没有開始撰寫《直齋書録解題》的規劃。

宋理宗寶慶三年(一二二七)，陳振孫離開南城改充興化軍(治所在莆田)通判，這一時期陳振孫趁莆田多藏書之家的機會，借録收藏了大量圖書，同時也開始了爲其藏書撰寫解題的計劃[二]。《直齋書録解題》中與莆田相關的圖書很多，而能説明其撰寫時間在莆田的解題却衹有一條，就是卷五『典故類』《長樂財賦志》條：

> 《長樂財賦志》十六卷，知漳州長樂何萬一之撰。往在鄞學，訪同官薛師雍子然，几案間有書一編，大略述三山一郡財計，而累朝詔令申明沿革甚詳。其書雖爲一郡設，於天下實相通。問所從得，薛曰：『外舅陳止齋修《圖經》，欲以爲《財賦》一門，後緣卷帙多，不果入。』因借録之，書無標

[一] 何廣棪《陳振孫之生平及其著述研究》，第三四三頁。

[二] 參見喬衍琯《陳振孫學記》，文史哲出版社，一九八〇年，第五五頁。

目，以意命之曰《三山財計本末》。及來莆田，爲鄭寅子敬道之，鄭曰：『家有何一之《長樂財賦志》，豈此耶？』復借觀之，良是。其間亦微有增損，末又有《安撫司》一卷，并鈔録附益爲全書。〔一〕

文中『及來莆田』一語，説明其人尚在莆田，是此條寫於陳振孫任職興化軍通判之時可無疑問。直齋此時既已開始撰寫《書録》，則此時傳録諸書之解題皆可視爲此一時期所撰。如卷五『雜史類』《後魏國典》提要稱『此本從莆田劉氏借録』，卷八『地理類』《晉陽事迹雜記》提要稱『從莆田李氏借録』，《番禺雜記》提要稱『莆田借李氏本録之』，卷一八『别集類』《周益公集》提要稱『余在莆田借録爲全書』，皆當撰寫於此一時期。卷三『小學類』《爾雅新義》提要又稱：『頃在南城傳寫凡十八卷，其曾孫子遹刻於嚴州爲二十卷。』『頃』是表示過去的時間詞，爲不久前或往昔之意。又通過陸子遹於寶慶二年十一月至紹定二年三月知嚴州〔二〕，可考知陸氏嚴州刻本必出於此三年中，此正當陳振孫離開南城轉任興化軍之時，那麽此條撰寫於莆田或稍後也是可信的。令人稍有疑惑的是，《直齋書録解題》中又多見有『頃倅莆田日』『頃在莆田』『嚮在莆田』之語，這些用語表明諸解題皆撰成於離莆之後。既然在莆田時已經開始了《直齋書録解題》的撰寫，何以在莆田傳録的一些圖書當時却没有撰寫解題呢？細察其文，實則多有

〔一〕《直齋書録解題》卷五，第一六七—一六八頁。

〔二〕錢可則修，鄭瑶、方仁榮纂《景定嚴州續志》卷二《知州題名》，《宋元方志叢刊》本，中華書局，一九九〇年，第五册，第四三六〇頁。

他故。如卷一『易類』《梁溪易傳》提要稱『頃倅莆田日，借鄭本傳録。今考《梁溪集》』云云，卷六『禮注類』《獨斷》提要稱『向在莆田嘗録李氏本，大略與二本同，而上下卷前後錯互』，卷八『譜牒類』《元和姓纂》提要稱『頃在莆田以數本參校，僅得七八，後又得蜀本校之』等，皆因莆田傳録的這類圖書，後來又收藏到了新的版本或有新的考訂，故解題文字也有了相應的改動，而很可能其初撰仍在莆田時期。

陳振孫在莆田的時間不到二年，紹定元年即離職至京城出任軍器監簿。這段時間較長，大約有五六年之久，由於地在京城，身處當時的刻書中心，其藏書當已形成相當的規模，其《書録》的撰寫此一時期也當初步完成。但由於解題中多不涉及具體時間，能明確考定屬於這一時期撰寫的，就是上文提到過的卷五『詔令類』《東漢詔令》解題。此外能確認的還有卷八《目録類・寶刻叢編》，文曰：

《寶刻叢編》二十卷，臨安書肆陳思者，以諸家集古書録，用《九域志》京、府、州、縣繫其名物，而昔人辨證審定之語，具著其下，其不詳所在，附末卷。〔一〕

此條解題本身雖然不能説明是書撰寫於何時，但衹要我們聯繫《寶刻叢編》的編刻年代與陳振孫爲之作序之事，就可以確定該解題的撰作時間了。《寶刻叢編》今有傳本，前有魏了翁、陳振孫、喬行簡及無名氏序四篇。魏序最早，稱陳思『以其所萃《寶刻叢編》見寄』，落款爲紹定二年，此當即該書編成之年

〔一〕《直齋書録解題》卷八，第二三七頁。

代。因爲編者本身就是書賈，易於刊刻，故其成書年代也應該就是其刊刻年代。陳振孫序寫於『紹定辛卯』，即紹定四年，稱陳思『既鋟木，首以遺余』，則該書最遲至紹定四年已經刻竣。陳氏於紹定四年入藏此書及爲該書作序，該書之解題想必當撰於此時。

其後，陳振孫仕途多次遷轉，但一直没有中斷其藏書活動，《書録》的撰寫也隨着藏書規模的擴大而不斷增多。《書録》中明確記載其藏書活動最晚的時間，當屬卷一二卜筮類《易林》條之『嘉熙庚子』（嘉熙四年，一二四〇）〔一〕。何氏據朱彝尊《經義考》卷六易類《易林變占》條引『陳振孫曰』末署『淳祐辛丑五月』，認爲『《解題》中所記歲月，最晚者確爲淳祐辛丑五月』〔二〕，此當是誤朱氏所引陳氏跋語爲《直齋書録解題》之文字的緣故〔三〕。朱氏所引與陳氏《書録》文字差别甚大〔四〕，而朱氏《經義考》所據之《文

〔一〕陳樂素《〈直齋書録解題〉作者陳振孫》二《述作》，《大公報・文史周刊》一九四六年十一月二十日。

〔二〕何廣棪《陳振孫之生平及其著述研究》，第三五四頁。

〔三〕何廣棪氏於此亦不無矛盾。其於《陳振孫之生平及其著述研究》第六章第九節《易林跋》中又據此文『撰作體裁觀之』，判斷『《經義考》所載，明顯爲一校讎後之跋文』，『當志於《易林變占》一書上。』（第五八四頁）

〔四〕主要差異有三：一是内容詳略不同，而《書録》文字有删改。如朱氏引：『獨恨多脱誤，無他本是正。嘉熙庚子自吴門歸霅川，偶爲鄉守王寺丞侑道之，因以家藏本見假，雖復多脱誤，而用兩本參互相校，十頗得八九，於是兩家所藏，皆成全書。其間亦多重複，或諸卦數爻共一繇，莫可稽究。』《書録》作『頗恨多脱誤。嘉熙庚子從湖守王寺丞侑借本兩相校，十得八九。其中亦多重複，或數爻共一繇，莫可考也』。《書録》比朱引簡略，但顯然不是脱漏，而是《書録》有所删改。二是朱氏引文此下復多出數句：『校畢，歸其書王氏，而志其校正本末於此。淳祐辛丑五月。』三是《書録》亦有多出朱引之文字，凡三句。

獻通考・經籍考》所引又與《書録》一致，知朱氏必別有所據。陳樂素認爲『這是一篇識語』，但其又稱：『《經義考》引自《解題》，還是朱彝尊有《易林變占》這部書，書中有陳振孫這篇識語？不易斷定。』〔一〕既認爲是一篇《識語》，朱氏當然就不可能引自《書録》，陳氏此疑，亦殊不可解。考朱氏所引，原分爲兩段文字，前段稱『陳振孫曰』，乃據《通考》所引《書録》前部分而略作删節；後大段稱『又曰』，確實出自陳振孫的《題識》。陳氏的這篇《題識》，現今仍保存在《焦氏易林》的明成化九年彭華刻本上〔二〕，唯末句作『明年淳祐辛丑五月上浣直齋書』。『淳祐辛丑』（淳祐元年，一二四一）雖不是《書録》中所載最晚之年月，但此條解題確實可據陳氏題識而考定撰於是年，是年陳振孫任職郎省。

能够確切考知其撰寫年代的，最晚是在淳祐五、六年間。如《書録》卷三『春秋類』《春秋分紀》解題稱：『（程公説）兄弟三人皆以科第進。今中書舍人公許，其季也。』據《宋史》卷四一五程公許本傳及《理宗紀》，公許遷中書舍人、進禮部侍郎，在淳祐五年十二月至六年十二月之間〔三〕。直齋既稱公許時爲中書舍人，則此條之撰寫當在此際或稍後，是時，《書録》之撰寫已歷時近二十年。有學者據《書録》

〔一〕陳樂素《略論陳振孫〈直齋書録解題〉》八《解題的傳本》，《中國史研究》一九八四年第二期，第一四二頁。

〔二〕《焦氏易林》明成化九年彭華刻本，全四册，末有陳振孫《題識》。此本今藏南京圖書館（索書號：118677）。此承同門張宗友博士親檢原書告知，特此致謝。

〔三〕陳樂素《〈直齋書録解題〉作者陳振孫》二《述作》。

卷八『目録類』《晁氏讀書志》條，考定《書録》遲至淳祐九年仍在撰寫中。此雖不無可能，但却缺乏可靠的根據。衢本游氏刻書跋稱該書刊於淳祐己酉（九年）固然不誤，但陳氏所見二十卷本未必就是衢本，而更可能是蜀刊姚應績所編二十卷本[二]。姚編二十卷本，其刊刻時間最遲已在孝宗淳熙年間，作爲同好的陳振孫不太可能遲至垂暮之年纔看到藏書家們所必欲見到的《郡齋讀書志》。或以爲陳振孫可能先藏有四卷本的晁《志》，至晚年纔覓得二十卷本亦不爲怪。但據筆者考察，《直齋書録解題》非常重視對版本異同的説明，而袁、衢二本又差異極大，若直齋果真藏有二本，或曾經使用、收藏過四卷本，則不當在該書解題中略無一言道及。

雖然可考的撰寫年代最晚在淳祐五、六年間，但因爲《書録》一直没有刊印，也就難有一個確定的成書時間。我們找不到證據説明，此後陳振孫就終止了《書録》的撰寫。在其後的生命旅程中，尤其是其致仕回鄉之後，視書如命的陳振孫必然會不斷收藏新書，《書録》自然也會不斷補進新撰的解題。

[二] 陳樂素《〈直齋書録解題〉作者陳振孫》二《述作》及何廣棪《陳振孫之生平及其著述研究》皆以爲二十卷本爲游鈞所編，非是。陳、何所據爲袁州本《讀書後志》趙希弁《序》及其《二本四卷考異》，趙《序》所謂游史君『衍而爲二十卷』之説實不足采信，而《二本四卷考異》之稱，陳樂素又有所誤解。可信的還是游鈞自己的跋語：『（晁公）又作《讀書志》，皆鋟版。大父及嚴君喜藏書，在嘉定時嘗摹而藏之。及南來，不能悉與俱，今并他所藏毁矣。《讀書志》偶在篋中，鈞謹刻置信安郡齋。』據此可知，游刻所據底本，是其先人在蜀嘉定據舊刻抄録的一個抄本，并未言其刊刻時有何增補改編。參見孫猛《〈郡齋讀書志〉衢袁二本的比較研究——兼論〈郡齋讀書志〉的成書過程》，《文史》第二〇輯，中華書局，一九八三年，第九七頁。

《直齋書録解題》是陳振孫畢生嘔心瀝血的傑作，是我國目録學史上的一朵奇葩！

二、《直齋書録解題》的流傳

歷史上有許多珍稀之品失而復得的奇迹，圖書的流傳也多有幸與不幸的遭遇，而這與圖書本身的價值，有時可能毫無關係。在中國圖書史上，能與陳振孫《直齋書録解題》遭遇的幸與不幸相比的，恐怕是不多的。

《直齋書録解題》雖然是陳振孫畢其一生心血而成的一部目録學的傑作，但該書在問世之後，却經歷了一個由顯而晦，復由晦而顯，佚而復出，亡而復得的曲折過程。最早傳抄《書録》的，可考者是與陳振孫同鄉的程棨。此從今本《直齋書録解題》中所附隨齋批注（今存凡二十六條）可以獲知。關於『隨齋』的身份，前人多有考索。錢大昕曾誤以爲是元代的楊益[一]，後沈叔埏考出隨齋即程大昌之後程棨：

乾隆乙未，余客京師，寓裘文達公賜第，銅梁王榕軒檢討贈余是書，蓋聚珍板也。《録》中附有

[一] 錢大昕《十駕齋養新録》卷一四《直齋書録解題》，《嘉定錢大昕全集》本，江蘇古籍出版社，一九九七年，第三九九頁。

隨齋批注，一時纂修諸公未詳其人。余按卷三鄭樵《石鼓文考》批注有『先文簡』字，宋龍圖閣學士吏部尚書新安程泰之大昌，謚文簡。曾孫棨，字儀甫，號隨齋，元時人。周益公作《文簡墓志》云：『公自宦游去鄉里，樂吴興溪山之勝而卜居焉。晚得安吉梅溪鄉邸閣山，規營塋域，卒葬其地。子四人：準、新、本、阜；孫三人：端復、端節、端履。』文簡自歙遷湖，子孫貫安吉，與直齋同時同里。而批注所云：『樵以秦斤、秦權有「函」「殹」兩字，遂以石鼓爲秦物，先文簡論而非之，其説具載《演繁露》。』則隨齋之爲棨，確然無疑矣。〔一〕

沈氏據隨齋所稱『先文簡』及所引文簡之説出自程大昌著作，考定隨齋爲程大昌之後，甚確。但其稱『(程大昌)曾孫棨，字儀甫，號隨齋，元時人』，却未言所據，又不禁令人嘆惜。今考清高宗《御製詩三集》卷七八《題耕作蠶織二圖即用程棨書樓璹詩韵有序》云：

耕圖卷後姚式跋云：『《耕織圖》二卷，文簡程公曾孫棨儀甫繪而篆之。』織圖卷後趙子俊跋亦云：『每節小篆皆隨齋手題。隨齋，程棨别號。』今兩卷押縫皆有儀甫、隨齋二印，其爲程棨摹樓璹圖

〔一〕沈叔埏《頤彩堂文集》卷八《書〈直齋書録解題〉後》，《續修四庫全書》本，上海古籍出版社，二〇〇二年，第一四五八册，第四三四頁。沈氏引文中程文簡子四人名『準、新、本、阜』，周益公《平園續稿》卷二三《文簡神道碑》作『準、本、阜、覃』，皆從『十』，當是。又程氏之説見於《雍録》卷九，非出自《演繁露》。見陳樂素《〈直齋書録解題〉作者陳振孫》二《述作》。

本并書其詩無疑。……作僞者不知桀爲元時人。〔一〕

沈氏所據，當即乾隆帝詩序中所引姚式跋語。姚式，字子敬，號筠庵，歸安（今屬吴興）人，時號『吴興八俊』〔二〕，元仁宗延祐五年（一三一八）卒〔三〕。姚式與程桀爲同鄉，時代又相近，所言自然可信。但清人稱程桀爲元人，則可能是受姚式時代的影響。從隨齋批注的内容看，程桀當爲宋末人或宋遺民。如《書録》卷六李結《御史臺故事》條隨齋批注云：『結本名構，避光堯御諱。』若程桀爲元人，則其行文語氣，不當恭敬如斯〔四〕。若進一步從姚式的年齡來考察，更可證此説不虚。元鄧文原《巴西集》卷下《故太中大夫刑部尚書高公行狀》載：

公諱克恭，字彦敬……（大德）八年（一三〇四），改刑部侍郎。……京師旱，自秋八月不雨，至於六月，公升尚書，言……十年，平章政事廣平何公素推重公，因爲歷陳當世之務及自昔大臣保全

〔一〕清高宗《御製詩三集》卷七八，《清代詩文集彙編》本，上海古籍出版社，二〇一〇年，第三二三册，第六三一—六三二頁。

〔二〕宋雷《西吴里語》卷三，民國張鈞衡《適園叢書》本。又董斯張《吴興備志》卷一二《人物徵》，民國劉承幹《吴興叢書》本。

〔三〕吴師道《吴禮部文集》卷一八《趙仲明所藏姚子敬書高彦敬詩》載：『泰定初，明仲來爲常山簿，相見則曰：「子敬亡矣。」爲言其一月前似疾非疾，屏居敷山中……坐而逝。……明仲以予雅敬之故，見輒道子敬事，謹識而不忘。時距其没已七年，今又十八年矣。』（民國胡宗楙《續金華叢書》本）泰定即元泰定帝年號，泰定凡五年，此泰定初即泰定元年（一三二四），逆推七年，即姚子敬之卒年，時在仁宗延祐五年（一三一八）。

〔四〕參見陳樂素《〈直齋書録解題〉作者陳振孫》二《述作》。

名節者，詞氣剴直。未幾，何公謝事歸，公亦除大名路總管。……公每念（姚）子敬貧且年逾五十，自刑部白之都堂曰：『薦賢非秋官職，然不敢以辟嫌後賢士。』宰相從其言，將官之七品，吏部厄以銓法，不果行。〔二〕

『都堂』爲宰相之別稱，高克恭從刑部對宰臣作如是言，必在其任刑部侍郎或尚書之時。據上引《行狀》，高克恭爲刑部侍郎在大德八年，次年即升任尚書，那麽高克恭薦姚式必在大德八年或九年間，而其時姚式已經年過五十了。若以大德九年五十二三歲計算，則姚式約生於宋理宗淳祐十二年（一二五二），視其爲宋遺民亦無不可。而從姚式跋文内容與語氣看，程棨仍當年長於姚式，那麽視程棨爲宋末人或宋遺民就更爲合宜了。但若以爲程棨在陳振孫生前就已經得到《書録》并爲之批注則缺乏可信的證據。前人提出這個觀點，惟一的依據是《書録》卷一二『曆象類』《唐大衍曆議》條隨齋批注：

郭雍撰集《古曆通議》，論諸家曆云：『一行作曆，上自劉洪之斗分，下及淳風之總法，前後五百餘年，諸家所得曆術精微之法，集其大成，以作《開元曆》。此其所以前無古人、後無來者，可謂盡善盡美矣。是以自寳應之後以迄於今，幾五百年皆宗之，而不能易。語以上古聖人之術則又有

〔二〕鄧文原《巴西集》卷下《故太中大夫刑部尚書高公行狀》，《文津閣四庫全書》第三九九册，商務印書館，二〇〇五年，第四五〇頁。

間矣。』〔一〕

其中『自寶應之後以迄於今，幾五百年』一句，即是學者們推算的依據：從唐肅宗寶應元年（七六三）下推五百年，即爲宋理宗景定三年（一二六二），而是年即陳振孫之卒年。『幾五百年』是不足五百年，那麽隨齋批注自當在景定三年前若干年〔二〕。這個時間推理是没有什麽錯誤的，但問題在於，這是程棨之語還是程棨所引之文呢？細味其語，從内容與語氣兩方面看，都應當是引用的郭雍之語。既稱是引郭雍『論諸家曆』之語，那麽此條評論一行所造曆法，一方面盛贊其『集其大成』，『前無古人，後無來者』，另一方面又説若以『上古聖人之術』來要求的話，則又有些小差距。這正是郭雍對一行曆的一個完整評述，句句相連，絲絲相扣，没有任何地方表現出了有隨齋插入評議的痕迹。如此説來，此條文字與隨齋批注之時間毫無關係〔三〕。從批注中不僅看不出《書録》在陳振孫生前已有傳播的痕迹，而且有的批注似乎還是其反證。如《書録》卷五『雜史類』《邵氏聞見録》條載：『邵伯温撰。多記國朝事。又有《後録》三十卷，其子溥所作，不專紀事。在子録小説類。』隨齋批注曰：『康節兩孫溥、博。嘗見川本《邵氏

〔一〕《直齋書録解題》卷一二，第三六六頁。

〔二〕見何廣棪《陳振孫之生平及其著述研究》，第三五七、三五八頁。

〔三〕郭雍爲南宋孝宗時人，卒於淳熙十四年（一一八七），見《宋史》卷四五九《隱逸下·郭雍傳》，中華書局，一九八五年，第一三四六五—一三四六六頁。

聞見後録》，名博，今作溥，未知直齋何所據？恐博是。蓋刊本不應誤也。』此條批注，隨齋已經有了自己傾嚮性的意見，依據蜀刻本《邵氏聞見後録》，作者應該是邵博，但他對《書録》作『邵溥』又有存疑，不知道直齋有什麽依據。這種疑其有誤而無所質的批注，又似乎不像是能得見直齋者所爲。意《書録》成書後一直寶藏於直齋家中，同時作者也在不斷地加以補充修訂。逮直齋没後，其藏書逐漸散失，而《書録》亦隨之傳出，其同鄉程棨因其地利之便而先得其稿本或傳本，并爲之批注。

《直齋書録解題》一問世，就受到當世學者的推崇。宋末周密《齊東野語》卷一二《書籍之厄》云：『近年惟直齋陳氏書最多……至五萬一千一百八十餘卷，且仿《讀書志》作解題，極其精詳，近亦散失。』[一]周密也是吴興人，與直齋同鄉而稍晚，并且兩人應當相識[二]，可以説是《書録》的最早讀者之一。周密對陳氏藏書的散佚充滿了惋惜，其對《書録》的推崇更是溢於言表。宋元之時，曾得見陳氏《書録》的還有牟子才、牟巘父子，馬廷鸞、馬端臨父子以及元代吴師道[三]。尤其是馬端臨著《文獻通考》，將《郡齋讀書志》及《直齋書録解題》幾乎全文采入而成《經籍考》，足以窺見陳氏《書録》的學術價值和

[一] 周密撰，張茂鵬點校《齊東野語》卷一二《書籍之厄》，中華書局，一九八三年，第二一七頁。

[二] 陳振孫與周密父周晉（字明叔）有交往，曾向周晉借摹其所珍藏的北宋張先《十咏圖》，并爲之作跋（事見周密《齊東野語》卷一五《張氏十咏圖》第二七九頁）。

[三] 見何廣棪《陳振孫之生平及其著述研究》，第二六〇—二六五頁。

後人對其的重視。但這些人能看到《直齋書録解題》,并不能説明《直齋書録解題》流傳的廣泛,因爲他們一般與直齋都有着特别的關係。據牟巘《陵陽集》卷一七《題跋·題施東皋南園圖後》載,牟子才與陳振孫先有『同朝好』,即同朝做官的情誼,後又卜居於直齋鄉里,而宰相馬廷鸞則是牟子才的門生。吴師道則爲婺州蘭溪人,與湖州也是近鄰。正是這種個人交誼及地緣關係,使得他們有了閲讀陳氏《書録》的便利。但從總體上看,《直齋書録解題》在宋元之際是流傳不廣的。這從著名的博學者王應麟、袁桷等都未曾親見《書録》可以得到證明。宋末王應麟編《玉海》,其中有《書目》一門,對陳氏《書録》竟不著一詞,而《藝文》一門屢引宋代公私書目也未涉及《書録》。元代袁桷,久居史院,本身又是藏書家,其《清容居士集》卷四八《書陸淳春秋纂例後》亦稱:『《唐志》:《纂例》十卷、《集注》三十卷、《微旨》二卷、《辨疑》七卷。余來杭,復得《微旨》二卷,乃皇祐間汴本。聞苕溪直齋陳氏書目咸有之。』[一]是袁氏亦未能親見《書録》。《書録》流傳不廣的直接原因,就是該書未曾有機會雕版梓行,而僅以抄本的形式流傳。雖然清人有文獻提及有『半部宋槧本』傳世[二],但也衹是傳聞,并無人得見片紙半頁。或毛氏所藏,乃爲文淵閣散出之隨齋批注手抄

[一] 檢《直齋書録解題》卷三『春秋類』,僅著録有《纂例》與《辨疑》兩種,袁桷所聞亦有誤。參見陳樂素《〈直齋書録解題〉作者陳振孫》。

[二] 鄭元慶《吴興藏書録》:『《湖録》:聞之竹垞先生云:《書録解題》一十六卷,常熟毛氏藏有半部宋槧本,亟訪之,乃托言轉於玉峰,不獲一見,惜哉!予竊從《通考》彙抄之,不分卷,亦裒然二册矣。大約馬氏收羅殆盡,或未必有所芟棄也。』(胡應麟等著,王嵐、陳曉蘭點校《經籍會通》,北京燕山出版社,一九九九年,第一二六頁)

殘本（或其傳抄殘本，今藏中國國家圖書館的『元抄本』殘卷首頁即鈐有『汲古閣』朱印，詳見下文），輾轉傳言，遂變成『宋槧本』。從元明清各代博學之人多未見《書録》傳本以及明清公私書目罕有著録來看，喬衍琯氏的否認是可信的[一]。陳樂素認爲『有宋槧本不是不可能』的觀點，則主要是建立在對清初朱彝尊及納蘭成德徵引《書録》多有異文的誤解基礎上的（説見下文）。

入明以後，《直齋書録解題》的流傳就越加稀見了。明初永樂年間明代内府藏有《書録》是不言自明的，因爲《永樂大典》曾將該書全書抄入。但該書其後的流傳却不甚明瞭。明代公私書目著録的《書録》的，有《文淵閣書目》與《菉竹堂書目》等。但今本葉盛《菉竹堂書目》是據《文淵閣書目》抄撮而成的一個僞本[二]，自然不足爲憑。真正著録《書録》的實際上衹有正統年間楊士奇等編纂的《文淵閣書目》，其『類書類』載：『《書録解題》，一部七册，闕。』這個『闕』字有點迷惑人。有學者據此推測其時明内府所藏衹有殘本。但此『闕』字是『不存』之義，并非『殘缺』之義。該書目與其他書目有所不同，即在著録的各書名下一般皆注明其存佚、完好或殘缺的狀態（二十卷本之前十五卷），其用語體例有『完全』『闕』

[一] 喬衍琯《〈直齋書録解題〉版本考》五《宋刊本》，《『國立政治大學』學報》第四二期，第一五五—一七二頁。

[二] 説詳陸心源《儀顧堂題跋》卷五《粤雅堂刻僞〈菉竹堂書目〉跋》，《清人書目題跋叢刊》本，中華書局，一九九〇年，第二册，第六三頁；王重民《中國目録學史後記》，姚名達《中國目録學史》，上海書店，一九八四年，第四〇八—四一一頁。今人張雷亦有論述，見《〈菉竹堂書目〉的真本和僞本》，《江蘇圖書館學報》一九九八年第三期，第五二—五三頁。中國國家圖書館與上海圖書館所藏十種抄本經目驗皆與《粤雅堂叢書》本同，其爲僞本可知。四庫館臣雖曾得見真本，但早已不知下落。

及『殘缺』三類，『闕』實指該書已經不存於文淵閣中。更重要的是，這些注語并非原書所有，而是後人（明中後期人）所加〔一〕，清鮑廷博編刻時據『塾本』補入〔二〕，故通行本有此注文而《四庫全書》本無之。這麼看，《文淵閣書目》著録的《書録》應該是一個全本，不見於其他書目著録，説明當時該書流傳十分稀少，衹有内府幸存一個抄本，民間則罕見其踪。即使是以博恰著稱的焦竑，其撰《國史經籍志》也未收録《直齋書録解題》。有人據胡應麟《四部正訛》一再徵引《書録》以爲論説，推知《直齋書録解題》一書，直至明神宗萬曆之世猶在民間流傳，恐不確〔三〕。胡應麟《四部正訛》屢次徵引《書録》文字固然不誤，但所引據之文字没有任何超出《文獻通考·經籍考》所引《書録》之文字，而且胡氏在徵引前後，時有『按《通考》』或『據《通考》』字樣，説明其直接依據不是《書録》而應是《文獻通考》。如《四部正訛》卷上《關朗易傳》條云：『唐趙蕤注。……蕤當是中唐前後人，然新、舊《唐書》并無《關氏易傳》，而僅見於馬、鄭諸家，則此書非蕤可見，而阮逸之僞無疑。按《通考》，逸又有《易筌》六卷，每爻必以古事系之，陳振孫誚其牽合，蓋逸之作僞無往不然也。』《書録》卷一著録有《易筌》六卷，稱：『太常丞建安阮逸天隱

〔一〕《文淵閣書目》是楊士奇等人在英宗正統年間整理文淵閣藏書後，據『二十號五十櫥』實際藏書而編纂的目録，若今本大量標注『闕』字的圖書不見藏於閣中，則楊氏無須著録此書，也不得著録該書。

〔二〕《文淵閣書目》後附鮑廷博《跋》，馮惠民、李萬健等選編《明代書目題跋叢刊》本，書目文獻出版社，一九九四年，第二一一六頁。

〔三〕何廣棪《陳振孫之生平及其著述研究》，第三七三—三七七頁。

撰。每爻各以一古事繫之，頗多牽合。』《文獻通考・經籍考三》亦著録『阮逸《易筌》六卷』，引『陳氏曰：逸字天隱。每一爻各以一古事繫之，頗多牽合』[一]。若胡應麟不作交代，則此據《書録》還是《通考》殊不易辨，但既已明言『按《通考》』，如何又能成爲胡氏親見《書録》的證據呢？不僅如此，我們還可以據此判斷，胡氏家藏中并無《書録》一書，若其有之，則徑據《書録》自然更爲簡便可靠，而無須據《通考》轉引了。

同樣的，清初朱彝尊撰《經義考》徵引《書録》數百條，也不能據此就認定朱氏的文字是直接來自《直齋書録解題》。但陳樂素却從中選擇了兩條與現行武英殿本文字差異較大的作爲例證，以此説明《經義考》所據之《書録》當爲《四庫》本系統之外的另一版本[二]。這兩個例證，一個是《經義考》卷六《易林變占》條，與《文獻通考・經籍考》所引及殿本《書録》確實差異甚大，但前文已經指出，朱氏所據實則不是《書録》之解題，而是陳氏爲該書所作之跋語。另一個是《經義考》卷三〇吕祖謙《古易》條載：

陳振孫曰：『著作郎東萊吕祖謙伯恭，隆興癸未（即隆興元年，一一六三）鎖廳甲科，宏詞亦入等，仕未達，得末疾，奉祠。所定《古易》，篇次與吕微仲同；《音訓》則其門人王莘叟筆受，晦庵刻

[一] 通行本作『頗多合』，脱『牽』字，此據元、明刻本補。

[二] 陳樂素《略論陳振孫〈直齋書録解題〉》八《解題的傳本》，第一四二頁；又見何廣棪《陳振孫之生平及其著述研究》，第三六八—三六九頁、三九〇頁。

之臨漳、會稽，益以程氏是正文字及晁氏説，所著《本義》，據此本也。《繫辭精義》集程氏諸家之説，以程《傳》不及《繫辭》故也，《館閣書目》以爲托伯恭之名。」〔一〕

此與陳氏《書録》卷一《古易》十二卷、《音訓》二卷解題相比確實差異甚大：

著作郎東萊吕祖謙伯恭所定。篇次與汲郡吕氏同，《音訓》則其門人王莘叟筆受。朱晦庵刻之於臨漳、會稽，益以程氏是正文字及晁氏説。其所著《本義》，據此本也。〔二〕

這種差異祇能認爲《經義考》是别有所本，但并非如前賢認定的是别一版本，而是除此條解題之外，還采用了陳氏《書録》中的另外兩條解題〔三〕，即卷一八『别集類下』《東萊吕太史集》及卷一『易類』《繫辭精義》二書之解題。其《東萊吕太史集》解題曰：

著作郎東萊吕祖謙伯恭撰，其弟祖儉編録。凡家範、尺牘之類，總之《别集》；策問、宏詞、程文之類，總之《外集》；年譜、遺事則見《附録》。太史，曾文清外孫，隆興癸未鎖廳甲科，宏詞亦入

〔一〕朱彝尊撰，林慶彰、蔣秋華、楊晉龍、馮曉庭主編《經義考新校》卷三〇，上海古籍出版社，二〇一〇年，第二册，第五二九—五三〇頁。

〔二〕《直齋書録解題》卷一，第二—三頁。

〔三〕《經義考》中徵引『陳振孫曰』的一條完整的文字，有的是綜合采用《直齋書録解題》的兩三條解題而成的，本節所舉三例，皆參考了同門張宗友博士的學位論文《〈經義考〉研究》初稿，第一七一—一七四頁。謹此致謝。

等。仕未達，得末疾，奉祠，年財四十五，卒于淳熙辛丑。平生著述皆略舉端緒，未有成書者，學者惜之。〔一〕

其《繫辭精義》解題曰：

> 吕祖謙集程氏諸家之説，程《傳》不及《繫辭》故也。《館閣書目》以爲托祖謙之名。〔二〕

兩相比較，可知《經義考》不是單獨引用了某條解題，而是綜合采用了三條解題，即從《東萊吕太史集》解題中采録『隆興癸未鎖廳甲科，宏詞亦入等。仕未達，得末疾，奉祠』等文字以介紹著者事迹，插入『著作郎東萊吕祖謙伯恭所定』首句之中（『所定』之前），然後全文采自當條《古易》解題，又全文補入《繫辭精義》條文字，因爲熔鑄三條解題所需要，故在後兩條解題前都各自補上所解之書題。但此三條解題，與《文獻通考》所引比較一致，朱氏是采自《文獻通考》還是直接引自《書録》呢？我們需要仔細比較三者的異同，以確定其直接的淵源關係。《經義考》此條所引《東萊吕太史集》解題的文字，在《書録》與《通考》中完全一致，而《書録》的《繫辭精義》解題與《通考》所引又無區别（除《通考》首句介紹著者多『伯恭』二字），我們無法據此别其所從出。但另一條《通考》所引與《書録》文字則小有差别。《通考》卷

〔一〕《直齋書録解題》卷一八，第五四四頁。
〔二〕《直齋書録解題》卷一，第二二頁。

一七六《經籍考三》『吕伯恭《古易》《音訓》共十四卷』條載：

陳氏曰：伯恭所定，篇次與吕微仲同，《音訓》則其門人王莘叟筆受。晦庵刻之臨漳、會稽，益以程氏是正文字及晁氏説。其所著《本義》，據此本也。〔一〕

《書録》之『汲郡吕氏』，《通考》作『吕微仲』；《書録》之『朱晦庵』『刻之於』『其所著』，《通考》無『朱』『於』『其』三字。《經義考》此條所采文字異於《書録》而全同於《通考》。

《經義考》此類綜合多條解題而造成的與《書録》表面差異的情形在該書中還有反映。如《經義考》卷二四『鄭氏剛中《周易窺餘》』條載：

陳振孫曰：『資政殿學士金華鄭剛中亨仲，紹興二年亞魁，受知秦相，使川、陝，後忤意，貶死封州。説《易》兼取象義，不解《乾》《坤》二卦，獨自《屯》卦始。剛中嘗得罪秦檜，豈其於《乾》《坤》之義有所避耶？』〔二〕

《書録》卷一『《周易窺餘》十五卷』解題：

〔一〕馬端臨《文獻通考》卷一七六《經籍考三》，中華書局，二〇一一年，第五二六〇頁。

〔二〕《經義考新校》卷二四，第二册，第四四七頁。

資政殿學士金華鄭剛中亨仲撰。不解《乾》《坤》二卦，獨自《屯》卦始。剛中嘗得罪秦檜，豈其於《乾》《坤》之義有所避耶？〔一〕

《書録》卷一八『《北山集》三十卷』解題：

端明殿學士金華鄭剛中亨仲撰。紹興二年進士亞魁。受知秦相，擢使川陝，後忤意，貶死封州。〔二〕

朱氏《經義考》引陳氏《書録》，因《周易窺餘》條解題無撰人生平事迹，故采入《書録》集部《北山集》解題以補其缺。但《經義考》此條也不是直接采自《書録》，而是據《通考》采用。試比較之，《通考》卷一七六《經籍考三》『鄭氏剛中《周易窺餘》』引『陳氏曰』：

資政殿學士金華鄭剛中亨仲撰。兼取象義，不解《乾》《坤》二卦，獨自《屯》卦始。剛中嘗得罪秦檜，豈其於《乾》《坤》之義有所避邪？〔三〕

《通考》卷二三九《經籍考六十六》『《北山集》三十卷』引『陳氏曰』：

〔一〕《直齋書録解題》卷一，第一八頁。

〔二〕《直齋書録解題》卷一八，第五三三頁。

〔三〕《文獻通考》卷一七六《經籍考三》，第五二五六頁。

端明殿學士金華鄭剛中亨仲撰。紹興二年亞魁。受知秦相，使川、陜。後忤意，貶死封州。〔一〕

《經義考》徵引較今本《書録》多出的一句『兼取象義』，缺少的『進士』二字以及『擢使』之『擢』字，全與《通考》所引相同（《經義考》首句無『撰』字及文中多出『説《易》』二字，都是因采用兩條解題而作的相應的修改）。可見朱氏《經義考》徵引《書録》之文字，所據實爲馬氏《通考》。

最能説明《經義考》采用的是《通考》而不是單行本《書録》的證據，是《經義考》卷二一『房氏審權《周易義海》』條，其引『陳振孫曰』：

書只四卷，近時江東李衡彦平稍加删削，而益以東坡、漢上、伊川之説，爲《撮要》十卷，所稱百卷，未之見也。〔二〕

《書録》卷一『《易義海撮要》十卷』解題：

熙寧中蜀人房審權編《義海》，凡百卷。近時江都李衡彦平删削，而益以東坡蘇氏、伊川程氏、漢上朱氏之説。若房氏百卷之書，則未之見也。衡，乾道中由侍御史改起居郎。《館閣續書目》云

〔一〕《文獻通考》卷二三九《經籍考六十六》，第六四九四頁。
〔二〕《經義考新校》卷二一，第二册，第三七一頁。

紹興監察御史,誤矣。[一]

《通考》卷一七六《經籍考三》『《周易義海》一百卷』引『陳氏曰』:

審權編《義海》凡百卷,近時江都李衡彦平删削,而益以東坡、伊川、漢上之説,爲《撮要》十卷。若房氏百卷之書,則未見也。衡,乾道中由侍御史爲起居郎。[二]

首先要説明的是,《經義考》此條文字朱氏有所增删:句首『書』字,文中『稍加』二字,當爲朱氏所增;《通考》文末叙李衡改官句則當爲朱氏所删。《經義考》之異文,『漢上』與『伊川』誤倒,當是朱氏疏忽所致(『伊川』指程頤,北宋人,撰有《伊川易解》;『漢上』指朱震,南宋初人,撰有《漢上易傳》);較《書録》多出『爲《撮要》十卷』一句,無『蘇氏』『程氏』『朱氏』三姓氏,却皆同於《通考》。最重要的是《經義考》的『四卷』之誤。據《郡齋讀書志》卷一、《書録》卷一著録,房審權所編《周易義海》確爲一百卷,《經義考》所引誤作『四卷』,《通考·經籍考三》引作『凡四卷』,不僅與晁、陳二目不合,亦與其下文所稱『房氏百卷之書』大相徑庭,其誤顯然。《經義考》不知《通考》之『凡四卷』爲『凡百卷』傳寫之訛,而以爲是陳氏藏本僅有四卷,故沿襲其誤又進而改『凡四卷』爲『只四卷』。此足以

[一] 《直齋書録解題》卷一,第一三—一四頁。

[二] 《文獻通考》卷一七六《經籍考三》,第五二四七頁。

説明《經義考》所據爲《通考》所轉引。

前人提到的清初另一位讀到過《書録》的是納蘭成德，其證據是納蘭成德的《通志堂集·經解序三·春秋皇綱論序》采用過直齋《解題》，其文曰：

《宋藝文志·春秋》之書凡二百四十部，二千七百九十九卷。余所見者僅三十餘部，爲卷數百，王皙《皇綱論》其一也。皙，不知何如人，自稱爲太原王皙。陳直齋《書録解題》亦但言其官太常博士，至和間人而已，不能詳其生平也。直齋《解題》於著書之人，往往舉其立身大概，使後世讀其書者雖不獲親見其人，猶稍稍得其本末，以爲論世知人之據，乃於皙獨否，豈其人在直齋當時已不可得而論定邪？〔一〕

納蘭成德稱《春秋皇綱論》作者爲「王皙」，又引《書録》之語證其生平難詳，而《四庫》輯本《書録》著録該書著者則作「王哲」，因此認爲「是足證納蘭成德所見者非《永樂大典》本」。且據嘉道時張宗泰《魯岩所學集》卷六《四跋書録解題》稱，其所藏巾箱本「《春秋皇綱論》「王皙」訛作「王哲」」，認爲納蘭「所據本之

〔一〕納蘭性德撰，黄曙輝、印曉峰點校《通志堂集》卷一二《經解序三》，華東師範大學出版社，二〇一九年，第二三八頁。按：納蘭性德，原名「納蘭成德」。又「王皙」之「皙」，點校本誤作「晳」，此據《通志堂集》康熙三十年（一六九一）徐乾學刻本改正。

《解題》，較《永樂大典》本及其後之《四庫》輯本爲愈』〔一〕。這個觀點也是不能成立的。『王哲』爲『王晳』之誤，雖然張宗泰没有舉證，但仍是可信的〔二〕。問題是，納蘭成德稱『王晳』，與《直齋書録解題》的版本并無特别的關係。一是納蘭原文并未徑稱《直齋書録解題》作『王晳』，二是《書録》原文雖然誤作『王哲』，但納蘭徵引時可以徑行改正，不可據此得出必有異本的結論。由於『晳』『哲』二字形近易誤，很多文獻中『王晳』都誤作了『王哲』〔三〕，《宋史·藝文志一》著録該書時亦誤作了『王哲』。納蘭序先叙述《宋史·藝文志一》著録情況，其徑稱『王晳《皇綱論》』而不加辨正，即説明了這是納蘭成德據《春秋皇綱論》傳本題名及其他文獻所作的訂正，而不是因爲他見到了一個更好的《直齋書録解題》的單行本。至

〔一〕何廣棪《陳振孫之生平及其著述研究》，第三八八—三九〇頁。

〔二〕據王引之《經義述聞》卷二三《春秋名字解詁下》所稱名與字『對文』之例，『晳』之義爲明白，故其字曰『微之』，是當作『王晳』。司馬光《温國文正公文集》卷四《齊山詩呈王學士》自注：『晳，字微之。』（《四部叢刊初編》景印宋紹熙刊本，上海書店，一九八九年，第一三八册，第三頁下）《王荆文公詩李壁注》卷一四《和甫如京師微之置酒》李壁注：『王晳，字微之，時知江寧。』卷三〇《和王微之秋浦望齊山感李太白杜牧之》李注亦稱『王晳《齊山記》』（上海古籍出版社，一九九三年，第七四七、一三七二頁）。又王應麟《玉海》（合璧本）卷四〇『天禧春秋纂類』條引《中興館閣書目》稱：『至和中太常博士王晳撰《春秋通義》十二卷……又《異義》十二卷，《皇綱論》五卷二十三篇。』（京都：中文出版社，一九七七年，第八〇〇頁）參見陳樂素《宋史藝文志考證》，廣東人民出版社，二〇〇二年，第三〇頁。

〔三〕如宋刻本《温國文正公文集》卷四《齊山詩呈王學士》自注：『晳，字微之。』《景印文淵閣四庫全書》本司馬光《傳家集》卷三此注即誤作『哲』。《四庫全書總目》卷二六《〈春秋皇綱論〉提要》引宋龔鼎臣《東原録》之『學士王晳』，《四庫全書》本亦誤作『學士王哲』。《四庫全書》本周必大《文忠集》卷一六八自注：『（王）哲與王介甫唱酬甚多，即撰《齊山記》者。』亦誤作『王哲』。

於陳樂素據納蘭成德歸納《書録》傳著者之例而推測其看過《書録》全書，則更屬臆測〔一〕。因爲馬氏《通考》采録直齋《書録》的方式幾乎是全書照搬（與《郡齋讀書志》相同的部分則删去），依據《通考》仍然可以得到同樣的看法。

據上所考，博學如胡應麟、焦竑、朱彝尊者皆未得親見單行之全本《直齋書録解題》（朱彝尊曾藏有舊抄殘本），明末清初私家藏書目録也不曾著録過陳氏《書録》，可證當時《書録》之傳本（殘抄本除外）已不復見於天壤。由此亦可判斷，清道咸間邵懿辰於《四庫簡明目録標注》著録的『明萬曆武林陳氏刊本』〔二〕（莫友芝《郘亭知見傳本書目》之相同著録當承襲邵氏《標注》而來），蓋亦子虚烏有〔三〕。我們無法設想，一部如此罕見而重要的典籍，藏書家、學問家人人皆欲得而寶之者，有人在文獻傳世如此之多的明萬曆時期，於四通八達人文薈萃的大都市——杭州曾經刊刻傳布，而當時和其後的諸多學者以及數以百計的藏書家竟然無人知曉。當然，我們也不能想象這是邵氏的憑空捏造。對此，合理的解釋就是邵氏的記載出現了錯誤。邵氏著録在此條之後尚載有另一版本：『抱經堂盧氏有新訂此書五十六卷，次序與聚珍板不同，係從不全元刊本重爲校訂，似未刻。』這個盧氏新校訂本稿本，今幸藏於上海圖

〔一〕陳樂素《略論陳振孫〈直齋書録解題〉》八《解題的傳本》，第一四二頁。
〔二〕邵懿辰撰，邵章續録《增訂四庫簡明目録標注》，上海古籍出版社，一九七九年新一版，第三五〇頁。
〔三〕詳見喬衍琯《〈直齋書録解題〉版本考》七《明萬曆武林陳氏刻本》。

書館，其分類及類目序次與殿本皆有所不同，確實未曾刊刻過。邵氏稱『似未刻』，其謹慎亦可知也，但稱盧氏據以校訂的是『元刊本』則有誤。盧氏《新訂〈書録解題〉跋》所稱『元本』，乃『原本』之義（盧跋中之『元第』亦以『元』代『原』），指他先後兩次所獲得的朱彝尊舊藏殘抄本及鮑廷博知不足齋所藏殘抄本[一]。此『元刊本』衹是邵氏對盧氏所稱『元本』的一個誤解，而其所稱『陳氏刊本』恐怕也衹是一個類似的誤解。

綜上所述，《直齋書録解題》在被四庫館臣從《永樂大典》中輯出以前，一直都不曾被刊印過，而僅以抄本的形式在民間傳播。至明清之時，即抄本亦不復見有全本。

今所知者，傳爲現存最早的本子是元抄本殘卷。僅存四卷，爲卷四七至卷五〇，即『楚辭類』一卷，『别集類』三卷。該殘卷『卷首有「文淵閣」「季振宜藏書」「汲古閣」「曝書亭珍藏」「朱彝尊印」諸朱記』[二]。其『文淵閣』藏書印，説明應該來自明内府文淵閣。明楊士奇《文淵閣書目》卷一一『類書類』著

[一] 詳見盧文弨《抱經堂文集》卷九所載《〈書録解題〉跋（丙申）》《新訂〈書録解題〉跋（戊戌）》，《四部叢刊》本，第一四——一六頁。參見何廣棪《陳振孫之生平及其著述研究》，第四五二頁。

[二] 清瞿鏞《鐵琴銅劍樓藏書目録》卷一二，中華書局，一九九〇年，第一八六頁。又見《陳振孫評傳》卷端中國國家圖書館藏朱彝尊舊藏抄本殘卷首頁書影（郝潤華、武秀成《晁公武　陳振孫評傳》，南京大學出版社，二〇〇六年）。

録有『《書録解題》一部七册』〔一〕，因僅著録有一部，故有學者以爲此抄本殘卷即《文淵閣書目》著録之本〔二〕，也即《永樂大典》所抄《書録》之底本。但從殿本可知，文淵閣藏本是一個附有隨齋批注（今存二十六條）的本子，其中『别集類上』有《樊宗師集》與《羅江東甲乙集》兩條解題後帶有隨齋批注，而中國國家圖書館所藏元抄殘卷此二條解題却没有隨齋批注，説明該殘卷并非《永樂大典》所據之底本，也就是説不是文淵閣所藏隨齋批注本。此殘抄本還有一點值得特别注意：其『楚辭類』首頁首行稱『《直齋書録解題》卷首』，『别集類上』首頁首行稱『《直齋書録解題》卷上』，『别集類中』首頁首行稱『《直齋書録解題》卷中』，『别集類下』首頁首行稱『《直齋書録解題》卷下』，而這在原本中應該分别題作《直齋書録解題》『卷四十七』『卷四十八』『卷四十九』『卷五十』〔三〕。此可説明，該抄本并非流傳中有殘缺，而是其所據底本已有殘缺，因殘本首卷爲『楚辭類』，故傳録者改題作『卷首』，『卷上』『卷中』『卷下』則是依據『别集類』分『上、中、下』而改題的。既然考知該本所據底本爲殘本，則該舊抄之抄寫年代就不太可能是在全本仍在流傳的元代，而應在罕見流傳之迹的明代中後期。今中國國家圖書館將此殘抄本定爲

〔一〕明楊士奇等《文淵閣書目》，馮惠民、李萬健等選編《明代書目題跋叢刊》本，書目文獻出版社，一九九四年，第一一八頁。

〔二〕何廣棪《陳振孫之生平及其著述研究》，第四〇七頁。

〔三〕此據盧文弨《（新訂）直齋書録解題》稿本所載《新定目録》，該目録『總集類』置於『詩集類』後，與殿本序次不同。『總集類』不在『别集類』前，此正可解釋爲什麽朱彝尊藏舊抄殘本四卷中會没有『總集類』。

『元本』，很可能是受到盧文弨《新訂〈直齋書録解題〉跋》及《新訂》稿本校記稱作『元本』的影響。

該殘抄本雖然没有隨齋批注，但其所據底本仍很有可能是出自明文淵閣所藏的隨齋批注本。這主要是從下面幾個方面考慮的：一是明代私家書目皆不見著録有《直齋書録解題》，而且也未見明代有據《書録》單行本稱引之文獻，因此説該書民間極爲罕見，甚至是已經失傳。二是聯繫下文提到的李盛鐸木犀軒過録本款式，似乎對認識殘抄本的底本能有一些啓示。李抄本各卷首行祇題『《直齋書録解題》卷』等字樣，『卷』字下一律無數字。意四卷舊抄之底本也像李抄本一樣，原不標卷數，後之抄録者見之，爲了彌縫其殘缺之迹，又據傳本情況補上了卷數。這較傳録者直接將『卷四十七』『卷四十八』等改作『卷首』『卷上』等要合理得多。三是明萬曆時張萱、孫能傳編纂的《内閣藏書目録》中已不著録《直齋書録解題》，坊本《文淵閣書目》該條著録下也注明『闕』字，説明明代後期文淵閣中的隨齋批注本已經從宫廷流落民間。或當時已有失散，故時人據之抄録也多爲殘本，以明人的疏闊以及《書録》當時影響的細微來看，是很有可能略去隨齋批注的。清初汲古閣藏有半部宋槧本的傳聞，或許正是由毛氏購得文淵閣所藏抄本殘卷誤會而來。今舊抄殘卷首頁上的篆體朱文『文淵閣印』，雖然可能是書賈兜售時的作僞，但同時也預示了源自文淵閣的可能性。

此舊抄殘本雖然考知不是元代之物，但據其藏書印記，清初曾迭經常熟毛氏汲古閣、延陵季振宜及秀水朱彝尊寶藏，亦可謂珍貴異常。

舊抄殘卷的最大價值，就是使後人據此得以窺見《書録》原本之貌。清乾隆時盧文弨曾據此殘本與鮑廷博知不足齋所藏子、集兩部數門舊抄殘卷，重新訂輯了一個新本〔一〕。其重訂情形在《書新訂〈直齋書録解題〉後》中有具體説明：

此書外間無全本久矣。四庫館新從《永樂大典》中鈔出，分爲二十二卷。余既識其後矣，丁酉王正，復得此書子集數門元本於知不足齋主人所，乃更取而細訂之，知此書唯别集分三卷，詩集分兩卷，而其餘每類各自爲卷，雖篇幅最少者，亦不相爲聯屬，余得據之定爲五十六卷。元第詩集之後，然後次以總集，又章奏，又歌詞，而以文史終焉。其他次第，并與館本無不同者。其雜藝一類，較館本獨爲完善，余遂稍加訂正而更鈔之。余自己卯（乾隆二十四年）先見集部元本，越十九年而更見子部中數門，則安知將來不更有并得經史諸類者乎？取以證吾所鈔者，庶有以明吾之不妄爲紛更也已。乾隆四十三年正月二十九日東里盧文弨書。〔二〕

〔一〕見何廣棪《陳振孫之生平及其著述研究》，第四九二—四九九頁。

〔二〕陳振孫撰，徐小蠻、顧美華點校《直齋書録解題》附録載盧文弨《書新訂〈直齋書録解題〉後》，第六六一頁。《抱經堂文集》卷九所載《新訂〈書録解題〉跋（戊戌）》無末一句。文中『己卯』指乾隆二十四年（一七五九）。盧文弨復有《新訂〈直齋書録解題〉跋》一篇，言『乾隆己卯，余讀禮家居，友人見示此書，僅自「楚辭」「别集」以下，而其他咸缺焉，乃秀水朱氏曝書亭鈔本也』（《直齋書録解題》點校本附録，第六六〇頁）。

盧文弨的新訂本，改殿本二十二卷爲五十六卷，全書五十三類每類各爲一卷，衹有『別集』與『詩集』兩類因著録特多而各自分爲三卷與兩卷。此新訂本的另外兩個重要區别是：子、集兩部分類的序次不同，以及子部『雜藝類』較殿本多出十一條，『釋氏類』多出二條，『類書類』『音樂類』各多出一條。盧氏新訂本的成果，在今人徐小蠻、顧美華的點校本中有詳細的反映。這個迭經明文淵閣、朱氏曝書亭寶藏的殘本在盧文弨借校後又輾轉到了常熟張金吾的愛日精廬與瞿鏞的鐵琴銅劍樓中[一]，最後隨鐵琴銅劍樓藏書一起入藏中國國家圖書館[二]。而盧氏所據校的鮑氏知不足齋所藏『子集數門』殘卷，則不知流落何處。

今存舊抄殘本卷帙最多的一個本子，是清宋蘭揮藏本。宋蘭揮，宋犖之子，名筠，號晉齋，齋名緜松庵。家富藏書，官至奉天府尹。卒於乾隆二十五年（一七六〇），享年八十[三]。宋筠的這個舊抄殘本，清末繆荃孫《藝風藏書記》卷五對其有詳細叙録：

《直齋書録解題》二十卷。舊鈔本。原書久佚，館臣從《大典》輯出，以原分五十三類，定爲二

[一] 見張金吾撰，馮惠民整理《愛日精廬藏書志》卷二〇，《書目題跋叢書》本，中華書局，二〇一二年，第二六五頁。瞿鏞《鐵琴銅劍樓藏書目録》卷一二，中華書局，一九九〇年，第一八六頁。

[二] 《中國古籍善本書目》史部下有著録，上海古籍出版社，一九九三年，第一三八三頁。

[三] 錢儀吉纂《碑傳集》卷六九沈德潛《奉天府尹商丘宋公筠墓志銘》，中華書局，一九九三年，第一九九六—一九九七頁。楊立誠、金步瀛合編，俞運之校補《中國藏書家考略》，上海古籍出版社，一九八七年，第八一頁。

十二卷。此鈔帙雖不全，尚是陳氏原書。存楚辭類一卷，總集類一卷，詩集類二卷，别集類三卷，類書類一卷，雜藝類一卷，音樂類一卷，章奏類一卷，歌辭類一卷，文史類一卷，神仙類一卷，釋氏類一卷，兵書類一卷，曆象類一卷，醫書類一卷，卜筮類一卷，形法類一卷。原書惟别集分三卷，詩集分兩卷，每類各自爲卷。全書當分五十六卷。與《大典》本相校，釋氏類多二條，雜藝類七條，類書類二條，其餘字句亦多同異。荃孫另撰《考證》。收藏有『酥鬆庵』白文長方印、『筠』字朱文圓印、『宋氏蘭揮藏書善本』白文長方印。〔一〕

王先謙曾以《永樂大典》本勘校繆荃孫所藏該殘本，對其差異及獨特價值亦有説明：

與《大典》本互勘，字句頗多殊異、增省之處。『雜藝類』《唐朝名畫録》一卷，元别爲一條，《大典》本據《通考》録入，合之於《畫斷》，賴此本猶見元書面目。『音樂類』亦有數條爲《大典》本所無。惜經、史全缺，子部少『陰陽家』一類（疑當作『十類』），然張氏《讀書志》（當作『藏書志』）所藏不及此本之多，已云希有，則此本之可貴當何如邪！〔二〕

此本可證盧文弨新訂《書録解題》分類正確，原書五十三類，當分爲五十六卷；文字内容則較《四庫》輯

〔一〕繆荃孫《藝風藏書記》卷五，張廷銀、朱玉麒主編《繆荃孫全集·目録》，鳳凰出版社，二〇一三年，第八〇頁。
〔二〕王先謙《虚受堂書札》卷一《又與筱珊》，清光緒三十三年（一九〇七）長沙王氏刊本。

本多出十餘條〔一〕。該抄本無隨齋批注，是其所據底本原本如此，還是爲抄録者删削所致呢？一般説來，因爲批注寥寥，僅有二十餘則，抄録并不費事，且『補闕拾遺，於本書頗有所裨』〔二〕，在舉世罕見其書的情况下，傳録者是不會輕易删去這些舊注的，所以有學者據此推測：這個舊抄本應當是出於文淵閣抄本之外的另一個版本系統，即著者的稿本系統。但我們從宋藏舊抄殘本的具體門類與盧文弨新訂《書録解題》所據『元本』的具體門類來看，二者當有直接的淵源關係。盧文弨新訂本所據『元本』之門類，我們可以從徐小蠻等點校本各類目下所載盧氏原校語『有元本』以及正文中所録盧氏校語考察得知，其所據『元本』門類與宋氏藏本完全一致，即經、史兩部全缺，集部全存，子部殘存一半，尤其是子部殘存的十類竟然也完全一致，而夾於其間的『陰陽家類』則同樣亡佚（除缺『陰陽家類』外，實即殿本卷一二至卷二二，爲該書之後半部）。此可證兩家舊抄本實同出於一源，但它們之間并没有直接的相承關係，即没有遞相傳抄的關係。這從知不足齋藏本『詩集類上』『文史類』等多有脱漏，而與宋氏藏本互有異文方面可以得到證明〔三〕。大概文淵閣藏本散出時尚有二十卷傳世（這很可能就是汲古閣傳言收

〔一〕詳見何廣棪《陳振孫之生平及其著述研究》，第四一三—四一五頁。

〔二〕永瑢等《四庫全書總目》卷八五《〈直齋書録解題〉提要》，中華書局，一九六五年，第七三〇頁。

〔三〕點校本《直齋書録解題》録盧文弨校語，見第五五五、六四一頁。又如，盧文弨所據知不足齋藏『元本』『雜藝類』較宋藏本多出『《北海公硯録》』『《北苑茶録》』『《茶録》』三條，而『類書類』則較宋藏本少『《古今政事録》』一條。

有半部宋刊本的來由），有人據此二十卷原抄本傳寫，因隨齋批注非陳氏原文（在此後半部中僅有八條），故一律删之，該抄本後來又轉入宋蘭揮之手。而另一個同樣由文淵閣舊藏衍生出來的二十卷抄本，後來不知何故拆分成了四卷與十六卷兩個殘本，即盧氏據校的曝書亭珍藏的四卷殘本與知不足齋所藏舊抄殘本。

遺憾的是，宋氏舊抄本和知不足齋藏本一樣後來也變得杳無踪迹了。有人懷疑青海師範大學圖書館所藏的繆荃孫批校本，就是繆藏之宋蘭揮藏本。但這個繆荃孫批校本并不是抄本，而是刻本，二十二卷，是繆荃孫對殿本系統的一個清刻本的批校〔一〕，與宋氏舊抄本無關。雖然宋氏舊抄本已不得再見，但幸運的是還有一個過録本存世，這是清光緒十九年（一八九三）大藏書家李盛鐸從繆荃孫處借來抄録的。此過録本今藏北京大學圖書館，上下兩册〔二〕，字畫精工，謄寫極爲認真，宋蘭揮藏本的文獻價值在此本中可以説得到了很好的保存。我們對宋氏舊抄本具體文字的瞭解，正是依靠了李氏木犀軒這個抄本。另有一個二十卷的日本抄本，是楊守敬從東瀛帶回來的，現藏於北京師範大學圖書館。該本或源自宋蘭揮藏本，或與其同出一個底本。此二抄本對校訂《書録》及考察《書録》殘抄本的流傳較有價值。

〔一〕《中國古籍善本書目》（史部），上海古籍出版社，一九九三年，第一三八三頁。

〔二〕李盛鐸木犀軒抄本上册封面題：『癸巳（光緒十九年，一八九三）正月從繆筱珊前輩借宋蘭揮藏舊鈔殘本過録。木齋記。』下册封面題：『癸巳三月鈔畢。』

此外清人還提到一個舊抄殘本，即吴騫拜經樓藏本。吴壽暘《拜經樓藏書題跋記》卷三《直齋書録解題》條載：

《書録解題》二十二卷，武英殿聚珍本，盧學士借校，多所補正。凡字畫之不合六書者，悉皆更定，彌見前輩讀書之精審，深可寶愛。簡莊徵君復校補十數條。内卷十二至卷十四，卷十九至二十二，先君子曾得舊鈔殘本，手校於上，後以贈嘉興陳梅軒進士。嘉慶乙丑，簡莊得陳鄉人從梅軒借録本一册，以示先君子，因復録於是本，并書十四卷後云：『予向有舊鈔《書録解題》殘本，後以贈檇里陳進士效曾。效曾官楚中十餘年，移疾而歸，所患乃失心之疾。此書予未有副，求前書一校此本，亦不可得。頃簡莊從吴中購得一本，則有效曾鄉人曾與效曾借予殘本而手校者，惜不知姓氏。考其所校時，迄今已二十有五年矣。因復從簡莊借録於此本，不禁閣筆爲之三嘆！嘉慶乙丑兔床志。』又書廿二卷末云：『嘉慶丁卯仲秋，秀水王稼洲茂才過訪，予出此書示之。其十二卷中所云從同郡陳效曾所借，校人之姓名，稼洲亦不辨。稼洲名尚繩，尊甫省齋大令元啓，禾中篤學士也，於效曾爲前輩。』〔一〕

《拜經樓藏書題跋記》此條下文所録陳鱣《簡莊跋》對此事也有詳細叙述。據此可知，吴騫曾收藏了一

〔一〕吴壽暘《拜經樓藏書題跋記》卷三，《清人書目題跋叢刊》本，中華書局，一九九五年，第六三九頁。

個《書録》的舊抄殘本，後來贈給了秀水陳效曾（名熷，號梅軒）。若干年後吴騫欲再求此舊抄殘本以校殿本，却因陳效曾患精神病而未能如願，而舊抄本亦不知下落。幸運的是，此前曾有陳效曾的同鄉從陳效曾處借校了該殘本，而這個校本後來被陳鱣購得。嘉慶十年乙丑（一八〇五）陳鱣回鄉的時候，把這個校本帶給吴騫過目，吴騫又據此校本把舊抄的異文過録到家藏的曾經盧文弨校正的聚珍本上。其有校語的具體位置在卷一二至卷一四，又卷一九至卷二二。卷一二至一四，即『神仙類』一卷、『釋氏類』一卷、『兵書類』一卷、『曆象類』一卷、『陰陽家類』一卷、『卜筮類』一卷、『形法類』一卷、『醫書類』一卷、『音樂類』一卷、『雜藝類』一卷、『類書類』一卷；卷一九至二二，即『詩集類』二卷、『歌詞類』一卷、『章奏類』一卷、『文史類』一卷，共十五類十六卷。與前述宋蘭揮藏舊抄本比較，少了集部的『楚辭類』一卷、『總集類』一卷、『别集類』三卷，即殿本卷一五至卷一八這一部分，而子部則多出了『陰陽家類』一卷。但這祇是據聚珍本卷帙所作的推測，其實卷一二因含有七個小類，其中的『陰陽家類』很可能并無舊抄可校，如此説來，吴騫家藏的舊抄殘本，其子部可能與宋氏藏本的子部完全一致。有幸的是，拜經樓所藏的這個盧文弨校本經由丁丙八千卷樓而入藏南京圖書館，筆者因地利之便得以親自目驗，果然『陰陽家類』并無舊抄異文，是拜經樓藏本與宋蘭揮所藏舊抄除今本卷一五所含門類（即『楚辭』『總集』『别集』三類）外，其他子集部類完全一致，也就是説，拜經樓藏舊抄殘本與知不足齋藏本的部類完全一致，而其收藏年代又前後緊緊相連（盧文弨借校知不足齋藏本在乾隆四十二年，拜經樓收藏該書則在乾隆四十六年前〔一〕，因此説，他們所藏很可能爲同一個舊抄本。今檢南圖藏盧校本，吴氏相關校記與盧氏新訂本相當一致，則其爲同一抄本也應當是可信的了。

如此説來，明代以來，流傳於世的《書録》的舊抄殘本，實際上都源於一個抄本，很可能就出自明文淵閣舊抄本。據此看來，《直齋書録解題》之流傳，在清代乾隆間館臣輯本問世之前，實在是危如纍卵，命懸一縷，藏書家們皆僅有子集兩部不全之殘本，而學者們往往連殘本也難得一見。故而當武英殿聚珍本甫一問世，盧文弨見之亦不禁欣喜感嘆：『殊爲晚年之幸！』對《直齋書録解題》來説，館臣輯本的出現，確實開始了《書録》傳播的嶄新歷程。

武英殿聚珍版的問世，不僅使《直齋書録解題》的全貌重現人寰，而且是《書録》第一次有了印本。這是乾隆間編修《四庫全書》時取得的最重要的輯佚成果之一。重輯《書録》的功臣是鄒炳泰。他的《午風堂叢談》卷一對此有所説明：

宋吴興陳振孫《直齋書録解題》，列經史子集，中分五十三類，視晁公武《讀書志》議論較爲精核，馬氏《經籍考》多援之而作。其書久佚，《永樂大典》載之，余校纂成編，列入《四庫》，曾以聚珍

〔一〕吴騫跋稱陳效曾鄉人借校舊抄殘本『迄今已二十有五年矣』，而跋作於嘉慶十年乙丑（一八〇五），據此推之，拜經樓所藏舊抄本乾隆四十六年（一七八一）時尚在陳效曾手中，而吴騫贈與陳效曾的時間自然在此之前。

版印行，購者珍如星鳳。[一]

據此可知，《四庫》輯本是由鄒炳泰校纂而成的，當時以聚珍版印行時，士子藏家是何等的興奮與珍視。考其成書年月，當在乾隆三十八年（一七七三）[二]，故今書目多著録作乾隆三十八年序《武英殿聚珍版》本，而實際以活字擺印則當在乾隆三十九年至四十一年間。至乾隆四十二年，又下令東南五省依聚珍版翻版雕印，於是《直齋書録解題》又有了乾隆四十二年福建覆刻本、乾隆四十四年蘇州重刻本以及乾隆間浙江重刻本。此後，同治、光緒兩朝復有多種翻刻本，陳氏《書録》可謂是風行各地。

武英殿聚珍版雖然是個輯本，但它又不同於一般輯本的殘缺不全，而是相當完好地再現出了陳氏《書録》的全貌，這當然主要是因爲《永樂大典》徵引該書時「尚載其完帙」。但由於《永樂大典》卷帙極爲繁富，「當時編輯草率，訛脱頗多」[三]，《書録》輯本也就難免帶有重輯的先天不足。雖然鄒炳泰纂輯時做了一定的考校工作，但限於時日、學力及未見舊抄殘本，《四庫》輯本仍多有未善之處，是故，後之學者、藏書家多有校正。其傳於今者，主要有盧文弨校本（藏南京圖書館）、陳鱣校本（藏日本京都大學

[一] 鄒炳泰《午風堂叢談》卷一，清嘉慶五年（一八〇〇）刻《午風堂全集》本。

[二] 《午風堂叢談》卷二載鄒炳泰於乾隆三十八年二月入四庫館任纂修，每日在原心亭「將《大典》内散篇纂集成書」（清嘉慶二年〔一七九七〕刊本）。

[三] 《直齋書録解題》卷首提要，《文津閣四庫全書提要彙編·史部》，商務印書館，二〇〇六年，第四八三頁。

人文科學研究所）與繆荃孫批校本（藏青海師範大學圖書館）三種可供參考〔一〕。

今人的整理本有兩種，一種是喬衍琯的彙校本，因未刊印，僅有稿本藏於其家。該校本稱之爲『彙校』，確有名不符實之嫌，但其充分利用馬氏《通考》，又細緻辨别馬氏徵引及手民傳寫之誤，則多有創獲〔二〕。另一種是徐小蠻、顧美華的點校本，由上海古籍出版社一九八七年出版，此爲今之通行本，也是目前較好的一個本子。該點校本以《武英殿聚珍版叢書》本爲底本，采用文淵閣舊藏抄本殘卷與盧文弨《新訂直齋書録解題》稿本作爲主要校本，同時還參校了《文獻通考》等文獻。但該點校本仍未臻盡善，主要存在兩方面的問題：一是校勘多采用異文校的方式，對輯本的文字訛誤大多不作辨正。二是還没有充分、準確地利用《文獻通考》及盧文弨等人的幾個校本，因此仍然存在一些條目的脱漏與文字的訛誤，以及館臣因不明馬氏徵引體例而據《通考》妄自進行補改的失誤。此則尚有待於學者繼續努力。

（原載《陳振孫評傳》，南京大學出版社，二〇〇六年）

〔一〕詳見何廣棪《陳振孫之生平及其著述研究》，第四七七—四九二頁。

〔二〕喬衍琯《陳振孫學記》，第七四、七五頁。

《直齋書録解題》義例新探

陳振孫的《直齋書録解題》是中國目録學史上最重要的目録學著作之一。自劉向《别録》至《四庫全書總目》，其間可謂是罕有其匹。

《直齋書録解題》與其他官私書目相比，有很多自己的特點，學人對此也多有論述，但其在著録體例與叙録方式上的特點與意義，仍有很多值得探討的地方。今略作論述於下，以求教於各位專家同仁。

一、著録圖書之新義例——互著法的創立與參見法的使用

古代書目對圖書的著録是比較簡單明瞭的，似乎很難有什麽新内容，但《直齋書録解題》在圖書著録上仍然有一些重要的地方值得注意。這就是「互著法」的創立。

在古代目録學理論中，分類著録是官私書目所遵循的一般原則。這種分類著録原則的確立極其有力地推動了文獻與學術的發展。但隨着文獻的劇增和學術的繁衍，系統目録著録圖書的局限性也逐漸顯現了出來，而互著與别裁之法的發明與運用，恰恰彌補了這一缺陷，也衹有在開啓了互著、别裁法之後，系統目録纔能更有效更準確地發揮它『繩貫珠聯』、『即類求書』[一]，『類例既分，學術自明』的功用[二]，圖書的分類著録始進入了一個更爲科學完善的發展階段。

所謂『互著』，就是編目者有意識地將一種書分别著録在兩個或兩個以上的類目中，『别裁』則是將一種書中的一部分有意識地析出而著録在另一類中。互著、别裁略同於現代圖書館學中所謂的互見著録與分析著録，在當代編目實踐中已經得到了廣泛的應用，成爲文獻著録中一種有力的輔助著録方法。

追溯其源，我國古代首先提出互著理論的是明祁承㸁。他在《庚申整書略例》中明確提出了他編撰書目采用的『因』『益』『通』『互』四種方法[三]。『因』『益』二法，指的是對四部類目的沿革與創

[一] 章學誠撰，王重民通解《校讎通義通解》卷一《互著第三》，上海古籍出版社，一九八七年，第一五頁。

[二] 鄭樵《通志》卷七一《校讎略・編次必謹類例論六篇》，中華書局，一九八七年，第八三一頁。

[三] 祁承㸁《庚申整書略例》，載《澹生堂藏書目》卷首，馮惠民、李萬健等選編《明代書目題跋叢刊》本，書目文獻出版社，一九九四年，第九二六—九二八頁。

新，而所謂的『通』『互』，實即别裁與互著的方法。他在編撰《澹生堂藏書目》時也很好的運用了這兩種方法。但是他對於别裁法的意義及使用，對别裁與互著交互爲用的方法，還没有很深刻的認識和清晰的表達。直到清章學誠撰《校讎通義》，纔將互著與别裁之法發展到一個非常成熟的地步。

章學誠在《校讎通義·互著第三》與《别裁第四》兩篇中，不僅對互著、别裁法從理論上進行了全面、深刻的闡述，而且還考察了前人的目録實踐，指出劉歆編撰的《七略》就已很好地運用了互著、别裁之法，但由於班固《漢書·藝文志》的删并，乃使後人丢失了此法。過去人們一般都采信章學誠的這一觀點，因爲這個理論畢竟是由於他的深入闡述與大力提倡纔引起世人重視的，但後來王重民經過細緻甄辨，確認章學誠在《互著篇》中所列舉的十條例證，全部出自《七略》之《兵書略》。此十種圖書，除了《鶡冠子》一種外，其餘九種在《諸子略》中著録的都是全本，共五百三十一篇，而《兵書略》所著録的都是論兵部分的别出本，故祇有二百七十篇。因此説這不是互著法，而應該屬於别裁。但實際上這也不是目録學家著録采用的别裁法，而是當時流傳的别裁本，目録學家乃據本著録，并未有意别裁。而《别裁篇》中所列舉的兩例：《弟子職》對《管子》，《三朝記》對《大戴禮記》，其實也與前舉九例一樣，都是當時的别行本，任宏（負責兵書的校讎工作）、劉歆（負責六藝、諸子及詩賦的校讎工作）都是依據『别出行世之本』著録的，這既不是互著，也不是别裁。這麽説，祇有孤零零的一篇《鶡冠子》符合互著的條件，孤證不立，可視作因疏忽而造成的重複著録。因此章學誠的這一發明，便頗有些『郢書燕説』之味〔一〕。現在目録學界已經基本接受了王重民的上述觀點，并認可王重民對此問題的新發現：『據我現在所知，我國第一次有意識的使用互著法是十四世紀初期馬端臨撰的《文獻通考·經籍考》（王應麟的《玉海·藝文》已經使用了互著，但他是類書的類目或編題的互著，而不是圖書的互著）。』〔二〕馬端臨《文獻

〔一〕章學誠撰，王重民通解《校讎通義通解》，第一五—二八頁。目録學家吕紹虞也持相同意見，見《中國目録學史稿》，安徽教育出版社，一九八四年。近有楊新勛先生對王重民否定《七略》采用『互著』説有所補充。楊氏通過全面考察《漢書·藝文志》反映的《七略》中著録同名書的情況，認爲《七略》中著録的同名書并不是由於劉歆與任宏分別校理（劉歆校六藝、諸子、詩賦略，任宏校兵書略）而互未聯繫導致的重複，而是劉歆有意爲之的。但這些書或因篇數不等而著録，或因内容不同而著録，不是同一書，結論與王説同，《七略》中没有『互著』。但對王氏《七略》無『别裁』的觀點，楊氏作了修訂，認爲劉歆在處理全本與有特殊關係的單行本時，采取了保留特殊單行本的做法，具有内容分類甚至明辨著述源流的意義，在一定程度上具有别裁的性質，産生了我國最初的别裁，但這種别裁不成熟也不全面（詳見楊新勛《〈七略〉『互著』『别裁』辨正》，《史學史研究》二〇〇一年第四期，第五六—六六頁）。

〔二〕章學誠撰，王重民通解《校讎通義通解·序言》，第九頁。按：王重民又言：『第一次互著與别裁兼用的是一六二〇年祁承㸁編成的《澹生堂書目》。』王氏之意是認爲祁氏發明了『别裁』，但這一觀點目前已經被證明年代過晚。據王國强考察，『從存世書目看，發明别裁法的書目應當是明嘉靖十九年（一五四〇）高儒編《百川書志》』（詳見王國强《中國古代書目著録中的互著法和别裁法》，《鄭州大學學報》二〇〇二年第四期，第一三〇頁）。王承略則認爲《文獻通考·經籍考》同時也采用了别裁法，證據是《經籍考四十五》『農家類』著録秦觀的《蠶書》，并注明：『見少游《淮海集》第六卷。』《經籍考六十四》『别集類』著録有《淮海集》三十卷（王承略《試論〈文獻通考·經籍考〉的著録依據和著録方法》，《古籍整理研究論叢》第二輯，山東文藝出版社，一九九三年）。但若據『别裁』的一般定義，此條證據仍然不能確定『農家類』著録的不是已經刊行的别裁本，而是馬氏著録時所作的裁出别録。

通考·經籍考》首先采用互著法的觀點，王重民在《中國目録學史》中也有類似的表述：『《文獻通考·經籍考》是一部通史的史志目録，也是一部唐宋時代圖書的參考目録，馬端臨在這樣的目録中開始使用了互見方法。《玉海·藝文》的互見是類書的互著，還不純屬於目録學上的互見方法，所以《經籍考》開始采用互見的方法，也是值得注意的。』〔一〕那麼《文獻通考·經籍考》在哪些地方使用了互著法呢？王重民對此也作了特別的提示：『馬端臨在十四世紀初期編成的《文獻通考·經籍考》已經正式使用互著法，但衹有一兩處，迹象并不是十分明白的。』〔二〕檢《文獻通考·經籍考》，真正的互著用例衹有一個，就是《文獻通考·經籍考》在『易門』與『占筮門』（馬氏稱『類』爲『門』）分别著録了《焦氏易林》一書，皆十六卷，并在《經籍考二》『易門』《焦氏易林》條注曰：『説見「占筮門」。』〔三〕既爲完全相同的一種書，又特别説明再見於某類，自然不是編者疏忽的原因導致的結果，完全符合『互著』的條件。其他的重複著録，皆不屬於此例。如錢大昕在《十駕齋養新録》中曾指出過五種圖書的重出，其中李匡文《資暇集》、唐慎微《大觀本草》兩種，屬於同類中重複著録，衹能是疏忽所致，與互著法無涉。而『陸德明《經典釋文》三十卷，見卷百八十五「經解類」，又見卷百九十「小學類」。宋敏求《春明退朝録》五卷，見卷二

〔一〕王重民《中國目録學史論叢》，中華書局，一九八四年，第一六二頁。

〔二〕章學誠撰，王重民通解《校讎通義通解》，第一五頁。

〔三〕馬端臨《文獻通考》卷一七五《經籍考二》，中華書局，二〇一一年，第五二二四頁。

百一「故事類」，又見卷二百十六「小説類」。『小説類』作三卷。郭茂倩《樂府詩集》一百卷，見卷百八十六「樂類」，又見卷二百四十八「總集類」[一]，這些都是一書而著録於兩類的，錢大昕、王重民也都認爲這是著者疏忽而導致的重複[二]，不能看作『互著』。我們考察它們重出的原因，實是晁公武、陳振孫兩家書目著録時歸類不同導致的。如《經典釋文》三十卷，晁《志》入卷四『小學類』，陳《録》入卷三『經解類』；《春明退朝録》三卷，晁《志》入卷一三『小説類』，陳《録》入卷五『典故類』；《樂府詩集》一百卷，晁《志》入卷二『樂類』，陳《録》入卷一五『總集類』，馬端臨抄録二家解題時未及細緻核查，故造成同一部書而分别著録在兩個不同的類目中[三]，此與唐、宋史志的重複著録并無什麽區别。雖然馬氏運用互著法在完全意義上僅有《焦氏易林》一例，但表明馬氏確實已在使用互著法了，衹是對此著録法的學術意義認識尚不深刻，故不能普遍熟練地運用它來揭示文獻内容、學術源流的多樣性、複雜性。

不過，將互著法的發明歸之於元代馬端臨，仍有失考之處。

我們考察古代書目，發現第一個真正明確使用互著法的人，并不是元代的馬端臨，而是宋代的陳

[一] 錢大昕《十駕齋養新録》卷一三『《文獻通考》』條，《嘉定錢大昕全集》本，江蘇古籍出版社，一九九七年，第七册，第三六〇—三六一頁。

[二] 王重民《中國目録學史論叢》，第一六二頁。

[三] 《文獻通考》卷二〇一《經籍考二十八》著録《春明退朝録》依據的是《直齋書録解題》，其作『五卷』，當爲『三卷』之字誤。又陳《録》之『典故類』即馬氏之『故事類』。張冲《試析『互著』與『别裁』》（《圖書與情報》二〇〇五年第二期，第七九—八一頁）一文舉《經典釋文》與《春明退朝録》爲例以證馬氏運用互著法，不妥。

振孫。首先提出這個觀點的是張守衛。他在《陳振孫〈直齋書録解題〉管窺》一文中有這樣一段論述：

陳振孫在《直齋書録解題》中，多處使用了注互見的著録方法。如易類《京房易傳》三卷《積算雜占條例》一卷，《解題》云：『又有《參同契》、《律曆志》，見陰陽家類，專言占候。』查陰陽家類并無此二種書，而是著録在卜筮類中，這可能是四庫館臣在輯録此書時所誤。同時，《易傳積算法雜占條例》一卷又被著録在卜筮類中，《解題》也指出：『詳已見易類。』這裏已明顯地使用了互著的方法。又如《傳家易説》十一卷，河南郭雍頤正撰。《解題》云：『又有《兼山遺學》六卷，見儒家類。』在儒家類中著録了《兼山遺學》六卷，《解題》也指出：『出處本末，詳見易類。』像這樣的例子在《解題》中還有多處。從這些例子中，不難看出陳振孫在著録典籍時，已經注意到了書有兩用時，采用互著的方法，分别著録在兩個不同的類目中，如上述《積算雜占條例》就分别著録在易類和卜筮類中，對於同一作者的不同著作，也根據其内容，著録在不同的類目中，并互加『見某類』，這種做法充分地貫徹了『辨章學術，考鏡源流』的原則，從而便於讀者『即類求書，因書究學』，發揮目録學作爲治學門徑的作用。〔一〕

〔一〕張守衛《陳振孫〈直齋書録解題〉管窺》，《古籍研究》二〇〇五年卷上，第二八九頁。按，引文『辨章』原作『辯章』，此據章學誠《校讎通義》卷一《内篇一》改。

張氏列舉了三個例證，第一例《書録》卷一『《易》類』云：『又有《參同契律曆志》，見陰陽家類。』〔一〕第三例《書録》卷一『《易》類』云：『又有《兼山遺學》六卷，見儒家類。』〔二〕這類注解在《直齋書録解題》中確實還有不少，但它們并不是『互著』。『互著』是因爲一部圖書有了兩種不同的主題、性質而將之分别著録在不同的類目中。上述二例，陳振孫祇是在解題中對著録的撰人的學術進行説明，而不是在『《易》類』著録它們，其目的是使讀者能更多地瞭解該著者，而不是揭示該著作的多樣性。相反，這種注解恰恰表明陳振孫認爲它們與『《易》類』無關或關涉不大，故不著録在此而著録在彼。如郭雍的《兼山遺學》六卷，《書録》卷九『儒家類』解題云：『前二卷爲《易蓍卦》，次爲《九圖》，又次《説春秋》，又次爲《性説》三篇，末卷問答雜説。』〔三〕雖與《易》不無關係，但主要討論的還是儒家學説，故歸儒家類，而不入《易》類。至於此條《書録》解題云『出處本末，詳見《易》類』，祇是説明著者郭雍的事迹在『《易》類』《傳家易説》的解題中有詳細介紹，此處從略，與《兼山遺學》其書本身的性質并無什麼關係。張氏此處完全誤

〔一〕陳振孫撰，徐小鑾、顧美華點校《直齋書録解題》卷一『《京房易傳》三卷《積算雜占條例》一卷』條，上海古籍出版社，一九八七年，第五頁。按：《參同契律曆志》當爲一種書，《直齋書録解題》卷一二『卜筮類』著録作『《京氏參同契律曆志》一卷』可證。《書録》云『見陰陽家類』（《文獻通考》卷二二〇《經籍考四十七》同），而實見於『卜筮類』，可能是四庫館臣輯録時據《文獻通考》入『卜筮類』而誤編（《書録》有『陰陽家』與『卜筮』兩類，而《文獻通考》祇有『卜筮』一類），也可能是陳振孫後來歸類有調整而未及在『《易》類』解題中作相應的改動。

〔二〕陳振孫《直齋書録解題》卷一『《傳家易説》十一卷』條，第二〇頁。

〔三〕陳振孫《直齋書録解題》卷九『《兼山遺學》六卷』條，第二八二頁。

會了『互著法』的内涵與作用。第二例《書録》卷一『《易》類』著録了《積算雜占條例》一卷，卷一二『卜筮類』也著録了『《易傳積算法雜占條例》一卷』，稱『漢京房撰』，名稱小異，著者相同，其同爲一書無疑。并且解題還有特别説明：『詳已見《易》類。』[一]有此説明，那麼此爲陳振孫有意在『卜筮』類中著録此書是可信的，從這一點説，此例也可算是『互著』。但其不同的是，卷一『《易》類』著録的《積算雜占條例》，并不是獨立刊行的一部書，而是附在《京房易傳》三卷之後的，此從解題所云『或作四卷，而《條例》居其首』[二]一語中可以獲知一些信息：陳振孫曾見到一個『四卷』本，《積算雜占條例》在前，《京房易傳》在後，二者合爲四卷。這表明陳氏藏本正如他所著録的那樣：前爲《京房易傳》三卷，後爲《積算雜占條例》一卷，合起來也是四卷。也就是説，陳振孫在卷一『《易》類』著録《積算雜占條例》，從形式上看尚不能證明是爲了要反映《積算雜占條例》的某一主題或性質，而可能是藏書家據藏本的主體著作連類而及，因爲藏書家著録圖書往往都是以『部』爲單位的，也就是以刊行時的卷帙形態爲著録單位的。如《書録》卷八『目録類』著録曰：『《廣川書跋》十卷、《畫跋》五卷，董逌撰。』[三]畫類著作是應當歸入『雜藝類』而不入『目録類』的，因董逌所撰《廣川書跋》十卷與《畫跋》五卷合刻在一起，故

[一] 陳振孫《直齋書録解題》卷一二『《易傳積算法雜占條例》一卷』，第三七五頁。
[二] 陳振孫《直齋書録解題》卷一『《京房易傳》三卷、《積算雜占條例》一卷』條，第五頁。
[三] 陳振孫《直齋書録解題》卷八『《廣川書跋》十卷、《畫跋》五卷』條，第二三三頁。

一并著録之，而又於卷一四『雜藝類』著録曰：『《廣川畫跋》五卷，董逌撰。』〔一〕從形式上看，此例與《積算雜占條例》頗爲相似〔二〕，即在原著録條目中，它們都不是完全獨立的，而是與其他著作相雜在一起，或附屬於其他著作。對此類著作的參見著録，與常規的『互著』是頗有區別的，因此這個例證還不能算是真正的『互著法』。

無獨有偶，臺灣何廣棪先生提出的陳振孫使用互著法的例證與張守衛的舉證也頗有相似之處，因行文簡略，亦録之於下：

> 《京房易傳》三卷、《積算雜占條例》一卷。吴鬱林太守吴郡陸績公紀注。……又有《參同契·律曆志》，見《陰陽家類》，專言占候。（見《易》類）
>
> 《項氏家説》十卷、《附録》四卷，項安世撰。……附録《孝經》《中庸》《詩篇次》《丘乘圖》各爲一書，重見諸類。（見《經解類》）案：以上二條爲振孫使用互著法之例。〔三〕

〔一〕陳振孫《直齋書録解題》卷一四『《廣川畫跋》五卷』條，第四一三頁。

〔二〕此例與《積算雜占條例》也有不同之處，即《積算雜占條例》在輔助條目的解題中有『詳已見《易》類』的特別説明。

〔三〕何廣棪《陳振孫之經學及其〈直齋書録解題〉經録考證》，潘美月、杜潔祥主編《古典文獻研究輯刊》二編，花木蘭文化出版社，二〇〇六年，第四册，第六六頁。按：何廣棪的《經録考證》雖刊行於二〇〇六年三月，但實爲一九九七年舊版稍事修訂而成；張守衛的《管窺》發表於《古籍研究》二〇〇五年卷上，但其出版發行遲至下半年，相隔不過數月，加之兩岸信息滯後，可以確定何氏觀點即使僅見於修訂新版，亦不可能從張氏而來。

何氏的第一例，與張文同，也誤解了『互著』之義。第二例與張文第二例也很相似，而更能説明直齋在卷二『經解類』的著録是因爲此四種著作附刻於《項氏家説》之故。由於所附四種著作并未正式著録於『經解類』（但稱『《附録》』而已），而祇是在解題中具體説明所附刻的四卷圖書，它們的主條應在與之相應的『《孝經》類』（著録作『《孝經説》一卷』）、『《禮》類』（著録作『《中庸説》一卷』）、『《詩》類』（著録作『《毛詩前説》一卷』）及『《禮》類』（著録作『《周禮丘乘圖説》一卷』）。這與一般意義上的『互著法』尚有一定的距離，一則因爲『經解類』未作正式著録，二則四種著作皆與『經解類』無關。既不關此類，則此類無須著録，而事實也未曾正式著録，故『互著』一説又成無根之談。如此看來，他們稱《直齋書録解題》首先使用了互著法，實際上是出於對『互著』的一種誤解。

但經筆者細緻考察，互著法的發明權，仍然要歸於陳振孫。我們先看《直齋書録解題》卷九『儒家類』所載：

> 《忘筌書》二卷，浦城潘植子醇撰。多言《易》，亦涉異端，凡五十一篇。此書載《鳴道集》爲九十二篇，附見者又十有三，而《館閣書目》又稱七十七篇，皆未詳。〔一〕

我們再看《直齋書録解題》卷一〇『雜家類』所載：

〔一〕陳振孫《直齋書録解題》卷九『《忘筌書》二卷』條，第二八一頁。

> 《忘筌書》二卷，潘植子醇撰。新安所刻本凡八十二篇，與《館閣書目》《諸儒鳴道集》及余家寫本篇數皆不同。本已見儒家，而《館目》寘之雜家者，以其多用釋、老之説故也。今亦别録於此。〔一〕

潘植所撰《忘筌書》二卷，先著録於卷九「儒家類」，又著録於卷一〇「雜家類」。直齋如此著録無他故，完全是因爲該書涉及多個主題。「多言《易》，亦涉異端」是其特點，但既然「多言《易》」，其主要内容屬儒家亦可知，故直齋歸之於儒家類。此從《諸儒鳴道集》收録潘植之文，與「涑水（司馬光）、濂溪（周敦頤）、明道（程顥）、伊川（程頤）、横渠（張載）、元城（劉安世）、上蔡（謝良佐）」等大儒并列也可以得到旁證〔二〕。又「以其多用釋、老之説故」，從《中興館閣書目》「寘之雜家」。其分類著録之故皆在解題中交代清楚，同時注明「已見儒家」，是一個典型的「互著法」。陳氏的這條「互著」，在馬氏《文獻通考》卷二一〇《經籍考三十七》「儒家類」與卷二一四「雜家類」中也完好地保存了下來，可知此條原本如此，没有文字上的疑誤增補〔三〕。雖然《直齋書録解題》中這樣典型的「互著」用例今本僅此一條，但仍能爲「互著」的發明定案：陳振孫纔是我國目録學史上第一個使用「互著法」著録圖書的人。

〔一〕陳振孫《直齋書録解題》卷一〇「《忘筌書》二卷」條，第三一三頁。

〔二〕《直齋書録解題》卷九「儒家類」《諸儒鳴道集》條載：「不知何人所集涑水、濂溪、明道、伊川、横渠、元城、上蔡、無垢以及江民表、劉子翬、潘子醇凡十一家，其去取不可曉。」（見第二八一頁）

〔三〕馬端臨《文獻通考》卷二一〇《經籍考三十七》「儒家類」著録作「一卷」，蓋字誤（中華書局，二〇一一年，第五九二九頁）。

但草創階段的事物總是會有一些缺陷，陳振孫在《忘筌書》的著録上雖然很好地使用了互著之法，但全書中却未見其他用例，這説明陳振孫還没有完全到達自覺運用互著法來揭示圖書内容的認識階段，或者對其功用的認識還不够全面，而祇是在矛盾特别突出的圖書著録中纔偶一用之，甚至還没有確立穩定的互著方式。如卷三『經解類』著録《九經字樣》一卷，解題云：『唐沔王友翰林待詔唐玄度撰。補張參之所不載，開成中上之。二書却當在小學類，以其專爲經設，故亦附見於此。』〔一〕此所謂『二書』，即指此《九經字樣》及其上所著録的張參《五經文字》三卷。因此書爲補張參之書而作，故二書合稱。此二書因專講文字，故直齋説『當在小學類』，但又因此二書是專爲諸家經書而設，也即與解經相關，故著録在『經解類』，其稱『亦附見於此』，當即此意。但檢『小學類』，并未著録此二書。從『當在』之語推測，這不應該是傳寫脱漏，而是直齋編目時原本就是如此。這是一個完全應該用互著法著録的地方，結果陳振孫却用了一句『當在小學類』的説明來處理這一矛盾。由此可見，陳振孫對互著法的認識確實還不够深入全面。雖然如此，由陳振孫來創立互著法，仍然有着十分必然的因素。這個必然，就是陳振孫對圖書分類的極端重視以及對系統目録在著録圖書上的局限性的認識。陳振孫的目録學思想深受鄭樵『編次必謹類例』思想的影響〔二〕。鄭樵首先主張要建成一個系統詳細的分類表，强調儘

〔一〕陳振孫《直齋書録解題》卷三《九經字樣》一卷』條，第八一頁。

〔二〕見鄭樵《通志》卷七一《校讎略·編次必謹類例論六篇》，第八三一頁。

可能地利用分類的方式來揭示圖書的内容思想，認爲『類例既分，學術自明』，讀者自可『睹類而知義』，反對書目『泛釋』，不加選擇地爲每種圖書撰寫提要。陳振孫在此目録學思想的影響下，十分重視對圖書分類的建設工作。他編撰《直齋書録解題》所采用的四部五十三類的分類系統，就是他斟酌古今，取長補短，積極變革，大膽創新的一個結果。除了在分類系統上提出了許多創造性的見解以外，在圖書歸類的具體問題處理上，也表現了他『謹類例』『明類例』的目録學思想。在《直齋書録解題》中，他對每部圖書的歸類都是一絲不苟、認真對待的。前代書目的歸類是他進行圖書歸類工作的基礎，同時他對前代書目著録圖書歸類的不當或錯誤也屢有訂正和調整。如卷四『別史類』《唐餘録史》條云：

直集賢院益都王皞子融撰。寶元二年上。是時惟有薛居正《五代舊史》，歐陽脩書未出。此書有紀，有志，有傳，又博采諸家小説，仿裴松之《三國志注》，附其下方，蓋五代別史也。其書列韓通於《忠義傳》，且表出本朝褒贈之典，《新》《舊史》皆不及此。《館閣書目》以入雜傳類，非是。〔一〕

此條對《唐餘録史》的體例及文獻價值作了簡明準確的介紹，在此基礎上纔有了對《館閣書目》歸類不當的改正。又如卷五『典故類』《國朝通典》條云：

〔一〕陳振孫《直齋書録解題》卷四『《唐餘録史》三十卷』條，第一〇九頁。

凡通典、會要，前志及《館閣書目》皆列之類書。按通典載古今制度沿革，會要專述典故，非類書也。〔一〕

這是對前代史志及《館閣書目》處理『通典』『會要』等一類文獻失誤的調整。此類訂正前代書目中圖書歸類錯誤的文字在《直齋書録解題》中并不少見，有的小有調整而未加特别説明的想必也不在少數。這種對每種圖書如何歸類都要斤斤相較的情況，在歷代私家藏書目録中是很少見的。這説明以『類例』來揭示圖書内容已經成了陳振孫編撰《直齋書録解題》的指導思想。但圖書分類系統本身的缺陷以及圖書内容主題的複雜多樣，必然會産生令陳振孫迷惑的地方。正如鄭樵所指出的那樣：『古今編書所不能分者五：一曰傳記，二曰雜家，三曰小説，四曰雜史，五曰故事，凡此五類之書，足相紊亂。』〔二〕雜史、小説等類目本身界限上的模糊，一些圖書本身内容的複雜，加之目録學家對其性質把握尺度的不同，同一種書被不同的書目歸入不同類别實屬必然。面對諸家書目歸類的不盡一致，爲了準確揭示圖書内容主題的多樣，彌補單一類别著録的不足，陳振孫終於創立了一種可以圓滿解決這一矛盾的著録方法——互著法，即在與圖書主題相關的類目中分别著録同一種圖書。我們從前引《忘筌書》解題

〔一〕陳振孫《直齋書録解題》卷五『《國朝通典》二百卷』條，第一六一頁。

〔二〕鄭樵《通志》卷七一《校讎略·編次之訛論十五篇》，第八三四頁。

的説明『本已見儒家，而《館目》寘之雜家』，也可窺見前代書目歸類不一給陳振孫帶來的困惑和啓示。

陳振孫對圖書分類的重視以及他對系統目録在著録圖書上的局限性的認識，也促使他考慮解決同一著者的性質不同而又有關聯的多種著作的著録問題。在系統目録中，同一著者若有多種不同性質的著作，祇能分別著録在不同的類別，但有的著作内容却又有很緊密的聯繫，或彼此可以互補，如果將它們孤立地著録在目，這既不利於全面地考察一個作者的學術思想，也不能有效地揭示同一著者的多種著作之間的相互關係。爲了解決這一矛盾，陳振孫在《直齋書録解題》的一些解題中采用了『見某某類』『見於録』『別見某某類』『詳見某某類』等這樣一種參見法來聯繫同一著者的不同類目中著録的相關著作，以及使用這一方法對著者事迹進行更合理的安排。除了上文提到的數例外，其他如卷三『小學類』載：『《韵補》五卷，吴棫撰。……又有《毛詩補音》一書，別見《詩》類，大歸亦若此。』〔一〕而在卷二『《詩》類』著録曰：『《毛詩補音》十卷，吴棫撰。……要之古人韵緩之説，最爲確論，不必一一改字，詳見《韵補》。』〔二〕如卷八『譜諜類』載：『《聖唐偕日譜》一卷，前賀州刺史李匡文撰。……又有《資暇集》

〔一〕陳振孫《直齋書録解題》卷三『《韵補》五卷』條，第九二頁。

〔二〕陳振孫《直齋書録解題》卷二『《毛詩補音》十卷』條，第三八頁。

見於録。」〔一〕而卷一〇『雜家類』著録有：『《資暇集》二卷，唐李匡文濟翁撰。』〔二〕又如卷五『雜史類』載：『《元祐黨籍列傳譜述》一百卷。……淳熙中，史院取其書以修《四朝國史》。洪邁奏乞甄録，補和州文學，後賜出身。詳見「編年類」。』〔三〕而卷四『編年類』著録曰：『《續稽古録》一卷，秘書丞歷陽龔頤正養正撰。……頤正本名敦頤，避崇陵諱改焉。嘗撰《元祐黨籍譜傳》得官。韓氏用事時，賜出身入館，非端士也。此書正以右韓也。』〔四〕卷一〇『農家類』著録：『《蠶書》二卷，孫光憲撰。光憲事迹，見「小説類」。』〔五〕而卷一一『小説家類』《北夢瑣言》條載孫光憲事迹曰：『光憲仕荆南高從誨，三世在幕府。……後隨繼冲入朝。有薦於太祖者，將用爲學士，未及而卒。光憲自號葆光子。』〔六〕這種參見法的運用，使分散著録的同一著者的著作得以串聯起來，即使是意在省簡的著者事迹的參見，客觀上也能將著者的其他著作聯繫在一起。但同時我們也注意到，這種參見法在《直齋書録解題》中仍然没有被普遍地運用，而且其使用『術語』也不盡一致，這同樣説明陳振孫對此參見方法的認識還不是很成熟，

〔一〕陳振孫《直齋書録解題》卷八『《聖唐偕日譜》一卷』條，第二二八頁。

〔二〕陳振孫《直齋書録解題》卷一〇『《資暇集》二卷』條，第三〇六頁。

〔三〕陳振孫《直齋書録解題》卷五『《元祐黨籍列傳譜述》一百卷』條，第一五七頁。

〔四〕陳振孫《直齋書録解題》卷四『《續稽古録》一卷』條，第一二一—一二二頁。

〔五〕陳振孫《直齋書録解題》卷一〇『《蠶書》二卷』條，第二九五頁。

〔六〕陳振孫《直齋書録解題》卷一一『《北夢瑣言》三十卷』條，第三三四頁。

其與現代目録學中的參見著録仍然有一定的距離。但篳路襤褸，其創例之功仍不可没。

互著法、參見法的創立，開啓了分類目録發展的一個新階段。此後，經過元代的馬端臨，明代的高儒、祁承㸁，清代的章學誠等目録學家的實踐應用與理論總結，互著法終於逐步成熟起來；而陳振孫的參見法，在其後馬端臨的《文獻通考·經籍考》中也被繼承了下來〔一〕，到《四庫全書總目》，這一著録方法也已經得到廣泛的運用。

二、著録撰人之新體例——格式化的方式

古代書目對圖書的著録項目一般有三個内容，即書名、卷數、著者。對撰人的著録，一般僅著録其姓名，也有的注明其國别或朝代（或年代），或説明其身份。而陳振孫《直齋書録解題》對著者却有一套完整豐富且固定的著録格式，這在古代書目中是十分罕見的。下面我們先看看晁公武《郡齋讀書志》與陳振孫《直齋書録解題》對同一著作著録的差異：

〔一〕《文獻通考·經籍考》很多解題采用了『見某某類』的參見法來聯繫不同類目中著録的同一著者的著作。楊新勛稱之爲『互著産生的先兆』，我們移之於陳振孫身上，亦可見陳振孫創立『互著法』之必然。見楊新勛《〈七略〉『互著』『别裁』辨正》，《史學史研究》二〇〇一年第四期，第六〇頁。

《郡齋讀書志》卷八「地里類」載：

《九域志》十卷，右皇朝王存被旨删定，總二十三路，京府四，次府十，州二百四十二，軍三十七，監四，縣一千一百三十五。[一]

《直齋書録解題》卷八「地理類」載：

《元豐九域志》十卷，知制誥丹陽王存正仲、集賢校理南豐曾肇子開、官制所檢討邯鄲李德芻等删定，總二十三路、四京、十府、二百四十二州、三十七軍、四監、一千一百三十五縣。[二]

又《郡齋讀書志》卷一三「小説類」載：

《酉陽雜俎》二十卷、《續酉陽雜俎》十卷，右唐段成式撰。自序云：『縫掖之徒，及怪及戲，無侵於儒。《詩》《書》爲太羹，史爲折俎，子爲醯醢，大小二酉山多藏奇書，故名篇曰《酉陽雜俎》。分三十門，爲二十卷。』其後續十卷。[三]

[一] 晁公武撰，孫猛校證《郡齋讀書志校證》卷八『《九域志》十卷』條，上海古籍出版社，一九九〇年，第三四四頁。
[二] 陳振孫《直齋書録解題》卷八『《元豐九域志》十卷』條，第二三九—二四〇頁。
[三] 晁公武撰，孫猛校證《郡齋讀書志校證》卷一三『《酉陽雜俎》二十卷、《續酉陽雜俎》十卷』條，第五五四頁。

《直齋書録解題》卷一一『小説家類』載：

> 《酉陽雜俎》二十卷、《續》十卷，唐太常少卿臨淄段成式柯古撰。所記故多譎怪，其標目亦奇詭，如《天咫》《玉格》《壺史》《貝編》《尸穸》之類。成式，文昌之子。〔一〕

比較晁、陳二家對《元豐九域志》《酉陽雜俎》兩部書的著録，我們可以明顯地感到，陳《録》詳於晁《志》。其先著録書名，標注卷數，這并無什麼區别。其差異表現在對著者一項的著録上。晁《志》於著者，先標明朝代，本朝則稱『皇朝』，然後是撰人姓名，也有的在姓名後再附注其字。陳《録》同樣是先標明朝代，對本朝作者則省略不標，其次是著者官職，再次是著者籍貫，然後是撰人姓名，最後是撰人之字。晁《志》的著録已經很規範豐富了，而陳《録》的著録内容就更加完備，一般要比晁《志》的著録多出官職、籍貫、字號三項，而且也更加的規範一致。這樣的著録方式，不僅在此前的書目中難以見到，即使是後來的書目也罕有其比。

《書録解題》對著者的著録，也有比上述方式還要全面豐富的。如著者地位較高，别有爵位、謚號，《書録》便一并注明。如卷一七『别集類』載：『《臨川集》三十卷、《二府集》二十五卷、《年譜》一卷，丞相臨淄元獻公臨川晏殊同叔撰。其五世孫大正爲《年譜》。』『《夏文莊集》一百卷，樞密使鄭國文莊公九江

〔一〕陳振孫《直齋書録解題》卷一一『《酉陽雜俎》二十卷、《續》十卷』條，第三二一頁。

夏竦子喬撰。』[一]『臨淄』即臨淄公，是晏殊的封爵[二]，『元獻』則是晏殊的謚號。『鄭國』謂鄭國公，是夏竦的封爵，『文莊』則是夏竦的謚號[三]。不僅如此，若著録的圖書附有他人著作，也一并交代清楚，如晏殊《臨川集》後所附《年譜》，《書録》也爲之注明著者是晏殊的『五世孫大正』。

這樣豐富完整的著録方式，爲讀者尤其是後世讀者提供了較其他書目要多得多的信息，有的則是有幸保存下來的絶無僅有的資料。如《書録解題》卷五『雜史類』載：『《開天傳信記》一卷，唐吏部員外郎鄭棨撰。雜記開元、天寶時事。』[四]宋代其他書目如《崇文總目》《新唐志》《通志・藝文略》《郡齋讀書志》『雜史類』及《中興館閣書目》『故事類』（輯本）等也著録作『鄭棨』。鄭棨，於史無考，惟《書録》載其曾爲『唐吏部員外郎』。《四庫全書總目・〈開天傳信記〉提要》稱『鄭綮撰』，當是因爲『棨』『綮』二字相通之故而徑改之。鄭綮，《舊唐書》卷一七九、《新唐書》卷一八三有傳，卒於光化二年（八九九），《四庫提要》即據此爲説。今周勛初先生據《太平廣記》卷三二一《顔真卿》條引文中『《開天傳信記》詳而載焉』一語，考證出『《開天傳信記》一書早在文宗之前已經問世』，又進而據《書録》所載鄭棨曾官『吏部員外

[一] 陳振孫《直齋書録解題》卷一七『《臨川集》三十卷、《二府集》二十五卷、《年譜》一卷』條、『《夏文莊集》一百卷』條，第四九一—四九二頁。
[二] 歐陽脩《歐陽文忠公文集》卷二二《晏公神道碑銘并序》，《四部叢刊初編》本，第六册，第七頁下。《宋史》卷三一一《晏殊傳》載其謚而失其爵（中華書局，一九八五年，第一〇一九五—一〇一九八頁）。
[三] 脱脱等《宋史》卷二八三《夏竦傳》，第九五七六頁。
[四] 陳振孫《直齋書録解題》卷五『《開天傳信記》一卷』條，第一四四頁。

郎』一條，考證鄭棨與兩《唐書》本傳所叙鄭綮仕履不合，最後斷定鄭棨『與鄭綮當係二人』〔一〕。《書録》在著録著者時保存的這類鮮見的資料，確實有助於後人對著者是非的考辨。

陳氏《書録》采用的這種整齊的著録方式，在此前的書目中，哪怕是殘存的片言隻語中，都没有發現過這樣完善的體例。考察其學術淵源，自然與劉歆《七略》每一書下多注明撰人事迹以便於知人論世的學術思想是有關的。關於《七略》的體裁，由於原書已經亡佚，人們對它的認識主要是從采用它成書的《漢書・藝文志》得來的，因此它是解題目録，還是一個簡目，似乎有一些模糊，以致今人仍有撰文辨別者。但我們從《七略》佚文可知，《七略》每書下的説明文字比《漢志》要豐富得多。如《漢志・六藝略・春秋類》著録有『馮商所續《太史公》七篇』，顔師古注引《七略》曰：『商陽陵人，治《易》，事五鹿充宗，後事劉向，能屬文，後與孟柳俱待詔，頗序列傳，未卒，病死。』〔二〕而《漢志》删之至一字不留。其實清人早就明確指出過：『班固本注雖依《七略》，而語多從簡。』〔三〕又曰：『方之《四庫全書》，《別録》爲《總目提要》，《七略》乃《簡明目録》也。』〔四〕可知《七略》確實是有簡單提要的一部書目。雖然《七略》至宋代

〔一〕周勛初《唐五代筆記小説叙録》，《周勛初文集》本，江蘇古籍出版社，二〇〇〇年，第五册，第三六四頁。
〔二〕班固《漢書》卷三〇《藝文志》，中華書局，一九六二年，第一七一四—一七一五頁。
〔三〕章宗源撰，王頌蔚批校，黄壽成點校《隋經籍志考證》卷八，中華書局，二〇二一年，第二八七頁。
〔四〕姚振宗《隋書經籍志考證》卷一三，《二十五史補編》本，中華書局，一九六五年，第五四二四頁。

已經亡佚，陳振孫無緣得見原書，但從《漢志》采摘的部分注釋文字與《七略》佚文，以及劉向《别録》的佚文，完全可以感受到他們在書目編撰中特别注重考察著者事迹的目録學思想。若就其具體的著録撰人的方式而言，則可能受到《漢書·儒林傳》的影響。《漢書·儒林傳》在叙述經學傳授的家法時，對各經師所傳之弟子往往在其姓名前冠上籍貫，姓名後附帶其字，然後説明其官職（若所授弟子有兩位、三位，則分叙官職），如《梁丘賀傳》載：『（五鹿）充宗授平陵士孫張仲方、沛鄧彭祖子夏、齊衡咸長賓。張爲博士，至揚州牧，光禄大夫給事中，家世傳業；彭祖，真定太傅；咸，王莽講學大夫。』[一] 陳振孫熟於經學，其著録圖書撰人連帶其官職、籍貫、字號一并注明的方式，與此當不無關係，但探尋其直接影響，當首推《隋書·經籍志》。《隋志》著録撰人，有注明朝代與官職（或身份）的體例，這是與《漢志》及兩《唐志》不同的地方。如『雜家類』著録《淮南子》曰：『漢淮南王劉安撰。』《論衡》條曰：『後漢徵士王充撰。』《傅子》條曰：『晉司隸校尉傅玄撰。』[二] 其著録撰人較前後史志目録都更有條理。在叙録體式由注重著者事迹轉而關注圖書本身之後（説詳下文），解題對著者的介紹文字勢必要大量減少，但關於著者的一些重要信息又不宜省略，於是仿效《隋志》而采用一種較其著録項目更爲齊全的撰人著録格式也就成了陳振孫的最佳選擇。陳振孫在目録學史上的這個創

[一] 班固《漢書》卷八八《儒林傳》，第三六〇一頁。
[二] 魏徵等《隋書》（修訂本）卷三四《經籍志三》，中華書局，二〇一九年，第一一四三頁。

例，爲我們考察圖書著者發揮了特别的作用，但遺憾的是，這在當時以及後世的藏書目録中似乎都没有産生什麼影響。

我們檢閲《直齋書録解題》，也會發現有很多著者的介紹很簡略，如卷一〇『農家類』載：『《夢溪忘懷録》三卷，沈括存中撰。自稱夢溪丈人。』又如卷一一『小説家類』載：『《夢溪筆談》二十六卷，沈括存中撰。』[一]這并非是陳振孫不知道沈括是錢塘人，曾官翰林學士，或有什麼疏忽，而是因爲卷一『《易》類』著録沈括《易解》二卷時已有説明：『翰林學士錢塘沈括存中撰。』[二]前文已有著録，故其後著録從略（很少數的則因後有完整著録，而前者從簡）。但也有很多著録僅有著者姓名却并非承前省略的緣故。如卷一〇『雜家類』載：『《刊誤》二卷，唐國子祭酒李涪撰。』[三]載其官而不載其字，當是陳氏無從考知，今所見唐宋文獻亦皆不載之。又如《游宦紀聞》，《直齋書録解題》卷一一著録作『鄱陽張士南光叔撰』[四]，不叙其官職，似乎是自壞其體例，但實際上是因爲著者仕履無從考察之故[五]，并非體例不

[一] 陳振孫《直齋書録解題》卷一〇『《夢溪忘懷録》三卷』條、卷一一『《夢溪筆談》二十六卷』條，第二九七、三二八頁。

[二] 陳振孫《直齋書録解題》卷一『《易解》二卷』條，第一四頁。

[三] 陳振孫《直齋書録解題》卷一〇『《刊誤》二卷』條，第三〇六頁。

[四] 陳振孫《直齋書録解題》卷一一『《游宦紀聞》十卷』條，第三三八頁。按，《四庫全書總目》卷一二一《〈游宦紀聞〉提要》稱《直齋書録解題》題『其名則作士南』（中華書局，一九六五年，第一〇四五頁），未知孰是。今按：檢書中『世南』凡數十見，其爲字誤無疑。

[五] 《游宦紀聞》今本有作者張世南自序，末署『鄱陽張世南光叔』（中華書局，一九八一年，第三頁），直齋蓋據此著録。

純。對於不知撰人的圖書,則一般標注『不著名氏』『無名氏』〔一〕。通觀《書録解題》,其著録撰人項目豐富完整者,主要在經部與集部,子、史兩部則多因承前省略或著者情況不明而略之。直齋對集部似情有獨鍾,不僅著録圖書特别豐富(其『别集』分三卷,『詩集』分二卷,與全書類各一卷的編纂體例大不相同),其於撰人一般也不因前文已有著録而省略一些項目。

在陳氏的撰人著録方式中有一項要特别提出來討論,那就是冠於姓名前的官職。這是因爲撰人的朝代、籍貫、字號、爵謚等都是比較確定的,變更較少,而著者所任官職却常常有變化,那《書録》又據何著録呢?著者的官銜,有時能反映著作的成書年代,學者們也有據書中著者官銜考察其書編撰年代的。私家書目著録撰人,其題名、官銜多是按藏本實際情形或序跋落款著録的,除開後人重編、翻刻時追録的一類,一般來説其官銜與成書時間是比較一致的。但若要對每個著者按照固定格式著録,僅據藏本所載是無法達到這個要求的,因此書目編撰者勢必要依據其他文獻補其缺漏。如此説來,《書録》著録之官銜是否仍然有着考察成書年代的意義,就有很大的疑問了。我們先看看《直齋書録解題》中著者官銜的著録情况。如卷一六『别集類上』載:『《陸宣公集》二十二卷,唐宰相嘉興陸贄敬輿撰。』『《昌黎集》四十卷、《外集》十卷,唐吏部侍郎南陽韓愈退之撰。』卷一七『别集類

〔一〕或稱『不著撰人名氏』『無撰人名氏』『不著姓名』『不知姓名』等。

中」載：『《擁旄集》五卷、《伊川集》五卷，樞密使思公吴越錢惟演希聖撰。』『《范文正集》二十卷、《别集》四卷，參政文正公吴郡范仲淹希文撰。』[一]所題銜名皆爲著者一生最高官職，與其文集編撰的時間應當没有什麽特别的聯繫。但因爲文集中的作品時間跨度較大，多爲著者一生創作之結晶，而文集又多有爲後人所編（或重編）者，題其一生中最顯貴的官銜也不無道理。但其他著作也如此一般，則不免混亂。如卷五『典故類』載：『《通典》二百卷，唐宰相京兆杜佑君卿撰。』[二]我們據杜佑所上《進通典表》可知，《通典》始撰於唐代宗大曆年間淮南節度使從事任上，成書上奏於德宗貞元十七年（八〇一）任淮南節度使時，此題『宰相』與其書無任何關係。又如卷一『《易》類』載：『《易解》十四卷，丞相荆公臨川王安石介甫撰。』[三]但據直齋下文所引晁《志》可知，《易解》是王安石之『少作』，那麽此書與王安石爲相也没有什麽關聯。如果要表示對著者的尊崇，同時又要表明該書撰寫時著者的實際身份，直齋可能會另有説明文字。如卷五『詔令類』載：『《中興續玉堂制草》三十卷，丞相益文忠公東里周必大子充爲學士院時編進。』[四]特别交代周必大編撰該書是在學士院時。由此可以

[一] 陳振孫《直齋書録解題》卷一六『《陸宣公集》二十二卷』條、『《昌黎集》四十卷、《外集》十卷』條、卷一七『《擁旄集》五卷、《伊川集》五卷』條、『《范文正集》二十卷、《别集》四卷』條，第四七四、四七五、四九一、四九二頁。

[二] 陳振孫《直齋書録解題》卷五『《通典》二百卷』條，第一六〇頁。

[三] 陳振孫《直齋書録解題》卷一『《易解》十四卷』條，第一二頁。

[四] 陳振孫《直齋書録解題》卷五『《中興續玉堂制草》三十卷』條，第一三四頁。

推知，凡《書録》著録撰人所題之顯貴官職，與其書之編撰時間一般没有特别的關係。但對於《書録》所題的一般的銜名，則情况要複雜一些，應該説據藏本實録與據他書補録兩種情形都比較多。如卷六『職官類』載：『《承旨學士院記》一卷，唐承旨河南元稹微之撰。』此稱『承旨』而不同於卷一六『别集類上』著録其《元氏長慶集》時稱『宰相』〔一〕，意謂此書是元稹爲翰林承旨學士時所撰。據《舊唐書·元稹傳》載，元稹於穆宗長慶元年入翰林，任中書舍人、承旨學士。陳振孫此處當是照藏本實際題銜著録的，今傳本仍題作『中大夫、行中書舍人、翰林學士承旨、上柱國、賜紫金魚袋元稹』可證〔二〕。又如同卷著録《職林》二十卷，稱『集賢院學士錢唐楊侃撰』。據《書録》下文解題云：『咸平二年所序。有胡昉者，明道二年作後序，增益事實七百四十五條，而以新續標之。』〔三〕楊侃爲初名，後避真宗諱改名大雅。《宋史·楊大雅傳》載，楊侃先於咸平中直集賢院，出爲他官，後再爲直學院學士，『直集賢院二十五年不遷』，〔四〕其時正當真宗、仁宗兩朝。據此可知，《書録》題『集賢院學士』正是楊侃撰寫《職林》時的實際官銜。又如同卷載：『《中興館閣録》十卷、《續》十卷，秘書監天台陳騤叔進撰。淳熙

〔一〕陳振孫《直齋書録解題》卷六『《承旨學士院記》一卷』條、卷一六『《元氏長慶集》六十卷』條，第一七四、四七八頁。
〔二〕元稹《承旨學士院記》，鮑廷博《知不足齋叢書·翰苑叢書》本。
〔三〕陳振孫《直齋書録解題》卷六『《職林》二十卷』條，第一七六—一七七頁。
〔四〕脱脱等《宋史》卷三〇〇《楊大雅傳》，第九九八〇頁。

中，騤長蓬山，與同僚録建炎以來事爲此書。』〔一〕『蓬山』是秘書省的别名，其長官爲秘書監。文稱『騤長蓬山』，與同僚共成此書，可證此書正撰於秘書監任上，故陳氏著録撰人亦題作『秘書監』。卷八『目録類』著録《中興館閣書目》三十卷，亦稱『秘書監臨海陳騤叔進等撰。淳熙五年上之。』〔二〕表明該書目也是在陳騤爲秘書監時所修〔三〕。此類著者銜名皆當是陳振孫據實著録的，後人據之而考其成書年代當然也是可信的。但《書録》著録的著者銜名還有另一類情形，即據其他資料考證補録的撰人銜名，我們就不能據此立論了。如卷七『傳記類』載：『《南部新書》十卷，翰林學士錢易希白撰。』〔四〕錢易，《宋史》卷三一七有傳，卒於翰林學士任上。但據《南部新書》卷首錢易之子錢明逸序言所稱，該書原是錢易在真宗朝出知開封縣期間所作的，著録的官銜與實際成書時間没有什麼關係。又如宋曾慥《類説》五十

〔一〕陳振孫《直齋書録解題》卷六『《中興館閣録》十卷、《續》十卷』條，第一七八頁。

〔二〕陳振孫《直齋書録解題》卷八『《中興館閣書目》三十卷』條，第二三六頁。

〔三〕《南宋館閣續録》卷四《修纂》載：『淳熙五年六月，秘書省上《中興館閣書目》七十卷、《序例》一卷。』原注曰：『先是，淳熙四年十月，秘書少監陳騤等言……五年三月，秘書監陳騤等復言：「謹按慶曆元年，《崇文總目》書成，係是參知政事王舉正上。今來《書目》成書，欲候繕寫畢，於參知政事過局日一就觀閲訖，報本省承受官投進。」詔并從之。』（中華書局，一九九八年，第一九七頁）李心傳《建炎以來朝野雜記》甲集卷四《中興館閣書目》條亦載：『《書目》凡七十卷。』原注曰：『秘書監陳騤領其事，五年六月上之。』（中華書局，二〇〇〇年，第一一四頁）此可證《中興館閣書目》確是編成於陳騤秘書監任上。

〔四〕陳振孫《直齋書録解題》卷七『《南部新書》十卷』條，第二〇二頁。

卷，《直齋書録解題》卷一一稱「太府卿温陵曾慥端伯撰」〔一〕。但據《類説》曾慥自序，此書是他「居多暇日」「僑寓銀峰」時所作，成書於「紹興六年」〔二〕，當時曾慥尚未出任太府卿。據李心傳《建炎以來繫年要録》卷一三六所載，紹興十年閏六月丙戌曾慥始由尚書户部員外郎遷太府少卿〔三〕，其出任太府卿必在此後〔四〕。此稱「太府卿」，當取其最高官職。《直齋書録解題》卷一五著録曾慥《本朝百家詩選》一百卷，即稱其「官至太府卿」〔五〕，可爲明證。又卷一一「小説家類」載：「《雲麓漫鈔》二十卷、《續鈔》二卷，通判徽州趙彦衛景安撰。」〔六〕但據趙彦衛自序及友人陳造序，《雲麓漫鈔》原名《擁爐閒紀》，成書於「佐吴門幕」時，即任長洲縣丞的時候。初刻於「漢東學宫」，即知隨州任上，後增補并易名爲《雲麓漫鈔》，開禧

〔一〕陳振孫《直齋書録解題》卷一一「《類説》五十卷」條，第三三三頁。

〔二〕曾慥《類説》卷首序，文學古籍刊行社影印本，一九五五年，第三九九九—四〇〇〇頁。

〔三〕李心傳《建炎以來繫年要録》卷一三六「（紹興十年閏六月）丙戌」條，中華書局，一九八八年，第二一九二頁。

〔四〕清徐松輯《宋會要輯稿》第八十一册《職官四一》載：紹興十一年「五月四日，詔以……曾慥爲太府卿，總領湖廣江西京西路財賦、湖北京西軍馬錢糧。」（中華書局，一九五七年，第三一八九頁）宋熊克《中興小紀》卷二九亦載紹興十一年五月「辛丑，乃命太府卿曾慥於湖北」云云（《文津閣四庫全書》本，商務印書館，二〇〇五年，第一〇八册，第六四六頁）。據此，曾慥遷太府卿當在紹興十一年五月。

〔五〕陳振孫《直齋書録解題》卷一五「《本朝百家詩選》一百卷」條，第四四七頁。

〔六〕陳振孫《直齋書録解題》卷一一「《雲麓漫鈔》二十卷、《續鈔》二卷」條，第三三七頁。

二年重刻諸新安郡齋，即趙彥衛知徽州時[一]。陳振孫此題『通判徽州』，與此書之編撰及刊刻皆無關係。但此處『通判徽州』并不是『知徽州』的訛誤，《徽州府志》卷四《郡縣職官志·通判》下確實有『趙彥衛，紹熙間任』的記載[二]。看來，這衹是陳氏據其他資料補録的一個官銜。因此，我們在利用《書録解題》撰人著録這一類資料時還要有所甄別，不可與據藏本著録的資料等量齊觀。如卷六『時令類』載：『《秦中歲時記》一卷，唐膳部郎中趙郡李綽撰。』[三]清錢大昕據乾寧四年（八九七）所立石刻《升仙廟興功記》題『尚書禮部郎中、賜緋魚袋李綽撰』而質疑陳氏著録曰：

> 陳直齋題爲『唐膳部郎中』，其序云『緬思庚子之歲，洊周戊辰之年』。戊辰，梁開平二年（九〇八）也。按：唐時六部各分四曹，禮、祠、客、膳雖云同署，而禮部爲頭司，祠部、主客、膳部爲子司，資望不等。綽於乾寧四年已官禮部郎中，更閱十有餘歲，何以轉題膳部？恐直齋誤記，抑或中遭罷斥，而更叙復乎？[四]

[一] 詳見趙彥衛撰，傅根清點校《雲麓漫鈔》附録一《趙彥衛生平考索》、附録三《雲麓漫鈔版本源流考證》，中華書局，一九九六年，第二七二—二七八頁、二八七—二九九頁。

[二] 何東序修，汪尚寧等纂《徽州府志》卷四《郡縣職官志》，明嘉靖四十五年（一五六六）刻本，第二六頁下。

[三] 陳振孫《直齋書録解題》卷六『《秦中歲時記》一卷』條，第一九一頁。

[四] 錢大昕《潛研堂金石文跋尾》卷一〇《唐七》，《嘉定錢大昕全集》本，第六册，第二五三頁。按，『祠部、主客、膳部爲子司』，原標點作『祠部主客，膳部爲子司』，有誤，今改正。

錢大昕在這裏把李綽任膳部郎中與撰寫《秦中歲時記》的『戊辰之年』聯繫在一起，顯然是將《書録》這一記載當作了據藏本（著者自署或序跋落款等）著録的性質了，因此錢氏會有『直齋誤記』的疑問，或者是後來遭到貶官的推測，而忽略了陳氏著録撰人格式化的特點。此條著録題『膳部郎中』，當是陳氏見藏本上未載李綽里籍銜名，故據其他文獻所載李綽仕履而補録其官職，此職冠於撰人姓名『李綽』之前，與撰寫此書之時間可能毫無關係。事實上，陳氏自己在解題中已有明確交代：『綽别未見，此據《中興書目》云爾。』[一]直齋是依據《中興館閣書目》的記載來著録的，而且還考察了别的文獻，結果是『别未見』。既知陳氏不是從藏本實録而是據别書所補[二]，則此銜名與著作之年代便無必然關聯，明乎此，錢氏『誤記』之疑也可以隨之消除了[三]。

如此説來，對待《書録》在這種著録撰人的固定方式中保存的文獻資料，我們要審慎地加以甄别，

〔一〕陳振孫《直齋書録解題》卷六『《秦中歲時記》一卷』條，第一九一頁。

〔二〕《中興館閣書目》是作爲撰人銜名著録的，還是在提要中提及的，現在雖然不能確考，但從陳振孫的特别交代看，更可能衹是提要中順帶提及的。

〔三〕岑仲勉也認爲『錢大昕所辨，出於誤會』，但岑氏所謂『誤會』與筆者所辨不同。岑氏是指錢氏對《秦中歲時記》作於『庚子』的誤會（按：錢氏乃據序中所稱最晚時間梁開平二年『戊辰』爲言，而非以其起始年歲『庚子』立説，邏輯上并無錯誤，岑氏所辨乃無的之矢），而筆者所辨是錢氏對於陳氏著録撰人銜名方式的誤會。參見《郎官石柱題名新考訂》，上海古籍出版社，一九八四年，第一三五頁。

在充分利用陳氏《書録》爲我們提供的豐富的撰人資料的同時，還要注意避免誤會其著録體例。

三、著録版本之新標準——以異同優劣爲别

『版本』是伴隨着雕版印刷的發展在宋代出現的一個新概念。圖書版本的不同，便意味着刊刻主體、刊刻年代、刊刻版式以及裝幀形式的不同，而且還往往涉及文本的卷帙多寡、文字優劣、内容真僞的不同，因此宋人已經比較注意圖書的版本問題。但相比之下，在宋代文獻中，版本意識濃厚，版本信息豐富的，首先還是要推《直齋書録解題》。

前人對陳振孫《直齋書録解題》著録版本的體例，曾有過系統的考察，如『詳記刊書時地人；所據之底本，是否完善』，『説明板本淵源、系統』，『説明各本之異同』，『雖未入藏，亦明其板刻，以備參考』，『記舊本與今本差異，俾知原書面目』等〔二〕，陳振孫對版本的這些記載在《直齋書録解題》中確實不乏其例，但同時也會令人産生一個疑惑：雖然《直齋書録解題》記載天水一朝的刻書資料在宋代是最爲豐富的，但《直齋書録解題》著録圖書三千餘部，而記載板刻的却僅有二百三十餘條，即使連叢書而言，涉

〔二〕 喬衍琯《陳振孫學記》，文史哲出版社，一九八〇年，第一二六—一二七頁。

及版本的也祇有四百餘部圖書，尚不足全書的六分之一。由此看來，陳振孫并没有如清代中期以來的藏書志那樣爲著録的圖書一一説明版本的意圖，那麽多圖書版本闕而不載，自然無法表現『詳記刊書時地人』云云這樣的著録體例。何以有那麽多圖書不著録版本呢？似乎陳振孫對版本的認識還比較凌亂，或者説還停留在比較感性的階段。但是我們通過仔細尋繹《書録》記載版本的具體情況，發現陳振孫對圖書版本的著録有着自己特别的義例。

後世的版本學，其核心内容是版本鑒定[二]，主要是鑒定版本的時、地、人（包括真僞）。但陳振孫的版本思想却與此頗有區别，他似乎無意於爲每部圖書著録版本，所注意的也不是圖書刊刻的年代、郡邑、主體等方面，而是關注版本的差異優劣。我們先看看《書録》卷一七『别集類中』著録版本的具體情況：

（一）《趙韓王遺稿》十卷，丞相韓忠獻王范陽趙普則平撰。普開國元臣，不以文著，而《彗星》《班師》二疏，天下至今傳誦。末有劉昌言所撰《行狀》。案：《館閣書目》惟有《奏議》一卷，今麻沙書坊刊本，奏議止數篇，餘皆表狀之屬也。

（二）《咸平集》五十一卷，右諫議大夫漢嘉田錫表聖撰。太平興國三年進士第二人。范文正

[二] 見李致忠《古書版本學概論》，書目文獻出版社，一九九〇年，第三、一九頁。

公志其墓。東坡序其奏議十篇，所謂憂治世而危明主者也。……端平初，南充游似景仁爲成都漕，奏言朝廷方用端拱、咸平之舊紀元，而臣之部内乃有端拱、咸平之直臣，宜褒表之以示勸，願下有司議謚。博士徐清叟直翁、考功黄朴誠甫議謚曰獻翼，云：今漢嘉田氏子孫，不知存亡，而文集板之在州者，亦毁於兵燼矣，可爲永慨！

（三）《乖崖集》十二卷、《附録》一卷，樞密直學士忠定公鄄城張詠復之撰。……近時郭森卿宰崇陽刻。此集舊本十卷，今增廣，并《語録》爲十二卷。

（四）《臨川集》三十卷、《二府集》二十五卷、《年譜》一卷，丞相臨淄元獻公臨川晏殊同叔撰。其五世孫大正爲《年譜》，言：先元獻嘗自差次起儒館至學士，爲《臨川集》；起樞廷至宰席，爲《二府集》。今案本傳，有《文集》二百四十卷，《中興書目》亦九十四卷，今所刊止此爾。《臨川集》有自序。

（五）《吕文靖試卷》一卷，丞相許國文靖公壽春吕夷簡坦夫撰。……真本藏范太史氏，前有《家狀》，大略與今同。

（六）《徂徠集》二十卷，國子監直講魯國石介守道撰。……陸子遹刻於新定，述其父放翁之言，曰『老蘇之文不能及』，然世自有公論也。歐公所以重介者，非緣其文也。

（七）《六一居士集》一百五十二卷、《附録》四卷、《年譜》一卷，參政文忠公廬陵歐陽脩永叔撰。……其集遍行海内，而無善本，周益公解相印歸，用諸本編校，定爲此本，且爲之《年譜》。自《居士集》《外集》而下，至於《書簡集》，凡十，各刊之家塾。其子綸又以所得歐陽氏傳家本，乃公之子棐叔弼所編次者，屬益公舊客曾三異校正，益完善無遺恨矣。《居士集》，歐公手所定也。

（八）《傳家集》一百卷，丞相温國文正公涑水司馬光君實撰。生於光州，故名。今光州有集本。

（九）《蔡忠惠集》三十六卷，端明殿學士忠惠莆田蔡襄君謨撰。近世始刻於泉州。王十朋龜齡爲之序。余嘗官莆，至其居，去城三里，荔子號『玉堂紅』者，正在其處。矮屋欲壓頭，猶是當時舊物。歐公所撰《墓志》，石立堂下。真迹及諸公書帖多有存者。

（一〇）《東坡集》四十卷、《後集》二十卷、《内制集》十卷、《外制集》三卷、《奏議》十五卷、《和陶集》四卷、《應詔集》十卷，端明殿學士文忠公蘇軾子瞻撰。一字和仲。自謫黄州，始號東坡居士。杭、蜀本同，但杭無《應詔集》。

（一一）《東坡别集》四十六卷，坡之曾孫給事嶠季真刊家集於建安，大略與杭本同。蓋杭本當坡公無恙時已行於世矣。麻沙書坊又有《大全集》，兼載《志林》《雜説》之類，亦雜以潁濱及小坡之文，且間有訛僞剿入者。有張某爲吉州，取建安本所遺盡刊之，而不加考訂，中載《應詔》《策論》，蓋建安本亦無《應詔集》也。

（一二）《河南程氏文集》十二卷，二程共爲一集。建寧所刻本。

（一三）《元豐類藁》五十卷、《續》四十卷、《年譜》一卷，中書舍人南豐曾鞏子固撰。王震爲之序。《年譜》，朱熹所輯也。案：韓持國爲鞏《神道碑》，稱《類藁》五十卷，《續》四十卷，《外集》十卷，本傳同之。及朱公爲《譜》時，《類藁》之外，但有《别集》六卷。以爲散逸者五十卷，而《别集》所存其什一也。開禧乙丑建昌守趙汝礪、丞陳東得於其族孫濰者，校而刊之，因碑傳之舊，定著爲四十卷。然所謂《外集》者，又不知何當，則四十卷亦未必合其舊也。

（一四）《清江三孔集》四十卷，中書舍人新淦孔文仲經父、禮部侍郎武仲常父、户部郎中平仲毅父撰。寔先聖四十八世孫。……其著述各數十篇，多散逸弗傳。今其存者，文仲纔二卷、武仲十七卷、平仲二十一卷而已。慶元中濡須王𨗴少愚守臨江，裒輯刊行，而周益公必大爲之序。

（一五）《雲巢集》十卷，審官西院主簿沈遼叡達撰。遘親弟也。……以上三集刊於括蒼，號《三沈集》，其次序如此，蓋未之考也。

（一六）《宛丘集》七十卷、《年譜》一卷，起居舍人譙國張耒文潛撰。宛丘，陳州其所居也。蜀本七十五卷。

（一七）《后山集》十四卷、《外集》六卷、《談叢》六卷、《理究》一卷、《詩話》一卷、《長短句》二卷，秘書省正字彭城陳師道無己撰。一字履常。蜀本但有詩文，合二十卷。案：魏衍作集序，云離詩爲六卷，類文爲十四卷，今蜀本正如此。又言受其所遺甲、乙、丙稿，詩曰五七，文曰千百，今四明本如此。此本劉孝韙刊於臨川，云未見魏全本，仍其舊十四卷爲正集，蓋不知其所謂十四卷者，止於文，而詩不與也。《外集》詩二百餘篇，文三篇，皆正集所無。《談叢》《詩話》或謂非后山作。『后山』者，其自號也。

（一八）《豫章集》四十四卷、《宛丘集》七十五卷、《后山集》二十卷、《淮海集》四十六卷、《濟北集》七十卷、《濟南集》二十卷，蜀刊本，號《蘇門六君子集》。

（一九）《清真集》二十四卷，徽猷閣待制錢塘周邦彦美成撰。元豐七年，進《汴都賦》，自諸生命爲太學正。邦彦博文多能，尤長於長短句，自度曲，其提舉大晟府亦由此。既盛行於世，而他文未傳。嘉泰中，四明樓鑰始爲之序，而太守陳杞刊之，蓋其子孫家居於明故也。

（二〇）《清真雜著》三卷，邦彦嘗爲溧水令，故邑有詞集。其後有好事者，取其在邑所作文記詩歌，并刻之。

（二一）《寶晉集》十四卷，禮部員外郎襄陽米芾元章撰。……酷嗜古法書，家藏二王真迹，故號寶晉齋，蓋由得謝東山、二王各一帖，遂刊置無爲，而名齋云。

（二二）《橘林集》十六卷、《後集》十五卷，密州教授石悉敏若撰。……其人與文皆不足道也。

集僅二册，而卷數如此，麻沙坊本往往皆然。

（二三）《竹隱畸士集》四十卷，右文殿修撰韋城趙鼎臣承之撰。元祐甲科，紹聖宏詞。又自號葦溪翁。其孫綱立刊於復州。本百二十卷，刊止四十卷而代去，遂止。[一]

這是《直齋書録解題》中記載版本條目最多的一卷，凡收文集百二十部，其中有二十三條解題論及到版本。但第二一條解題，盧文弨《新訂直齋書録解題》稿本至『故號寶晉齋』止，無『蓋由得謝東山』以下文字，元抄殘本、馬端臨《文獻通考·經籍考六十四》此條引陳氏《書録》亦無此數句。從文義看，上文既已解釋米芾齋名之由來，以『故號寶晉齋』作結，下文不當再叙其『名齋』之由。此數句當是後人注解文字而混入正文者[二]，故叙版本者實爲二二條。這二二條版本記録，很少説明其具體的刊刻年代，多半也不提及刊刻的主體，除了一部分可能是因爲其刊刻年代與主體不可考之外，大部分應該是著録者陳振孫對它的忽略。陳振孫對它們的忽略不載，是否可以説明其對圖書版本的認識還較爲膚淺呢？或者説，是早期版本學還没有成熟的一種表現呢？我們認爲，陳振孫對版本年代、主體記載的忽略，正如同他對大多數圖書不著録版本的思想是一致的，即他的版本學思想的核心内容，不是版本的形式問

[一] 以上諸條，分別見陳振孫《直齋書録解題》卷一七，第四八八—四九三、四九六、四九八—四九九、五〇二—五〇六、五〇九—五一〇、五一六—五一七、五二〇頁。

[二] 此批注意似訂補直齋所言『號寶晉齋』之由，或即宋末程棨之『隨齋批注』而脱落其名者。

題，不是版本的時、地、人的問題，而是版本的差異與優劣的問題。此二三條著録的版本信息，幾乎都是圍繞他的這一思想進行的。如第一〇、一一兩條著録蘇軾文集的版本，其對杭本、蜀本、建安本、吉州本以及建陽麻沙書坊《大全集》本之間的差異説明，對後世考察其版本系統至爲重要。宋刻蘇軾文集，今日可考者主要是直齋此二條所載：一爲分集編次本，有杭本『東坡六集』，此爲東坡生前所定；又有蜀本『東坡七集』，即多《應詔集》一種〔一〕。二爲分類合編本，即蘇嶠建安刻本《東坡別集》四十六卷，此本不載杭本六集之外的詩文以及《志林》《雜説》之類。三爲麻沙書坊所刻《大全集》本，此本兼收《志林》《雜説》等詩文之外的著述，其中混有蘇轍（潁濱）與蘇過（小坡）之文，文字亦時有訛誤或竄入者。此外，今人對吉州張氏刻本《東坡先生別集》與蘇嶠建安刊本區別的認識，依據的也主要是直齋此條解題，即前者祇是後者的補遺。前者載有《應詔》《策論》，説明蘇嶠建安本原無《應詔集》，屬於杭本系統。我們將此與直齋同時的趙希弁《郡齋讀書附志》進行比較，更能感受到陳振孫版本思想的特點。《附志》卷下『《東坡先生別集》三十二卷、《續別集》八卷』條云：

〔一〕分集編次者，尚有《苕溪漁隱叢話後集》卷二八及宋無名氏《耆舊續聞》卷三所載居世英家刊大字本，以及明成化間程宗吉州刻本李紹序所載曹訓刻本。詳見《四庫全書總目》卷一五四《〈東坡全集〉提要》，第一三二六頁；又祝尚書《宋人別集叙録》，中華書局，一九九九年，第四〇一—四二六頁。

右《東坡先生别集》《續别集》，乃蘇公嶠刊置建安而删略者。淳祐甲辰廬陵郡庠刊。[一]

趙希弁着重要説明的是廬陵郡庠刊本的年代，在淳祐四年甲辰（一二四四），而陳振孫則着眼在該本與建安本的具體差異與優劣：『中載《應詔》《策論》』，而建安本則無『《應詔集》』；其刊刻質量則『不加考訂』。二人的版本思想有明顯的差異。直齋在比較差異的同時，往往對其優劣也有所議論，如第一、一三兩條皆如此。有的條目記載版本衹在於比較異同，如第三、八、一二、一六、一七、一八、二〇、二三等條目。其中第一七條記載的版本尤其豐富，可以説幾乎囊括了宋刻的所有版本，而叙述的内容全在於各本的區别。有的衹是記載直齋所藏此書的一個版本，似乎并没有比較什麽異同，但如果我們聯繫該條前後著録的圖書來看，就可以明白直齋的用意。如第一二條著録《河南程氏文集》十二卷，記載是『建寧所刻本』，是爲了説明此與原文上條所著録的程顥《明道集》四卷《遺文》一卷、程頤《伊川集》九卷的版本不同。有的條目則主要是品評版本的優劣，如第七條解題記載，歐集流行海内，而世無善本[二]，周必大編校的《歐陽文忠公集》在吉州刊出後，歐集始有定本。其後周必大之子周綸又請曾三異用新獲得的歐陽脩之子歐陽棐編次的傳家本進行校正，此本就更加『完善無遺恨』了。此本確實得到了後

[一] 趙希弁《郡齋讀書附志》，晁公武撰，孫猛校證《郡齋讀書志校證》，上海古籍出版社，一九九〇年，第一一八九頁。

[二] 如衢州刻《奏議》，韶州刻《從諫集》，浙西刻《四六集》之類；又有廬陵本、京師舊本、綿州本、宣和吉本、蘇州本、閩本等。見《四庫全書總目》卷一五三《〈文忠集〉提要》，第一三二三—一三二四頁。

人的推崇〔一〕，并非直齋虚美。又如第二二條，從《橘林集》及《後集》書僅二册而卷分三十餘，指出了麻沙本的一個共同缺點：分卷細碎貪多，同時也表明了此本即麻沙本。上述第九、一四、一九也屬於同類，既因爲個人的好惡之情，更因爲其爲該書始刻之本（屬善本）。我們瞭解了陳振孫版本思想的這一特點，也就能明白上述第四、五兩條，爲什麽連版本刊刻的時、地、人一樣都不交代，而衹是泛稱『今所刊』『今（本）』，因爲著録者關注的是版本的差異：第四條説明晏殊文集今本止有五十六卷（包括所附《年譜》一卷），較本傳所稱二百四十卷、《中興館閣書目》所載九十四卷逸去甚多，而今本吕夷簡《吕文靖試卷》則與真本大致相同。在此基礎上，我們對第八條解題末句『今光州有集本』纔能作正確解讀。前人以爲此『光州集本』指的就是陳振孫所藏的《傳家集》一百卷〔二〕，但前著『今』字，中加『有』字，此與上引第一二、一五、一七條所叙方式明顯不同，意指另外一個版本。從陳振孫著録版本的義例看，亦當指别一版本。所謂『集本』，即文集的本子〔三〕。司馬光文集原名《温國文正司馬公文集》，八十卷，紹興初劉嶠所刻，後有《司馬文正公傳家集》八十卷，爲司馬氏裔孫編刻。陳振孫所稱『今光州有集本』，當

〔一〕《四庫全書總目》卷一五三《〈文忠集〉提要》稱：『一字一句，必加考核。……其鑒别亦最爲詳允。』又云：『以（樓）鑰之博洽，而必引以爲據，則其編訂精密，亦概可見矣。』（中華書局，一九六五年，第一三二四頁）

〔二〕見于敏中《天禄琳琅書目》卷一〇『《司馬太師温國文正公傳家集》』條，江蘇廣陵古籍刻印社，一九九二年，第七九七頁；祝尚書《宋人别集叙録》亦有誤解（第三〇六頁）。

〔三〕趙明誠《金石録》卷二九屢用『集本』一詞，即指某人文集。見《金石録校證》，上海書畫出版社，一九八五年。

謂現今尚傳有光州刊刻的《温國文正司馬公文集》或《傳家集》（當爲重刊本），而不是指自家收藏的這個百卷本〔一〕。當然《書録》中也有跳出這個義例之外的，但一般都有某種特别的原因，如第六條著録《徂徠集》二十卷，爲陸游之子子遹刻於嚴州者〔二〕。此本并非祖本或初刻，亦不言其優劣差異，何以直齋也著録於此呢？這當是因爲該本後出，流傳較廣，而所載陸子遹刻書序跋述其父陸游之言『老蘇之文不能及』影響甚大，直齋對此不以爲然，因有評議，故言及此本。第一五條稱沈遼《雲巢集》及此上著録的沈遘《西溪集》、沈括《長興集》三集皆『刊於括蒼』，其根本用意似乎也在於批評該合刊本先後序次失考〔三〕。又如第二條，直齋因對田錫『憂治世而危明主』的品行與卓識的欽仰，故解題對其所著《咸平集》之書板被毁感到痛惜不已。

〔一〕陳振孫此條解題如此簡略，可能是因爲《郡齋讀書志》對劉嶠刻本有詳細説明，而直齋解題很講究避複。至於晁《志》末尾也有『今光州有集本』一句，則當是清人重刊衢本而據馬氏《文獻通考·經籍考六十三》妄補所致。《文獻通考》抄録晁、陳兩家書目，偶有因其體例不同而混合兩人之語處，此條袁本無此句可以爲證。再者據《書録解題》之義例，若此果爲晁《志》之語，則直齋必斷然捨棄或另作改寫，而不致蹈襲如此。

〔二〕《書録》所稱『新定』即嚴州，陸子遹於南宋寶慶二年（一二二六）至紹定二年（一二二九）知嚴州，是書蓋刻於此時。見《景定嚴州續志》卷二《知州題名》，《宋元方志叢刊》本。

〔三〕《直齋書録解題》卷一七『别集類中』『《長興集》四十一卷』條稱：『沈括於沈遘文通爲叔，而年少於文通，世傳文通常稱括叔。』（第五〇六頁）既爲長輩，則合集中當居首，而括蒼刊《三沈集》則以沈括次於沈遘，故直齋譏之。

不獨『别集類』如此，其他類别記載版本一般也遵循此例。如卷三『《春秋》類』著録圖書六十八部，其中四部記載有版本情況：

（一）《春秋經》一卷，每事爲一行，廣德軍所刊，古監本也。

（二）《春秋經》一卷，朱熹所刻於臨漳四經之一。其於《春秋》獨無所論著，惟以《左氏》經文刻之。

（三）《春秋繁露》十七卷，漢膠西相廣川董仲舒撰。案《隋》《唐》及《國史志》卷皆十七，《崇文總目》凡八十二篇，《館閣書目》止十卷，萍鄉所刻亦財三十七篇。今乃樓攻媿得潘景憲本，卷篇皆與前《志》合，然亦非當時本書也。先儒疑辨詳矣。其最可疑者，本傳載所著書百餘篇，《清明》《竹林》《繁露》《玉杯》之屬，今總名曰《繁露》，而《玉杯》《竹林》則皆其篇名，此决非其本真。况《通典》《御覽》所引，皆今書所無者，尤可疑也。然古書存於世者希矣，姑以傳疑存之可也。又有寫本作十八卷，而但有七十九篇。考其篇次皆合。但前本《楚莊王》在第一卷首，而此本乃在卷末，别爲一卷。前本雖八十二篇，而闕文者三，實七十九篇也。

（四）《春秋加減》一卷，稱元和十三年國子監奉勑定，不著人名。校定偏旁及文多寡，若《五經文字》之類。此本作小襀册，才十餘板。前有『睿思殿書籍印』，末稱『臣雩校正』。蓋承平時禁中

書也，不知何爲流落在此。[一]

第一、二、四諸條皆不言版本差異，但因第一條出自『古監本』，其爲善本可知也，故著録焉；第二條則因直齋特别推崇朱子，出自名家校刻，其爲善本亦可知也，故亦著録焉[二]；第四條則因追念北宋承平時期稀見宫中刊本而著録之。此三條雖不曾比較版本差異，而對版本優劣之品評却已包含其中。剩下的第三條，其内容則幾乎全在説明萍鄉刻本、樓攻媿本、寫本三個本子的篇卷差異。

陳振孫這種關注版本差異與優劣的思想，與早期版本學的發展是非常契合的。版本學形成的關鍵因素，是版本衆多而又互有差異、優劣有别，特别是内容文字上的差異優劣，這也是學者士子所關心的根本所在。因此，陳振孫在撰寫《直齋書録解題》時確定了以版本差異優劣爲核心内容的著録義例。至於刊刻的主體、地點以及年代，它衹是區别版本的一個符號，而不可能像後世那樣在歷經久遠、多所湮没、殘缺不全的情况下轉而成爲研究的主要内容。尤其像刊刻的年代問題，由於雕版業在南宋的發展，整體上遠遠超過了北宋，南宋後期的藏書家及學者接觸的圖書大多都是南宋刊刻的，其年代相距并不很遠，對版本優劣的判斷幾乎没有什麽影響，因此陳振孫在《直齋書録解題》中對版本的年代多所

[一] 以上四條，分别見陳振孫《直齋書録解題》卷三，第五一、五五、五七—五八頁。

[二] 如《直齋書録解題》卷九『儒家類』收書七十餘部，記版本者有九條，而涉及朱熹的就有《周子通書遺文遺事》等四條，皆無關於異同比較。

忽略，這在早期版本學發展中，并不是什麽重要缺點。當然，陳振孫也非全然不問版刻的年代、主體、地點，對於歲月久遠、稀見貴重之本，如『古監本』、北宋『禁中』本、名家刊本、『北方板本』等〔一〕，也時有著録。這一方面表現的是一個藏書家對稀見之本的企崇心結，另一方面也表現了陳振孫對北宋承平之世的嚮往之情。

一部《直齋書録解題》，由於它著録圖書的衆多，由於它叙録内容的精當，也由於它是清代以前碩果僅存的兩大私家解題目録之一，就决定了該書及其著者陳振孫在我國古代文化史上，尤其是在古代目録學史、版本學史、藏書史上卓爾不群的地位。不僅如此，陳振孫還有着很科學的目録學理論，他創立的一些目録學的義例，對古代目録學的發展曾産生過重要的推動作用，對現代目録學理論的形成也有着不可忽略的作用。相信隨着對《直齋書録解題》研究的深入，該書獨特而豐富的文獻學價值將會得到進一步的認識與發掘。

（原載《北京大學中國古文獻研究中心集刊》第七輯，北京大學出版社，二〇〇八年）

〔一〕如《直齋書録解題》卷八『目録類』《釋書品次録》條即指出此『蓋北方板本也』。同類《隸釋》條又云：『年來北方舊刻不可復得，覽此猶可慨想。』（第二三七、二三六頁）

《直齋書録解題》佚文辨正

陳振孫《直齋書録解題》是我國古代最重要的解題目録之一，惜其命運多舛。元明以還，流傳甚微，至清代乾隆間修《四庫全書》，館臣已經不見其踪，於是從《永樂大典》中將此書輯録出來，析爲二十二卷，以武英殿聚珍版印行，世人始得復見陳氏《書録》之全貌。四庫館臣的這個輯本不僅依據了《永樂大典》，而且還較全面地利用了另外一種重要文獻，即馬端臨的《文獻通考·經籍考》。因此，從輯佚角度看，這個輯本可謂是相當完備了。此爲四庫館臣不可磨滅之功績〔一〕。但古書輯佚，難在搜羅完備與真僞辨别。作爲輯本，其以非佚爲佚與文字遺漏也都在所難免。如《直齋書録解題》卷一〇『農家類』著録：

〔一〕《直齋書録解題》輯本由清江蘇無錫鄒炳泰校纂而成，詳見鄒炳泰《午風堂叢談》卷一、卷二，清嘉慶五年（一八〇〇）刻《午風堂全集》本。

《秦少游蠶書》一卷，見少游《淮海集》第六卷。序略曰：予閒居，婦善蠶，從婦論蠶，作《蠶書》。考之《禹貢》，揚、梁、幽、雍不貢繭物，兖篚織文，徐篚玄纖縞，荆篚玄纁璣組，豫篚纖纊，青篚檿絲，皆繭物也。而桑土既蠶，獨言於兖，然則九州蠶事，兖爲最乎？予游濟、河之間，見蠶者豫事時作，一婦不蠶，比屋詈之，故知兖人可爲蠶師。今予所書，有與吴中蠶家不同者，皆得之兖人也。

案：此條《文獻通考》引陳氏之言。原本脱，今補入。〔一〕

據館臣按語，知此條非出於《永樂大典》，而是據《文獻通考·經籍考四十五》「農家類」所載補入〔二〕。但各本《文獻通考》此條并未標注「陳氏曰」，亦即未曾注明是采自陳氏《書録》，館臣視爲佚文補入輯本，頗爲無據。清盧文弨對此早有駁正，其《新訂直齋書録解題》農家類《蠶書》條校曰：「館本此下增《秦少游蠶書》一條，云據《通考》補入。按《通考》此條并無「陳氏曰」三字，且標題已與此書不類，其云「見少游《淮海集》第六卷」，即此一句，更見非陳氏所登，陳氏未嘗分一書另見也。」〔三〕盧氏據《直齋書録解

〔一〕陳振孫撰，徐小蠻、顧美華點校《直齋書録解題》卷一〇「《秦少游蠶書》一卷」條，上海古籍出版社，一九八七年，第二九五頁。「比屋詈之」句下逗號原誤作句號，今改正。

〔二〕馬端臨撰，華東師大古籍研究所標校《文獻通考·經籍考》卷四五「秦少游《蠶書》」條，華東師範大學出版社，一九八五年，第一〇三八頁。

〔三〕參見何廣棪《陳振孫之子學及其〈直齋書録解題〉子録考證》，潘美月、杜潔祥主編《古典文獻研究輯刊》四編，花木蘭文化出版社，二〇〇七年，第一五五—一五六頁。

題》無此别裁之例，否定此爲陳氏《書録》原本著録之書，甚確。我們從此條文字内容也可窺見此條屬於馬氏輯録之體，而非陳氏解題所當有。馬氏《經籍考》主要是采録晁公武《郡齋讀書志》與陳氏《書録》而成的，同時還采用了《崇文總目》《中興館閣書目》等多家書目文獻及其自家藏書序跋。凡據書目文獻輯録者，皆標注『某氏曰』『某書曰』等字樣以明文獻來源，據家藏圖書著録者，一般都是節録其序跋或雜引某人之語而已。如《經籍考》卷一六、一七兩卷爲小學類，未標注『某氏曰』者即有司馬光《名苑》、僧鑒聿《釋鑒聿韵總》五篇、王雱《王元澤爾雅》、謝季澤《正字韵類》、《閣本法帖》十卷、程端蒙《小學字訓》六種，除末一種稱引『朱子曰』之外[一]，其他各條皆大幅節録序跋之文，而無任何馬氏自己的評介之語，但《直齋書録解題》則罕有此例。此條『《秦少游蠶書》一卷』，解題祇是大幅移録秦少游的序文，而無陳氏片言隻字，殊不合陳氏解題之例。今點校本當删汰此條。

四庫輯本之遺漏，盧文弨據《直齋書録解題》原書之殘抄本及《文獻通考·經籍考》補輯較富[二]，點校本於此多有采納。但盧氏亦有以不佚爲佚而誤補者，今之點校本亦沿襲其誤而未察。如《書録》卷一二『釋氏類』著録『《釋書品次録》一卷』，校曰：

〔一〕朱熹《晦庵先生朱文公文集》卷五〇《答程正思》，《四部叢刊初編》景明嘉靖刻本，第一二三册，第三四頁。

〔二〕盧文弨《新訂直齋書録解題》，稿本，藏上海圖書館（索書號：T6694－709）。

今案：此條據盧校本補。盧校注：文弨案《通考》補。題唐僧從梵集。末有黎陽張翬跋，稱大定丁未，蓋虜中版本也。〔一〕

此條見《通考·經籍考五十四》『釋氏類』，確實標明了『陳氏曰』，但此條并非佚文。《直齋書録解題》卷八『目録類』著録曰：『《釋書品次録》一卷，題唐僧從梵集。末有黎陽張翬跋，稱大定丁未。蓋虜中板本也。』〔二〕文字與《通考》所引全同，衹是圖書歸類有别。我們知道《通考·經籍考》著録圖書時，并不是完全沿襲所采用的書目文獻原先的歸類，而是對圖書的歸類進行了部分的調整。如《通考·經籍考十七》『小學類』據陳氏《書録》著録的《補注蒙求》八卷、《兩漢蒙求》十卷、《十七史蒙求》二卷、《班左誨蒙》三卷、《趙氏家塾蒙求》二十五卷、《宗室蒙求》二卷、《幼學須知》五卷八種，陳氏《書録》原本著録在『類書類』，而《法帖釋文》十卷、《法帖要録》十卷、《金壺記》一卷、《飛白叙録》一卷、《法帖刊誤》二卷、《籀史》二卷、《絳帖評》二十卷、《蘭亭博議》十五卷、《蘭亭考》十二卷、《法書撮要》十卷、《書苑菁華》二十卷十一種，陳氏原本則著録在『雜藝類』，四庫輯本如此，李盛鐸木犀軒傳録的《書録》

〔一〕陳振孫《直齋書録解題》卷一二《釋書品次録》一卷』條，第三五八頁。

〔二〕陳振孫《直齋書録解題》卷八《釋書品次録》一卷』條，第二三七頁。

舊抄殘本亦如此〔一〕。據此可知，《通考·經籍考五十四》「釋氏類」著録「《釋書品次録》一卷」，衹是對陳氏歸類的一個調整，《書録》原本著録於「目録類」没有疑問，《書録》舊抄殘卷「釋氏類」不著録「《釋書品次録》」亦可爲證。由於《通考》輯録此條時未依照《書録》置於「目録類」，而是改入「釋氏類」，盧文弨於兩書比勘時但見《書録》「釋氏類」不載此書，遂以爲輯本佚之，故補入《新訂直齋書録解題》「釋氏類」中。今整理者當於「釋氏類」删去此書。

清代盧文弨之後，臺灣何廣棪先生續有補輯，亦有收穫。近又見張守衛先生發表《〈直齋書録解題〉佚文八條》一文〔二〕，别開蹊徑，多有發現。張文從《通考·經籍考》中共輯出八條佚文，數量不少，由於這是在前人輯佚成果之外的輯補，因此更顯得珍貴了。但張文在佚文的甄辨方面，還有一些可推敲之處。其所輯八條佚文，前六條是可信的，但後兩條却不能稱爲《書録》的佚文，今亦略爲考辨如下：

原文第七條：「《古今故事録》二十卷。」《通考·經籍考五十五》類書類引「陳氏曰」：「知建昌軍金

〔一〕李盛鐸木犀軒抄本藏北京大學圖書館，上册封面題：「癸巳（光緒十九年，一八九三）正月從繆筱珊前輩借宋蘭揮藏舊抄殘本過録。木齋記。」（索書號：LSB/8111）

〔二〕張守衛《〈直齋書録解題〉佚文八條》，《中國典籍與文化》二〇〇八年第一期。

陵閻一德撰。』〔一〕從著録撰人同時標明其官職與籍貫這種方式看，此『陳氏曰』云云爲《直齋書録解題》之著録是没有疑問的，但張文認爲此爲佚文，并稱『未見著録於現存的《直齋書録解題》各種傳本』〔二〕，則失於武斷。《直齋書録解題》的傳本，現有輯本系統、原本系統，以及綜合兩本的校本系統。所謂『原本系統』，指的是没有完全散佚的原書傳本系統，就筆者所知，國内圖書館仍藏有幾個重要的殘抄本。雖然四庫輯本、盧文弨新訂本與徐氏點校本確實没有著録『《古今故事録》』一書〔三〕，但在原本系統中該書并没有漏載。其中北京大學圖書館所藏二十卷木犀軒抄本以及北京師範大學圖書館所藏日本殘抄本『類書類』即著録有『《古今政事録》二十卷』一條〔四〕，解題全同馬氏《通考》。據此可知此條并非佚文，而且可知書名當作『《古今政事録》』（與《宋史》卷二〇七《藝文志六》著録的書名一致），《通考》作『故事』實爲字誤。宋樓鑰《攻媿集》卷三一載《舉閻一德綦奎趙積謙充邊郡狀》稱閻一德『著《古今政事録》以爲規警』〔五〕，亦可爲一證。至於《古今政事録》是『二十卷』，還是當如《宋志》所載作『二十一卷』，雖不

〔一〕馬端臨《文獻通考·經籍考》卷五五『《古今故事録》二十卷』條，第一二七五頁。

〔二〕張守衛《〈直齋書録解題〉佚文八條》，第一二〇頁。

〔三〕何廣棪先生已指出清盧文弨《直齋書録解題》重輯本及徐小蠻、顧美華點校本缺載此條（《陳振孫之生平及其著述研究》，文史哲出版社，一九九三年，第四一四—四一五頁）。

〔四〕詳見何廣棪《陳振孫之生平及其著述研究》，第四〇六—四二五頁；拙著《陳振孫評傳》，南京大學出版社，二〇〇六年，第三三〇頁。

〔五〕樓鑰《攻媿集》卷三一《舉閻一德綦奎趙積謙充邊郡狀》，《四部叢刊初編》本，第九册，第六頁下。

能定其衍脱，却可知《直齋書録解題》著録該書原本即作『二十卷』。

原文第八條：『《絳守園池記注》一卷。』此條頗爲複雜。《通考·經籍考六十》『別集類』著録有『《樊宗師集》一卷、《絳守園池記注》一卷』〔一〕，解題采録了兩條『陳氏曰』，而輯本《直齋書録解題》卷一六『別集類上』『《樊宗師集》一卷、《絳守園池記注》一卷』下僅有前一條解題〔二〕，而没有後一條文字。張文認爲前一條是《樊宗師集》一書的解題，後一條則是《絳守園池記注》一書的解題，輯本佚去了此條。何以《書録》同一條著録會有兩篇解題呢？顯然張氏也意識到這是一個不可調和的矛盾，於是作了這樣的解釋：『因二書爲同一著述之人，《絳守園池記注》解題佚失之後，後人便合二書解題於同一條之内，而祇存上一段《樊宗師集》解題了。』〔三〕我們理解張文的意思是説：原本《樊宗師集》與《絳守園池記注》并非著録在一起，而是分別著録的，後來《絳守園池記注》一書的解題亡佚了，後人纔將『《絳守園池記注》一卷』的著録移到『《樊宗師集》一卷』下，於是有了輯本中兩書共一條解題的情形。這個理解不管是否符合張文的原意，但祇有這樣解釋纔可以解决《書録》一條著録下面何以會有馬氏輯録的兩條解題的疑問。《書録》對《樊宗師集》與《絳守園池記注》二書的著録，原本是合在

〔一〕馬端臨《文獻通考·經籍考》卷六〇『《樊宗師集》一卷、《絳守園池記注》一卷』條，第一三七〇—一三七一頁。

〔二〕陳振孫《直齋書録解題》卷一六『《樊宗師集》一卷、《絳守園池記注》一卷』條，第四八〇頁。

〔三〕張守衛《〈直齋書録解題〉佚文八條》，第一二〇頁。

一條之内，還是分開著録的，這是一個重要問題，可惜張文衹是提出了一個符合自己觀點需要的假設，而未作任何論證。我們從多方面考察來看，《樊宗師集》與《絳守園池記注》二書，《書録》原本就是著録在一起的。

首先，《書録》原本的舊抄殘卷（盧文弨稱爲「元本」）「别集類」著録二書即合爲一條，四庫輯本著録相同，《通考·經籍考》著録也是如此，我們看不到任何「佚失」的痕迹。

其次，《直齋書録解題》著録同一著者的著作，原本就有二書合爲一條之例，如「春秋類」著録陳傅良的「《止齋春秋後傳》十二卷、《左氏章指》三十卷」，「語孟類」著録張栻的「《南軒論語説》十卷、《孟子説》十七卷」，「别史類」著録李延壽的「《南史》八十卷、《北史》八十卷」，「别集類」著録「《李義山集》八卷、《樊南甲乙集》四十卷」，皆二書合爲一條著録。由此看來，《書録》將二書著録在同一條，當是原本如此，而非因其解題亡佚後人纔有此合并。若原本如此著録，則直齋不可能爲之作兩條解題，意即《通考》所采後一條解題，不是《直齋書録解題》的文字。

即便不認可二書著録在同一條内爲原本如此，那麽，分别著録二書時「《絳守園池記注》一卷」又應該入於哪一類呢？就其性質而言，注疏、音釋一類的著作是跟隨音注之對象而歸類的，那麽，《絳守園池記注》自然也應該歸入别集類。直齋著録同類著作，皆按其年代先後爲序，而注解類則隨所注之對象。若然，「《絳守園池記注》一卷」當與「《樊宗師集》一卷」先後排列。直齋作解題，有承前省略之例，其同一著者，或相關著作，前面已作説明，其後解題則從簡從略，二者是不會重複的。但馬氏所録這兩條解題，其文義則大體相近。爲了便於比較，今仍移寫張文所録兩條『陳氏曰』於下：

陳氏曰唐諫議大夫南陽樊宗師紹述撰。韓文公爲《墓志》，稱《魁紀公》三十卷，《樊子》三十卷，詩文千餘篇。今所存纔數篇耳，讀之殆不可句。有王晟者，天聖中爲絳倅，取其《園池記》章解而句釋之，猶有不盡通者。孔子曰『辭達而已矣』，爲文而晦澀若此，其湮没弗傳也宜哉。

陳氏曰《國史補》云，元和之後，文章則學奇於韓愈，學澀於樊宗師。退之作樊《墓志》，稱其爲文不剽襲。觀《絳守居園池記》，誠亦太奇澀矣。本朝王晟、劉忱皆爲之注解，如『瑶翻碧瀲』『鬼眼湏耳』等語，皆前人所未道也。歐陽公跋，絳守居（原誤録作『句』）偶來登覽，周四隅異哉，樊子怪，可吁心欲獨去，無古初窮荒探幽，人有無一語詰曲，百盤紆孰云。已出不剽襲，句斷欲學《盤庚》書。[一]

兩者相較，至少可以看到有三處文義或文字的重複：一、『韓文公爲《墓志》』與『退之作樊《墓志》』；二、『有王晟者，天聖中爲絳倅，取其《園池記》章解而句釋之』與『本朝王晟、劉忱皆爲之注』；三、『(《園池記》)猶有不盡通者……爲文而晦澀若此』與『觀《絳守居園池記》，誠亦太奇澀矣』。這樣重複

[一] 張守衛《〈直齋書録解題〉佚文八條》，第一二〇頁。按：原録文『觀絳守居《園池記》』標點有誤，今改正。

的解題，在陳氏《書録》中是没有他例的。若其先後相次，則更無可能如此不避重複地爲之解題。而從解題内容看，今本《書録》的一條解題，前半言《樊宗師集》，後半言《絳守園池記注》，已經涵蓋了兩部書，也無需馬氏所引另一條文字而後足。

馬氏所引後一條解題，若不是陳振孫《直齋書録解題》的佚文，又是何人所作呢？馬氏又何以稱作『陳氏曰』呢？追溯其源，其文當出自《朱文公校昌黎先生集》卷三四《南陽樊紹述墓志銘》注引洪興祖之語：

洪曰：《國史補》云：『元和之後，文章則學奇於韓愈，學澀於樊宗師。』退之作樊《墓志》，稱其爲文不剽襲。觀《絳守居園池記》，誠然，亦太奇澀矣。本朝王晟、劉忱皆爲之注解，如『瑶翻碧瀲』『鬼眼澒（按原誤作『傾』）耳』等語，皆前人所未道也。歐陽公跋《絳守居園池》語云：『元和文章之盛極矣，其奇怪至於如此。』又詩曰『嘗聞紹述絳守居，偶來登覽周四隅（按原誤作『偶』）。異哉樊子怪可吁，心欲獨去無古初。窮荒探幽入有無，一語詰曲百盤紆。孰云已出不剽襲，句（按原誤作『包』）斷欲學《盤庚》書』云云。〔一〕

〔一〕王伯大編《朱文公校昌黎先生集》卷三四《南陽樊紹述墓志銘》，《四部叢刊初編》景元刻本第七册，第一頁。參見《四庫全書總目》卷一五〇《〈別本韓文考異〉提要》，中華書局，一九六五年，第一二八八頁。

此「洪曰」，據卷首所載「昌黎先生集諸家姓氏」，乃指洪興祖（一〇九〇—一一五五）《韓子年譜》與《韓文辨證》，《年譜》今有傳本〔一〕，不載此文，則出於《辨證》可知〔二〕。以洪文與馬氏引文比較，除傳寫造成的「傾」「偶」「包」三個誤字外，洪文「誠」下多「然」字，「歐陽公跋絳守居」下尚有「園池語云元和文章之盛極矣其奇怪至於如此又詩曰嘗聞紹述絳守居」二十九字，皆當從之。再從洪氏所采原書考察一下：《國史補》已佚，據《海録碎事》卷一八所引《國史補》佚文，「學澀於樊宗師」下尚有「歌行則學放於張籍」等數十字〔三〕。歐陽公跋《絳守居園池記》，見於《歐陽文忠公集》卷一四二《集古録跋尾九》，原文「元和」下有「之際」二字，又「奇怪」作「怪奇」〔四〕。歐陽公詩則見於《歐陽文忠公集》卷二《居士集二·古詩二十首》，原爲十二韵古詩，此僅截取了前八句，而「探幽」原作「搜幽」〔五〕。《通考》之删削、異文多同於此處「洪曰」，可證馬氏輯録非出於原書，而是來自《朱文公校昌黎先生集》。馬氏輯録源於《朱文公校昌黎先生集》還有一個旁證，即《通考》在兩條「陳氏曰」之後尚輯録有「後山陳氏曰」一條，其文字也全同於《朱文公校昌黎先生集》所載《南陽樊紹述墓志銘》卷首「補注」所引陳師道《後山詩話》。馬氏所采第

〔一〕洪興祖《韓子年譜》六卷，《粤雅堂叢書》本。

〔二〕按洪興祖《韓文辨證》八卷，《郡齋讀書志》卷四下（袁本）、《宋史》卷二〇八《藝文志七》有著録，今佚。

〔三〕葉廷珪《海録碎事》卷一八「文章風尚」條，臺灣新興書局，一九六九年影印明萬曆刻本，第一七頁下。

〔四〕歐陽脩《歐陽文忠公集》卷一四二《集古録跋尾九·唐樊宗師絳守居園池記》，《四部叢刊初編》景元刻本，第三二册，第一頁上。

〔五〕歐陽脩《歐陽文忠公集》卷二《居士集二·絳守居園池》，第二册，第三頁。

二條『陳氏曰』與第三條『後山陳氏曰』皆見於同一書之同一篇注釋，我們當然有理由相信：《通考》此條是直接采自《朱文公校昌黎先生集》之注文〔一〕。祇是《通考》在後來傳寫中又涉下文『絳守居』而脱去二十九字，遂致使歐公題詩僅有七句，并成了《絳守居跋》中的文字而被後人點得支離破碎。

既然明確了此條解題全出於《朱文公校昌黎先生集》所采『洪曰』一段文字〔二〕，則更可以確認此非陳氏《書録》之文。何也？雖然陳振孫也能够采用這些文獻，但若爲直齋采用，則必不隱没其出處，而且這樣大幅全文照録而不加任何變化的解題，在《直齋書録解題》中更没有别的例證，而這却正好符合馬氏《經籍考》『輯録體』的特徵。

再者，我們從馬氏標注文獻來源的行文體例上也可以判别：後一條『陳氏曰』不是源自陳氏《書録》。《通考》在同一條中多次徵引同一文獻時，第一次標注『某氏曰』或『某書』『某書曰』，第二次、第三次稱引則稱『又曰』或『又云』。如《通考·經籍考七十五》總集類『《皇朝文鑒》一百五十卷』解題引『《朱

〔一〕《朱文公校昌黎先生集》（有宋理宗寶慶三年（一二二七）王伯大自序）多參考宋魏仲舉編《五百家注昌黎文集》（初刻於宋寧宗慶元六年（一二〇〇）），此條文字或即本於《五百家注昌黎文集》，我們比較該書此條異文『文筆』『無有』及『補注』等（《景印文淵閣四庫全書》本），可知馬氏輯録并非直接采自此《五百家注》。

〔二〕《五百家注昌黎文集》引『洪曰』僅至『皆前人所未道也』止，『歐陽公跋』上别有『補注』二字，據此，疑『歐陽公跋』以下文字非洪氏所有。

子語録》』，後兩條文字則稱『又曰』『又曰』；同條又引『水心葉氏曰』，再引亦稱『又曰』〔一〕。通觀全書，同條之内絶無重複稱引『某氏曰』者〔二〕，若此條所輯録的兩條文字同出自陳氏《書録》，則後一條當作『又曰』或『又云』，而不得皆稱『陳氏曰』，其第二條『陳氏曰』有誤確然無疑。

至於何由而致誤，却難以判定。《通考》稱引諸家文獻，晁氏《郡齋讀書志》與陳氏《直齋書録解題》因爲是馬氏的主要依據，故一般徑稱『晁氏曰』『陳氏曰』；稱引其他文獻，則一般在姓氏之前冠以別號以示區別，如『東坡蘇氏曰』『潁濱蘇氏曰』『山谷黄氏曰』『勉齋黄氏曰』『石林葉氏曰』『水心葉氏曰』『長樂劉氏曰』『後村劉氏曰』。但《通考》偶爾也有僅稱姓氏而不加別號者，如《經籍考十五》禮類『《朱文公家禮》』條即引『李氏曰』，《經籍考四十三》小説家類『《東軒筆録》十五卷』條亦稱『王氏曰』，《經籍考四十四》小説家類『《碧雲騢》一卷』條又稱『邵氏曰』『李氏曰』〔三〕。我們據此推測，『陳氏曰』致誤的最大可

〔一〕馬端臨《文獻通考·經籍考》卷七五『《皇朝文鑒》一百五十卷』條，第一七八九—一七九一頁。

〔二〕點校本《文獻通考·經籍考》僅有一處，即醫家類『《産寶諸方》一卷』下有兩條『陳氏曰』并列（見卷五〇，第一一五七頁），但此爲錯簡所致，後一條『陳氏曰』實爲前文『《集效方》一卷』的解題。按：點校本底本爲清武英殿刻本，檢殿本實不誤，蓋點校本誤將殿本第一一二、一一三、一一四、一一五頁逆序接於第一一一頁下，遂使第一一二頁首行『陳氏曰南康守李觀民集』誤置於第一一三頁末『陳氏曰不著名氏』云云之後（此承賢棣陳天澍告之）。《景印文淵閣四庫全書》本亦不誤。

〔三〕以上各條，分別見馬端臨《文獻通考·經籍考》，第三七〇、一〇一一、一〇一六、一〇一七頁。

能，當是由『洪氏曰』或『東齋洪氏曰』涉上下文『陳氏曰』脱誤而成〔二〕。

《直齋書録解題》輯本的文字辨正，尚有繼續研究的空間，尤其是四庫館臣據《文獻通考・經籍考》校補的文字，由於馬氏輯録時時有改動，故據之補改的文字是否符合陳氏《書録》原貌，便值得多加斟酌。

（原載《古典文獻研究》第十二輯，鳳凰出版社，二〇〇九年）

〔二〕按洪興祖《韓子年譜》卷首引言落款自稱『荆林東齋洪興祖書』。又按：《文獻通考・經籍考七十五》總集類『《文苑英華》一千卷』條引『王氏《揮麈録》曰』（第一七七三頁），《景印文淵閣四庫全書》本脱漏作『王氏曰』，故此條亦有可能原作『洪氏《辨證》曰』，而傳寫誤脱作『陳氏曰』。

宋代私家藏書之冠——陳氏山房

我國私家藏書，發軔於春秋戰國時期。隨着社會的發展，文獻的積累，私家藏書也漸具規模，漢末蔡邕藏書已多達萬卷〔一〕。至南朝蕭梁時期，復有多達二三萬卷者。如沈約『好墳籍，聚書至二萬卷』〔二〕，蕭勱『聚書至三萬卷』〔三〕。同時私家藏書目録亦隨之而起。《梁書·任昉傳》載：『自齊永元以來，秘閣四部，篇卷紛雜，昉手自讎校，由是篇目定焉。……昉墳籍無所不見，家雖貧，聚書至萬餘卷，率多異本。昉卒後，高祖使學士賀縱共沈約勘其書目，官所無者，就昉家取之。』〔四〕這是史籍中記載有藏家姓名可考的最早的私家藏書目録。其後，隨着唐宋大一統格局的形成與雕版印刷術的發明流行，私人藏書風氣越來越盛，私家藏書規模也越來越大。據今人范鳳書考察，趙宋一代有文獻可考而其藏書在萬卷以

〔一〕張華撰，范寧校證《博物志校證》卷六：『蔡邕有書萬卷，漢末年載數車與王粲。』（中華書局，二〇一四年，第七一頁）按：此或有小說家言的性質。

〔二〕姚思廉《梁書》（修訂本）卷一三《沈約傳》，中華書局，二〇二〇年，第二七〇頁。

〔三〕李延壽《南史》（修訂本）卷五一《蕭勱傳》，中華書局，二〇二三年，第一三七七頁。

〔四〕姚思廉《梁書》（修訂本）卷一四《任昉傳》，第二八二頁。

上者，就多達二百一十四人，占宋代藏書家總量的三分之一左右〔一〕。其編有藏書目録者，也不下五十家〔二〕。但宋代及以前的私家藏書目録，一般卷帙短小，一卷至三、四卷不等，大都是没有解題的簡目。若是提要目録，則可多達十卷、數十卷。如唐杜信有《東齋集籍》二十卷，據其卷數推測，應當就是解題目録。宋代李淑《邯鄲圖書志》十卷〔三〕、李德芻《邯鄲再集書目》三十卷、劉德崇《家藏龜鑒目》十卷〔四〕、

〔一〕說見范鳳書《中國私家藏書史》，大象出版社，二〇〇一年，第六二—八二頁。又參見潘美月《宋代藏書家考・緒論》，學海出版社，一九八〇年，第七頁。

〔二〕詳見范鳳書《中國私家藏書史》，第一二〇—一二七頁。今按：范氏所考共有六十四種，但其中一些并非私家藏書目録，另有兩種重複，可剔除十餘種，再據宋張邦基《墨莊漫録》卷五補畢士安、宋綬、王洙三家，尚有五十餘家。

〔三〕晁公武撰，孫猛校證《郡齋讀書志校證》卷九『《邯鄲圖書志》十卷』條，上海古籍出版社，一九九〇年，第四〇五頁。按：袁本《郡齋讀書志》卷二下作『《邯鄲圖書十志》十卷』，《皇宋文鑒》卷八六載有李淑《邯鄲圖書十志序》，《直齋書録解題》卷八、《宋史・藝文志三》、《玉海》卷五二引《中興書目》皆作『《邯鄲書目》十卷』。

〔四〕以上二家書目，均見《宋史》卷二〇四《藝文志三》（中華書局，一九八五年，第五一四七、五一四六頁）著録。劉德崇，於史無考，《宋史・藝文志》又恰巧著録在唐人與宋人之間，似乎無法斷定其爲唐人還是宋人，故潘氏《宋代藏書家考》未予收録。但我們從《新唐書・藝文志》、鄭樵《通志・藝文略》没有著録而《宋志》有著録來看，仍然能够判斷其爲宋人較爲可信。因爲《通志・藝文略》是古今圖書總目的性質，除采用《隋志》《新唐志》外（偶爾采用《漢志》），北宋官修《崇文總目》《四庫書目》（即原本《秘書省續編到四庫闕書目》）及多家北宋私藏書目（如《荆州田氏目録》《漳州吴氏書目》）皆在網羅之中（參見唐黎明、張固也《鄭樵〈通志・藝文略〉所據書目考》，《圖書館雜志》二〇一七年第一二期，第一一一—一一三頁），而《宋志》是采録《三朝》《兩朝》《四朝》與《中興四朝》四種《國史藝文志》而成的，《龜鑒目》不見於《通志》而見於《宋志》，當是采自《中興四朝國史藝文志》，則視其爲宋人書目不爲無據。且《龜鑒目》十卷，篇幅較大，若在北宋流傳，歐陽脩見之而不補入《新唐志》，可知歐陽脩未視其爲唐人；鄭樵見之，則當入《通志》，《通志》不收，則其爲南宋書目亦可推知。

董逌《廣川藏書志》二十六卷〔一〕、晁公武《郡齋讀書志》二十卷、陳振孫《直齋書録解題》五十六卷、王柏《魯齋清風録》十五卷等〔二〕，都是私家解題目録。惜除晁公武、陳振孫兩家外〔三〕，其他諸家解題皆已亡佚，其詳情已不得而知。我們從卷數上看，無疑當以陳氏《書録》爲最巨。從著録的圖書數量看，陳氏《書録》也是此前私家藏書目録收録圖書最多的一家——凡五萬一千一百八十餘卷。

從唐代藏書情况看，私家藏書無有過三萬卷者〔四〕。北宋最著名的藏書家當首推李淑與宋綬。陸游跋京本《家語》云：『本朝藏書之家，獨稱李邯鄲公（指李淑）、宋常山公（指宋綬），所蓄皆不減三萬卷。』〔五〕此稱二家藏書不少於三萬卷。宋氏藏書之精更是受到後人的稱賞。如葉氏《過庭録》云：『公卿名藏書家如宋宣獻、李邯鄲，四方士民如亳州祁氏、饒州吴氏、荆州田氏等，吾皆見其目，多止四萬許

〔一〕脱脱等《宋史》卷二〇四《藝文志三》，中華書局，一九八五年，第五一四七頁。按：點校本脱『卷』字，今據文例及《直齋書録解題》卷八補（陳振孫撰，徐小蠻、顧美華點校《直齋書録解題》卷八『目録類』，上海古籍出版社，一九八七年，第二三三頁）。

〔二〕王柏《魯齋王文憲公文集》卷九《魯齋清風録》，《續金華叢書》本，第七頁上至第八頁上。

〔三〕袁本《郡齋讀書志》尚附有趙希弁《讀書附志》一卷。

〔四〕唐代藏書三萬卷者，有蘇弁（柳宗元《河東先生集》卷一二《先君石表陰先友記》稱蘇弁『好聚書，至三萬卷』，宋廖氏世彩堂刻本，第一六頁下）、李泌（韓愈《昌黎先生集》卷七《送諸葛覺往隨州讀書》云：『鄴侯家多書，插架三萬軸。』宋廖氏世彩堂刻本，第二〇頁下）。唐馮贄《雲仙雜記》序稱家有『九世所蓄典籍，經史子集二十萬八千一百二十卷』（見馮贄編，張力偉點校《雲仙散録・序》，中華書局，二〇〇八年，第一五頁），此爲僞書，則其言爲虚造亦不待多辯（詳見明胡應麟《少室山房筆叢》甲部卷一《經籍會通一》，上海書店出版社，二〇〇一年，第一二頁。又參見《四庫全書總目》卷一四〇《〈雲仙雜記〉提要》，中華書局，一九六五年，第一一八六頁）。

〔五〕陸游《渭南文集》卷二八《跋京本家語》，明汲古閣刻本《陸放翁全集》本，第四頁下—第五頁上。

卷，其間頗有不必觀者。惟宋宣獻家擇之甚精，止二萬許卷，而校讎詳密，皆勝諸家。』〔一〕葉氏此處又稱宋氏藏書二萬卷。李氏藏書，也有不同記載。周密《齊東野語》卷一二云：『邯鄲李淑五十七類二萬三千一百八十餘卷。』〔二〕與陸氏所言異。不過觀《郡齋讀書志》卷九著録：

> 《邯鄲圖書志》十卷，右皇朝李淑獻臣撰。淑，若谷之子也。載其家所藏圖書五十七類。經、史、子、集，通計一千八百三十六部，二萬三千一百八十六卷。其外又有《藝術志》《道書志》《書志》《畫志》，通爲八目。〔三〕

似乎李家藏書，稱三萬、兩萬卷皆有根據：就四部著録而言，二萬三千一百八十餘卷是一個確數，但未計《藝術志》等四志著録在內，通計之則當有三萬餘卷。李淑《圖書志》十卷著録已達三萬餘卷，至其子德芻撰《邯鄲再集書目》三十卷，卷帙超過《圖書志》兩倍，其著録圖書是否有大量增加呢？王應麟《玉海·藝文·書目》『李淑《圖書十志》』條載：

> 《中興書目》：淑皇祐中撰《邯鄲書目》十卷。子德芻再集其目三十卷。淑藏書二萬八百十一

〔一〕馬端臨撰，華東師大古籍研究所標校《文獻通考·經籍考》卷一《總叙》引《葉氏過庭録》，華東師範大學出版社，一九八五年，第三三頁。

〔二〕周密撰，張茂鵬點校《齊東野語》卷一二《書籍之厄》，中華書局，一九八三年，第二一七頁。

〔三〕晁公武撰，孫猛校證：《郡齋讀書志校證》卷九『《邯鄲圖書志》十卷』條，第四〇五頁。

卷，著爲目録，凡五十七類。至是比舊少一千一卷。〔一〕王應麟所説的『至是比舊少一千一卷』，即指《再集書目》較《邯鄲圖書志》少一千餘卷。是其著録之圖書并未增多，卷帙擴大兩倍，衹是解題内容上的豐富。

北宋藏書最富者，當數荆州田氏。祝穆《方輿勝覽》卷二七『田偉』條云：

燕人，歸朝授江陵尉，因家焉。作『博古堂』，藏書至五萬七千卷，無重複者。黄魯直過之，曰：『吾校中秘書，及遍游江南，文士圖書之富，未有過田氏者。』〔二〕

黄庭堅與田氏過從甚密，其集中有多首詩涉及田氏藏書，其贊田氏藏書豐富云：『萬卷藏書多未見』〔三〕，并爲田氏『書萬卷堂以名其居』〔四〕。以黄庭堅讀書之多，交友之廣，其許爲當時藏書之冠是没有理由懷疑的。但《勝覽》稱『藏書至五萬七千卷』則頗有疑問。田氏家藏書目，《郡齋讀書志》卷九有

〔一〕王應麟撰，武秀成、趙庶洋校證《玉海藝文校證》（修訂本），鳳凰出版社，二〇一七年，第八七九頁。
〔二〕祝穆《宋本方輿勝覽》卷二七『田偉』條，上海古籍出版社，一九九一年，第二七〇頁。
〔三〕黄庭堅《豫章黄先生文集》卷一〇《入窮巷謁李材叟翘叟戲贈兼簡田子平三首》，《四部叢刊初編》景宋乾道刊本，第一七頁上。
〔四〕吴坰《五總志》，清鮑廷博《知不足齋叢書》本，第五頁下。

著録，稱其『家藏書幾三萬卷』(《文獻通考・經籍考三十四》引無『幾』字)〔一〕。兩者相差甚大。南宋另一部地理總志——王象之《輿地紀勝》卷六五對此也有記載：

> 田偉，以燕人歸朝，得江陵尉，即占籍焉。建『博古堂』，藏書三萬七千卷，無重複者。黄魯直與其子交游，曰：『文書之富，未有過田氏者。』政和中，詔求遺書，嘗上千卷，補三館之闕。〔二〕

《輿地紀勝》成書早於《方輿勝覽》十餘年，過去以爲二者没有什麽關係，但事實上祝氏編撰《勝覽》時是采用過王氏《紀勝》的，有的内容就是直接沿襲《紀勝》而來的〔三〕。觀此條記載，二書沿襲之痕迹仍清晰可見。如此説來，《勝覽》之『五萬七千卷』，實爲『三萬七千卷』之誤。『三萬七千』與葉氏《過庭録》所稱『四萬許卷』者比較一致，較爲可信〔四〕。由此看來，北宋民間各大藏書家所藏圖書，宋、李兩家在二至三萬卷之間，最多者亦不過四萬卷。

〔一〕晁公武撰，孫猛校證《郡齋讀書志校證》卷九『《田氏書目》六卷』條，第四〇七頁；馬端臨《文獻通考・經籍考》卷三四『《田氏書目》六卷』條，第八一五頁。

〔二〕王象之《輿地紀勝》卷六五，中華書局，一九九二年，第二二三一頁。

〔三〕詳見李勇先《〈輿地紀勝〉研究》，巴蜀書社，一九九八年，第九五—一三一頁。

〔四〕謝肇淛亦稱田偉藏書『至五萬七千餘卷』，其文全同於《方輿勝覽》卷二七而多一『餘』字(見《五雜組》卷一三《事部一》，上海書店出版社，二〇〇一年，第二六四頁)。是此『五萬七千餘卷』説固不足信之，而田氏後裔清末田潛所稱『有宋荆州田氏七萬五千卷堂』，則益屬誇飾之詞(見周勛初先生《唐鈔文選集注彙存・前言》，上海古籍出版社，二〇〇〇年，第一二頁)。

考察兩宋私家藏書，有文獻記載其最豐富的竟多達十萬卷。南宋王明清《揮麈録・後録》卷七載：

靖康俶擾，中秘所藏與士大夫家者，悉爲烏有。南度以來，惟葉少藴少年貴盛，平生好收書，逾十萬卷，置之霅川弁山山居，建書樓以貯之，極爲華焕。丁卯冬，其宅與書俱蕩一燎。〔一〕

周密《齊東野語》卷一二也記載説：『吾鄉故家如石林葉氏、賀氏，皆號藏書之多，至十萬卷。』〔二〕葉少藴，即南北宋之際的葉夢得（字少藴，號石林居士），原籍吴縣（今屬江蘇），卜居烏程（今浙江湖州），周密也是湖州人，故稱其爲『吾鄉故家』。兩家皆稱葉氏藏書有十萬卷，且周密還是同鄉，對其言似乎不應再有懷疑。但王明清與葉夢得并非同時代人，而周密更在百年之後者，其言是否可信，當再作考索。葉夢得對自家藏書曾有過確切的説明，其《避暑録話》卷上云：

余家舊藏書三萬餘卷，喪亂以來，所亡幾半。山居狹隘，餘地置書囊。無幾，雨漏鼠齧，日復蠹敗。今歲出曝之，閱兩旬纔畢。其間往往多余手自抄，覽之如隔世事。因日取所喜觀者數十

〔一〕王明清《揮麈録・後録》卷七『葉少藴書火於弁山』條，上海書店出版社，二〇〇九年，第一三七頁。
〔二〕周密《齊東野語》卷一二《書籍之厄》，第二一七頁。

卷，命門生等從旁讀之，不覺至日昃。〔一〕

此處明確交代南渡以前，藏書有三萬餘卷，與王明清、周密所言大異。此出何故？是否文字傳寫有誤呢？我們再看看葉夢得的《過庭録》是怎麼記載的：

惟宋宣獻家擇之甚精，止二萬許卷，而校讎詳密，皆勝諸家。吾舊所藏，僅與宋氏等，而宋氏好書，人所未見者，吾不能盡得也。自六經、諸史與諸子之善者，通有三千餘卷。讀之固不可限以數，以二十年計之，日讀一卷，亦可以再周，其餘一讀足矣。惟六經不可一日去手。吾自登科後，每以五月以後，天氣漸暑，不能泛及他書，即日專誦六經一卷，至中秋時畢，謂之「夏課」，守之甚堅。宣和後始稍廢，歲亦必一周也。〔二〕

此稱「吾舊所藏，僅與宋氏等」，而宋氏藏書「止二萬許卷」，則葉氏藏書也在二萬卷左右。此可證前文「三萬」絶無可能爲「十萬」之誤，若可能有誤，也祇能是「二」字之誤。不論「三萬」是否可能字訛，要之，葉氏藏書在二三萬之間。那麼此處是否還别有他解呢？有學者考察上述不同記載後認爲：

〔一〕葉夢得撰，徐時儀整理《避暑録話》卷上，大象出版社，二〇一九年，第八頁。

〔二〕馬端臨《文獻通考·經籍考》卷一《總叙》引《葉氏過庭録》，第三三—三四頁。按：《直齋書録解題》卷一〇著録：「《石林過庭録》二十七卷，葉夢得與諸子講説者，其中子模編輯之。」（第三一〇頁）《宋史》卷二〇五《藝文志四》著録：「葉模《石林過庭録》三十七卷。」（第五二一一頁）

葉氏家舊藏書三萬餘卷，靖康之變，海内俶擾，中秘所藏與士大夫家，悉爲烏有。高宗南渡，北方爲金元所蹂躪，南方亦士氣不振，文學凋零，圖籍散佚，藏書者寥寥可數。惟葉夢得，平生好收書，逾十萬卷，置之霅川弁山，建書樓以貯之。既没，守者不謹，其宅與書俱蕩一燎，散失殆盡。[一]

這是説葉家過去藏書有三萬餘卷，遭喪亂南渡之後，國家和士大夫藏書一時化爲烏有，繼續收藏者寥寥無幾，唯有葉夢得不改平生喜好，繼續大力收藏，後來又聚至十萬餘卷，更勝疇昔。但觀葉氏所叙，《避暑録話》所謂『余家舊藏書三萬卷』，即《過庭録》所言『吾舊所藏』，指的都是葉夢得南渡前的藏書，那是葉氏藏書的鼎盛時期。南渡後葉氏藏書是否有大幅增添呢？葉文中看不出任何蛛絲馬迹。另外，我們再從葉氏生活年代上來考察一下。葉夢得生於神宗熙寧十年（一〇七七），卒於高宗紹興十八年（一一四八）[二]。其《避暑録話》撰成於高宗紹興五年（一一三五）[三]，是年且六旬的老人了，我們從其文字中感受到的是恍若隔世的唏嘘，而看不出任何意欲重現昔日輝煌的意氣，更遑論後來葉氏要在

[一] 潘美月《宋代藏書家考》，學海出版社，一九八〇年，第一四二頁。范鳳書也持有相同觀點，見《中國私家藏書史》，大象出版社，二〇〇一年，第一〇三頁。

[二] 葉夢得，傳見《宋史》卷四四五《文苑傳七》，第一三一三二—一三一三六頁。

[三] 《直齋書録解題》卷一一『小説家類』著録：『《避暑録話》二卷，葉夢得紹興五年所作。』（第三四二頁）

短短十三年的餘生中，收藏到超出北宋承平時藏書數倍的規模。況且葉氏此後的歲月，多半是在抗金的戎馬奔波中度過的〔一〕，根本無暇四處訪書購書，因此在這期間再大規模收藏是根本不可能的，後人的所謂『逾十萬卷』，顯然也衹是一種傳聞誇飾之詞。

周密所稱宋代藏書十萬卷的另一人爲『賀氏』，一般以爲指賀鑄。推測其理由有二：一是賀鑄藏書、校書在北宋末大有聲名，而未聞别家賀氏有善藏書者。如宋張邦基《墨莊漫録》卷五載：

藏書之富，如宋宣獻、畢文簡、王原叔、錢穆父、王仲至家及荆南田氏、歷陽沈氏，各有書目……吴中曾旼彦和、賀鑄方回二家書，其子獻之朝廷，各命以官，皆經彦和、方回手自讎校，非如田、沈家貪多務得，舛謬訛錯也。〔二〕

〔一〕詳見《宋史》卷四四五《文苑七・葉夢得傳》。《宋史・高宗本紀》載：紹興元年九月『己亥，以資政殿學士葉夢得爲江南東路安撫大使，兼壽春等六州宣撫使。』紹興二年三月『戊戌，葉夢得罷』。紹興八年五月『戊申，以資政殿學士葉夢得爲江東安撫制置大使』。以上分别見第四九〇、四九六、五三六頁。紹興二年葉夢得免官，其原因，李心傳《建炎以來繫年要録》卷五二於紹興二年三月下有此推測：『案夢得之去，恐是處治韓世清事與朝廷異論。』（李心傳《建炎以來繫年要録》卷五二紹興二年三月戊戌下案語，中華書局，一九八八年，第九一八頁）從紹興二年至紹興八年起用之前，葉夢得衹是擔任提舉臨安府洞霄宫這一閑職，由於臨安（今杭州）與湖州相鄰的關係，葉夢得這段時間可能經常往返於兩地之間，因此便有了《避暑録話》中所描繪的山居讀書的生活。

〔二〕張邦基撰，孔凡禮點校《墨莊漫録》卷五『藏書之富者』條，中華書局，二〇〇二年，第一四二頁。按『各命以官』下原標句號，今改正。

二是周密文中賀氏與葉氏并稱，而葉夢得與賀鑄頗有交往，并爲之作傳。葉夢得所撰《賀鑄傳》載於其《建康集》卷八，即稱『予與方回（賀鑄字方回）往來亦極款』[一]，則此處周密所稱賀氏爲賀鑄亦不爲無據。但據張邦基《漫録》所言賀方回藏書『非如田、沈家貪多務得』，荆州田氏藏書上文已考定爲三萬七千卷，歷陽沈氏指沈立，《輿地紀勝》卷四八稱其『儲書至三萬卷』[二]，則賀氏藏書當不足三四萬，又從何而來十萬卷呢？關於賀鑄藏書之資料，最可信者還是葉夢得所撰《賀鑄傳》，亦僅稱其『家藏書萬餘卷』。因是交往密切的友人所言，當然不容置疑，故其後王稱《東都事略》卷一一六、《宋史》卷四四三本傳皆采信之，而周密『十萬卷』之説亦不攻自破。但問題是，賀鑄爲衛州（今河南汲縣）人，後久居蘇州[三]，前賢及今人并編有賀鑄年譜，載其事迹甚詳，未見其與湖州有何淵源。周密所稱『吾鄉故家』没有着落，此爲賀鑄説之疑點所在。過去筆者以爲『吾鄉故家』，或僅指葉氏而言，後見周揚波《宋代湖州藏書考述》一文[四]，對周密《齊東野語》卷一二《書籍之厄》條關於『吾鄉故家』藏書的這段文字有了新的解讀：

至若吾鄉故家如石林葉氏、賀氏，皆號藏書之多，至十萬卷。其後齊齋倪氏，月河莫氏，竹齋

[一] 葉夢得《石林居士建康集》卷八《賀鑄傳》，清宣統三年（一九一一）刻本，第一三頁上。
[二] 王象之《輿地紀勝》卷四八，第一九四五頁。沈立，詳見潘美月《宋代藏書家考》，學海出版社，一九八〇年，第八四、八五頁。
[三] 脱脱等《宋史》卷四四三《賀鑄傳》，第一三一〇三—一三一〇四頁。
[四] 周揚波《湖州藏書甲兩宋：宋代湖州藏书考述》，王紹仁主編《江南藏書史話》，上海古籍出版社，二〇〇九年，第六九六—七〇二頁。

沈氏，程氏，賀氏，皆號藏書之富，各不下數萬餘卷，亦皆散失無遺。近年惟直齋陳氏書最多，蓋嘗仕於莆，傳録夾漈鄭氏、方氏、林氏、吴氏舊書至五萬一千一百八十餘卷，且仿《讀書志》作《解題》，極其精詳，近亦散失。至如秀岩，東窗，鳳山三李，高氏，牟氏皆蜀人，號爲史家，所藏僻書尤多，今亦已無餘矣。吾家三世積累，先君子尤酷嗜，至鬻負郭之田以供筆札之用。冥搜極討，不憚勞費，凡有書四萬二千餘卷……因書以識吾過，且以示子孫云。〔一〕

正確解讀這段文字的關鍵，在於『吾鄉故家』是僅指『石林葉氏』，還是包括『賀氏』，甚至是領起全部下文。由於下文有『至如秀岩，東窗，鳳山三李，高氏，牟氏皆蜀人』之語，容易誤導讀者此段文字并非全指湖州藏書。此前筆者也已經考知齊齋倪氏（倪思）、月河莫氏（莫汲）、竹齋沈氏（沈瀛）、程氏（程大昌）、牟氏（牟巘）皆爲湖州人或寄居湖州，但仍不能確定『吾鄉故家』是否統領全段，至見楊文推考三李（李心傳、李道傳、李性傳）與高氏（高斯得）皆爲寓居湖州之藏書家〔二〕，始知此段全叙『吾鄉故家』，而以周密自叙『吾家三世積累』殿後。

〔一〕周密撰，張茂鵬點校《齊東野語》卷一二《書籍之厄》，第二一七—二一八頁。按：『解題』原未加書名號，今補正。

〔二〕按：周密《癸辛雜識》前集『吴興園圃』條載：『李鳳山參政本蜀人，後居霅。』（吴企明點校，中華書局，一九八八年，第一〇頁）李鳳山即李性傳，霅指湖州。傳世有李心傳跋文，自署稱『霅溪病叟李心傳』（倪濤《六藝之一録》卷一五八《法帖論述》，《景印文淵閣四庫全書》本）、『霅溪李心傳』（瞿鏞《鐵琴銅劍樓藏書目録》卷二一《注鶴山先生渠陽詩》，清光緒常熟瞿氏家塾刊本，第二七頁下），均可證。

既然明瞭這段文字記載的是『吾鄉』湖州的藏書盛況，那麼其中兩位『賀氏』之事迹，雖然今日已經找不到片言隻字，但其爲湖州人氏或曾寄寓湖州則是無可懷疑的了，那麼號稱藏書『十萬卷』的『賀氏』非指賀鑄也可確定了〔一〕。但問題是，我們認可『賀氏』非賀鑄，認可『賀氏』爲湖州藏書家，但并不能認定其藏書十萬卷。理由有二：一是這位藏書十萬卷的『賀氏』，不僅本身無任何文獻提及其片言隻語，而且找不出一位湖州藏書大家與其姓氏有訛誤痕迹；二是周密此處明確用語是『皆號』『十萬卷』，既言號稱，又是概數，表明周密本人也衹是沿襲舊説，則此賀氏不管是石林賀氏還是別家賀氏，其藏書『十萬卷』之説，也不過如『石林葉氏』一般，衹是傳聞誇飾之詞。没有任何一點證據表明，在南北宋之際，以至趙氏南渡以還，湖州地區有人藏書達十萬卷之多。

此外藏書有十萬卷之説者，還有南宋魏了翁之尊經閣。其《書鶴山書院始末》自述云：

> 嘉定三年春，詔郡國聘士，邛之預賓貢者比屋相望，未有講肄之所。會鶴山書院落成，乃授之館……負笈而至者襁屬不絶，乃增廣前後，各爲一堂……堂之後爲閣。家故有書，某又得秘書之副而傳録焉，與訪尋于公私所板行者，凡得十萬卷，以附益而尊閣之，取《六經閣記》中語，榜以尊經。〔二〕

〔一〕參見周揚波《宋代湖州藏書家叢辨》，《蘭臺世界》二〇一一年第二〇期，第一六頁。

〔二〕魏了翁《鶴山先生大全文集》卷四一《書鶴山書院始末》，《四部叢刊初編》景宋本，第七頁。

此叙尊經閣藏書形成過程，稱『得十萬卷』，自非虚言，但此爲鶴山書院之藏書，雖與創建者魏了翁有密切關係，但與個人藏書仍然有着顯著的區别，應歸之於另一類性質的藏書——書院藏書，而不宜與民間私家藏書等同視之〔一〕。

遍考南北兩宋文獻故家，剔除虚造誇飾之詞與王室藏書〔二〕，確實無有超過陳振孫者。但周密《齊東野語》稱直齋藏書『至五萬一千一百八十餘卷』，這個數字是否如其稱葉氏、賀氏一般，也有誇飾或傳説成分呢？比較二者用語，其實是不一樣的：葉氏、賀氏但言一個整數『十萬卷』，而且此前還冠以『號』字，表明周密本人也衹是沿襲舊説，并不很確信，但叙述陳氏藏書的數目却很具體，千、百、十都有了，表明這是一個確切的統計數字。當時陳氏藏書已經散失，周氏的這個統計數字自然應當是依據《書録解題》的著録而來的。由於周密撰寫的是筆記，没有必要費大力氣根據《書録解題》親自作此統

〔一〕范鳳書稱：『魏了翁藏書十萬卷，與葉夢得并列爲宋代藏書最多的兩大家。』（《中國私家藏書史》，第一一三頁）似有不妥。

〔二〕洪邁《容齋四筆》卷一三稱榮王宗綽『蓄書七萬卷』（孔凡禮點校，中華書局，二〇〇五年，第七九三頁），言之鑿鑿。但胡應麟《少室山房筆叢》甲部卷一《經籍會通一》却以爲：『宋世三館所藏不過四萬以上，况英宗時尚在宋初，其時板本未盛，即重複通計亦未能遽至此，《隨筆》所計謬無疑。』（第一四頁）今按：容齋之説，疑問有四：一是七萬爲推測之詞，是就他人據榮王之子於宣和中所進書目之殘帙（三帙之中帙）統計推測得之；二是應當包括有複本的重複計算；三是據宋代書目分類，其中帙一般含子部，其中類書與佛道經書卷帙較多，而其他部類卷帙則相對較小，因此亡佚之上、下二帙著録圖書的卷數當有所減少；四是徽宗宣和時曾數次下詔徵求遺書，其間獻書者不絶，若爲館閣所無，縱進一百、二百卷者亦下詔嘉賞賜官，而諸書無一詞及於榮王宗綽或其子淮安郡王仲糜。是榮王府藏書七萬仍不足爲信。參見馬端臨《文獻通考·經籍考》卷一《總序》，第三一—三二頁。

計，故推測當是周密根據《書録解題》原書序跋采録的。而我們從今本《直齋書録解題》所著録的圖書卷數上也可以得到有力的證明。有學者曾據今本《直齋書録解題》進行過細緻統計，其著録圖書總數亦在五萬左右〔一〕。此與周密所載較爲接近，考慮到今本爲輯本的原故，其間脱漏在所不免〔二〕，因而我們據此仍然可以得出這樣的結論：陳氏藏書五萬一千一百八十餘卷，這個數字是完全可信的。胡應麟稱其『足爲宋世藏書第一家』〔三〕，誠不虚矣。

陳氏藏書爲宋代私家藏書之冠，而其藏書樓名却一直不爲人知。這主要是由於除了《直齋書録解題》之外，關涉陳振孫生平的資料太少。但一九九五年北京瀚海拍賣會上一幅失踪多年的北宋張先

〔一〕陳誼《〈直齋書録解題〉研究三題》據上海古籍出版社一九八七年版徐小蠻、顧美華點校本統計，凡收書『三千四百七十六種，四萬九千四百三十一卷。與周密《齊東野語》所載之五萬一千一百八十餘卷，相差一千七百四十餘卷，實存百分之九十七』（王紹仁主編《江南藏書史話》，上海古籍出版社，二〇〇九年，第六七三頁）。

〔二〕《直齋書録解題》有出自原本的舊抄殘本凡二十卷傳世（缺經、史兩大部，子部亦缺數類），較武英殿輯本『雜藝類』多出十一種書，『釋氏類』多出兩種，『類書類』『音樂類』各多出一種（點校本已據盧文弨《新訂直齋書録解題》稿本補入）。據此可知，輯本的經、史等其他部類也會有一些脱漏。

〔三〕胡應麟説見《少室山房筆叢》甲部卷一《經籍會通一》，上海書店出版社，二〇〇九年，第一四頁。按：宋樓鑰《攻媿集》卷五二《酌古堂文集序》曾稱南宋王寔『自少至老，聚書六萬餘卷，多自讎校，爲之目甚詳。名堂以酌古，鼎彝古刻分列其下。』（《四部叢刊初編》景武英殿聚珍版，第一六頁上）此稱王寔不僅藏書達六萬餘卷，且編有書目，但這樣一位藏書富甲天下并官至太府卿者，宋代却再也無人提及，事情不免可疑。細檢《攻媿集》，其卷九九《朝議大夫秘閣修撰致仕王公（寔）墓志銘》又稱其『藏書至二萬卷，手抄爲多，號酌古居士，又以名其堂』（第一一頁下）。是此『六萬』恐亦如後人稱曾南豐一般，僅是『二萬』之誤字而已。

《十咏圖》絹畫的復出，爲人們解開了這個謎。張先是北宋仁宗時烏程（古縣名，在今湖州市）人，因其詞善用「影」字，人稱「張三影」。曾取其父張維平生所自愛詩十首，畫成《十咏圖》。傳至南宋，適值陳振孫致仕還鄉，因修撰《吴興志》，搜摭舊事，得見此圖，於是詳考其本末，并爲之撰寫長跋一篇。此事、此跋，周密《齊東野語》卷一五曾有詳細記載〔一〕。此圖曾藏於清宫，後散出不知下落，至此次拍賣會，故宫博物院以一千八百萬元的價格買回入藏。該圖爲設色絹本，圖卷後陳振孫長跋則另紙書寫，較周密所載多出文末署年數十字：

庚戌七月五日直齋老叟書，時年七十有二。後六年，從明叔借摹，并録余所跋於卷尾而歸之。丙辰中秋後三日也。

跋文署年左下方鈐有「陳氏山房之印」六字，爲篆書朱文方印〔二〕。此爲陳氏手書無疑，是迄今所見考證陳振孫生卒年最重要的材料。此處「庚戌」，爲理宗淳祐十年（一二五〇），此時直齋七十二歲，據此上推，則其生於孝宗淳熙六年（一一七九）可以確定〔三〕。不僅如此，我們據此還可得知，有宋一代私家藏

〔一〕周密《齊東野語》卷一五《張氏十咏圖》，第二七七—二八一頁。

〔二〕關於宋張先《十咏圖》之流傳及現存狀况，詳見徐邦達《北宋張先十咏圖卷》一文，載《瀚海》一九九五年秋季拍賣會特刊。

〔三〕何廣棪《陳振孫生卒年新考》，《文獻》二〇〇一年第一期，第一六〇頁。

書規模最大的湖州直齋藏書樓，原來名叫『陳氏山房』。

陳氏山房藏書不僅爲宋代私家藏書之冠，即使與朝廷官府藏書比較，也多有勝出之處。如北宋的《崇文總目》著録圖書三萬六百六十九卷，《直齋書録》較之多出二萬餘卷；南宋的《中興館閣書目》著録圖書四萬四千四百八十六卷，《直齋書録》較之也多出六千六百餘卷。陳氏山房的藏書與《直齋書録解題》著録的兩個第一，至少有這樣兩層含義：從文獻考察方面説，《直齋書録解題》由於著録圖書數量的超多，它也就成了學人考察宋代圖書及此前文獻在宋代流傳情况最有參考價值的書目，更遑論今天在北宋官修之《崇文總目》解題散佚，南宋官修之《中興館閣書目》僅有不及十一的輯本，而兩宋私家書目僅存三家的情况之下，其特别的文獻價值亦可不言而喻了；從藏書方面説，我國私人藏書，經過唐宋六百餘年的演變，從唐代作爲官府藏書的補充，至宋代與官府藏書并駕齊驅，最後發展到超越官府藏書的規模。宋代私家藏書發展的歷史，與宋代版刻的發展歷史具有相當的同步性。以湖州安吉陳振孫爲代表的藏書規模，標志着中國私家藏書的發展隨同刻書業的發展而進入了一個新的里程。

（原載王紹仁主編《江南藏書史話》，上海古籍出版社，二〇〇九年）

《玉海藝文校證》前言

古代的類書，源遠流長，至宋而臻於極盛。有宋一代，大小類書不下百十種，而傳於今者，不過十數部。其中《玉海》一書，可謂是一部取材宏富，徵引謹嚴，價值獨特，别具一格的類書。今就其著者生平與版本源流、《藝文》之特色與文獻價值，以及本書的整理等方面略作論述於下：

壹、王應麟及其《玉海》

《玉海》爲宋代大儒王應麟所撰。應麟（一二二三—一二九六）字伯厚，號厚齋，後改號深寧（居士、叟、老人），慶元府（今浙江寧波市）人。因祖籍開封府祥符縣（由浚儀縣改），故入元後又號浚儀遺民[一]。少

[一] 見張驍飛《王應麟文集研究》，中華書局，二〇一一年，第二七—三三頁。

聰慧，與同日生弟應鳳俱從父撝受學〔一〕，『九歲通六經』〔二〕。理宗淳祐元年（一二四一）中進士。因不滿於常科取士，於是從王埜學，閉門發憤，誓以博學宏詞科自見。其後調衢州西安縣主簿，差監户部平江府百萬東倉，調浙西提舉常平茶鹽主管帳司。寶祐四年（一二五六）中博學宏詞科（弟應鳳於開慶元年〔一二五九〕亦中是科），授添差浙西安撫司幹辦公事，是年又改差殿試覆考檢點試卷官。纍遷太常寺主簿。開慶元年（一二五九）因上言時政，忤宰臣丁大全而罷官外任。後擢秘書郎、著作佐郎。度宗即位（一二六五），遷著作郎兼翰林權直、崇政殿説書、禮部郎官，掌丞相箋表。咸淳三年（一二六七），又因上言得罪權相賈似道而被斥逐。咸淳七年，召兼國史編修、實録檢討兼侍候講，遷起居郎兼權中書舍人兼權吏部侍郎。官終朝請大夫（從六品）、權禮部尚書（正三品）兼攝吏部尚書兼給事中（正四品）兼直學士院兼同修國史實録院同修撰兼侍讀、鄞縣開國伯、食邑九百户、賜紫金魚袋。恭帝德祐元年（一二七五），因彈劾左丞相留夢炎，三疏而不報，於是辭官歸隱鄉里。此後二十年，『杜門不出，朝夕坐堂上，取經史諸書，講解論

〔一〕按：《宋史》卷四三八《王應麟傳》但稱『應麟與弟應鳳同日生』（中華書局，一九七七年，第一二九八八頁），論者辨正以爲孿生，但王應麟及其子昌世亦僅稱『生同日』，而不言『雙生』或『孿生』，可知王氏兄弟并非雙胞胎。蓋應麟、應鳳同父異母，同日而生，故有是語。

〔二〕脱脱等《宋史》卷四三八《王應麟傳》，第一二九八七頁。

辨』〔一〕，潛心著述。元成宗元貞二年（一二九六）六月十二日戊申，卒於家，年七十四。〔二〕

王應麟博學多才，一生著述豐富。《宋史》本傳即著録二十三種，清人及今人又補録了數種，凡有著述三十種，七百三十五卷。今傳世者有《周易鄭康成注》一卷、《集解踐阼篇》、《補注王會篇》、《補注急就篇》六卷（傳本作四卷）、《姓氏急就篇》六卷（傳本作二卷）、《詩考》五卷（傳本作一卷）、《詩地理考》五卷（傳本作六卷）、《漢藝文志考證》十卷、《通鑑地理通釋》十六卷（傳本作十四卷）、《通鑑答問》四卷（傳本作五卷）、《漢制考》四卷、《困學紀聞》二十卷、《辭學指南》四卷、《六經天文編》六卷（傳本作二卷）、《小學紺珠》十卷及《玉海》二百卷十六種。殘存者三種：《深寧集》一百卷、《玉堂類稿》二十三卷、《掖垣類稿》二十二卷〔三〕。另有佚文數篇。其餘十一種皆亡佚不存：《古易考》一卷、《尚書草木鳥獸譜》、《詩草木鳥獸蟲魚廣疏》、《詩辨》、《春秋三傳會考》三十六卷、《通鑑地理考》一百卷、《通鑑義例考》、《蒙訓》七十卷（《宋志》作『四十四卷』）、《小學諷咏》四卷、《詞學題苑》四十卷、《筆海》四十卷。〔四〕

〔一〕黃溍著，危素編《金華黃先生文集》卷三一《前承務郎王公（昌世）墓志銘》，《續修四庫全書》本，上海古籍出版社，二〇〇二年，第一三二三册，第四〇八頁。

〔二〕詳見龔延明《南宋社會文化學家王應麟仕履繫年考釋》，傅璇琮、施孝峰主編《王應麟學術討論集》，清華大學出版社，二〇〇九年，第一四二—一六〇頁。

〔三〕按：三書皆佚，今主要見存於明鄭真所編《四明文獻集》及清葉熊等輯《深寧先生文鈔摭餘編》二書中。見張驍飛《王應麟文集研究》，第六五—七五頁。

〔四〕參見張驍飛《王應麟文集研究》，第二—三、六〇—六一頁。

《玉海》一書，是王應麟爲應試博學宏詞科而編撰的，充分表現了著者『博學』的特點。該書凡二百卷，分《天文》《律曆》《地理》《帝學》《聖文》《藝文》《詔令》《禮儀》《車服》《器用》《郊祀》《音樂》《學校》《選舉》《官制》《兵制》《朝貢》《宮室》《食貨》《兵捷》《祥瑞》二十一門。

《玉海》於宋末編成後，因其爲『未既稿，難以示學者，故藏於家』而未刻〔一〕。至元代後至元六年（一三四〇），始於王應麟故里慶元路儒學鏤版印行。由元至清，該書雕版凡有五次：一、元刻本（包括元刻明清遞修本），二、清嘉慶刻本，三、清道光長白覺羅氏刻本，四、清光緒九年（一八八三）浙江書局刻本，五、清光緒十年（一八八四）成都志古堂刻本。現就各本略述其源流於下：

一、元刻本〔二〕

（一）元後至元六年初刻本。元至順三年（一三三二），國子學博士趙承德首倡刊行《玉海》〔三〕。次年，浙東帥府都事牟應復再次建議繕寫校讎，刊刻《玉海》，并與王應麟之孫厚孫一起從事《玉海》的考

〔一〕王厚孫《玉海跋》，《玉海》（合璧本）卷首，京都：中文出版社，一九七七年，第六頁。

〔二〕關於元刻本，多參考臺灣陳仕華先生《王伯厚及其〈玉海·藝文部〉研究》一書（臺灣『商務印書館』，一九九三年，第七九—一〇〇頁），特此致謝。

〔三〕胡助、李桓《玉海序》及王厚孫《玉海跋》皆以牟應復爲刊行《玉海》之首倡者，然據《元刻玉海指揮》可知，趙承德先牟應復一年已經提議刊刻《玉海》，是趙承德爲首倡者（詳見黃麗娟《〈玉海〉研究》，南京大學二〇〇八年碩士學位論文，第四頁）。

訂校讎工作。然校訂未竟，牟應復離職而去，故付梓一事暫時被擱置。後至元三年（一三三七），浙東道宣慰使司都元帥也乞里不花力行前議，召工庀事，徵費於浙東郡縣學及書院。郡守張榮祖臨蒞提督，命教授王弦、學正薛元德董其役，厚孫、寧孫兄弟等校訂[一]。凡二年而後成，計板共四千七百七十四片（合諸附刻書板而言）[二]，是爲後至元六年（一三四〇）刻本，世稱『元至元慶元路儒學刊本』，即《玉海》一書之初刻本。

此本白口，雙黑魚尾，左右雙欄。每半頁十行，行二十字，注文小字雙行，字數同。趙體字。上魚尾上方記字數，下方記書名卷次；下魚尾上方記頁碼，下方署刻工名。左欄外偶有耳格記篇目。卷首有後至元四年前翰林國史院編修官東陽胡助《玉海序》、婺郡文學中山李桓《玉海序》，次爲後至元三年浙東道宣慰使司都元帥府刊書牒文，《玉海目録》，慶元路儒學刊造《玉海》書籍提調官，校正對讀、書寫、刊字生等銜名八行，以及校正、監督等銜名二行。附刻《辭學指南》卷末爲後至元六年鄞郡文學正東嘉薛元德《玉海後序》，次爲王應麟自題四言韵語及王厚孫後至元六年跋。

[一] 胡助《元刻玉海序》，《玉海》（合璧本）卷首，第二頁。按：王寧孫，據《玉海・目録》後『校正對讀』名銜補入。

[二] 王元恭修，王厚孫、徐亮纂《至正四明續志》卷七《學校》，《續修四庫全書》本，第七〇五册，第五七五頁。按：《志》云『《玉海》二百四卷，計板四千七百七十四片』，而今見元版《玉海》及《辭學指南》二〇四卷多至七千餘頁，連諸附刻而計，則多達九千餘頁，是此爲雙面板，一板爲正反兩頁，而其板數則當是合諸附刻而計。

此本附刻《辭學指南》四卷，别附十三種六十一卷，分别爲：《詩考》一卷，《詩地理考》六卷，《漢藝文志考證》十卷，《通鑑地理通釋》十四卷，《周書王會補注》一卷，《漢制考》四卷，《踐阼篇集解》一卷，《急就篇補注》四卷，《小學紺珠》十卷，《姓氏急就篇》二卷，《六經天文編》二卷，《周易鄭康成注》一卷，《通鑑答問》五卷。

今中國國家圖書館、上海圖書館、南京圖書館、浙江大學圖書館、湖南省圖書館等藏有此本，但皆爲殘本或元明遞修本。元刻元印足本，則中國臺灣「中央圖書館」、故宫博物院與日本國會圖書館、内閣文庫等有收藏。一九六四年，臺灣華文書局曾據「中央圖書館」藏本影印[一]。

初刻本於藏書家、校勘家而言，可謂彌足珍貴，但由於王氏藏於家中的《玉海》稿本曾被族人非法占有，後屢經追討，并告之官府，原稿始得復歸，「而散軼頗多，鈔録者又復訛舛」[二]，故當時刊刻所據稿本即多有不善，雖經校讎，而訛誤闕字仍多。因此，至元刊本雖爲初刻，但并不精善。

（二）元後至元刻、至正十一年修補本。元至正九年（一三四九），嘉議大夫、慶元路總管阿殷圖出

[一] 據《「國立中央圖書館」善本書目》（「國立中央圖書館」編印，一九八六年增訂二版），臺灣「中央圖書館」藏有三部元後至元刊本，華文書局曾據以影印，亦稱「後至元三年慶元路儒學刊本」。但經過與日本建仁寺兩足院所藏至正修補本比勘，二者并無異同，是此亦當爲至正修補刊本，而他館所藏後至元初刻本，或亦有此類誤署。

[二] 王厚孫《玉海跋》，《玉海》卷首，第六頁。

守四明，公事之暇，遍觀郡學書籍，發現《玉海》訛誤甚多，乃命應麟之孫厚孫『重加校讎，得誤漏六萬字』[一]，於至正十一年（一三五一）夏修補畢。這是《玉海》雕版的第一次修補，也是《玉海》流傳中最重要的一次校訂，因此該修補本是《玉海》最重要的一個版本。其版本特徵一如初刻，僅卷首於胡助、李桓《玉海序》後多元至正十一年嘉議大夫、慶元路總管阿殷圖《序》與儒學正王介《識》。又移卷末薛元德《玉海後序》、王應麟自題四言韵語及王厚孫後至元六年跋於卷首王介《識》後。

此本世所稀見，僅知日本静嘉堂文庫有陸心源皕宋樓舊藏一部，京都建仁寺兩足院珍藏一部（略有闕頁），美國柏克萊加州大學東亞圖書館有劉承幹嘉業堂舊藏一部。一九五九年，日本京都大學人文科學研究所曾據京都建仁寺兩足院藏本影印，闕頁則據静嘉堂文庫藏元刊本影補。一九七七年，京都中文出版社又據兩足院藏本影印，闕損部分則用臺灣『中央圖書館』提供的五種善本配補，并附録錢大昕、陳僅、張大昌三家王應麟年譜於卷首，方豪爲之序，稱其爲『《玉海》六百餘年來最精、最善之本』[二]。同年，臺灣大化書局亦據此本影印，亦方豪序，蓋與京都中文出版社異地同版印行（影印本薛元德《玉海後序》仍置於卷二〇四附刻《辭學指南》末）。

（三）元刻明清遞修本（明正德、嘉靖、萬曆、崇禎，清康熙、乾隆朝遞修本）。《玉海》書版，入明後歸

[一] 阿殷圖《序》，《玉海》（合璧本）卷首，第五頁。

[二] 方豪《重刊玉海序》，《玉海》（合璧本）卷首，第二頁。

於南京國子監，明清兩朝屢有修補。此遞修本始於明正德元年（一五〇六），由南京國子監丞戴鏞主其事，閱二年而成，「新刻總四百三十五板」〔一〕，補版約占全書十分之一。第二次修補在嘉靖年間，新版中縫上象鼻刻有「嘉靖庚戌」（二十九年，一五五〇）、「壬子」（三十一年）、「癸丑」（三十二年）、「乙卯」（三十四年）等補刊年份。萬曆修補，始於十一年（一五八三）。大規模修補則由祭酒趙用賢主其事，萬曆十七年（一五八九）竣工，補新板「四千四百，通前刻蓋幾五千葉，實居半矣」〔二〕。清康熙朝，又「闕板三千一百六十」〔三〕，李振裕視學江南，悉爲補刊。通前萬曆所補，此康熙遞修本中元刊舊板所存僅剩十之一二矣。至乾隆朝遞修，則《玉海》原刻已更替殆盡。此明清歷朝修補本，各大圖書館多有收藏。據各本修補序言，遞修本對原存書版不作校訂，於補刊新版則有專人從事校勘，其中康熙朝遞修本於校勘用力甚多。李振裕《補刻玉海序》稱：「互相讎校，十已得其六七，其不可知者，則考所自出之書以補之。其致力可謂勤，而用心可謂精矣。」但我們初步比勘的結果是，其訂正舊版訛誤者不少（多爲明顯的「字畫錯誤」），他本不誤而李本訛誤者亦復不少。

〔一〕戴鏞《識》，《玉海》卷首，江蘇古籍出版社、上海書店，一九八七年，第三二頁。

〔二〕趙用賢《識》，《玉海》卷首，江蘇古籍出版社、上海書店，一九八七年，第七頁。按：此修補書版爲一頁兩面，與此前所稱元刻一板兩頁不同。

〔三〕李振裕《補刻玉海序》，《玉海》卷首，江蘇古籍出版社、上海書店，一九八七年，第九頁。

二、清嘉慶重刻本

清嘉慶十年（一八〇五）夏月，江寧學宫尊經閣失火，藏於閣中的《玉海》與二十一史的書板一時皆化爲灰燼。康基田適任江藩，即鳩工重建尊經閣，并重刻《玉海》。

重刻本版式仿元刻本而略有小變，每半頁十行，行二十字，上黑魚尾。序跋次序有變，首爲嘉慶十一年康基田《序》，其後依次爲《玉海指揮原文》、胡助《序》、李桓《序》、萬曆十七年（一五八九）趙用賢《識》、康熙二十六年（一六八七）李振裕《補刻玉海序》、乾隆三年（一七三八）熊本《補刊玉海叙》、張華年《序》；卷末附刻十三種皆如元本。

其刊刻的具體情况，康《序》略云：『《玉海》之板貯閣中爲灰燼，南北更無他刻，海内後進稽古之士，無所資藉，余甚惜焉。適江寧守張古愚得浙東至元初刻善本，余乃招副貢陳勉甫、上舍胡聖畿食宿瞻園，取古愚之本，參考經史，往復讎校。有元以來，原本空闕舛誤甚多，上下求索，補填二萬餘字，視浙東初刻更加周備。付工雕板，五閲月功成，蓋自是《玉海》之書始得完善，亦可云因敗爲功者已。』〔一〕據此序可知，該本較元刻底本補填了二萬餘字，此嘉慶刻本，是《玉海》元刻後第一個真正的重刻本。

〔一〕康基田《序》，《玉海》卷首，江蘇古籍出版社、上海書店，一九八七年，第一二頁。

其自視亦甚高，以爲《玉海》至此『始得完善』。但後人對此本并不滿意。清張大昌云：『今檢之，仍多空闕，校讎諸君以善本難覓，遇有空闕，識以「待查」二字，竊深戚焉。』〔二〕今取以校元至正修補本及明代遞修本，原本不誤不闕而此嘉慶本誤闕者甚多，其中部分訛誤與元刻明清康熙遞修本（即李振裕遞修本）一致，可推知嘉慶重刻之底本并非至元或至正修補本，而當是元刻清康熙朝李振裕遞修本。清邵懿辰稱該本『校勘頗精，惟刻工不佳』〔三〕，是其仍不得稱爲善本。

三、清道光長白覺羅氏刻本

此本刊於道光六年（一八二六），《藏園訂補郘亭知見傳本書目》卷一〇下有著録，爲傅增湘所訂補。現僅知日本京都大學人文科學研究所藏有一部，《京都大學人文科學研究所漢籍分類目録》著録『二百册』。此本未見，其刊刻底本及校刻情形不詳。

〔二〕張大昌《書局校補玉海議》，《玉海》附刻書後，江蘇古籍出版社、上海書店，一九八七年，第一頁。

〔三〕見邵懿辰撰，邵章續録《增訂四庫簡明目録標注》，上海古籍出版社，一九七九年新一版，第五六八頁。清朱學勤亦云：『近南京又刊元本，字畫粗惡，閱之令人生恚。且所據元本闕二十餘頁，亦不訪求元本補刊。』（《朱修伯批本四庫簡明目録》，國家圖書館出版社，二〇〇一年，第五二九頁）

四、浙江書局刻本

《玉海》元刻難覓，嘉慶重刻又多有遺憾，故浙江書局於光緒九年（一八八三）重新鏤板刻印。是爲《玉海》元刻之後的第三個重刻本。

此本行款如元刻之舊，每半頁十行，行二十字，而版式小異：白口，左右雙欄，上黑魚尾。首載《欽定四庫全書總目·〈玉海〉提要》《重刻玉海例言》，其次爲《元刻玉海指揮》，元胡助、李桓、阿殷圖、王介諸《序》，再次爲明萬曆十一年趙用賢《識》及萬曆十一年重修列銜，又清康熙二十六年李振裕《補刻玉海序》、乾隆三年張華年《序》、同年熊本《補刊玉海叙》、嘉慶十一年康基田《序》，其下爲《宋史·王應麟傳》、《玉海目録》，刊造《玉海》書籍提調官、明正德二年（一五〇七）戴鏞《識》，最後有『浙江書局總校張大昌，分校許郊、楊振鎬仝校』一行。附刻王氏諸書如元本。其後又附清張大昌《書局校補玉海議》《校補玉海瑣記》二卷及《王深寧先生年譜》〔一〕。

浙江書局重刻《玉海》所據之底本，頗有疑惑。丁丙《善本書室藏書志》著録正德修補本時有云：

〔一〕此據一九八七年江蘇古籍出版社、上海書店影印浙江書局刻本。一九八五年江蘇廣陵刻印社綫裝影印本附刻《辭學指南》卷後附有元薛元德《玉海後序》、王應麟《四言韵語》及王厚孫《跋》，又光緒《重刻玉海例言》列於諸序之後。

『此書版刻明置國子監，遞有修補，模印極多漫漶，光緒間借浙江書局刊作底本。』〔一〕此云以元刻正德遞修本爲底本。而主持本次校勘的張大昌又言：『浙局重刻，謹遵文瀾閣鈔本，然經亂後大半散佚。其見於《欽定四庫全書考證》應改應增凡數十條，謹遵改補，餘以明萬曆修本、國朝康熙修本、康基田重刻本校之。多有疑竇，從錢塘丁氏借得正德修本校補，以其中元刻舊板猶存十之七八。刻將半，知歸安陸氏有元刻舊本，携往就校。』〔二〕據此知正德遞修本僅作參校本，底本似爲杭州文瀾閣《四庫全書》本。《重刻玉海例言》亦可爲證：『是書久無善本，兹刻謹遵文瀾閣鈔本，以舊元刻本校之，并檢原引之書。』〔三〕今人亦認定『該本以文瀾閣《四庫全書》鈔本爲底本』〔四〕。但據張氏《校補玉海瑣記》所載，其中又多有『卷一百二十二弟二葉：律曆志，各本「律」誤「建」，遵文瀾閣本校正』之類的校語〔五〕。既據文瀾閣鈔本補脱正訛，則其底本一般不得爲文瀾閣本。《書局校補玉海議》又云：『嘉慶丙寅康基田重刻之，其序云補二萬餘字，今檢之，仍多空闕。校讎諸君以善本難覓，遇有空闕，識以「待查」二字，竊深戚

〔一〕丁丙《善本書室藏書志》卷二〇，《清人書目題跋叢刊》本，中華書局，一九九〇年，第六四二頁。
〔二〕張大昌《校補玉海瑣記上》，《玉海》附刻書後，江蘇古籍出版社、上海書店，一九八七年，第二頁。
〔三〕《重刻玉海例言》，《玉海》卷首，江蘇古籍出版社、上海書店，一九八七年，第二頁。
〔四〕見《出版説明》，《玉海》卷首，江蘇古籍出版社、上海書店，一九八七年。
〔五〕張大昌《校補玉海瑣記上》，《玉海》附刻書後，第一四頁。

焉。輾轉購求，得萬曆修本，又於丁氏八千卷樓借得正德修本，凡康本闕者，仍未能補齊。』〔一〕據此，浙江書局又似以嘉慶江寧藩署刻本爲底本進行校訂重刻，先後曾以萬曆修補本、正德修補本等校補嘉慶本之闕誤。從版本比勘的實際情況看，浙江書局本多有與嘉慶本同誤而與《四庫全書》文瀾閣鈔本不同者。如卷四六『周志』條『正秋正義』，誤同嘉慶本，而《四庫》本作『春秋正義』，與元刻本一致，浙局本當爲沿襲底本之誤。又如同卷『《漢書》』條『帝政綱維』，元刻本、明遞修本『綱維』作『紘維』，《四庫》本亦作『紘維』。此引劉昭《後漢書注補志序》，原文正作『帝政紘維』，是作『綱維』誤，而嘉慶本誤同。『唐御撰《晉書》』條『兼引爲史十六國書，爲百三十篇』，元刻本、明遞修本『爲』作『僞』，是，嘉慶本誤同浙局本，而《四庫》本（文瀾閣鈔本此卷爲丁氏補鈔〔二〕）不誤。此可證浙局重刻本與嘉慶本之淵源。其言『謹遵文瀾閣鈔本』者，疑其校刻之初，原本采用杭州文瀾閣《四庫》本爲底本，但該本原鈔戰亂後『大半散佚』，而丁氏補鈔又不盡人意，故而後来又改用嘉慶刻本爲底本。此本先後采用了正德、萬曆、康熙三種遞修本進行校訂，最後又參校了陸心源所藏元刊元印的至正修補本，同時還采用了《四庫全書考證》

〔一〕張大昌《書局校補玉海議》，《玉海》附刻書後，江蘇古籍出版社、上海書店，一九八七年，第一頁。

〔二〕據《浙江圖書館古籍善本書目》附録三《文瀾閣四庫全書版況一覽表》，《玉海》二百四卷，原抄凡存三十五卷，《藝文》門僅有卷四一、五五兩卷爲原鈔，餘皆爲丁氏補鈔（浙江圖書館古籍部編，浙江教育出版社，二〇〇二年，第九四一頁）。此卷非原鈔以及文瀾閣本之異文，承浙江圖書館古籍部張群先生、陳誼博士檢核賜告，特此致謝。

及《玉海》所引原書進行校補。

此次重刻，集諸本之長，可謂明清諸本之最善者。故刻竣之後，廣爲流傳，今各地一般均有收藏。其後江蘇廣陵古籍刻印社於一九八五年，江蘇古籍出版社於一九八七年，江蘇古籍出版社與上海書店於一九九〇年，廣陵書社於二〇〇三年均曾據此本影印。是爲近代以來之通行本。

五、成都志古堂刻本

光緒十年（一八八四），成都王氏志古堂重刊《玉海》，是爲《玉海》第四個重刻本。該本有木記曰：『成都王氏用元刻本校補重刊。』據此則此本之價值亦不容忽視。但比較此本與浙局本，兩本版式文字高度一致，而與他本差異較大，可見此當爲浙局本的一個重刻本（較浙局本字小），并未稍事校勘。〔一〕

在刻本之外，《玉海》還有一個抄本和一個活字本：抄本即《四庫全書》本（現有文淵、文津、文溯、文瀾四閣，故實有四個抄本）。館臣所據底本，據《四庫全書總目·〈玉海〉提要》所稱，似乎爲『南京國子監刊本』，但明朝南京國子監藏有《玉海》元刻書板，自正德至萬曆、崇禎，屢有修補，不可能再另外鏤版，所謂『南京國子監刊本』，實即萬曆、崇禎遞修本，因此從校勘而言，該本也没有特别的版本價值。

〔一〕 詳見張祝平《王應麟〈詩考〉版本源流釐正》，《南通師專學報》一九九四年六月第一〇卷第二期，第一四頁。

但四庫館臣也時時能據文義及引書訂正其誤，故仍可作爲參校本。活字本即《經籍訪古志》卷五著録的『朝鮮國活字刊本』，每半頁十行，行二十一字，四周雙邊。卷首有『水月軒』印。日本曲直瀨氏懷仙樓有收藏。〔一〕該本無緣得見，未能考見其刊刻始末。

王應麟的《玉海》，自元代後至元刊印以來，廣爲流傳，受到了歷代學人的關注。但於治書之學而言，其中最引人矚目的部分，還要屬《藝文》一門。

貳、《玉海·藝文》之特色

專門設立《藝文》一門以著録古今圖書，這是類書體制發展的一個新變化。此前類書，雖可見到『藝文部』，但觀其所設的一些二級類目，如虞世南《北堂書鈔》『藝文部』下設有『讀書』『論書』『論文』『藏書』『刊校』等目，即可知其名同而實異。有的類書則設有『書目』一門，臚列歷代書目及其相關事迹。而從特定的書目文獻擴演至無所不包，如正史之《經籍》或《藝文志》，則是王應麟的一個創舉，也是王應麟學術思想的一個重要特點。王應麟作爲一代學問大家，其學術淵源自然不止於一端，故過去

〔一〕日本澀江全善、森立之《經籍訪古志》，《日本藏漢籍善本書志書目集成》，北京圖書館出版社，二〇〇三年，第一册，第三〇五頁。

有宗朱或宗吕之説。從師承上説，王應麟與朱熹和吕祖謙都有一定的關係。其父王撝爲樓昉門生，樓昉則爲吕祖謙高足；其師王埜之父王介，亦爲吕祖謙高足，可見王應麟與吕祖謙婺學的淵源。王埜後來又從學於朱熹的再傳弟子真德秀，故而王應麟之學術又得以遠紹朱子之一脉。但從治學規模和治學旨趣上看，王氏學術主要源於吕氏。故清代全祖望論之曰：『王尚書深寧，獨得吕學之大宗。』『深寧論學，蓋亦兼取諸家，然其綜羅文獻，實師法東萊。』〔二〕王應麟學術的一大特點，就在於『綜羅文獻』。而綜羅文獻，最好的方法莫過於目録之學。目録之學，可以説是王應麟治學的根基，也是王應麟文獻學思想的重要方面。王氏不僅有專門的目録學著作《漢藝文志考證》，首開考證研究目録學著作的先河，而且還自己編撰目録著作，除了在《玉海》中首置《藝文》門，他的另一部類書《小學紺珠》也設置了『藝文』類。由此可知，《玉海》『藝文』的設置正是王應麟文獻學思想的重要體現。

《玉海·藝文》門，凡二十九卷（自卷三五至卷六三），共有四十四個子目，著録古今四部圖書。子目具列於左：

一、（一）《易》（擬《易》），（二）《書》，（三）《詩》，（四）三禮（又見禮制），（五）《春秋》，（六）續《春秋》（又見編年），（七）《論語》，（八）《孝經》，（九）《孟子》，（十）經解、總六經，（十一）讎正五經、石經，

〔二〕全祖望《鮚埼亭集外編》卷一六，商務印書館，一九三六年，第八七一頁。

（十二）小學；

二、（十三）古史，（十四）正史，（十五）雜史，（十六）編年，（十七）實録，（十八）記注，（十九）政要寶訓（聖政），（二十）論史，（二十一）譜牒，（二十二）玉牒圖譜，（二十三）典故（會要），（二十四）書目（藏書）；

三、（二十五）諸子（又見著書等類）；

四、（二十六）總集文章，（二十七）承詔撰述、類書，（二十八）著書（雜著）、别集，（二十九）賜書（詳見御書），（三十）圖，（三十一）圖繪名臣，（三十二）記、志，（三十三）傳，（三十四）録，（三十五）詩（歌），（三十六）賦，（三十七）箴，（三十八）銘、碑（又見紀功），（三十九）頌，（四十）奏疏、策，（四十一）論，（四十二）序、贊，（四十三）經，（四十四）藝術。

此分類無一級類目之名，但大體仍以經、史、子、集四部爲序。這四十四個小類，有的小類有并列兩個類目，如第十類『經解、總六經』，第三十二類『記、志』，第四十類『奏疏、策』；有的小類有附類，即用括號標出者（『又見』者爲參見），如第二十三類『典故』下附『會要』類，第三十五類『詩』下附『歌』類，原文用小字區隔。區分爲四十四類的標志，就是每類的小序。與唐宋一般的四部分類的二級類目相比，我們可以看到，經、史兩部基本沿襲相承，而子、集兩部則變化較大。子部十數類僅留下『諸子』一類，歷代置於子部的『類書』類與『藝術』類則移置於集部，而就其實質而言，『藝術』又是『五行』與『醫家』（即《漢志》之『數術』與『方技』）兩類的合并。集部變化最大，就是改用文體形式進行分類。這一點，顯然受到了鄭樵的影響，《通志·藝文略》『文類』下按文體形式分爲二十二個小類，此則在傳統的『總集』『别集』之外，又按文體細分爲『詩（歌）』『賦』『箴』『銘、碑』『頌』『奏疏、策』『論』『序、贊』八小類。這既是形式分類的目録學思想在南宋發展的結果，也體現了該書『爲詞科應用而設』的特點〔二〕。宋哲宗紹聖初年，開宏辭科；宋高宗紹興三年（一一三三），詔以『博學宏辭』爲名，凡用十二體：制、誥、詔、表、露布、檄、箴、銘、記、贊、頌、序。《玉海·藝文》集部據文體設置的類目，正是這種特定時代的學術要求與個人編撰宗旨的反映。《藝文》的這種形式分類的特點，不衹是表現在按照文體形式設立類目上，同時還表現在按照著録的書名形式進行分類立目上。如『諸子』類，并不包括所有秦漢子書，所録者衹是諸子中帶有『子』字的子書，其他一些不是以『子』爲名的子書，如陸賈《新語》、賈誼《新書》等都不在此類。其他如『記、志』『傳』『録』等類，也是如此，所收幾乎都是帶有『記』『志』『傳』『録』等字作爲書名的圖書，如《西京雜記》《初學記》《晉文章志》《華陽國志》等就一并收入『記、志』類中。照此方法，一些性質完全不同的圖書就歸入了同一門類，這是部分圖書按照書名形式進行分類的缺陷，也是我們使用《玉海·藝文》查檢圖書時需要注意的問題。

〔二〕永瑢等《四庫全書總目》卷一三五《〈玉海〉提要》，中華書局，一九六五年，第一一五一頁。

相比於一般的圖書分類，我們還會發現一個差異，就是沒有『樂』『地理』『官制』『詔令』『天文』『曆法』『兵家』等傳統類目，而出現一些『又見』的類目表示參見。一些參見可以在本書找到，如第二十五『諸子』類注『又見著書等類』，即見於第二十八類『著書』〔一〕；一些參見則不見於本書，如第二十九『賜書』類下注『詳見御書』，而本書并不見『御書』類。『御書』實爲《玉海》卷三三、三四『聖文』門下的一個類目。上文所言一些傳統類目的省略，也是因爲《玉海》在《藝文》門之外別有《天文》《律曆》《地理》《詔令》《音樂》《官制》《兵制》《兵捷》等門，諸類文獻在這些門類中已經『夾入了一些有關圖書目録的編題』〔二〕，《藝文》門中自不得重複。故利用《玉海》之書目價值，除《藝文》一門外，其他相關門類也應該參考。

《玉海·藝文》在分類方法之外，有兩大特點值得注意：一個是它『編題著録』的方法，一個是作爲解題目録的『輯考』體裁。

最早揭示《玉海·藝文》『編題著録』方法的是王重民先生。他在《王應麟的〈玉海·藝文〉》中對此

〔一〕《玉海·藝文》正文中各條目下采用『見』『又見』『見上』『見下』『見前』『見後』『詳見』等參見例甚多（詳見陳仕華《王伯厚及其〈玉海·藝文部〉研究》第四章第三節《參見例》，第一三〇—一三四頁）。王應麟爲陳振孫首開圖書『互著』法之後第一位嫻熟運用『互著』法的文獻學家（參見拙著《陳振孫評傳》第三章第二節《〈直齋書録解題〉的著録體例》，南京大學出版社，二〇〇七年，第三五九—三七〇頁）。

〔二〕王重民《中國目録學史論叢》，中華書局，一九八四年，第一五五頁。

做了特别的論述〔一〕。所謂『編題』，是古代學者常用的一種治學方法。宋代吕祖謙，最喜歡采用這種治學方法，并獲得了巨大的成功，成爲一代『文獻之家』。王應麟《辭學指南》卷一『編題』條載吕祖謙曰：『編題只是經子、兩《漢》《唐書》、實録内編。初編時須廣，寧泛濫，不可有遺失；再取其體面者分門編入。再所編者，并須覆誦，不可一字遺忘。所以兩次編者，蓋一次便分門，則史書浩博，難照顧。又一次編，則文字不多，易檢閲。如宣室、石渠、公車、敖倉之類，出處最多，只一次編，必不能盡。記題目須預先半年，皆合成誦，臨試半年覆試〔二〕，庶幾於場屋中不忘。』〔三〕此種『編題』的治學方法，便於記憶，便於檢閲，能最有效地掌握文獻資料，故爲宋代應試博學宏詞科的士子所樂用，而《玉海》一書正是王應麟應詞科的産物。王應麟編纂《玉海》，與此前『他類書體例迥殊』〔四〕。全書采用『編題』法，即在每個二級類目下編製若干個題目，以此統攝從各種文獻中抄録下來的與此題相關的材料，每個類目下編題多寡不一，每個編題下所輯材料亦多寡不一，皆視各題具體情況而定。這樣的編纂方法，用在《玉海·藝文》的圖書著録上，就成了『編題著録』法，也使《玉海·藝文》成了『與他目録體例迥殊』的一部目録〔五〕，

〔一〕王重民《王應麟的〈玉海·藝文〉》，《學術月刊》一九六四年第一期，後收入《中國目録學史論叢》第三章第八節，第一五二—一五九頁。

〔二〕『覆試』，於此義晦，疑爲『覆誦』之誤，上文云『并須覆誦』，可爲旁證。

〔三〕王應麟《辭學指南》卷一，附《玉海》卷二〇一，京都：中文出版社，一九七七年，第三七八三—三七八四頁。

〔四〕永瑢等《四庫全書總目》卷一三五《〈玉海〉提要》，第一一五一頁。

〔五〕王重民《中國目録學史論叢》，第一五七頁。

即在《藝文》門的四十四個類目下，以每個編題作爲一個著録單位，而不是如此前一般的書目那樣，在子目下僅以每一部圖書作爲一個著録的單位。

《玉海·藝文》的『編題著録』，將歷史文獻和圖書目録相互結合在一起。其著録圖書，一般以史志爲著録的基礎，以《中興館閣書目》《續書目》以及史傳爲輯釋的主幹，然後以唐宋時代的官私目録和各種史料作爲補充。大凡王應麟之前的重要古籍，可與圖書目録資料相輔助、相補充、相發明者，從十三經注疏、十七史、前四史之諸家注釋，以及《文選》《世説》《水經》等舊注，《太平御覽》等重要類書，到宋代的實録、會要，全部輯録在相關編題之下，使讀者不僅瞭解歷代書目對一部書的著録情況，更能通過所徵引的文獻資料，瞭解其作者生平、著述由來、書之大旨及其得失、學術源流與變遷等相關情況。〔一〕

如本書卷一二『正史』類，凡設三十八個編題，第一個編題爲『漢《史記》』，該編題包含有兩個方面的内容：一是輯録《漢志》《隋志》《新唐志》著録之《太史公》百三十篇（十篇有録無書），馮商所續《太史公》七篇，裴駰《集解》八十卷，司馬貞《索隱》三十卷，張守節《正義》三十卷，竇群《史記名臣疏》三十四卷，王玄感、徐堅、李鎮、陳伯宣《注史記》，韓琬《續史記》一百三十卷，葛洪《史記鈔》十四卷，又據司馬貞《索隱自序》，補録徐廣《音義》十三卷、鄒誕生《音義》三卷、劉伯莊《音義》二十卷、《史記地名》二十卷

〔一〕參見王重民《中國目録學史論叢》，第一五九頁。

等書；二是徵引《漢書·司馬遷傳》《楊惲傳》《宣元六王傳》、《後漢書·楊終傳》、《史記》三家注及《集解》《正義》二家序、《漢書》顔師古注、《漢官儀》（實出《太平御覽》引）、《西京雜記》、《史通》、晁公武（《郡齋讀書志》）、吕氏（吕祖謙《東萊集》與《大事記解題》）等有關上述各書的歷史文獻資料，涉及司馬遷之生平、撰著《史記》之背景、體例與史源、流傳與續補、注釋及音義等情況。這兩方面的内容構成了一個完整的編題，使讀者不僅瞭解了《史記》、續《史記》以及各家注解、音義在歷代書目中的著録情況，還對《史記》與續《史記》、注《史記》及補《史記》之闕等相關情況有了系統的認識。

又如卷二〇『承詔撰述、類書』類，凡有編題三十二個，其『景德《册府元龜》』條云：

> 景德二年九月丁卯，命資政殿學士王欽若、知制誥楊億修《歷代君臣事迹》。欽若等奏請直秘閣錢惟演、刁衎，龍圖閣待制杜鎬、戚綸，直集賢院李維，直史館王希逸、陳彭年、姜嶼、陳越，太子右贊善大夫宋貽序同編修。初令惟演等各撰篇目，送欽若暨億參詳，欽若等又自撰集。上用欽若等所撰爲定，有未盡者，奉旨增之。又令内臣劉承珪、劉崇超典其事，編修官供帳、飲饌皆異常等。俄又令秘書丞陳從易、校理劉筠同編修，又直館查道、太常博士王曉。未成，又增直集賢院夏竦；職方員外郎孫奭注撰《音義》。三年四月丙子、四年八月壬寅，車駕再幸編修之所，再閲門類。楊億悉以條對，編次未及倫理者改正之。帝曰：『朕編此書，蓋取著歷代君臣德美之事，爲將來取法。至於開卷覽古，亦頗資於學者。』皆命從官坐，賜編修官器幣。王欽若以《南》《北史》有『索虜』

『島夷』之號，欲改去。王旦曰：『舊史文不可改。』趙安仁曰：『杜預注《春秋》，以《長曆》推甲子，多誤，亦不敢改，但注云「日月必有誤」。』乃詔欲改者注釋其下。凡所録以經籍爲先。億又以群書中如《西京雜記》《明皇雜録》之類皆繁碎，不可與經史并行，今并不取。止以《國語》《戰國策》《管》《孟》《韓子》《淮南子》《晏子春秋》《吕氏春秋》《韓詩外傳》與經史俱編；歷代類書《修文殿御覽》之類，采摭銓擇。凡三十一部，部有總序；千一百四門，門有小序。初撰篇序，諸儒皆作，帝以體例不一，祥符元年二月丙午，遂擇李維等六人，撰訖付楊億竄定。五月甲申，手札詔：『凡悖惡之事及不足爲訓者，悉删去之。』日進草三卷，帝親覽之，擿其舛誤，多出手書詰問，或召對指示商略。三月丁卯，詔或有增改事，標記覆閲之。二年十月丁未，手札令欽若等書名，其增損悉書之。凡八年而成之。六年八月十三日壬申，欽若等以獻，進表曰：『推明凡例，分別部居，皆仰稟於宸謨，惟奉遵於成憲。刊除非當，櫽括無遺。每煩乙夜之覽觀，率自清衷而裁定。昔甘露石渠，止於議奏；開元麗正，徒有使名。矧《皇覽》《博要》之言，《玉鑑》《珠英》之作，但詞林之見采，非治本之宜先。洪惟上聖之能，獨出百王之首。崇政殿進呈。凡千卷，目録十卷，《音義》十卷。』詔題曰《册府元龜》，御製序。序曰：『太宗皇帝始則編小説而成《廣記》，纂百氏而著《御覽》，集章句而製《文苑》，聚方書而撰《神醫》。次復刊廣疏於九經，校闕疑於三史，修古學於篆籀，總妙言於釋老。洪猷丕顯，能事畢陳。朕遹遵先志，肇振斯文。載命群儒，共司綴緝。粤自正統，至於閏位，君臣善迹，邦家美政，禮樂沿革，法令寬猛，官師論議，多士名行，靡不具載，用存典刑。凡勒成一千一百四門，門有小序，述其指歸；分爲三十一部，部有總序，言其經制。凡一千卷。』祥符八年十一月乙丑，欽若等上版本，宴編修官。上作詩一章，賜令屬和。一本云：景德四年九月戊辰，上謂輔臣曰：『所編《君臣事迹》，蓋欲垂爲典法，異端小説，咸所不取。觀所著篇序，援據經史，頗盡體要，而誡勸之理，有所未盡也。』欽若等曰：『自纘集此書，發凡起例，類事分門，皆上稟聖意，授之群官，間有凝滯，皆答陳論。今蒙宣諭，動以懲勸爲本，垂世之急務也。』十月癸亥，上謂輔臣曰：『朕每因暇日，閲《君臣事迹》草本，遇事簡則從容省覽，事多或至夜漏二鼓乃終卷。』編修官自王欽若、陳彭年至劉筠十一人。景德二年奉敕編修，楊億至宋貽序七人。天禧四年閏十二月癸丑，賜輔臣各一部。景祐四年二月甲子，賜御史臺。[一]

有關宋代修撰《册府元龜》的情况與評議，宋代李燾《續資治通鑑長編》卷六二、六五、七三，洪邁《容齋四筆》卷一一、程俱《麟臺故事》（輯本）卷二、楊仲良《皇宋通鑑紀事本末》卷一六、晁公武《郡齋讀書志》（衢本）卷一四、陳振孫《直齋書録解題》卷一四以及袁氏《楓窗小牘》卷下等文獻皆有涉及，《宋會要輯稿》也有零星記載，但是《玉海·藝文》的這個編題，却是千百年間有關《册府元龜》之編纂目的、命名用

[一] 王應麟撰，武秀成、趙庶洋校證《玉海藝文校證》卷二〇『景德《册府元龜》』條，鳳凰出版社，二〇一七年，第九六九—九七一頁。

意、成書過程、商討情形、修撰人員、采書特點、部門結構、刻印頒賜等記載最爲全面、豐富的一份資料。王應麟徵引諸書，此條雖然没有標注出處，但是以之與《續資治通鑑長編》等相比較，可以確定王氏所據乃爲宋代國史、實録，故其所載，多有别家不及之處。如載《册府元龜》修撰中宋真宗與王欽若、趙安仁等商討改字之情形，宋真宗御製序，以及雕版之時間等，皆獨見於是。

這樣的『編題著録』，相較於傳統的著録方法，信息豐富，有系統性，不僅便於檢閲，而且對讀書治學有更好的指導作用。這種編題著録，使得《玉海·藝文》的圖書著録『走向了主題目録的組織形式，給我國編製目録的方法，開闢了一個新的方嚮』[一]。

《玉海·藝文》的另一個特點是它作爲解題目録的新體裁——輯考體。

解題目録肇始於漢代。西漢末劉向、劉歆父子整理群書，編撰《七略》七卷、《别録》二十卷，始創解題式的圖書目録，對圖書的著者、篇卷、内容、存闕、真僞及校讎情况進行論述，而尤以對撰人的考述較爲詳細。南北朝至隋唐時期，目録學蓬勃發展，四部分類已經定型，解題目録的體裁形式也有了一些變化：從注重叙述撰人到唯述傳人事迹，劉宋王儉的《七志》可爲代表。唐開元時期毋煚據官修《開元

[一] 王重民《中國目録學史論叢》，第一五六頁。參見傅慶芬《〈玉海·藝文〉的價值》，傅璇琮、施孝峰主編：《王應麟學術討論集》，第四五—五二頁。

群書四部録》增删而成的《古今書録》四十卷，大致也是這一類型的解題目録〔一〕。宋代是目録學發展的興盛時期。北宋時期，公私書目多有提要，仁宗慶曆時成書的《崇文總目》最爲著名。其解題形式雖然受到了鄭樵的譏議〔二〕，但并未減弱其影響，其後的國家圖書目録如北宋後期的秘閣總目與南宋前期的《中興館閣書目》，皆仿其體。私家提要目録，北宋則以李淑的《邯鄲圖書志》與董逌的《廣川藏書志》爲代表，南宋則以晁公武的《郡齋讀書志》與陳振孫的《直齋書録解題》最爲出色。其解題内容已經完全由以撰人爲中心而轉變到了以圖書本身爲中心上來，其注重考訂的特色也頗爲後人所稱賞。宋末元初的兩位大文獻學家王應麟與馬端臨，承宋代學風之餘緒而加以新變，又編撰成《玉海·藝文》及《文獻通考·經籍考》。

從解題目録的内容及形式特點看，學界一般分爲三種類型：第一種即以劉向《别録》爲代表的『叙録體』。叙録體論述圖書的篇卷、内容、存闕及校讎等情況，着重於叙述作者，包括考論作者之時代、行事以及學術等。亦有專叙圖書篇卷、裝裱等内容者，如荀勖《晉中經簿》，此实爲另類。至唐代元行冲等撰《開元群書四部録》，凡二百卷，從其卷帙以及《古今書録》所删内容推測，叙録體始由着重對作者

〔一〕《古今書録》四十卷乃增删二百卷《開元群書四部録》而成，而《舊唐書·經籍志》又全據《古今書録》，所删者衹有『釋道目』和『小序及注撰人姓氏』的文字（《舊唐志序》），故推知《古今書録》當爲傳録體。

〔二〕見鄭樵《通志》卷七一《校讎略·泛釋無義論》，中華書局，一九八七年，第八三四—八三五頁。

事迹的考述，轉變到同時注重圖書本身的介紹。宋代的《崇文總目》也屬於此類，不過在解題内容上，已經完成了從注重撰人到注重著作本身的變化，這一點對宋代乃至後代的解題目録影響尤深。第二種即以王儉《七志》爲代表的『傳録體』。王儉作《七志》，《隋志》言其『不述作者之意，但於書名之下，每立一傳』〔二〕，是以變『叙』之名而爲『傳』。傳録體之解題，僅爲著者立傳介紹而已。早期佛經目録如《出三藏記集》等，也具有這種『傳録體』特色，後世如明代徐𤊹《紅雨樓書目》、清初黄虞稷《千頃堂書目》，都屬于此類。第三種體裁爲『輯録體』，即衹是彙集其他書目文獻對圖書的評介文字，馬端臨的《文獻通考·經籍考》可爲代表。《文獻通考·經籍考》是一部解題目録，但其解題大致抄自晁公武《郡齋讀書志》與陳振孫《直齋書録解題》二家私録，間或徵引《崇文總目》、宋《國史·藝文志》、史傳、序跋、筆記及文集中的相關文字。對於《玉海·藝文》的體裁，一般也視之爲輯録體。

王氏《藝文》與馬氏《經籍考》，與此前的解題目録都迥然不同，即著者自己不作叙述，很少有自己的言論出現，而是輯録別家文獻而成。但在輯録別家文獻方面，二者又有着顯著的差異：即王氏不僅輯録有豐富的各類相關文獻，而且還有大量的考訂與甄別，而馬氏則幾乎完全是抄録晁、陳兩家書目文獻而成。我們稱王氏的這種解題方式爲『輯考體』。所謂『輯考體』，即指融輯録與考訂於一體，既不

〔二〕魏徵等《隋書》（修訂本）卷三二《經籍志序》，中華書局，二〇一九年，第一〇二七頁。

主一家地徵引彙集大量的目録文獻及他書的相關材料，同時又有自己的考辨訂正。這種目録體裁是由王應麟在編纂《玉海·藝文》時所新創的。

在目録解題中對著録的書籍及相關資料的闕失謬誤進行一些辨正，這是解題目録本身的要求，這在叙録體解題目録中屬於常態，如劉向的《别録》、晁公武的《讀書志》、陳振孫的《書録解題》等都屢屢見之，即便在輯録體的馬端臨《文獻通考·經籍考》中也不乏其例，但《玉海·藝文》的考證成分之多，完全超出了「輯録」一體的範疇。

王氏對所輯文獻的考辨，首先表現在「編題著録」的形式中。編題著録，即根據擬設的主題，從海量的文獻中輯録出相關的文字，形成一條信息全面而系統的文獻鏈。如上述「正史」類「漢《史記》」條與「類書」類「景德《册府元龜》」條，每種文獻都是經過編者於書海中爬梳、剪輯、取捨之後彙集起來的，其本身即包含有一定的考訂成分。考訂的内容，各個條目差異較大，皆因所輯文獻自身特點而定。或考篇卷殘佚，或明學術變遷，或叙著述由來，或論書之宗旨，或評書之得失，或述作者生平，或載圖書版本，皆能體現王氏輯録之中的考辨特色〔一〕。但我們所説的這種融考訂於輯録之中的「輯考體」，主要還是指書中采用按語和小注的形式。

〔一〕詳見陳仕華《王伯厚及其〈玉海·藝文部〉研究》第四章第二節《主題編排之情形》，第一一九—一三〇頁。

王氏按語，雖然多在小注中，但正文中也時或見之。如本書卷一二『唐武德以來國史』條在輯録《新唐書》列傳中史官韋述、柳芳、吴兢相關材料和《新唐志》著録之後，用按語對《唐書》先後相繼修撰的問題進行了考辨：

按《藝文志》：『《唐書》百卷，又百三十卷。《國史》百六卷，又百十三卷。』《吴兢傳》：『撰《唐書》《唐春秋》，未就。詔就集賢院論次。』《柳芳傳》亦曰：『芳緒成國史，興高祖，訖乾元，凡百三十篇。』《舊傳》韋述『補遺續闕，勒成百十三卷』。蓋兢書百卷，而芳所著百三十卷，述書百十三卷云。〔一〕

最能表現王氏博采群書以事考辨特色的，還是本書卷三『《周書》』條，該條在輯録《漢志》《隋志》《新唐志》及《史通》等文獻之後，用『今按』對《逸周書》的篇目、發現、流傳等問題進行了長篇考證：

今按：《汲冢周書》十卷，晉五經博士孔晁注。凡七十篇，始於《度訓》，終於《器服》。《序》在卷末，其略曰：『昔在文王，商紂并立，困於虐政，將弘道以弼無道，作《度訓》。車服制度，明不苟逾，作《器服》。周道於焉大備。』孔晁注或稱十卷，或稱八卷。《隋》《唐志》皆云此書得之晉太康中汲郡魏安釐王冢。《武帝紀》：咸寧五年十月，得竹簡古書。然劉向、班固所録，并著《周書》七十一篇，且

〔一〕王應麟撰，武秀成、趙庶洋校證《玉海藝文校證》卷一二『唐武德以來國史』條，第五五九頁。

謂孔子删削之餘，而司馬遷《史記》武王克殷事與此合。《周紀》：武王登豳阜，望洛邑。徐廣曰：出《周書》。鄭玄注《周禮·行人》云『《周書·王會》備焉』，注《儀禮·鄉射》云『《周書》曰「北唐以閭」』，《説文》引《逸周書》『大翰若翬雉』。豈漢世已入中秘，其後稍隱耶？篇目比漢但闕其一，必班、劉、司馬、鄭、許所見。繫之汲冢，失其本矣。《時訓》《明堂》，記《禮》者所采録；《克殷》《度邑》，遷《史》所援據。杜氏《左傳注》引『千里百縣』，疏云：《周書》存者，其文非《尚書》之類。《左傳疏》引《周書·謚法》。《周公謚法》一卷，即此書第五十四篇也。晉狼瞫曰：『《周志》有之：勇則害上，不登於明堂。』注：『《周書》也。』其語今見篇中。漢小説家《虞初周説》，應劭謂以《周書》爲本。《説文》《爾雅》注引《逸周書》，楊賜『修德修政』之言，《馮衍傳》注『小開篇』，《司馬相如傳》注『王季宅程』，唐《大衍曆議》『維元祀二月丙辰朔，武王訪于周公』，又《竹書》『十一年庚寅，周始伐商』，《文選》注『周史梓闕之夢』，皆是書也。《楚世家》『欲起無先』，蘇秦説魏『綿綿不絶，蔓蔓奈何』，《墨子》『國無三年之食，非其國』，《蒙恬傳》『必參而伍之』，《王商傳》『以左道事君者誅』，《史·貨殖傳》『農不出則乏食，工不出則乏事，商不出則三寶絶』，《大戴·保傅篇》注『習之爲常』，皆曰《周書》。《淮南·氾論訓》『《周書》曰：上言者常，下言者權』，注以爲周史之書。蕭何云『天予不取，反受其咎』，顔氏注『《周書》本與《尚書》同類，蓋孔子所删百篇之外，劉向所奏有七十一篇』。主父偃云『安危在出令，存亡在所用』，注以爲本《尚書》之餘。《陳湯傳》『谷永云：記功忘過，宜爲君』，注以爲《尚書》之外《周書》。今《書》有無其語者，豈在逸篇乎？《文選》注引《古文周書》穆王事。《書正義》引《汲冢古文》云：盤庚自奄遷于殷。〔一〕

王氏遍考秦漢舊籍及舊注所引《周書》佚文，第一次確立了《逸周書》非出於汲冢的觀點，洵爲不刊之論。

有的考辨，則直接采用前代文獻之按語。如本書卷一二『漢《東觀記》』條，在輯録《隋志》《新唐志》與《中興書目》之著録文字後，又直接援引《中興館閣書目》之按語以説明《東觀漢記》文本之流變：

按《隋志》本一百四十三卷。唐吴兢家藏已亡十六卷，今所存止鄧禹、吴漢、賈復、景弇、寇恂、馮異、祭遵、景丹、蓋延九傳。

《玉海·藝文》中考訂文字分量最多的部分還是夾於文中的小注。這種夾注的方式，是古代學者進行校訂、注釋所采用的一般方式，王應麟移植於《藝文》的編題著録之中，即是爲了對所輯録的專題資料進行考釋，或相互印證，或補充説明，或解釋疑難，或考辨訂正，或評議得失。這無疑增加了編題内容的豐富性、系統性、準確性和指導性，不僅能更好地指導讀者，也可爲後續的深入研究提供豐富的積累。下面就這五類小注略加闡釋：

〔一〕王應麟撰，武秀成、趙庶洋校證《玉海藝文校證》卷三『《周書》』條，第一二五—一二六頁。

一、相互印證類。所謂相互印證，是指把不同文獻中的相同内容輯録在一起，以材料常見而豐富完整者作爲正文，别家的相同記載則列爲注文，以此印證主材料的可信性。

此類往往以注書名、作者、卷數者爲多。如實録類『唐《肅宗實録》』條『《志》：《肅宗實録》三十卷，元載監修』，注云『《中興書目》卷同』；『唐《建中實録》』條『《志》：沈既濟《建中實録》十卷』，注云『《舊史》《崇文目》同』；又『《德宗實録》五十卷』下注云『《崇文目》同。《書目》同』。

有的則指輯録的内容文字大致相同。如古史類『《夏殷春秋》』條引《吕氏春秋》文，注云『《通典》同』；書目類『唐乾元殿四部書』條引『《百官志》注：開元五年，乾元殿寫四部書』，注云『《六典》注同』。

二、補充説明類。這類注文，在《玉海·藝文》中所占比重最大。又有兩類情況：一類是對所輯原文獻未曾記載或記載不詳的事物進行具體説明，如交待具體日期、作者爵里、圖書卷數、存佚殘闕等，或者僅僅對其相關情況進行補充叙述；一類是與所輯文獻之記載有歧異，録之以備考。這類注釋使編題著録的内容更加翔實、豐富。

多見爲注明具體日期者。如正史類『《唐書》』條『《國史志》：慶曆五年』，注云『五月四日己未』；實録類『唐《代宗實録》』條『《會要》：元和二年七月』，注云『癸巳』；類書類『《太平廣記》』條『三年八月，書成，號曰《太平廣記》』，注云：『二年三月戊寅所集，八年十二月庚子成書。』

有注明作者情況，微至字號、籍貫、官職者。如雜史類『治平《十國志》』條載路振『撰《九國志》』，注云：『振字子發，永州人。』譜牒類『唐《開元譜》』條載《韋述傳》『（述）撰《開元譜》二十篇』，注云：『述典掌圖書餘四十年，任史官二十年。』論史類『晉《漢書》集解』條『《隋志》：晉劉寶《漢書駁義》二卷』，注云：『寶爲中庶子，侍皇太子講《漢書》。』

有注明成書過程，詳至緣起、撰人、細節者。如雜史類『唐《高氏小史》』條『《志》：一百二十卷，高峻。初六十卷，其子迥釐益之』，注云：『峻以歷代諸史鈔其要，子迴分其卷第。』典故類『《唐會要》』條『《志》類書類：蘇冕《會要》四十卷』，注云：『貞元中，杭州刺史蘇弁與兄冕纘國朝故事爲是書。弁先聚書至二萬卷，皆手自刊正。至今言蘇氏書次於集賢、芸閣。』

有注明圖書序跋、流傳，細至存佚、殘缺者。如編年類『唐《通曆》』條引《唐志》《書目》後注云：『貫寶曆於聖唐，是曰《通曆》。前進士齊推序。』典故會要類『唐《具員故事》』條引《書目》『《具員故事》七卷』，注云：『《崇文目》：十卷，三卷今缺。』譜牒類『漢《官譜》』條『唐《柳冲傳》：後漢有鄧氏《官譜》』，注云：『《隋志》云：晉亂已亡。』

有因類而及，以廣見聞，注明相關信息者。如編年類『唐《通曆》』條載馬總《唐通曆》十卷，注云：『總又有《唐年小録》六卷，載德宗以前故事。』實録類『梁實録』條『《唐志》：《梁皇帝實録》，周興嗣二卷』，注云：『興嗣撰《皇帝實録》《皇德記》《起居注》。』譜牒類『晉《姓氏簿狀》』條『《藝文志》：……賈執《百家譜》五卷』，注云：『《隋志》又有傅昭《百家譜》十五卷，《百家譜世統》十卷，《鈔》五卷。』書目類『宋《秘書閣四部書目》條『《宋書》：殷淳爲秘書丞，在秘書閣撰《四部書目》』，注云：『謝靈運爲秘書監，整理秘閣書。』

補充注釋的另一類是存異。當同一事物出現不同記載時，王應麟往往不加妄斷，而是把有關記載輯録在一起。這表現了他慎重而客觀的學術態度，當然這也是類書這種特定的文獻性質所規定的。《玉海·藝文》中此類注釋，多爲各家所載卷數之差别，字句之異同，或時間、撰人、書名有分歧。其注卷數差别者，如雜史類『唐《國史補》』條『《志》：……林恩《補國史》十卷』，注云：『《崇文目》：六卷。《書目》：《補國史》六卷，載德宗以後二十三事，其條目次第差互。』編年類『《景德甲子編年曆》』條『《中興書目》：二卷』，注云：『《實録》：三卷。』此類歧異，多有因傳寫、版刻不同而起，實不易辨其正誤，往往亦無誤可辨，故多并存之。其注字句異同者，如譜牒類『黄帝二十五宗』條『《國語》：……凡黄帝之子，二十五宗』，注云：『《史記·紀》云：二十五子。』典故類『魯象魏舊章』條『《周語》：樊穆仲曰：魯侯賦事行刑，必問於遺訓，而咨於故實』，注云：『《史·世家》作「固實」。』其注明時間、撰人有分歧者，如譜牒類『唐《姓氏録》』條引《會要》『顯慶四年九月五日，詔改《氏族志》爲《姓氏録》』，於『四年九月五日』下注云：『《通鑑》：六月丁卯。』書目類『唐續《七志》』條『《傳》：馬懷素……召尹知章、韋述等二十一人』，注云：『《注記》：前後總二十六人。《通鑑》：二十人。』典故類『晉故事』條『《唐志》：……孔愉《晉建武咸和咸康故事》四卷』，注云：『《隋志》：《晉咸和咸康故事》四卷，孔愉撰。』

三、解釋疑難類。《玉海》搜訪古今，遍采文獻，其中經史居多，所輯文獻必然時有生僻之詞、費解之意，不爲之釋疑解難，頗不符合《玉海》編纂之宗旨，故《玉海・藝文》徵引中有一些詞語、文意不明者，王氏則將原書注文一并引入，作爲補充説明。如政要寶訓類『《夏訓》』條『《君牙》：由先正舊典時式』，注云：『先正之臣所行故事。舊典，文籍。』譜牒類『五帝繫諜』條『余讀諜記』，注云：『諜者，記系謚之書。』典故類『楚故志』條『《楚語》……教之故志……教之訓典』，注云：『故志，所記前代成敗之書。』『訓典，五帝之書也。』書目類『周策府』條『《穆天子傳》……先王所謂策府』，注云：『古帝王藏書策之府，所謂藏之名山也。』對涉及古代禮法、制度、族姓一類的，作者尤爲屬意。如譜牒類『堯百官族姓』條『《左傳》……對曰：天子建德，因生以賜姓』，注云：『立有德爲諸侯，因其所由生以賜姓，若舜由嬀汭，故陳爲嬀姓。』同條『胙之土而命之氏，諸侯以字』，注云：『位卑不得賜姓，故其臣因氏其王父字。』『五宗』條『《禮記大傳》：别子爲祖，繼别爲宗，繼禰者爲小宗。有百世不遷之宗，有五世則遷之宗』，注云：『百世不遷，謂大宗也。五世則遷，謂小宗也。』有了這些注釋，原文便豁然可解。

四、考辨訂正類。這類注文是專門針對所輯文獻之訛誤而發的。作者輯録徵引文獻，本着懷疑與求證的精神，參閲各家資料，容易發現謬誤，而於高明者來説，發現與訂正皆其能事，故王應麟在注文中，往往能指出所引文獻之誤，有效地提高了書目的學術性。如《易》類『唐《集注周易》』條：『《志》：李鼎祚十七卷。元載一百卷。《書目》：《集解》十卷。』注云：『《序》亦云十卷，《唐志》誤。』此訂圖書卷數之謬。又石經類『唐石經』條引《新唐書・儒學傳序》：『文宗定五經，鑱之石，張參等是正訛文。』注云：『參乃大曆中司業，《序》誤。』此訂正人物年代之非。又書目類『唐乾元殿四部書』條引《會要》，注云：『《集賢注記》：六年八月十四日云云，其冬車駕入京。《會要》附七年，非也。』此訂正事件年代之誤。還有一類注文，作者致疑，但理據不足，故未斷其是非，而以疑詞稱之。如譜牒類『《世本》』條引《隋志》：『《世本》二卷，劉向撰。《世本》四卷，宋衷撰。』注云：『司馬遷已采《世本》，恐非向撰。』又典故類『唐《六典》』條：『《會要》：……中書令張九齡撰《六典》三十卷。』注云：『九齡二十三年已罷中書令，當考。』録類『《皇朝政録》』條：『十卷。晏殊序曰：「皇帝仁宗閲三朝之方册，思爲要略，以便討論。於是仰稽信諜，博采宏綱，掇英存實，罔不森羅。彼《無逸》圖屏，《典論》刊石，方兹鉅美。」』注云：『慶曆四年講《祖宗聖政録》，恐即此書，當考。』

五、評議得失類。書目在著録圖書或徵引文獻時，必然會涉及作者的認知。叙録體的解題便於表達作者自己的觀點，輯録體的目録則一般不明確表露自己的見解，但這對學養精深的文獻學家來説，則成了一種桎梏，因爲他們的編目解題，不是在機械地著録和整合，而要融入作者自己的學識。輯考體則正好成了這類學者所適合的體裁。作爲一名淵博的學者和目録學專家，王應麟在編著《玉海·藝文》時參引衆書、著録典籍的過程本身又是一個思考研習的過程，故時有關於圖書、作者等的精闢見解表現在注文中。如編年類『治平《資治通鑑》』條『依《左氏傳》體，爲編年一書，名曰《通志》』，注云：『因《春秋》編年之體，仿荀悦簡要之文。』實録類『唐《玄宗實録》』條『《志》：……《玄宗實録》一百卷，令狐峘撰』，注云：『峘所纂開元、天寶間事，唯得諸家文集，編其詔册，以備一朝之遺事。多漏略，名臣傳記十無二三，不稱良史。』『唐《貞觀實録》』條引《會要》：『上以敬宗所記多非實録。』注云：『《高祖》《太宗實録》，敬播所修，頗多詳直。敬宗輒以愛憎删改。本傳所摘四事。』這些評價文字，有的是王應麟在博覽群書、潛心思考後歸納的觀點，大多則是從别家文獻中梳理摘録過來的。通過它們，讀者可加深對所著録書籍的理解，同時也可進一步瞭解王應麟的思想及學識。

《玉海·藝文》的注文，也有少部分直接采用了按語的形式，對所輯文獻涉及的有關作者、年代、篇卷、流傳等問題進行辨正。如本書卷五『周《儀禮》』條，在徵引《漢書·藝文志》『漢興，魯高堂生傳《士禮》十七篇，而魯徐生善爲頌，不能通經』後，王氏辨正曰：

> 陸德明、賈公彦以爲今《儀禮》。按今《儀禮》中士禮有《冠》《昏》《相見》《喪》《夕》《虞》《特牲饋食》七篇，他皆天子、諸侯、卿大夫禮，必非高堂生所傳者。不知賈、陸何據而云。〔一〕

對於今本《儀禮》與高堂生《士禮》之關係，前代禮家因其篇數相合而未有疑之者，南宋張淳首發其難〔二〕，從名實不符的邏輯角度，對陸、賈二公所持漢高堂生所傳《士禮》十七篇即今本《儀禮》的觀點給

〔一〕王應麟，武秀成、趙庶洋校證《玉海藝文校證》卷五『周《儀禮》』條，第一九一頁。

〔二〕張淳《儀禮識誤》卷首《序》，《武英殿聚珍版叢書》本。

予斷然否定。王氏承之，采録其文字，而用『按』的方式對此予以肯定。可惜，此觀點似乎未能引起當代禮學研究者的注意，而《儀禮》之稱《士禮》至今也没有得到很合理的解釋。

《玉海·藝文》的注文，有的標明了來源，有的則没有出處。如實録類『唐《武宗實録》』條：『《志》：《武宗實録》三十卷。』注云：『五代時唯存一卷。《崇文目》：一卷。』此注前句未標來源，但不得致疑，此類王氏必有所本，且其所據，亦必出信史，否則不得下此斷語。據本書卷一四『《唐朝補遺録》』條載：『晉天福六年二月，起居郎賈緯奏：「唐自武宗以後六朝唯有《武宗實録》一卷，餘皆缺略。今采訪遺文及耆舊傳説，編成六十五卷，目爲《唐朝補遺録》。」緯所論次多缺誤，而事迹粗存，亦有補於史氏。』（又《五代會要》卷一八、《册府元龜》卷五五四、五五七皆載賈緯此奏）知王氏此注實據五代後晉賈緯奏文而來。此類注釋，補充説明了史志及别家書目未曾交待的《武宗實録》在後世的流傳情況，表現了作者爬梳史料的深湛功夫。

需要注意的是，很多不標明文獻來源的注文，并非王氏所作，也不是王氏處置失當，而是所録文獻本身之所備。如前四史、《文選》《隋志》《唐志》等，其下注文大多皆據原書自注或舊注采録。如正史類『《漢後書》』條『《隋志》：《後漢書》十七卷』下注云：『本九十七卷，今殘缺。』雜史類『唐逸史』條『《志》小説家：高彦休《闕史》三卷。《盧子史録》』下注云『卷亡』。兩注即出自《隋志》與《新唐志》自注。此等注文尤以詁訓類性質爲多。

如上所述，《玉海・藝文》的注文極爲豐富。有了這些注文，讀者參閲，便可補原典簡缺之慊憾，可祛記載分歧之惑疑，可知圖書編纂之委曲，可明文獻流傳之脉緒，可免前人錯謬之誤導，可啓後人研究之新途。

王氏輯考體這種目録新體裁，何以産生在宋末？與前朝相比，宋代雕版興起，藏書文化極爲豐富。宋初即設立三館藏書，後又增建秘閣。自宋太祖大規模地募求亡書，獎勵獻書之後，各朝一直收集補葺，求書、整理、編目不止。彙合四家國史藝文志所載，『大凡爲書九千八百十九部，十一萬九千九百七十二卷』〔一〕，此即宋代朝廷先後藏書之大概。其時私家藏書之風更熾，大小藏書家達數百人，今有文獻可考而藏書在萬卷以上者即多達二百一十四人〔二〕，其編有藏書目録者，亦不下五十家〔三〕。在藏書如此豐富、流通如此便利的條件下，學者著述自然有大量的文獻資料可以用來比勘參考。同時，宋儒考辯學風盛行。慶曆間，疑古風氣漸興。逮乎南宋，朱子於辨僞、校勘之學尤多重視，

〔一〕脱脱等《宋史》卷二〇二《藝文志》總序，第五〇三四頁。按：《宋志》即合《三朝》《兩朝》及兩種《四朝國史藝文志》而成，删其重複，稍益以寧宗以後史所未録者。

〔二〕詳見范鳳書《中國私家藏書史》，大象出版社，二〇〇一年，第六二—八二頁。又參見潘美月《宋代藏書家考・緒論》，學海出版社，一九八〇年，第七頁。

〔三〕詳見范鳳書《中國私家藏書史》，第一二〇—一二五頁。今按：范氏所考共有六十四種，但其中一些并非私家藏書目録，另有兩種重複，可剔除十餘種，再據宋張邦基《墨莊漫録》卷五補畢士安、宋綬、王洙三家，尚有五十餘家。

東萊呂氏於文獻之學更情有獨鍾。這一切都爲輯考體的産生，奠定了良好的學術背景與知識基礎。而王應麟本人，既是淵博多聞的學者，又是圖書目録學專家，師承源於浙東學派的文獻家呂祖謙與疑古辨僞大師朱熹，秉其精神，不僅廣博群書，更精於文獻考據。《困學紀聞》即是他的一個集大成的考訂成果，堪稱清代考據學之先導。在這種個人條件與社會條件兩相契合的情況下，一種新的目録體裁——輯考體，便應運而生了，也因此爲宋代目録學增添了一個耀眼的亮點。〔一〕

叁、《玉海·藝文》的文獻價值

書目是瞭解書籍文化最好的工具，也是讀者治學的最好幫手。可惜唐以前没有單行的書目流傳下來（佛經目録除外），宋代傳世的公私書目也不過數家而已，而解題目録則僅有晁、陳二家。因此，宋代若有任何新的書目文獻，都是值得珍視的，而《玉海》之《藝文》門，就是宋代諸家書目之外的一部著録豐富、資料珍稀的輯考體解題目録。作爲一部采用編題形式、注重資料彙釋的解題目録，其對讀者讀書治學的指導作用不待多言，這裡僅就其獨特的文獻價值略作論述。

〔一〕此節關于『輯考體』的部分舉例，采自邊頻《〈玉海·藝文〉研究》第二章第二節《王應麟新創之輯考體》（南京大學二〇〇二年碩士學位論文，第四二—四七頁），特此致謝。

《玉海・藝文》所輯録的文獻資料極其豐富，遠非馬端臨《文獻通考・經籍考》可比。《四庫全書總目》曾這樣評價：『（《玉海》）所引，自經史子集，百家傳記，無不賅具，而宋一代之掌故率本諸實録、國史、日曆，尤多後來史志所未詳。其貫串奥博，唐宋諸大類書未有能過之者。』[一] 其《藝文》徵引亦如是。《玉海・藝文》輯録唐以前的文獻資料，多爲常見圖書，而於唐宋文獻，則多有稀見，尤其是徵引的宋代文獻，多有獨見於是書者。大量的散佚之書，凸顯了《玉海・藝文》的輯佚與考證價值。前人於此也早有關注。《玉海・藝文》徵引了大量的宋代各朝《會要》，與清代徐松從《永樂大典》中輯録出來的卷帙浩大的《宋會要輯稿》比，仍有不見於輯本者。而徐松《輯稿》采用的分類系統正是《玉海・藝文》卷一七『慶曆國朝會要』條所載的《會要》『總二十一類』：『帝系、后妃、禮、分爲五。樂、輿服、儀制、崇儒、運曆、瑞異、職官、選舉、道釋、食貨、刑法、兵、方域、蕃夷。』（《小學紺珠》卷四亦載之）民國時趙士煒輯録《中興館閣書目》與《中興館閣續書目》兩目[二]，其自序云：『王伯厚《玉海》中稱引至夥，從而輯之，固不讓《崇文總目》專美於前。……自《玉海》所得者，凡九百餘條。其次《山堂考索》中所得者幾二百條，次《直齋書録解題》中亦得百條有奇，餘則《困學紀聞》《漢書藝文志考證》《詞學指南》《小學紺珠》

[一] 永瑢等《四庫全書總目》卷一三五《〈玉海〉提要》，第一一五一頁。

[二] 趙士煒《〈中興館閣書目〉輯考》五卷、《〈中興館閣續書目〉輯考》一卷，許逸民、常振國編：《中國歷代書目叢刊》（第一輯）本，現代出版社，一九八七年。

《宋史・藝文志》中，多者十許，少亦一二。』[一]是其所據，主要就是《玉海・藝文》。

《玉海・藝文》著録的典籍，多有其他書目所未收者。如史部著録的三百餘種宋人典籍中，約有五十餘種不見於一般書目，約占六分之一。如正史類的張洎《重修太祖記》十卷，劉羲叟《十三代史志》；雜史類的任弁《兩漢類記》，孟瑜《野史》三十卷；編年類的陳傅良《續通鑑節要》十卷，《皇帝大元帥府事迹》十卷；實録類的趙鄰幾《補會昌以來日曆》三十六卷，王延德《太宗南宫事迹》三卷；記注類的《聖政紀》百五十卷，程琳《祥符以來起居注》，《邇英延義二閣記注》，胡松年《建炎四年十一月至紹興元年四月時政記》六卷，李綱《建炎時政記》二册，《祥曦殿記注》，《緝熙殿記注》；政要寶訓類的程康國《三朝聖政録贊》，沈該《中興聖語》六十卷，劉大辯《祖宗事要詳備》，李謙《壽皇聖範》十卷，劉光祖《兩朝聖範》，李𡌴《十朝綱要》；論史類的孫何《駁史通》十餘篇，陳繹《〈漢書〉是正文字》七卷，陳夢協《十七史蒙求》，胡衛《通史緣起》二十卷，鄭建德《漢規》，錢文子《漢唐事要》二十卷，唐仲友《兩漢精義》；譜牒類的鄭樵《氏族志》五十七卷；玉牒圖譜類的趙安易、梁周翰《新修皇屬籍》三十三卷，沈該《太祖玉牒》，林劭《太宗真宗玉牒》，李淑《新修皇帝玉牒》二卷，《皇子籍》一卷，汪藻等《哲宗玉牒》，胡南逢《神宗玉牒》八十卷，《徽宗玉牒》一百二十卷，《欽宗玉牒》二十册，《高宗玉牒》，《孝宗玉牒》，《光宗玉

[一] 趙士煒《〈中興館閣書目〉輯考》卷首《序》，第三六三頁。

牒》四十卷，《寧宗玉牒》五十卷，章穎等《玉牒凡例》，盛度《聖祖黄帝天源録》五卷，《太祖慶系》四册，王曮等《皇帝中興聖統》，《三祖下五世慶系録》，柴宗愈《中興聖統》，楊傑《宗室世系表》，范冲等《仙源慶系屬籍總要》；典故會要類的張昭《名臣事迹》五卷，宋綬《中書總例》四百一十九册；書目類的王欽若《寶文統録》等，均不見於《崇文總目》《郡齋讀書志》《遂初堂書目》《直齋書録解題》《宋史·藝文志》等書目文獻。其餘雖參差互見而亦可互爲補充者更不勝枚舉。《玉海·藝文》的這些著録，除部分文獻爲伯厚所目見外，主要當是從各人物史傳、筆記、實録等文獻中得之。雖非親見之書，但因其所引據之文獻後來多有亡佚，今人得藉此以窺其要，亦幸甚焉。

《玉海·藝文》徵引的珍稀文獻具有很高的考證價值，其常見的傳世文獻，則多有校勘價值（當然，以常見材料考辨問題亦高明學者之能事〔二〕）。如明人朱謀㙔作《水經注箋》，即多處采用《玉海》對原書進行考校。又如四庫館臣輯録薛居正《舊五代史》，原書凡一百五十卷，其體例諸書皆不載，唯《玉海·藝文》卷一二『《五代史》』條引《中興書目》曰：『一百五十卷，薛居正等撰。』又載：『開寶六年四月二十五日戊申，詔：「梁、後唐、晉、漢、周五代史，宜令參政薛居正監修，盧多遜、扈蒙、張澹、李穆、李昉等同

〔二〕 如賈誼《新書》，學者多以爲後人僞托，而劉躍進先生則據《玉海·藝文》卷二一『漢賈誼《新書》』條所載《新書》目録五十八篇，結合唐宋類書所稱引，考定『今本《新書》乃保存唐宋舊貌』，《新書》確爲賈誼所著。詳見劉躍進《〈玉海·藝文〉的特色及其價值》，傅璇琮、施孝峰主編《王應麟學術討論集》，第二一三—二一四頁。

修。」七年閏十月甲子，書成，凡百五十卷，目録二卷。賜器帛有差。其事凡記十四帝五十三年，爲紀六十一、志十二、傳七十七。其書取《建康實録》爲準。胡旦以爲褒貶失實。」〔一〕此則詳叙編修與成書時間、編撰人名以及該書卷次體例。館臣即據此條釐定編次爲本紀六十一卷〔二〕。

再如《麟臺故事》一書的整理。此書爲宋代程俱所撰，是一部記述北宋館閣制度的專門性史籍，包含有大量的北宋典章，惜早已散佚。目前通行的本子主要有兩類：一種爲四庫館臣從《永樂大典》中輯録出來收入《四庫全書》的五卷本系統，一種是明後期流傳下來的影宋殘本系統，出自明人錢穀的收藏。清代四庫館臣首輯《麟臺故事》，曾多處引用《玉海》；當代學者張富祥又對《麟臺故事》進行校證，除了影宋殘本與《四庫》輯本互校外，更大量利用宋代文獻進行考校、箋證，《玉海》正是其所用的重要文獻之一。如《麟臺故事輯本》卷二校訂咸平三年（一〇〇〇）參與編纂《續通典》者名『石中立』而非『右中允』，又疑『王隨』當作『任隨』等，皆以《玉海·藝文》的記載爲重要依據〔三〕，而卷一考證謝絳上奏

〔一〕王應麟撰，武秀成、趙庶洋校證《玉海藝文校證》卷一二『《五代史》』條，第五六三—五六四頁。按：《四庫全書總目》卷四六《〈舊五代史〉提要》以爲此亦《中興館閣書目》文，恐誤。《玉海》各本載此首有空格相隔，依其引書體例，此當采自另一書，而據其文字内容，亦似出於國史、會要。

〔二〕薛居正等《舊五代史》卷首《舊五代史編定凡例》，《景印文淵閣四庫全書》本，臺灣『商務印書館』，一九八六年。

〔三〕張富祥《麟臺故事校證》，中華書局，二〇〇〇年，第五一頁。

年份在天聖『九年』而非『八年』，更依賴《玉海・藝文》所載纔得以辨析清楚〔一〕。除了用以校勘和考辨外，整理者還援引《玉海》的衆多材料，用以輯釋《麟臺故事》相關史實。如卷二引用《玉海・藝文》對北宋編修《文苑英華》《國朝會要》，續修《通典》，詳定《尚書》《論語》等書的記載，使得《麟臺故事》所載史實和典章制度得以更加完備，大大豐富了該書的文獻價值。

《玉海》所引《唐會要》也頗爲豐富，并且王應麟所引，不僅有王溥《唐會要》，而且還有王溥所據之史源文獻，即唐崔鉉之《續會要》，材料極其珍貴。今人整理《唐會要》，對此已有所利用，并據《玉海》所引輯録了不少佚文〔二〕。但可資利用者尚多，今以《唐會要》卷三五爲例略作校訂如下〔三〕：

（一）『十九年冬，車駕發京師。集賢院四庫書，總八萬九千卷……雜有梁、陳、齊、周及隋代古書。貞觀、永徽、麟德、乾封、總章、咸亨年，奉詔繕寫。』〔四〕

案：『咸亨』後脱『舊本』，又衍『年』字（或視爲『本』字之誤）。《玉海・藝文》卷一八『唐乾元殿四部

〔一〕張富祥《麟臺故事校證》，第三二一頁。

〔二〕按：整理者所輯《唐會要》佚文，疑有崔鉉《續會要》的文字，當細緻甄辨。《玉海・藝文》卷一七『《唐會要》』條於崔鉉監修『《續會要》四十卷』下引《中興書目》云：『記德宗以後至大中六年事迹，補蘇冕前録之缺。』是崔鉉《續會要》南宋時館閣中尚存，王應麟曾苦讀秘閣之書，當得見之。故《玉海》引《會要》之文而與今本《唐會要》文字大異者，可視爲《續會要》之文，而今本所無者，若非屬於《唐會要》闕卷或僞撰之數卷中者，一般亦可視爲《續會要》文字。

〔三〕詳見黄麗婧《〈唐會要〉考校》，南京大學二〇一三年博士學位論文，第一〇六—一〇七頁。

〔四〕王溥《唐會要》，上海古籍出版社，二〇〇六年，第七五二頁。

書』條引《會要》曰：『雜有梁、陳、齊、周、隋代古書，貞觀、永徽、乾封、總章、咸亨舊本。』《職官分紀》卷一五亦載：『開元十九年冬，（車）駕發京。時集賢院四庫書總八萬九十卷……其中雜有梁、陳、周及隋代古書，貞觀、永徽、麟德、乾封、總章、咸亨舊本，置院之後新寫書，又多於前。』可證。

（二）『初，貞觀中，搜訪王羲之等真迹……又令遂良真書小字貼紙，影其古本。亦有是梁、隋官本者，梁則滿騫、徐增、朱异等，隋則江總、姚察等署記……又一本，長安、神龍之際，太平、安樂公主奏借，出入搨寫，因此遂失所在。』[一]

案：《玉海・藝文》卷一一『唐御府鍾王等真迹』條引《會要》曰：『梁則滿騫、徐僧權、沈熾文、朱异等，隋則江總、姚察等書記……出外榻寫，此遂失所在。』《新唐書》卷五七《藝文志》亦載：『（太宗）命遂良楷書小字以影之。其古本多梁、隋官書。梁則滿騫、徐僧權、沈熾文、朱异，隋則江總、姚察署記。』[二]《譚賓録》卷七、《太平廣記》卷二〇九同。今本蓋誤『僧』爲『增』，又脱其下『權、沈熾文』四字。

（三）『開元五年，敕陸元悌、魏哲、劉懷信等，檢校見換，標爲兩卷，總八十卷，餘并墜失。』[三]

案：『檢校見換，標爲兩卷』，語義不明，當有訛誤。《玉海・藝文》卷一一『唐御府鍾王等真迹』條

[一] 王溥《唐會要》，第七五六頁。
[二] 歐陽脩、宋祁《新唐書》卷五七《藝文志一》，中華書局，一九七五年，第一四五一頁。
[三] 王溥《唐會要》，第七五六頁。

引《會要》作：『開元五年敕：「陸元悌、魏哲、劉懷信等檢校標，分一卷爲兩卷。」』唐張彦遠《法書要録》卷四亦載此敕文：『開元五年敕陸元悌、魏哲、劉懷信等檢校换褾，分一卷爲兩卷，總見在有八十卷，餘并墜失。』〔一〕又《太平廣記》卷二〇九引《譚賓録》云：『五年，敕陸元悌、魏哲、劉懷信等檢校换褾，每卷分爲兩卷，總見在有八十卷，餘并失墜。』〔二〕據此，『標』當作『褾』，『换褾』爲詞，不得逗開；『爲兩卷』前則當脱『分一卷』三字。

此則一方面説明『校勘如掃落葉，旋掃旋生』，漏校在所難免；另一方面説明《玉海·藝文》是一座有待開發利用的資料寶藏〔三〕。

肆、《玉海·藝文》的整理

最早對《玉海·藝文》予以關注并作專題論述者，當推王重民先生。他在《王應麟的〈玉海·藝

〔一〕張彦遠纂輯，劉石校理《法書要録校理》卷四，中華書局，二〇二一年，第二二八頁。
〔二〕李昉等《太平廣記》卷二〇九，中華書局，一九六一年，第一六〇二頁。
〔三〕關於《玉海·藝文》的價值，可參見劉躍進《〈玉海·藝文〉的特色及其價值》、傅慶芬《〈玉海·藝文〉的價值》，傅璇琮、施孝峰主編《王應麟學術討論集》，第二一一—二一六、五二—六八頁。

文〉》一文中對《玉海・藝文》之特色與價值進行了深刻的討論。其後有臺灣的陳仕華先生，他的《王伯厚及其〈玉海・藝文部〉研究》一書[一]，對《玉海・藝文》及其著者進行了較爲全面的研究，其對《玉海》的版本做了細緻完備的考述，將《玉海・藝文》的研究推進到一個新的水準。李萬健先生的《開類書收輯書目之例的王應麟和〈玉海・藝文〉》一文[二]，對此也有較深的認識。九十年代，我在周勛初先生的指導下，開始關注此課題，并以『《玉海・藝文》校證』爲題申請了全國高校古籍整理研究工作委員會的資助項目。其後我又先後指導了邊頻、禹玲、黄麗娟三位碩士研究生以《玉海》的整理或《玉海・藝文》的研究爲題撰寫學位論文[三]，而本人對《玉海・藝文》的校證工作則因故中斷了，此則有愧於周先生和高校古委會的信任與期待。

這次十餘年後重啓對《玉海・藝文》的整理工作，其實施方案仍是過去的延續。我們的整理工作有四部分：標點文字，校訂訛脱，標注出處，編製索引。其中標點與校證是主體，也是重點。

關於標點，一般看來似非難事，尤其是前人對重要典籍，多已有了整理本，如十三經、二十四史、諸

[一] 按：《王伯厚及其〈玉海・藝文部〉研究》一書，爲陳仕華先生在其碩士論文基礎上修訂而成。

[二] 李萬健《中國著名目録學家傳略・開類書收輯書目之例的王應麟和〈玉海・藝文〉》，書目文獻出版社，一九九三年，第九〇—九八頁。

[三] 邊頻《〈玉海・藝文〉研究》，南京大學二〇〇二年碩士學位論文；禹玲《〈玉海〉的流傳與整理》，南京大學二〇〇八年碩士學位論文；黄麗娟《〈玉海〉研究》，南京大學二〇〇八年碩士學位論文。本文多處采用了三位同學的碩士論文，特此致謝。

子、重要的總集以及著名的别集等，這些整理本都是專家多年研究的心血結晶，爲了提高標點的品質，當然應該儘可能地參考吸收前人的這些優秀成果。但這祇能是參考，不能依賴，不能没有自己的細緻斟酌和獨立判斷。因此，我們在點校中對原文獻標點失當者，也屢有發現，并做了相應的訂正。這些成果，雖然不能用注釋反映出來，但讀者在比較閱讀中，應當能有所體會。

如本書卷一〇『漢小學十家』條引顔之推曰：『《蒼頡篇》，李斯所造，而云「漢兼天下，海内并廁。豨、黥、韓覆，畔討滅殘」，非本文也。』顔之推之語見於《顔氏家訓》卷下《書證篇》，今有王利器《集解》本，對『豨黥韓覆』之『黥』，視爲動詞，故未標專名綫，這比較符合常見句法。但考陳豨事迹，其人未曾受過黥刑，而漢初劉邦大將後來被剿滅者，有陳豨、黥布、韓信，『黥韓』并稱亦常見，因此我們認爲以此『黥』爲專名更爲適宜，故於其左改劃專名綫。

又如同卷『漢《説文》』條：『《隋志》：《説文音隱》四卷。梁有《演説文》一卷，庾儼默注。』今《隋書》點校本以『庾儼默』爲人名，以『注』爲著作體裁，符合一般的行文和著作方式。但『默注』也是一種著作方式，此處當爲一詞，如《隋書·經籍志》《舊唐書·經籍志》都著録有徐整『《孝經默注》』，《新唐書·藝文志》則稱『徐整《默注》』，是此處應以『庾儼』爲名標注人名綫。宋初郭忠恕《汗簡》卷中有稱『庾儼《説文演》』，北宋夏竦《古文四聲韵》卷二亦稱『庾儼字書』，卷三又引作『庾儼《説文演》』，皆可爲證。

卷八『漢六藝篇録』條引《後漢書·張衡傳》注：『《衡集》上事云「《河洛》五九，《六藝》四九」，謂八十一篇也。」今《後漢書》點校本注文後引號標於「謂八十一篇也」下，則此亦爲張衡上封事語。《張衡傳》載其上疏曰「《河洛》《六蓺》，篇録已定，後人皮傅，無所容篡」〔一〕，注文末句即爲解釋張衡「《河洛》《六蓺》，篇録已定」或「《河洛》五九，《六藝》四九」之義，而非張衡自解。張衡上封事，亦無自釋之理，故後引號改標於「四九」下。

卷一八「魏《中經》、《晉中經簿》」條引《隋志》曰：「秘書監荀勖，又因《中經》，更著《新簿》，分爲四部，總括群書：一曰甲部，紀六藝及小學等書……大凡四部合二萬九千九百四十五卷。但録題，及言盛以縹囊，書用緗素。至於作者之意，無所論辨。」《隋書》點校本「但録題」與下文「及言」爲句，謂《新簿》所録有「題及言」，但「言」指什麽，不可解。實則「言」爲「盛以縹囊，書用緗素」之謂詞，「盛以縹囊，書用緗素」是《中經新簿》「解題」的内容，觀《太平御覽》卷七〇四引《晉中經簿》曰「盛書皂縹囊，書函中皆有香囊二」〔二〕，其義自明，故我們作如是標點。

此可見我們對標點推敲的用心。我們期望的是在前人的基礎上再進一步。

最艱難的工作還是本書的校證部分。

用版本對校以發現異文，衹要細緻，就可以做到不遺不漏，而異文是非的判斷，却要謹慎從事。我

〔一〕范曄撰，李賢等注《後漢書》卷五九，中華書局，一九六五年，第一九一二頁。

〔二〕李昉等《太平御覽》卷七〇四，中華書局，一九六〇年，第三一四一頁。

們力求從版本的源流與致異的原因上進行考察，以期對版本的異文能有恰當的取捨。如本書卷一三『史氏流别』條引《史通》曰：

> 若陸賈《楚漢春秋》、樂資《山陽公載記》、王韶《晉安紀》、姚《梁後略》，此之謂偏記。

此條『姚梁後略』，浙江書局本『姚』下有『勖』字，據其文例，著者不當僅書其姓，而不載其名。殿本《隋書・經籍志》著録此書，作者即作『姚勖』，是據此補字，似乎無疑。但考《周書》卷四七及《北史》卷九〇《姚最傳》，撰《梁後略》者爲姚最，非『姚勖』，而舊本《隋志》及兩《唐志》皆著録作『姚最』，可知浙江書局本蓋據《隋志》誤本補入，不可據。又檢《史通》卷一〇《雜述》，原文亦作『姚梁後略』而未載其名，是王應麟所據本已然，故仍其舊而不作校補。校勘記因寫作：

> 姚梁後略，浙江書局本『姚』下有『勖』字。然《史通》卷一〇《雜述》亦無『勖』字，是王應麟所據本已然。考《周書》卷四七及《北史》卷九〇《姚最傳》，撰《梁後略》者爲姚最，書凡十卷，《隋志》舊本及兩《唐志》皆著録作『姚最』，惟殿本《隋志》作『姚勖』，浙江書局本蓋據《隋志》誤本補入。

又如卷二七『紹興《集諫》』條曰：

> 三年，起居郎王居正次前世聽納事爲《集諫》十五卷，廣上意。

『三年』之『三』，原作墨釘，《四庫》本注『闕』，浙江書局本作『八』。但浙江書局本的異文并無版本來源，當爲校刻者所補，而其校補可能并無可靠依據。對此，我們考察後廢棄了其所補之「八」字，而另行補上了「三」字，因作校勘記曰：

三年，「三」原作墨釘，《四庫》本注「闕」，浙江書局本作「八」，吕祖謙《東萊集》卷九《王公行狀》載：紹興元年，王居正立宗祀明堂議，又劾撫州守獻《甘露降圖》，「間一歲，進太常少卿兼修政局參議官、起居郎」，「爲《集諫》十五卷，以開廣上意」。此言紹興元年後「間一歲」，則編次《集諫》當在紹興三年。又，《王公行狀》及《宋史》卷三八一《王居正傳》記載編次《集諫》之後，居正又獻論時務疏，疏中云「宋興一百七十三年矣」，據此推算，則獻疏亦在紹興三年（以實年計），此亦可證上文推測「間一歲」編次《集諫》在紹興三年不誤，今據補。浙江書局本作「八年」實爲臆補。

《玉海》原刻本所據稿本因有較多的殘闕，後世翻刻，雖不斷校訂，但所獲有限，若僅僅依靠版本對校，在校訂文字是非方面是難以有多大突破的。其中有一些文字訛誤，若非采用所引原書對校，是難以發現并加以訂正的。故本次整理《玉海·藝文》，我們用力着重在系統地采用《玉海》所引原書來進行對勘，這樣許多隱秘的訛誤就被抉摘出來了。如本書卷一三「史氏流別」條引《史通》曰：

戴逵《竹林名士》、王粲《漢末英雄》、蕭世誠《懷舊志》、盧子行《知己傳》，此之謂小録。

「盧子行」，底本作「盧子洪」，各本皆然，人名尤其難以發現字誤，但檢《史通·雜述》，則作「盧子行」。

進而考察異文之是非，《隋書・經籍志》著録『《知己傳》一卷，盧思道撰』，盧思道，字子行，是當從《史通》改。校勘記因寫作：

盧子行，原作『盧子洪』，據《史通》卷一〇《雜述》改。《隋書・經籍志》著録『《知己傳》一卷，盧思道撰』，《隋書》卷五七《盧思道傳》云：『盧思道，字子行。』

前人言，一書有一書之體例。《玉海》徵引文獻，也有其特別的體例，我們要在研讀過程中細緻把握，周密歸納，否則就可能誤讀其書，誤校其文，或不能判決其是非。如《玉海》徵引文獻，間或會將多種來源的同題史料抄撮在一起，而冠上主要史料的名稱。這種雜糅史料的方式，有可能引起讀者的誤解，對此疑難之處，我們也儘可能予以説明。如本書卷二九『唐開元《廣濟方》、貞元《集要廣利方》』條：

《舊紀》：開元十一年九月己巳，頒上所撰《廣濟方》于天下，令諸州置醫博士一人。《實録》：七月丁亥。天寶五載八月癸未，詔：『《廣濟方》，令郡縣長吏選其要者録于大板，以示坊村。』貞元十二年二月十三日，乙丑。上製《貞元廣利方》，頒于天下。總六十三種，五百八十六首。親製序。散題于天下通衢。

『貞元十二年二月十三日』下注『乙丑』，似乎『十三日』爲『乙丑』，而王應麟之本意恐亦如是。檢諸家曆表，是年二月癸亥朔，乙丑爲初三日，與所注正文『十三日』大爲不合。是月十三日爲『乙亥』，與『乙丑』易於致誤，似乎『乙丑』字誤。然考此條文字來源，非全出自《舊唐書》本紀，而是參合《唐會要》與《太平御覽》之文字而成。《唐會要》卷八二載此作『二月十三日』，而《舊唐書》卷一三《德宗本紀》下載此事則在『乙丑』（其上原脱『二月』），遂誤在正月），皆有據，非字誤，當是王應麟抄撮舊史時以此注彼，遂有如此抵牾。又『六十三種』，《太平御覽》卷七二四引《唐書》作『六千三種』，因有末句注文『散題於天下通衢』爲證，其采自《御覽》當無疑問，《御覽》今有宋本，王氏所見當如此，而《册府元龜》卷一四七載此作『六千三種』亦可作旁證。是此『六十三種』，若非字誤，則當爲王氏所改。此處稱『種』，當指治病之總方或治病之種類而言，據下文『五百八十六首』具體治病之藥方數目觀之，作『六十三種』亦甚相宜。德宗所撰此書名《貞元集要廣利方》，凡五卷，既稱『集要』，實不當具列『六千三種』之多。如葛洪等相繼補撰而成的《肘後備急方》，爲書七卷，自《救卒中惡死方》第一至《治卒飲酒大醉諸病方》第六十八，其方總爲六十八種，而每種之下再列具體藥方十數首或數十首，與《廣利方》規模相當，是疑『千』字有誤。故撰校勘記曰：

乙丑，是年二月癸亥朔，乙丑爲初三日，與所注正文『二月十三日』不合。十三日爲『乙亥』，與『乙丑』易於致誤。然《唐會要》卷八二載此作『二月十三日』，而《舊唐書》卷一三《德宗本紀》下載此則在『乙丑』日（原文上脱『二月』），此皆有據，非字誤，蓋王應麟鈔撮舊史時以此注彼，遂有如此抵牾。

六十三種，《太平御覽》卷七二四引《唐書》及《册府元龜》卷一四七皆作『六千三種』。據下文『五百八十六首』具體治病之藥方數目觀之，此言治病之種類或總方爲『六十三』，亦甚相宜，疑作『千』字者誤。

王應麟在編撰《玉海》過程中，也如别的著者一樣，會因爲知識的局限，或者所據文獻版本有誤，或者視覺疲勞疏忽等因素，導致錯誤的出現。對於作者筆下的錯誤，衹要不是觀點立説方面的，一般也都納入了我們的校勘範圍。但我們要細緻辨别是否爲作者之誤，若能確定爲原著之誤，則一律不作改動，而僅於校勘記中説明。如本書卷一八『漢《七略》』條曰：

《藝文志》：……《詩賦略》：始屈原至王褒，賦二十家，三百六十二篇。始陸賈至朱宇，賦二十一家，二百七十四篇。始孫卿至路恭，二十五家，百三十六篇。賦三種，合六十六家，七百七十二篇。

此『三百六十二篇』與『七百七十二篇』雖有錯誤，但非《玉海》傳刻之誤，而是著者王氏筆誤或所據版本有誤，故仍其舊不改，而作校勘記曰：

三百六十二篇，本書卷二五『漢詩賦五種』條引同，而《漢書·藝文志》作『三百六十一篇』，與該類實際著録篇數合，而與《詩賦略》其他四類小序所載統計篇數相加之和，亦與《詩賦略》之總數『千三百一十八篇』相符。是王氏所據實有訛誤，其下『賦三種』之合計『七百七十二篇』亦因之而誤。

王應麟輯録文獻方式嚴謹，一般都標注出處，因屬節取，故時有刪削，但不輕作改動，更少有竄亂之弊，但其徵引文獻仍不免有誤標之名，亦偶見有合抄兩家或多家文獻爲一條而未加注明者，對此我們在校勘記中也有所説明或提示。

我們的目標是：在梳理版本源流、采用版本對校的基礎上，着力於采用《玉海》所引經史原書進行他校，力求不遺漏重要異文，力求不漏校手民之誤，不出現『以不誤爲誤』或『以誤改誤』的誤校，竭力避免標點的破句，消除文字録入、排印的錯誤。

本書由趙庶洋博士完成標點、校證的初稿，并負責編製《拼音檢字表》《書名》與《人名索引》，我則負責修訂，并撰寫《前言》《凡例》。

本書的責任編輯林日波博士，與我們有着很深的校友之誼，因此整個編校過程，也是我們不斷商討、完善的一個過程，其間日波博士所顯示的專業學養與職業精神，都給我們留下了深刻的印象。他爲此書的圓滿出版所付出的巨大心血，我們永遠銘感在心。

本書的完成，還得到了我的研究生們的大力協助。爲了保證文字録入和校記引文的正確，我們在校對樣稿的過程中，又特别請博士生温志拔、馬培潔、王東、王曉静、黄麗婧、封樹芬、潘婷婷、李軼倫、張明强，碩士生錢鋮、梅爽、陳果等認真對校底本，核查資料；并請王東、黄麗婧對《玉海·藝文》中的干支紀日情况，進行了系統檢查；請王曉静、李軼倫分看了校證的文字，他們爲保證校證的品質作出了很大貢獻。本書的兩個索引，博士後朱仙林，博士生封樹芬、李軼倫、潘婷婷、李豪，碩士生陳果、馬曉娜、侯印國、劉仁等都積極參與了編製。《前言》部分，則趙庶洋博士與王曉静、易翔宇、黄麗婧、楊柳等同學多所匡正與幫助。我在此一并致以最誠摯的謝意。同時，也熱切期待讀者的批評。

（原載《玉海藝文校證》卷首，鳳凰出版社，二〇一三年）

一部僞中之僞的明代私家書目

——董其昌《玄賞齋書目》辨僞〔一〕

有明一代，私家藏書目録數倍於宋元，據統計，有文獻依據的約有百三十種，但絶大部分都已散佚，今傳者十僅一二，總計約二十種〔二〕。這些傳世的明代私家書目，是學者們考察明代圖書流傳，辨别圖書真僞的重要文獻依據，但它們本身却并非都那麽可信，其中竟然有多家書目出於造僞者之手。如現存最早的一部明代私家書目——葉盛《菉竹堂書目》；著録方式别具一格，可推爲第一部版本目録

〔一〕本文由我與李丹博士共同完成。《玄賞齋書目》係僞書的觀點由我提出，李丹博士在我指導下完成了其碩士學位論文《明代私家書目研究》第四章《〈玄賞齋書目〉辨僞》，詳細論證了該書係抄録明無名氏《近古堂書目》（此目實係抄録清錢謙益《絳雲樓書目》而成）與清錢曾《也是園藏書目》而成的一部僞書目，修正了我此前關於該書係據《絳雲樓書目》與《也是園書目》抄撮而成的觀點。

〔二〕詳見張雷、李艷秋《明代私家藏書目録考略》，臺灣《書目季刊》第三三卷第一期（一九九九年六月），第二九—五〇頁；李丹《明代私家書目研究》，南京大學二〇〇四年碩士學位論文，第七四—八一頁。

的《會稽鈕氏世學樓珍藏圖書目》； 著録圖書較《絳雲樓書目》更爲豐富的無名氏《近古堂書目》〔一〕；以記載珍本秘笈著稱的陳第《世善堂藏書目録》等。 經專家考證，這些書目或係僞書，或爲僞本，或真僞相攙〔二〕。 遺憾的是，這些重要的辨僞成果并没有得到廣泛的傳播，一些僞書目在研究論著中仍時見徵引，而且全部被當作真品收入《明代書目題跋叢刊》中〔三〕，這是我們使用明代私家書目時所當留意的。

僞書不辨，學術失真； 書目真僞之不辨，則圖書之真僞愈加淆亂難别。 考察明代私家書目，其造假僞冒者尚不止於此。 在研究過程中，我們發現： 題名董其昌的《玄賞齋書目》，也是一部僞書目。 今詳加考辨，以就正於方家。

〔一〕也有學者視之爲清代藏書目録，見來新夏主編《清代目録提要》，齊魯書社，一九九七年，第三八〇頁。

〔二〕今傳《菉竹堂書目》及《會稽鈕氏世學樓珍藏圖書目》爲僞本，無名氏《近古堂書目》爲僞書，《世善堂藏書目録》則是一部真僞攙雜的藏書目録。 説詳陸心源《粤雅堂刻僞〈菉竹堂書目〉跋》，《儀顧堂題跋》卷五，《清人書目題跋叢刊》本，中華書局，一九九〇年，第六三頁； 王重民《〈中國目録學史〉後記》，姚名達《中國目録學史》，上海書店，一九八四年，第四〇八—四一一頁； 王重民《中國目録學史料》（一），《吉林省圖書館學會會刊》一九八一年第二期，第六一—六四頁。 又張雷《〈會稽鈕氏世學樓珍藏書目〉辨僞》，《古籍研究》，一九九五年第四期，第四二—四四頁； 張雷、李艷秋《明代私家藏書目録考略》，臺灣《書目季刊》第三三卷第一期（一九九九年六月），第四九頁； 王重民《中國目録學史料》（四），《吉林省圖書館學會會刊》一九八一年第五期，第八五—八八頁； 李丹《明代私家書目研究》，第三章，第二八—四三頁。

〔三〕馮惠民、李萬健等選編《明代書目題跋叢刊》，書目文獻出版社，一九九四年。

一　《玄賞齋書目》與《近古堂書目》之關係

《玄賞齋書目》八卷，舊題『明董其昌』撰。該書目過去十分稀見，一直僅有抄本流傳，且在若存若亡之際。最早著録此書的當推康、雍朝的王聞遠，其《孝慈堂書目》載：『《玄賞齋書目》董其昌。八卷。一册，鈔一百四十七番。』〔一〕此後見於著録的有杭州汪誠編成於嘉慶二十四年（一八一九）的《振綺堂書目》，其『抄本史類』曰：『《玄賞齋書目》一册。八卷，不著撰人姓氏。』〔二〕其稱『不著撰人姓氏』，是傳本已失書撰人，而汪氏未能補書，似亦不知其爲誰家藏目。嘉慶以後，更少有人獲見。《增訂四庫簡明目録標注》目録類載：『羅鏡泉有《太和堂書目》二册，董其昌《玄賞齋書目》二册，俱不詳何人所藏。』羅鏡泉名以智，居杭州，卒於咸豐十年（一八六〇）。家富藏書，藏書處有『吉祥室』『太和堂』『恬養齋』等，編有《吉祥室藏書目》。《標注》云『羅鏡泉有《太和堂書目》』，乃指羅氏撰有此目。後羅氏卒於兵燹，藏書迅速散佚，丁丙、丁申曾極力搜羅，當時即有『書目已不可問』之嘆〔三〕。此邵氏所言『俱不詳何人所藏』，蓋

〔一〕王聞遠《孝慈堂書目》卷三《書目》，清蔣鳳跋藍格抄本，藏國家圖書館（善本書號：02851），第一五頁。按：此條材料爲南京大學中文系研究生羅鷺同學提供，謹此致謝。

〔二〕汪誠《振綺堂書目》卷一，民國十六年（一九二七）上虞羅氏鉛印本，第二〇頁。按：玄賞齋，汪目避清帝諱作『元賞齋』。《振綺堂書目》著者或題『汪憲』，但據該目汪誠序，實爲汪誠手編。

〔三〕丁申《武林藏書録》卷下，古典文學出版社，一九五七年，第八五頁。

謂不知兩家書目現藏於何所。至民國吴興張鈞衡，這個兩册的傳抄本又出現了。《適園藏書志》卷五著録云：『《玄賞齋書目》八卷，傳抄本。明董其昌藏書目。香光刻《玄賞齋法帖》盛行于世。書目只《振綺堂書目》著録，亦秘帙也。』〔一〕張鈞衡的這個藏本，後歸入北京圖書館（即今國家圖書館）。今通行之《明代書目題跋叢刊》本，即據中國國家圖書館該藏本影印，其卷首及卷尾的朱文篆字長方印『莚圃收藏』『北京圖書館藏』可以爲證。

該書目共分六部一百三類，共著録圖書五千一百餘部。其著録方式雖然簡單，一般僅著録書名，間或注明版本，而不及卷數、册數，也多不著撰人，但其著録圖書的豐富，在明代私家藏書目録中并不多見〔二〕。若果爲董其昌的家藏目録，則其文獻價值仍頗足珍貴。過去使用該書目的人不多，是因爲此目僅有一個抄本傳世〔三〕，一般學者無緣得見，現因《明代書目題跋叢刊》的刊行，它的使用變得極爲方便起來，自然也就越來越受到學者們的重視。

但是張氏所藏的這個《玄賞齋書目》，却是一個實實在在的僞本。

〔一〕張鈞衡《適園藏書志》卷五《目録類》，民國五年（一九一六）南林張氏刻本，第九頁。按：『振綺堂』原誤作『賜綺堂』，今改正。

〔二〕明代諸私家藏書目録著録之富，以祁承㸁《澹生堂書目》爲最，凡著録圖書九千餘種，以晁瑮《晁氏寶文堂書目》次之，著録圖書七千八百餘種，再次則當推《玄賞齋書目》。

〔三〕《玄賞齋書目》，民國時《圖書館季刊》第六卷第四期（一九三二）及第七卷第一期（一九三三）曾有連載。

我們可以先從書目的分類方面來考察一下《玄賞齋書目》的可信程度。其具體部類如下：

經部(卷一)

諸經總録　易　尚書　詩　春秋　禮　樂　孝經　論語　孟子　爾雅　小學　字書　經解　緯　書　碑刻　數

史部(卷二、卷三)

正史　編年史　史學　雜史　故事職官　儀注　刑法　謚法　國璽　家禮　職掌　營建　時令　貨寶　器用　酒茗　食經　種藝　豢養　傳記　仙佛　列女　校書　冥異　地里志　山川　朝聘行役　名勝　游覽　别志　屬夷　人物　文獻　譜牒　書目

國朝史部(卷四)

制書　實録　敕修　國紀　傳記

子部(卷五、卷六)

儒家　道學　道家　釋家　墨家　法家　名家　縱横家　農家　兵家　軍占　雜家　天文　壬遁　易數　卜筮　星命　相法　地理　醫書　畫録　類書　僞書　小説

集部(卷七)

制詔　論策　奏議　騷賦　六朝人文集　六朝詩集　唐人文集　唐詩　宋人集　金人集

元人集　國初人集　僧人集　文總集　詩總集　文説　詩話　四六　詩餘

釋道部（卷八）

釋藏　道藏

比較諸家書目，我們發現：《玄賞齋書目》的這個分類系統與《近古堂書目》最爲相似〔一〕。《近古堂書目》雖未標明分部，但實際采用暗分法，按照經、史、子、集、本朝五部分類，子目共分八十五類：

卷上

（經部）

經總　易　尚書　詩　禮　樂　春秋　孝經　論語　孟子　大學　中庸　小學　爾雅　經解　緯

（史部）

宋版正史　正史　史編年　雜史　史傳記　故事職官　刑法　譜牒　史學　書目　地志

（子部）

〔一〕佚名《近古堂書目》，上下兩卷，通行本有羅振玉輯刻《玉簡齋叢書》本及馮惠民、李萬健等選編《明代書目題跋叢刊》影印本。本文據《明代書目題跋叢刊》本。

子　子總　子儒家　子名家　子法家　子墨家　子雜家　道學　縱橫家　子農家　子兵家　子釋家　釋經　子道家　子雜藝術　子雜家　小説　譜録　天文　曆算　地理　星命　卜筮　相法　壬遁

卷　下

（子部）

道藏　神仙家　雜道家　天主教　醫書　類書　僞書

（集部）

六朝人文集　唐人文集　杜李集　韓柳集　唐詩　詩總　宋人集　南宋人集　金人集　元人集　僧人集　國初人集　文總集　騷賦　金石　書畫　論策　奏議　文説　詩話

（本朝）

本朝制書　實録　國紀　傳記　典故　小説

雖然兩家書目的二級類目多寡懸殊，但仍然可看出它們的淵源關係。類目相近主要表現在子、集、本朝等部。如二目子部不設『五行類』而分設『壬遁』『卜筮』『星命』『相法』四類，又皆於子部設置『僞書類』；集部不稱『别集』，而以『六朝人文集』『唐人文集』『唐詩』『宋人集』『金人集』『元人集』『國初人集』『僧人集』等各自立目，并以『唐人文集』與『唐詩』分立；本朝僅取『國初』，又以『論策』與『奏議』、『文説』與『詩話』并列，皆是其他書目所未見或罕見者。又如《玄賞齋書目》『國朝史部』之五類，有四類目與《近古堂書目》本朝部相同。如果經部分類之相似，我們可以古今沿革變化不大爲由，而子、集二部分類如此豐富却又如此雷同，除了二者之間存在沿襲關係，實在很難找到別的原由。

當然，判定兩部書目之間的抄襲關係，最關鍵可信的證據還是看它們著録的圖書情況。《玄賞齋書目》不僅衆多的類目設置與《近古堂書目》一樣，而且所著録的藏書竟然也驚人的相似。今以表格的形式略作對比如下：

表一：卷六『子部・僞書』類

序次〔一〕	《玄賞齋書目》	《近古堂書目》	異文考訂〔二〕
一	顔子	顔子	
二	曾子	曾子	
三	子思子	子思子	

〔一〕表中『序次』皆指《玄賞齋書目》著録圖書的順序，其他書目著録的序次與此完全不同。

〔二〕表中《玄賞齋書目》又簡稱《玄賞齋》或《玄》，《近古堂書目》簡稱《近古堂》或《近》，《絳雲樓書目》則簡稱《絳雲樓》或《絳》，《也是園藏書目》簡稱《也是園》，《千頃堂書目》簡稱《千頃堂》。

續表

序次	《玄賞齋書目》	《近古堂書目》	異文考訂
四	孟子内外篇	孟子内外篇	
五	楚史檮杌史乘	楚史檮杌晉史乘	《玄賞齋》脱『晉』字。
六	龍輔女紅陰録	龍輔女紅餘志	《近古堂》作『餘志』，《絳雲樓》粵雅堂本同，而李抄本作『餘録』〔一〕。
七	於陵子	於陵子	
八	昭慤夫人外傳	昭慤夫人外傳	

〔一〕錢謙益《絳雲樓書目》，通行本爲《粵雅堂叢書》本、《叢書集成初編》本。本文未標明版本者即據《粵雅堂叢書》本。另有李抄本，即《稿抄本明清藏書目三種》本（北京圖書館出版社，二〇〇三年）。該本據清李富孫道光十五年（一八三五）校録本影印。李抄本所據之底本，是吴翌鳳乾隆四十一年（一七七六）過録陳景雲『閲本』（當爲陳景雲注《絳雲樓書目》之稿本）的一個抄本（該抄本原文屬陳注本之外的一個版本系統）。因吴氏所據爲陳注稿本，故多有抄本原文訛誤而此本已加改正者，以及通行本有誤而此本不誤者。

續表

序次	《玄賞齋書目》	《近古堂書目》	異文考訂
九	琅環記	琅環記	
十	沈善長輯抑編	沈善長輯抑編	「輯抑」，《絳雲樓》卷三、《也是園》卷五及卷一〇均作「輯柳」，《千頃堂》卷一二作「緝柳」，「柳」字是[一]。
十一	皇甫氏高士傳	皇甫謐高士傳	《近古堂》「氏」作「謐」。
十二		誠齋雜記	《玄賞齋》不載此書。

《玄賞齋書目》僞書類共著録十一種圖書，皆見於《近古堂書目》。二目於子部同設「僞書類」，在明清書目中頗爲罕見[二]，而著録的僞書又如此一致（僅删除一種），二者之間當不無關係。如果認爲兩家藏書被判定爲僞書的本來就不多，而藏家又時代相接，則某類藏書相同也不足爲怪。這種推想，如果僅就此類藏書孤立地看，也許是可能的，但聯繫到董氏藏書活動的無聞以及該書目的來歷不明，再加以書目分類子、集二部的雷同，則不能不令人疑竇叢生。如果再比較其他類別著録的藏書，則二者的

[一] 錢曾《也是園藏書目》，通行本有羅振玉輯刻《玉簡齋叢書》本、瞿鳳起編《虞山錢遵王藏書目録彙編》本（古典文學出版社，一九五八年）。因《彙編》本多有瞿氏據抄本而增補者，故本文即據《虞山錢遵王藏書目録彙編》本，同时參考《玉簡齋叢書》本。黄虞稷撰，瞿鳳起、潘景鄭整理《千頃堂書目》卷一二，上海古籍出版社，二〇〇一年，第三四九頁。

[二] 唯《絳雲樓書目》與之同，實即《近古堂書目》之所本，説見後。另有錢曾《也是園藏書目》設有「僞書」類，但置於全書之末。

淵源關係可謂一目了然。如：

表二：卷七『集部·金人集』類

序次	《玄賞齋書目》	《近古堂書目》	異文考訂
一	元遺山全集	元遺山全集	
二	遺山詩集	遺山詩集	
三	閒閒老人滏水文集	閒閒老人滏水文集	
四	中州元氣集	中州元氣集	
五	中州樂府	中州樂府	
六	滹南遺老文集	滹南遺老文集	
七	李俊民莊靖先生遺集	莊靖先生遺集（原注：李俊民）	《玄賞齋》删小注。
八	河汾諸老詩	河汾諸老詩	
九	耶律文獻集	耶律文獻集	
十		中州集	《玄賞齋》不載。

《玄賞齋書目》『金人集類』共著録圖書九種，亦全見於《近古堂書目》『金人集類』，僅漏載或删削《中州集》一種。

有的類别，則是《玄賞齋書目》囊括了《近古堂書目》該類的全部著録，如：

表三：卷七『集部・文説』類

序次	《玄賞齋書目》	《近古堂書目》	異文考訂
一	劉勰文心雕龍	文心雕龍	《近古堂》著録無撰人，疑書名下脱小注『劉勰』二字，
二	任昉文章緣起	文章起緣	《近古堂》著録無撰人，疑書名下脱小注『任昉』二字。又『起緣』二字誤倒。《玄賞齋》所據之本當無此脱誤。
三	陳暌文則	陳文簡公文則	《近古堂》稱謚〔一〕。
四	陳繹曾文筌詩譜	陳繹曾文筌詩譜	
五	王文定公修詞鑒衡	王文定公修詞鑒衡	
六	唐子西文録	唐子西文録	
七	朱文公游藝至論	朱文公游藝至論	
八	李性學文章精義	元李性學文章精義	《近古堂》標有朝代。
九	文斷	文斷	

〔一〕疑《近古堂書目》『簡公』下脱小注『騤』或『暌』字。《絳雲樓書目》卷四文説類即於『文簡公』下注『騤』字。『暌』當作『騤』。陳騤《文則》，《四庫全書總目》卷一九五詩文評類有著録。

續表

序次	《玄賞齋書目》	《近古堂書目》	異文考訂
十	崔銑文苑春秋	崔銑文苑春秋	
十一	蒼崖先生金石例	蒼崖先生金石類	《近古堂》作『類』誤。《絳雲樓》卷四、《千頃堂》卷三二皆作『例』。
十二	王褘文訓	王禕文訓	《近古堂》作『禕』誤。《絳雲樓》卷四、《千頃堂》卷一五皆作『褘』。
十三	王止仲適意宜資	王止仲適意宜資	
十四	李雲輯文話	李雲輯文話	
十五	王止仲墓銘舉例	王止仲墓銘舉例	
十六	徐禎卿談藝録		《近古堂》不載此書。
十七	王銍四六話	王銍四六話	
十八	雲莊四六餘話	雲莊四六餘話	
十九	四六談麈	四六談塵	《玄賞齋》作『塵』誤。

《玄賞齋書目》『文説類』共著録十九種，囊括了《近古堂書目》『文説類』收録的十八種圖書。唯《徐

禎卿談藝録》一種，不見於《近古堂書目》，當是造僞者據他目補入[一]。

《玄賞齋書目》一般不著録圖書版本，有的類別偶有著録，則不僅著録的圖書十分相近，而且連版本也比較一致。如：

表四：卷七『集部·宋人集』類

序次	《玄賞齋書目》	《近古堂書目》	異文考訂
一	宋刻歐陽文忠公外制集	宋刻歐陽文忠公外制集	
二	宋版東坡全集	宋版東坡全集	
三	宋版施武子注東坡詩集	宋版東坡詩集（原注：施武子注）	《玄賞齋》移小注於書名前。
四	宋刻任淵選黄太史精華録	宋刻黄太史精華録（原注：任淵選）	《玄賞齋》移小注於書名前。
五	宋刻集注黄太史詩	宋刻集注黄太史詩	
六	宋刻集注後山詩	宋版集注後山詩	《近古堂》『宋刻』作『宋版』。

〔一〕説見下文。

續表

序次	《玄賞齋書目》	《近古堂書目》	異文考訂
七	宋版濂溪先生大成集	宋版濂溪先生大成集	
八	宋版伊川先生擊壤集	宋版伊川擊壤集	《近古堂》無「先生」二字。
九	宋版米元章詩集		《近古堂》不載。
十	宋版屏山文集	宋刻屏山文集	《近古堂》「宋版」作「宋刻」。
十一	宋版周紫芝太倉稊米集	宋版周紫芝太倉稊米集	
十二	宋刻晦菴文集	宋刻晦菴文集	
十三	宋刻高峰先生廖則文集	宋刻高峰先廖則文集	《近古堂》「先」下脱「生」字。《玄賞齋》所據本當未脱之。
十四	宋刻後邨居士集	宋刻後邨居士集（原注：劉克莊）	《玄賞齋》删小注。
十五	宋刻洪平齋集	宋刻洪平齋集	
十六	宋刻慈雲法師詩集	宋版慈雲法師詩集	《近古堂》「宋刻」作「宋版」。
十七	宋刻慈雲靈苑集	宋刻慈雲靈苑集	

《玄賞齋書目》「宋人集」類共著録圖書二百十五種，與《近古堂書目》「宋人集類」及「南宋人集類」

著録的圖書不僅基本相同，而且版本也極爲相似。《近古堂書目》該類著録有十六種宋版書，全部都被收入《玄賞齋書目》。《玄賞齋書目》僅比《近古堂書目》多出『宋版米元章詩集』一種〔二〕。

又如卷八釋道部『釋藏』類，收録的二百餘部佛典，僅著録有兩種宋刻：《宋刻華嚴經》《宋刻楞嚴經》，而《近古堂書目》卷上『子釋家』『釋經』兩類也僅著録了這兩種宋本。這種連版本都驚人一致的藏書目録，很難想象是出於兩家藏書。

更有甚者，有的類别著録的圖書，不多不少，竟然完全相同。如：

表五：卷七『集部・論策』類

序次	《玄賞齋書目》	《近古堂書目》	異文考訂
一	歷代名賢確論	歷代名賢確論	
二	歐陽起鳴論範	歐陽起鳴論範	
三	古今源流至論	古今源流至論	
四	十先生奥論	十先生奥論	

〔二〕《宋版米元章詩集》一種不見於諸家書目著録，當是造僞者據《近古堂書目》該類『《宋詩十二人》』之注『米元章、宋伯仁……』分别著録編造的。詳見本書第四〇一頁注釋〔三〕。

續表

序次	《玄賞齋書目》	《近古堂書目》	異文考訂
五	白雲時藝	白雲時藝（原注：房）	『時藝』當作『時議』〔一〕。
六	策海正傳	策海正傳	
七	何松峰時議	松峰何先生時議	撰人稱呼小異。
八	趙天麟太平金鏡策	趙天麟太平金鏡策	
九	白氏策林	白氏策林	

《玄賞齋書目》『論策類』共收書九種，與《近古堂書目》完全一致（僅有一種稱呼上小有差別），甚至文字的訛誤也是一樣。又如：

〔一〕《絳雲樓書目》卷四論策類書名前冠有撰人『房灝』二字，《近古堂書目》小注『房』下當脱『灝』字。又《絳雲樓書目》『藝』作『議』，是。『時藝』指科舉八股文，不得入此類。

表六：卷七『集部・僧人集』類

序次	《玄賞齋書目》	《近古堂書目》	異文考訂
一	用章淄川集	淄川集（原注：用章）	《絳雲樓》卷三、《千頃堂》卷二八『淄』作『泊』，是。
二	來復蒲菴集	蒲菴集（原注：來復）	
三	宗林朽菴手稿	朽菴手稿（原注：宗林）	
四	圖至筠溪牧潛集（原校：『圖』疑作『圓』）	筠溪牧潛集（原注：圓至）	原校是。李抄本《絳雲樓》及《千頃堂》卷二九均作『圓至』。
五	德祥峒嶼詩集	峒嶼詩集（原注：德祥）	
六	支新雪廬稿	雪廬稿（原注：支新）	《絳雲樓》卷三及《千頃堂》卷二八『支新』作『克新』，是。
七	訴笑隱蒲室集	蒲室集	《近古堂》無『訴笑隱』三字，疑脱漏了小注。
八	清濋蘭江上人望雲集	蘭江上人望雲集	《近古堂》無『清濋』二字，亦當是脱漏了小注。
九	魯山野菴集	野菴集（原注：魯山）	
十	宗勒全室禪師外集	全室禪師外集（原注：宗勒）	《絳雲樓》卷三及《千頃堂》卷二八『宗勒』作『宗泐』。

集部設立『僧人集類』，雖有《舊唐志》創制於前〔二〕，但在私家藏書目録中却極爲罕見。《玄賞齋書目》不僅與《近古堂書目》一樣別出心裁地設立『僧人集類』，而且收録的十種圖書也與《近古堂書目》完全一致（祇是移小注而冠於書名前），其著録的文字異同与訛誤也如出一轍。《玄賞齋書目》的這種雷同，證明其與《近古堂書目》確實存在抄襲關係。

下面，我們再專門從《玄賞齋書目》著録的錯誤方面來考察一下它造僞的依據。如：

表七：卷七『集部·國初人集』類

序次	《玄賞齋書目》	《近古堂書目》	異文考訂
一	高季迪鳬藻集	高季迪鳬藻集	
二	張藻仲青暘集	張藻仲青暘集	
三	殷强齋集	殷强齋集	
四	王常宗集	王常宗集	
五	張以道翠屏集	張以道翠屏集	『以道』誤，當從《絳雲樓》卷三及《千頃堂》卷一七作『以寧』。

〔二〕《舊唐書》卷四七《經籍志下》集部別集類設有『沙門』一類，見集部後類序，中華書局，一九七五年，第二〇八一頁。

續表

序次	《玄賞齋書目》	《近古堂書目》	異文考訂
六	胡仲子文集	胡仲子文集	
七	胡仲子信安集	胡仲子信安集	
八	黄淮省愆集	黄淮省愆集	
九	管時敏矧窽集	管時敏矧窽集	《絳雲樓》卷三、《千頃堂》卷一七「矧」作「蚓」，是。
十	孫大雅滄螺集	孫大雅滄螺集	
十一	陳繼先陳賢古文先生橋梓集	古文先生橋梓集（原注：陳繼先、陳賢）	與《絳雲樓》卷三著録大異，説見下文。
十二	盧知州文集	盧知州文集	
十三	張永嘉集	張永嘉集	當從李抄本《絳雲樓》作「張率嘉定集」。
十四	易齋先生無隱集	易齋先生無隱集	
十五	羅潤楝玄菴詩集	羅潤菴揀玄詩集	〔一〕

〔一〕《絳雲樓書目》卷三國初人集類作「羅閏菴揀元詩集」。《千頃堂書目》卷一七別集類著録作「羅閏玄楝庵詩集十卷」，注曰：「字存禮，瑞州人。爲蕭山税使，遷刑部司務。」（第四七一頁）撰人名「潤」當作「閏」，而書名之疑誤則不能別。

續表

序次	《玄賞齋書目》	《近古堂書目》	異文考訂
十六	朱存理集	朱存理集	
十七	南濠文跋	南濠文跋	
十八		觀樂生集（原注：許繼）	《玄賞齋》不載。
十九		都玄敬游名山記	《玄賞齋》不載。

《玄賞齋書目》該類著録的十七種圖書，全部見於《近古堂書目》『國初人集類』。不僅董氏玄賞齋所藏『國初文集』全同於《近古堂書目》，而且都止於明正德朝[一]。明朝正德以前各家别集何其多也，而兩家書目竟然如此一致，若非抄襲，又作何解？而《玄賞齋書目》與《近古堂書目》著録的諸多一致的訛誤，更可以證明他們之間的抄襲關係。如《張以道翠屏集》，《絳雲樓書目》『張以道』作『張以寧』，陳景雲注曰：『字志道，閩人，號翠屏山人……洪武初爲學士。』《明史》卷二八五有傳。《千頃堂書目》卷一七别集類亦稱『張以寧翠屏集』[二]，卷二春秋類又載『張以寧《春秋春王正月考》』等[三]，

[一] 《絳雲樓書目》卷三國初人集類著録《朱存理集》，有陳景雲注云：『字性甫，長洲人。隱居著書，正德間卒，年七十矣。』
[二] 《千頃堂書目》卷一七，第四四九頁。
[三] 《千頃堂書目》卷二，第六〇頁。

是當作『張以寧』。又《矧竅集》之『矧竅』，於義無解，亦當從《絳雲樓書目》卷三及《千頃堂書目》卷一七作『蚓竅』。再如《張永嘉集》，《千頃堂書目》卷一七『别集類』著録作『《張率張嘉定集》』，黄虞稷注曰：『字孟循……徽知嘉定州。』〔一〕李抄本《絳雲樓書目》作『張率嘉定集』（通行本誤『張』爲『孫』），陳景雲注同黄虞稷注。是張率曾知嘉定，與永嘉無涉，當作『張率嘉定集』〔二〕。《近古堂書目》及《玄賞齋書目》誤『率』爲『永』，又脱『定』字，遂成『張永嘉集』。又《古文先生橋梓集》，《玄賞齋書目》及《近古堂書目》皆稱撰人爲『陳繼先、陳賢』，而《絳雲樓書目》則著録作『《古文先生橋梓集》，陳繼，子寛、完』，大異。但檢李抄本，原本作『《古文先生橋梓集》，陳繼先、陳賞』，後據陳氏注本改作『《古文先生橋梓集》，陳繼，繼，字嗣初。子寛、完寛，字孟賢。完，字孟英。』。今通行本亦從陳注改。但《千頃堂書目》卷一八『别集類』著録此書仍作『陳繼先古文先生集』，注曰：『字仲述，江西泰和人。監察御史。一作「古陳先生喬梓集九卷」。』〔三〕據《江西通志》卷七七《人物十二・吉安府三》載：『陳繼先，字仲述，泰和人。洪武進士，授御史。……暇輒爲文自娱，一時稱爲陳古文而不名。惜其文散失，存者五卷耳。尋没於官，所著名《橋梓前集》。梁泊菴撰行狀。』又曰：『陳賞，字公延，泰和人，繼先子，永

〔一〕《千頃堂書目》卷一七，第四五八頁。
〔二〕因《近古堂書目》主要抄自《絳雲樓書目》，説見下文。
〔三〕《千頃堂書目》卷一八，第四七五頁。

樂進士。……著有《橋梓後集》。《白志》。』〔一〕是《橋梓集》有前集與後集，前集陳繼先撰，後集其子陳賞撰，絳雲樓所藏乃合前後集，故題撰人爲陳繼先、陳賞父子二人。陳景雲以爲此集爲陳繼父子所撰，便改撰人作『陳繼，子完、寬』。陳繼，明代王鏊撰《姑蘇志》雖稱其『以古文名』，但文集名曰《怡菴集》，没有任何文獻記載其又撰有《橋梓集》〔二〕。陳景雲蓋因地域關係（陳爲常熟人），知吴縣有陳繼以古文名，并父子皆能文，而不知江西泰和有陳繼先亦以古文名，且父子同撰《橋梓集》，於是有此誤改。據此可知，《玄賞齋書目》及《近古堂書目》之『陳賢』乃『陳賞』之字誤。此類訛誤的雷同，清楚地昭示了他們之間的因襲關係。

現在的疑問是：前文已經提及，《近古堂書目》本身就是一部僞書目，那麽到底是《玄賞齋書目》抄襲了《近古堂書目》，還是《近古堂書目》抄襲了《玄賞齋書目》？在回答這個問題之前，我們還應該先考察一下《近古堂書目》的作僞情形。

〔一〕謝旻等修、陶成等纂《江西通志》，《景印文淵閣四庫全書》本，臺灣『商務印書館』，一九八六年，第五一五册，第六三六、六六一頁。

〔二〕王鏊等《姑蘇志》卷五二《人物十・名臣》，《天一閣藏明代方志選刊續編》，上海書店，一九九〇年影印本，第一四册，第四六九—四七〇頁。《千頃堂書目》卷一八别集類著録有：『陳繼《怡庵集》二十卷。』（第四八八頁）

《近古堂書目》係摘抄《絳雲樓書目》而成，學人早已言之，但仍有文獻學家稱其爲『錢氏之目』〔一〕。我們通過二目的對比，發現其部類設置幾乎完全一致，唯有個別類目，《絳雲樓書目》總爲一類，《近古堂書目》分爲多類。至於《近古堂書目》個別類名的改動，則更顯現了其造僞的破綻。如改『雜記類』爲『小説類』，這便造成了一部藏書目録設立兩個相同類目的荒謬現象。更有甚者，又同於子部設立了兩個『子雜家類』〔二〕。加之，二目著録的藏書基本相同，而且其著録圖書的順序也驚人的一致，再結合《近古堂書目》的流傳無序，以及《近古堂書目》在抄録中出現的荒謬錯誤來看，我們完全相信，《近古堂書目》主要是抄録《絳雲樓書目》而成的一部作僞手法笨拙的僞書目，決非錢氏的另一部家藏目録。

比較三家書目，可以知道：首先，《近古堂書目》著録圖書的排列序次與《絳雲樓書目》基本一致，而與《玄賞齋書目》大異，《近古堂書目》絶無可能據《玄賞齋書目》抄録而又據《絳雲樓書目》排列序次。其次，著録同一部書，《近古堂書目》時有超出《玄賞齋書目》著録的項目——冠有撰人或注有撰人，却

〔一〕鄭偉章《文獻家通考》『錢謙益』條云：『世傳《近古堂書目》上、下卷，羅振玉刻入《玉簡齋叢書》，分類爲八十四，較《絳目》多十類，亦錢氏之目。』『陳景雲』條又云：《絳雲樓書目》是『據《近古堂書目》整理』而成。中華書局，一九九九年，第五、一八〇頁。按：僅從《近古堂書目》比《絳雲樓書目》著録多出數百種，亦可知鄭氏陳著之説爲無稽之談。

〔二〕書目分類不應當同名，考察古今書目，僅見明高儒《百川書志》於卷六『史志』與卷一八『集志』分別設立有相同的『文史』類，此不足法。

與《絳雲樓書目》相合。再次，《近古堂書目》的圖書分類與《絳雲樓書目》非常一致，而有些部類（主要是史部）却與《玄賞齋書目》差别較大（説詳後）。據此我們可以肯定：不是《近古堂書目》抄襲了《玄賞齋書目》，而是《玄賞齋書目》抄襲了僞書《近古堂書目》。

由於《近古堂書目》與《絳雲樓書目》的特殊關係，凡是《玄賞齋書目》與《近古堂書目》一致的地方，基本上也都與《絳雲樓書目》相同。那麽，又是否有可能：《玄賞齋書目》也像《近古堂書目》一樣，主要是抄録《絳雲樓書目》而成的呢？答案也是否定的。這主要有以下三個理由：首先，我們可以從類目名稱的異同上得到確認。《近古堂書目》的分類與《絳雲樓書目》基本一致，但也有一些類名小有改動，如《絳雲樓書目》的『緯書類』『故事類』『六朝文集類』『唐文集類』『宋文集類』『國初文集類』『文集總類』，《近古堂書目》則稱作『緯類』『故事職官類』『六朝人文集類』『唐人文集類』『宋人集類』『國初人集類』『文總集類』，又析《絳雲樓書目》『金元文集類』爲『金人集類』『元人集類』兩類，并從『金元文集類』及『國初文集類』抽出僧人著作而特設了一個『僧人集類』，對此《玄賞齋書目》毫無二致，一律同《近古堂書目》。其次，從著録圖書的多寡上我們可以看出：《玄賞齋書目》著録的圖書，有的衹見於《近古堂書目》而不見於《絳雲樓書目》。如上文表二中的《遺山詩集》，表三中的《四六談麈》，表四中的《宋版施武子注東坡詩集》《宋刻集注黄太史詩》《宋版屏山文集》，表七中的《胡仲子文集》等，皆不載於《絳雲樓書目》而同於《近古堂書目》。再次，從表一、表五、表六、表七中著録圖書的異文及訛誤上看，《玄賞齋書目》一般皆同於《近古堂書目》而有别於《絳雲樓書目》。

如果我們再以《玄賞齋書目》卷六「小説」類的後半部分(《蹇齋瑣輟録》以下)爲例,采用三家書目對比的方式而略作分析,將會更加堅信:《玄賞齋書目》主要是抄録《近古堂書目》而成的一部僞書目。

何以要取「小説類」爲例呢?這是因爲書目中「小説類」最爲繁雜,其著録的情况也就最有説服力。又何以單取《玄賞齋書目》「小説」類的後半部分呢?一則爲了減省篇幅,二則因爲其後半部分本是獨立的一類,即《近古堂書目》的最後一類「小説類」。《近古堂書目》卷上既沿襲《絳雲樓書目》設有「小説類」,其卷下又改《絳雲樓書目》「雜記」類爲「小説類」,於是便出現了一部書目同時設立兩個「小説類」的悖謬。《玄賞齋書目》的造僞者見此謬誤,便把《近古堂書目》中的兩個「小説類」合并在了一起,故其前半部分抄録的主要是《近古堂書目》卷上的「小説類」,後半部分抄録的則是《近古堂書目》卷下的「小説類」。其三目異同如下:

表八：卷六『子部・小説類』（取《蹇齋瑣輟録》以下）

序次	《玄賞齋書目》（小説類）	《絳雲樓書目》（雜記類）	《近古堂書目》（卷下小説類）	異文考訂
一	蹇齋瑣輟録	尹直綴瑣録	謇齋瑣綴録	《玄》『蹇』當作『謇』，『輟』當作『綴』。《玄》後重複著録，見第二十八種〔一〕。
二	吴中雜志	吴中雜識	吴中雜識	《絳》《近》『志』作『識』。
三	都公談纂	都公談纂	都公譚纂	《近》『談』作『譚』。
四	簷曝偶談	簷曝偶談	簷曝偶談	
五	草木子	草木子	草木子	《絳》在『小説類』，《近》在卷上『小説類』。
六	琅玡漫抄	瑯琊漫抄	琅琊漫抄	
七	吴郡二科志	吴郡二科志	吴郡二科志	
八	丹鉛總録	丹鉛總録	丹鉛總録	

〔一〕《也是園藏書目》卷五小説類載：『尹直《蹇齋瑣綴録》。』但《千頃堂書目》卷五別史類及卷一五類書類皆稱『尹直《謇齋瑣綴録》』或『《謇齋瑣綴録》（原注：尹直）』（第一二八、四一二頁）。尹直，字正言，號謇齋，《明史》卷一六八、《國朝獻徵録》卷一四有傳狀。是《玄賞齋》作『蹇』作『輟』，皆字誤；《絳雲樓》作『綴瑣』則當是誤倒，而李抄本仍作『瑣綴』。

續表

序次	《玄賞齋書目》（小說類）	《絳雲樓書目》（雜記類）	《近古堂書目》（卷下小說類）	異文考訂
九	丹鉛續録	丹鉛續録	丹鉛續録	
十	丹鉛餘録	丹鉛餘録	丹鉛餘録	
十一	丹鉛摘録	丹鉛摘録	丹鉛摘録	
十二	祝子罪知録	祝子罪知録	祝子罪知録	
十三	枝山志怪	祝允明志怪録	枝山志怪	《近》《玄》後重複著録〔二〕，見第五十三種。
十四	周文襄見鬼事	周文襄見鬼事	周文襄見鬼事	
十五	祝允明野記	祝允明九朝野記	祝允明九朝野記	《絳》《近》多「九朝」二字。
十六	欝岡齋筆麈	欝岡齋筆麈	欝岡齋筆麈	《近》《玄》作「塵」，誤。
十七	前聞記	前聞記	前聞紀	《近》「記」作「紀」。

〔二〕從《近古堂書目》抄録《絳雲樓書目》的順序看，《枝山志怪》即《祝允明志怪録》。《千頃堂書目》卷一二小說類著録：「祝允明《語怪編》四十卷。」注：「一名《支山志怪録》，自一編至四編，每編十卷。」（第三三五頁）是《枝山志怪》，即《支山志怪録》，即《祝允明志怪録》，又名《語怪編》，因共有四編，亦可稱《語怪四編》。

續表

序次	《玄賞齋書目》(小説類)	《絳雲樓書目》(雜記類)	《近古堂書目》(卷下小説類)	異文考訂
十八	病逸漫記	病逸漫記	病逸漫記	《近》《玄》後重複著録，見第七十五種。
十九	石田雜記	石田雜記	石田雜記	
二十	吴中往哲記	吴中往哲記	吴中往哲記	
二十一	蕭子雜俎	蕭子雜俎	蕭子雜俎	
二十二	記事		記事	《絳》不載。
二十三	河亭辯論(原注：按『河』當作『荷』，已見前道學類)	陳沂河亭辨論	河亭辯論	《絳》有撰人『陳沂』〔二〕。
二十四	百可漫言	陳鼐百可漫志	陳鼐百可漫志	《絳》《近》著録撰人，『言』作『志』。《絳》李抄本原作『言』，改作『志』。

〔二〕 按：原校是，『河』蓋『荷』之誤。《千頃堂書目》卷一二雜家類、卷一五類書類及《也是園藏書目》卷五道學類皆載有『盧格《荷亭辨論》』。盧格，又有《荷亭文集》(《千頃堂書目》卷二〇別集類載之)，荷亭蓋其號也。而他書皆不載陳沂撰是書，《絳雲樓書目》卷四著録撰人作『陳沂』，蓋『《荷亭辨論》』與其下『《畜德録》』一書誤乙。《畜德録》，陳景雲注陳沂撰，《千頃堂書目》卷一二小説類亦有著録。

續表

序次	《玄賞齋書目》（小説類）	《絳雲樓書目》（雜記類）	《近古堂書目》（卷下小説類）	異文考訂
二十五	西京雜記	楊穆西京雜記	楊穆西京雜記	《絳》《近》有撰人『楊穆』。
二十六	然羣集	然犀集	然羣集	《絳》作『犀』，是。
二十七	清溪暇筆	姚福清溪暇筆		《絳》有撰人『姚福』。《玄》後重複著録，見第一百九種。
二十八	瑣綴録			《玄》重複著録，見第一種。
二十九	彭文憲公筆記	彭文憲公筆記	彭文憲公筆記	
三十	緑雪亭雜記	緑雪亭雜記	緑雪亭雜記	
三十一	東園友聞	東園友聞	東園友聞	
三十二	皇明紀略	皇明紀略	皇明紀略（原注：皇甫録）	
三十三	於壖注筆	於堧注筆	於援注筆	《近》『堧』作『援』，誤[一]。『壖』同『堧』。

[一] 《千頃堂書目》卷一二小説類載：『李袞……《於堧注筆》四卷。』（第三三九頁）《也是園藏書目》卷五小説類又載：『李袞《河堧筆記》四卷。』是《近古堂》『援』當作『堧』（與『壖』同），而《也是園》『河』亦當爲字訛，『筆記』則當爲『注筆』之誤倒。《玄賞齋（轉下頁）

續表

序次	《玄賞齋書目》（小説類）	《絳雲樓書目》（雜記類）	《近古堂書目》（卷下小説類）	異文考訂
三十四	西湖里語			《絳》《近》皆不載。『湖』當作『吴』〔一〕。
三十五	墐户録			《絳》《近》皆不載。
三十六	吴中放言	吴中放譃	吴中放譃	《絳》《近》作『譃』，是。
三十七	蓬窗類記	蓬軒類記	蓬窗類記	《絳》『窗』作『軒』。李抄本原作『窗』，改作『軒』。
三十八	農田餘話	農田餘話	農田餘話	
三十九	九朝譚纂	九朝談纂	九朝談纂	《絳》《近》『譚』作『談』。
四十	傍秋亭雜記	傍秋亭雜記	傍秋亭雜記	
四十一	霏雪録	霏雪録	霏雪録	
四十二	靈怪録	靈怪録	靈怪録	
四十三	客坐新聞	沈周客坐新聞	客坐新聞	《絳》著録撰人。

（接上頁）書目》亦重複著録此書，稱『《於援注筆》』，與《近古堂書目》卷下小説類中的其他三五種圖書一起誤入『唐詩』類中。

〔一〕《千頃堂書目》卷一二、《也是園藏書目》卷五小説類皆著録作『《西吴里語》』。

續表

序次	《玄賞齋書目》（小説類）	《絳雲樓書目》（雜記類）	《近古堂書目》（卷下小説類）	異文考訂
四十四	西樵拾遺	西樵拾遺	西樵拾遺	
四十五	異林	異林	異林	
四十六	震澤紀聞	震澤記聞	震澤紀聞	《絳》「紀」作「記」。
四十七	金石契	金石契	金石契	
四十八	菽園雜記	菽園雜記	菽園雜記	
四十九	傳信録	傳言録	傳信録	《絳》「信」作「言」，而李抄本仍作「信」。
五十	國寶新編	國寶新編	國寶新編	
五十一	補戴濯纓記	戴氏濯纓亭記	補戴濯纓記	書名大異。
五十二	閒中古今	閒中古今	閒中古今	
五十三	語怪四編		語怪四編	《絳》不載。此同書異名，《玄》《近》重複著録，見第十三種。
五十四	吴中故語	吴中故語	吴中故語	
五十五	四友齋叢説	何良俊四友齋叢説	四友齋叢説	《絳》著録撰人。

續表

序次	《玄賞齋書目》（小説類）	《絳雲樓書目》（雜記類）	《近古堂書目》（卷下小説類）	異文考訂
五十六	藝林伐山	藝林伐山	藝林伐山	
五十七	樊子雜記	樊子雜説	樊子雜説	《玄》『説』作『記』。
五十八	鷃林子	鷃林子	鷃林子	
五十九	玄亭閒話	元亭閒話	玄亭閒話	《絳》避諱作『元』。
六十	學圃蘆蘇	學圃憲蘇	學圃憲蘇	《玄》作『蘆』，誤。
六十一	高坡異纂	高坡異纂	高坡異纂	
六十二	碧里存疑	碧里雜存	碧里疑存	《絳》作『雜存』，李抄本作『疑存』，是。《玄》作『存疑』，蓋誤倒。
六十三	闇然堂類纂	闇然堂類纂	闇然堂類纂	
六十四	闇然録最	闇然録蕞	闇然録最	《絳》『最』作『蕞』，李抄本作『撮』。
六十五	玉乳閒談	玉乳閒談	玉乳閒談	
六十六	西園雜記	西園雜記	西園雜記	

續表

序次	《玄賞齋書目》（小説類）	《絳雲樓書目》（雜記類）		《近古堂書目》（卷下小説類）	異文考訂
六十七	浮物蠶衣	浮物	蠶衣	浮物蠶衣	《絳雲樓》作兩種書。
六十八	覽勝紀談	覽勝紀談		覽勝紀談	
六十九	餘冬序録	餘冬序録		餘冬序録	
七十	日益録	日益録		日益録	
七十一	下埤紀談	下埤紀談		下埤紀談	
七十二	讕言長語	讕言〇長語		讕言長語	《絳》、李抄本無『〇』。
七十三	損齋備忘録	損齋備忘録		損齋備忘録	
七十四	雙槐歲抄	雙槐歲抄五册		雙槐歲鈔	《絳》著録册數。
七十五	病逸漫録			病逸漫録	《絳》不載。此係重複著録，見第十八種。
七十六	苹野纂聞	苹野纂聞		苹野纂聞	
七十七	新倩籍	新倩籍		新倩籍	
七十八	蓬軒吴記	篷窗日録		蓬軒吴記	《絳》李抄本作『蓬窗吴記』。

續表

序次	《玄賞齋書目》（小説類）	《絳雲樓書目》（雜記類）	《近古堂書目》（卷下小説類）	異文考訂
七十九	近峰聞略	近峰聞略	近峰聞略	
八十	諸家要指	諸家要指	諸家要指	
八十一	藝林賸言	藝林剩言	藝林賸言	《絳》『賸』作『剩』。
八十二	三餘贅筆	三餘贅筆	三餘贅筆	
八十三	懸笥瑣探	懸笥瑣探	懸笥瑣琛	《近》作『琛』，字誤。
八十四	五湖漫聞	五湖漫聞	五湖漫聞	
八十五	豫齋管見	豫齋管見	豫齋管見	
八十六	顏木	顏木隨志	顏木	《玄》《近》將撰人誤爲書名而與《隨志》分載兩處〔二〕。見第九十六種。

〔二〕《千頃堂書目》卷七地理類載：『顏木《隨州志》二卷。』（第一九三頁）卷二二別集類又載：『顏木《燼餘稿》四卷。』注曰：『字惟喬，隨州人，亳州知州。』（第五五五頁）生平詳見《國朝獻徵録》卷八三《顏公墓碑》。

續表

序次	《玄賞齋書目》（小説類）	《絳雲樓書目》（雜記類）	《近古堂書目》（卷下小説類）	異文考訂
八十七	涉異志	閔文振涉異志	閔文振涉異志	《絳》《近》著録撰人。
八十八	讖論	讖論	讖論	
八十九	玄覽	元覽編	玄覽	《絳》諱『玄』作『元』，又多『編』字。
九十	遯言	孫仲可遯言	孫仲可遯言	《絳》《近》著録撰人『孫仲可』。
九十一	廣滑稽	廣滑稽	廣滑稽	
九十二	潛穎録	潛穎録	潛穎録	《近》『穎』作『潁』，誤。
九十三	百感録	百盛録	百感録	《絳》作『盛』，誤。李抄本仍作『感』。
九十四	麈談	歸有園麈談	歸有園麈談	《絳》《近》帶齋名『歸有園』，又『麈』作『塵』，是[一]。
九十五	西湖麈談録	西湖麈談録	西湖麈談録	《玄賞齋》作『塵』，誤。

[一]《歸有園麈談》，明徐學謨撰。《千頃堂書目》卷一二小説類及卷一五類書類皆著録作『《歸有園麈談》』，是書名本作《歸有園麈談》。造僞者以爲『歸有園』爲撰人姓名或齋名，便隨其抄録之例而删之。

續表

序次	《玄賞齋書目》（小説類）	《絳雲樓書目》（雜記類）	《近古堂書目》（卷下小説類）	異文考訂
九十六	隨志	顔木隨志	隨志	《玄》《近》將作者誤爲書名而分列兩處。
九十七	雜説		雜説	《絳》不載。
九十八	中有録	中有録	中有録	
九十九	金罍子	金罍子	金罍子	
一百	古穰雜録	古穰雜録	古穰雜録	
一百一	筆叢正續集	胡應麟筆叢	筆叢正續集	《絳》著録撰人，且無「正續集」三字。
一百二	文園漫語	丈園漫語	文園漫語	《絳》「文」作「丈」，是。
一百三	見聞紀訓	見聞紀詞	見聞紀訓	《絳》「訓」作「詞」。
一百四	畜德録	畜德録	畜德録	
一百五	繼世紀聞	陳洪謨繼世紀聞	繼世紀聞（原注：陳洪謨）	
一百六	蓬底浮談	篷底浮談	蓬底浮談	《絳》「蓬」作「篷」。
一百七	泉石清談	泉石清談	泉石清談	

續表

序次	《玄賞齋書目》（小説類）	《絳雲樓書目》（雜記類）	《近古堂書目》（卷下小説類）	異文考訂
一百八	蒙溪釣餘録	蒙溪鉤餘録	蒙溪釣餘録	《絳》『釣』作『鉤』。
一百九	青溪暇筆		青溪暇筆（原注：姚福）	《玄》重複著録，見第二十七種。
一百十	剪勝野聞	剪勝野聞	剪勝野聞	
一百十一	水東日記	水東雜記（原注：見小説）	水東日記	《絳》小説類作『水東日記』〔二〕。
一百十二	蘇談	蘇談	蘇談	
一百十三	野談	野談	野談	
一百十四	灼艾續集	灼艾集○續集○別集	灼艾續集	《絳》合編爲一書，《近》及《玄》分開著録却漏了《灼艾集》。

〔二〕《近古堂書目》卷上小説類與卷下小説類皆著録有『《水東日記》』。據其抄録順序，《近古堂書目》卷下之『《水東日記》』當即《絳雲樓書目》著録的『《水東雜記》』的竄改。《玄賞齋書目》據《近古堂書目》而抄録，見兩『小説類』便合二爲一，見《水東日記》重複著録，便删除了一部。

續表

序次	《玄賞齋書目》（小説類）	《絳雲樓書目》（雜記類）	《近古堂書目》（卷下小説類）	異文考訂
一百十五	灼艾别集		灼艾别集	
一百十六	對問篇	對問編	對問篇	《絳》作「編」，誤。李抄本仍作「篇」。
一百十七	正誤	正誤	正誤	
一百十八	榴山菑古	榴山菑古	榴山菑古	
一百十九	汲古叢語	汲古叢語	汲古叢語	
一百二十	涌幢小品	涌幢小品	涌幢小品	
一百二十一	藝彀	鄧伯羔藝彀	藝彀（原注：鄧伯羔）	
一百二十二	智品	智品	智品	
一百二十三	山脞録	閔文仲山脞録	閔文仲山脞録	《絳》《近》著録有撰人「閔文仲」。
一百二十四	宛委餘編	宛委餘編	宛委餘編	
一百二十五	偃曝餘談	陳繼儒偃曝餘談	簷曝餘談（原注：陳眉公）	《近》「偃」作「簷」。《玄》删撰人。

續表

序次	《玄賞齋書目》（小説類）	《絳雲樓書目》（雜記類）	《近古堂書目》（卷下小説類）	異文考訂
一百二十六	陰冗記	蘭莊騶陰冗記	闌莊騶陰冗記	《玄》不著録撰人。《近》『蘭』作『闌』，誤。
一百二十七	七修類稿	七修類稿	七修類稿	
一百二十八	説聽	説聽	説聽	
一百二十九	灼新劇談	灼薪劇談	灼薪劇談	《玄》『新』當作『薪』。
一百三十	震澤長語	震澤長語	震澤長語	
一百三十一	寅齋聞見			《絳》《近》皆不載。
一百三十二	輯柳編			《絳》《近》皆不載[一]。
一百三十三	家兒私語			《絳》《近》皆不載。
一百三十四	天中雜記			《絳》《近》皆不載。
一百三十五	權子雜俎			《絳》《近》皆不載。

從上表比較可以看出，《玄賞齋書目》『小説類』後半部分共著録一百三十五種圖書，有一百二十二種見於《絳雲樓書目》，而與《近古堂書目》相比，却有一百二十六種著録相同（比《絳雲樓書目》多出《記

[一]《絳雲樓書目》卷三、《近古堂書目》卷下及《玄賞齋書目》卷六『僞書類』皆有著録，見表一。

事》《語怪四編》《病逸漫録》《雜説》四種)。如果比較它們三者書名的差異,更可見《玄賞齋書目》與《近古堂書目》有直接的因襲關係。首先是書名中的異文,如第二十六種《然群集》,《玄賞齋書目》同《近古堂書目》,而《絳雲樓書目》作『《然犀集》』;第一百二種《文園漫語》,同《近古堂書目》,而《絳雲樓書目》作『《丈園漫語》』;第一百三種《見聞紀訓》,同《近古堂書目》,而《絳雲樓書目》作『《見聞紀詞》』。我們再看書名的異稱,如第十三種《枝山志怪》,《玄賞齋書目》同《近古堂書目》,而《絳雲樓書目》作『《祝允明志怪録》』;第五十一種《補戴濯纓記》,與《近古堂書目》同,而《絳雲樓書目》作『《戴氏濯纓亭記》』。最有力的證據,還是《近古堂書目》與《玄賞齋書目》著録上的共同錯誤。如《絳雲樓書目》著録有『《灼艾集》〇《續集》〇《别集》』,《近古堂書目》漏抄了『《灼艾集》』,故僅有『《灼艾續集》《灼艾别集》』,而《玄賞齋書目》也漏載《灼艾集》(見第一百十四種);《絳雲樓書目》著録有陸釴的《病逸漫記》,《近古堂書目》抄録《病逸漫記》的同時,又衍出一部『《病逸漫録》』,而《玄賞齋書目》也有同樣的誤衍(見第十八種、七十五種);《絳雲樓書目》著録的《祝允明志怪録》,《近古堂書目》改作『《枝山志怪》』,又著録了一部同書異名的『《語怪四編》』,而《玄賞齋書目》也如此改名并重複著録(見第十三種、五十三種)。凡此皆可證:《玄賞齋書目》係直接抄録《近古堂書目》而成。

而《玄賞齋書目》著録中出現的獨有的錯誤現象,更可考見其作僞之迹。一是誤分撰人與書名:如《絳雲樓書目》著録的『顔木《隨志》』,《近古堂書目》雖然已經誤作二書名,但二者仍然先後排列,可見其誤抄痕迹；而《玄賞齋書目》不知二者之關係，造僞時故意打亂原有的著録順序，遂使《顔木》和《隨志》各分東西（間隔了十種圖書），成了毫無關聯的兩種書（見第八十六種、九十六種）。這個錯誤，是藏書家據藏本著録時絶無可能出現的問題，也是手民據傳本忠實抄録絶無可能出現的現象。二是重複著録的錯誤：如《玄賞齋書目》既著録了《蹇齋瑣輟録》，又省略齋名著録了《瑣綴録》（見第一種、二十八種）；既著録了《清溪暇筆》，又載有《青溪暇筆》（見第二十七、一百九種），不知其爲同書而異名；既著録有《於壖注筆》（見第三十三種），又出現了《於援注筆》，不知實即一書而「援」爲誤字。除了《於援注筆》莫名其妙地隨其他三十五種「小説」竄入了「唐詩類」（而且是插在唐代詩集之間，顯見是造僞者抄録時顛三倒四而造成的），另兩種重複著録都出現在同一類。這正是造僞者爲遮人耳目，故意不依原書序次抄録或者東拼西凑而又不及仔細核查所導致的重複抄録〔二〕。

剔除上述三種重複著録，《玄賞齋書目》「小説類」後半部分真正不見於《近古堂書目》「小説類」的，

〔二〕這種情形是造僞者因爲要改變原書著録序次而顛三倒四造成的誤衍，還是東拼西凑從別家書目抄來又不及細檢而造成的重複著録呢？考察《近古堂書目》與《玄賞齋書目》著録之異文：《玄賞齋書目》於唐詩類據《近古堂書目》抄入《於援注筆》，誤字也照録，説明《近古堂書目》原本確實已誤，那麽《玄賞齋書目》小説類又據何而抄入正確的《於壖注筆》？又《玄賞齋書目》既據《近古堂書目》抄録「青溪暇筆」，又據何著録「清溪暇筆」？表面看可能是字誤的關係，但實際上是同書異名，明清書目中多有稱「清溪暇筆」者（但據該書作者姚福自序，當作「青溪」），因此不當視爲造僞者的誤衍。加之該表中尚有七種圖書不見於《近古堂書目》，其造僞者同時別有所本當無疑問。結合下文的考察，這三種重複著録，皆當本自《也是園藏書目》卷五小説類。而《絳雲樓書目》的相同，衹是巧合。若造僞者曾參據《絳雲樓書目》，則《近古堂書目》的許多訛誤至少應當有部分會得到糾正，而不至於基本上都沿襲了下來。

祇有第三十四、三十五兩種及排列在該類最後的五種圖書。此七種，則當是造僞者據别種書目增補的〔一〕。至此，該類的抄襲造僞之迹，可謂畢現無遺。

如此説來，《玄賞齋書目》不僅是一部僞造的書目，而且是一部依據僞書目製作的僞書目。

二、《玄賞齋書目》與《也是園藏書目》之比較

通過上文比較，我們已經可以認定：《玄賞齋書目》是一部十足的僞書目。但它與《絳雲樓書目》及《近古堂書目》相比，尚有一些重要差異：一是史部類目差别較大，别的部類也存在一些差異；二是《玄賞齋書目》著録的圖書大大超出了《近古堂書目》（包括《絳雲樓書目》）的數量〔二〕。這説明《玄賞齋書目》還抄撮了别家書目。考察古今書目，我們發現清初錢曾《也是園藏書目》即其造僞時憑藉的另一部書目。今先將《也是園藏書目》八部一百四十八類依次列之於下，以作比較：

經部（卷一）

〔一〕此七種圖書，皆抄自《也是園藏書目》卷五小説類，説詳下文「二、《玄賞齋書目》與《也是園藏書目》之比較」。

〔二〕《絳雲樓書目》著録圖書近三〇〇〇種，《近古堂書目》收書近三九〇〇種，而《玄賞齋書目》收書則達五〇〇〇餘種。

經總類　易　書　詩　春秋　三禮　樂　舞　論語　續語　孝經　爾雅　孟子　四書　字書　韵書　碑刻　書　數　小學

史部（卷二、卷三）

正史　通史　編年　史論　運歷　雜史　故事　職官　儀注　謚法　國璽　家禮祭儀　射儀　職掌　營建　律令　法守　時令　貨寶器用　酒茗　食經　種藝　豢養　傳記　忠義　節孝　名臣　遺民　仙佛　神　列女　校書　科第　冥異　地理志　都城宮苑　陵墓　郡邑雜志　圖志　朝聘　行役　别志　屬夷　川瀆　山志　名勝　游覽　人物　文獻　譜牒　姓氏　年譜　總目

明史部（卷四）

御製　敕修　玉牒　紀注時政

子部（卷五）

儒家　道學　道家　墨家　法家　名家　縱横家　雜家　農家　小説　兵家　軍占　天文　星象　五行　玩占　六壬　太乙　奇門〔一〕　律曆　易數　卜筮　占夢　陰陽　星命　相法

〔一〕《也是園藏書目》之《玉簡齋叢書》本無「兵家」「軍占」「天文」「星象」「五行」「玩占」「六壬」「太乙」「奇門」九類，《虞山錢遵王藏書目録彙編》本據抄本補入。

相字　宅經　葬書　醫書　醫家經論　針灸　本草　方書　傷寒　風科　瘡腫　眼科　祝由科

婦人　小兒　攝生　房中　藝術　畫録　類家

集部(卷六、卷七)

制詔[一]　表奏　騷賦　文集　詩集　集句　詩文集總　詩文評　四六　詞

三藏(卷八)

經論　此土著述

道藏(卷九)

洞真部　洞玄部　洞神部　太玄部　符籙部

戲曲小説(卷十)

古今雜劇　曲譜　曲韵　説唱　傳奇　宋人詞話　通俗小説　僞書

兩相比較,我們看到:《玄賞齋書目》中凡不見於《近古堂書目》的分類,都可以在《也是園藏書目》中找到根據。《玄賞齋書目》與《近古堂書目》最大的不同在於史部。《玄賞齋書目》的史部除了沿襲《近古

[一]《虞山錢遵王藏書目録彙編》本目録中作「制誥」,此據正文類目及《玉簡齋叢書》本改正。

堂書目》史部的十個類目外〔一〕，其他如：儀注、謚法、國璽、家禮、職掌、營建、時令、貨寶、器用、酒茗、食經、種藝、豢養、仙佛、列女、校書、冥異、朝聘行役、名勝、游覽、别志、屬夷、人物、文獻二十四類，全見於《也是園藏書目》史部，僅將原『貨寶器用』分成二類，又將原『朝聘』『行役』二類合并作一類而已。這二十四類的先後次序也基本與《也是園藏書目》一樣，衹有『名勝』『游覽』二類與『别志』『屬夷』二類調换了一下先後。其獨設的『山川』一類，也是由《也是園藏書目》的『山志』與『川瀆』删并而成的。《玄賞齋書目》的『地里志』類不從《近古堂書目》稱『地志類』，也是依據《也是園藏書目》『地理志』類而改的，衹是『理』字誤作了『里』字。而國朝史部的『敕修』類，則出自《也是園藏書目》的『明史部』。《玄賞齋書目》的其他部類，如經部的『字書』『書』『碑刻』『數』四類，子部的『軍占』『易數』『畫録』三類，集部的『制詔』『四六』二類，也皆見於《也是園藏書目》；似乎是新設的『詩餘』一類，實際上也衹是《也是園藏書目》『詞』類的别名。《玄賞齋書目》設立與四部并列的『釋道部』，也應當是受到《也是園藏書目》影響的結果。《玄賞齋書目》分類的亦步亦趨，尤其是不見於别家的史部獨特而瑣細的分類〔二〕，説明《也是園藏書目》是它造僞所依據的另一個書目。

〔一〕《近古堂書目》史部比《絳雲樓書目》多分出一個『宋版正史類』，《玄賞齋書目》則把它并入了『正史類』。

〔二〕徐乾學《傳是樓書目》（清道光味經書屋抄本）史部分類較爲近似，但仍有『謚法』『國璽』『家禮』『職掌』『營建』『貨寶』『校書』『名勝』『游覽』『人物』『文獻』等類爲徐目所無。

如果再比較二目相關類別著録的圖書，我們會更加相信《玄賞齋書目》同时也抄襲了《也是園藏書目》。特别是其史部，如：

表九：卷二『史部・校書』類

序次	《玄賞齋書目》	《也是園藏書目》	異文考訂
一	孫棨北里志	孫棨北里志一卷	《也是園》著録皆有卷數。
二	青泥蓮花記	青泥蓮花記十三卷	
三	馬姬傳	王穉登馬姬傳一卷	《也是園》著録有撰人。
四	黄雪簑青樓集	黄雪蓑青樓集一卷	
五	青樓傳	青樓傳二卷	
六	廣青樓傳	廣青樓傳二卷	
八		崔令欽教坊記一卷	《玄賞齋》删之。
九		青樓韵語四卷	《玄賞齋》删之。

《玄賞齋書目》該類僅剔除《也是園藏書目》該類的兩種圖書，其餘則删削卷數後全部照録。

有的類别，其類目是由《也是園藏書目》的兩個類名合并而成的，其著録的圖書也全部采自這兩類。如：

表十：卷三『史部·朝聘行役』類

序次	《玄賞齋書目》	《也是園藏書目》	異文考訂
一	范成大攬轡録	范成大攬轡録一卷	《也是園》著録皆有卷數。
二	洪皓松漠紀聞	洪皓松漠紀聞二卷	
三	鄒仲之使韃日録	鄒仲之使韃日録一卷	
四	路振乘軺録	路振乘軺録一卷	《也是園》『軺』作『軺』，是。
五	徐兢高麗圖經	徐兢高麗圖經四十卷	
六	周輝北轅録	周輝北轅録一卷	
七	周秦行經	周秦行記一卷	在《也是園》『行役』類，『經』作『記』，是。
八	彭汝實六詔紀聞	彭汝實六詔紀聞一卷	在《也是園》『行役』類。
九	蕭希曾南封録	蕭希曾南封録一卷	在《也是園》『行役』類。
十	馬歡瀛厓勝覽	馬歡瀛厓勝覽一卷	在《也是園》『行役』類。
十一	田汝成炎徼紀聞	田汝成炎徼紀聞四卷	在《也是園》『行役』類。
十二	張鳴鳳西遷注	張鳴鳳西遷江一卷	在《也是園》『行役』類，『注』作『江』，蓋形誤。《千頃堂》卷八著録是書亦作『西遷注』。

續表

序次	《玄賞齋書目》	《也是園藏書目》	異文考訂
十三	陸游入蜀記	陸游入蜀記十卷	在《也是園》「行役」類。
十四	費信星槎勝覽	費信星槎勝覽一卷	在《也是園》「行役」類。
十五	蕭從業使琉球録	蕭從業使琉球録二卷	在《也是園》「行役」類。
十六		顧岕海槎餘録一卷	在《也是園》「行役」類。
十七		劉郁西使記一卷	《也是園》刻本無之，《彙編》本據抄本「朝聘」類補。
十八		張德輝北上紀行一卷	《也是園》刻本無之，《彙編》本據抄本「朝聘」類補。

《玄賞齋書目》合并《也是園藏書目》的「朝聘」與「行役」兩類，稱爲「朝聘行役」類。著録的圖書，前六種屬於「朝聘」類，而後九種則皆屬於「行役」類，僅删除了《也是園藏書目》的三種圖書〔二〕。

有的類别似乎與《也是園藏書目》相應的類别著録的圖書差别不小，其實衹是暗中把性質相近的另一類合并到了一起。如：

〔二〕也可能《玄賞齋書目》造僞者所依據的底本即同羅刻本而無表中最後二種。

表十一：卷三『史部・家禮』類

序次	《玄賞齋書目》	《也是園藏書目》	異文考訂
一	司馬氏書儀	司馬氏書儀十卷	《也是園》皆著録卷數。
二	温公家範	温公家範十卷	
三	許氏貽謀四則	許氏貽謀四則一卷	
四	丘濬家禮儀節	邱濬家禮儀節八卷	《也是園》『邱』避孔子諱。
五	三家冠昏喪祭禮	三家冠婚喪祭禮五卷	
六	聞人銓飲射圖解	聞人銓飲射圖解一卷	在《也是園》『射儀』類。
七	射禮集要	射禮集要一卷	在《也是園》『射儀』類。
八	浦江鄭氏旌儀類編	浦江鄭氏旌義類編一卷	《也是園》『儀』作『義』，是〔一〕。
九	仇氏家範	仇氏家範十卷	
十	謝氏家儀	謝子家儀八卷	《也是園》『氏』作『子』，是〔二〕。
十一	韓魏公古今家祭禮	韓魏公古今家祭禮一卷	

〔一〕《絳雲樓書目》卷一譜牒類、《述古堂藏書目》卷一雜編類、《讀書敏求記》卷二上著録此書『儀』皆作『義』。

〔二〕《絳雲樓書目》卷一禮類、《述古堂藏書目》卷一禮樂類皆作『謝子家禮』，是當作『子』。

《玄賞齋書目》把《也是園藏書目》的『家禮祭儀』類簡稱爲『家禮』類，又删去其後的『射儀』這個類目，而實際上是并在了一起，故其著録的圖書與《也是園藏書目》這兩個類别，不多不少完全一致。

别的部類，也多有抄録《也是園藏書目》而成者。如：

表十二：卷六『子部・軍占』類

序次	《玄賞齋書目》	《也是園藏書目》	異文考訂
一	風角鳥占經	風角鳥占經一卷	《也是園》皆著録卷數。
二	風角書	風角書四卷	
三	九賢秘典	九賢秘典一卷	
四	神機武略望江南	神機武略望江南一卷	
五	天文軍鏡九宫行營	天文軍鏡九宫行營一卷	
六	三鏡書	三鏡書三卷	
七	講武賦	講武賦一卷	
八	六軍賦	六軍鏡一卷	《也是園》『賦』作『鏡』，是〔一〕。

〔一〕《六軍鏡》，唐李靖撰，兩《唐志》及《宋志》兵書類皆有著録，《玄賞齋書目》蓋涉上文而誤。

續表

序次	《玄賞齋書目》	《也是園藏書目》	異文考訂
九	六軍新鏡	六軍新鏡一卷	
十	氣象占	氣象占一卷	
十一	乙巳占	乙巳占一卷	
十二		神機制敵太白經一卷	《玄賞齋》無。
十三		神機制敵太白陰經十卷	《玄賞齋》無。

此類收書十一種，全部來自《也是園藏書目》，僅删去兩種。又如：

表十三：卷七『集部・制詔』類

序次	《玄賞齋書目》	《也是園藏書目》	異文考訂
一	西漢詔令	西漢詔令十二卷	《也是園》皆著録卷數。
二	東漢詔令	東漢詔令十一卷	
三	大唐詔令	唐大詔令一百三十卷	《玄賞齋》『大唐』二字誤倒。
四	皇明詔令	皇明詔令二十卷	
五	皇明詔敕	皇明詔敕六卷	
六	皇明詔旨	皇明詔旨七卷	

該類收録的圖書，二目完全一樣，不僅書名一致，而且序次也完全一致，僅删除了原目著録的卷數。這種情形在《玄賞齋書目》中比較罕見，一般都是打亂序次的，此類不加變動，可能是因爲各書明確標注了時代的緣故，若打亂時代，便顯得過於無理。

有的類目，爲《近古堂書目》與《也是園藏書目》二家所共有，有時僅抄録其一家而略有删減，有時則合抄兩家。如：

表十四：卷四『史部·書目』類

序次	《玄賞齋書目》	《也是園藏書目》	《近古堂書目》	異文考訂
一	焦竑經籍志	焦竑經籍志五卷	經籍志	《也是園》皆著録卷數。
二	經廠書目		經廠書目	
三	古今圖籍考	古今圖籍攷一卷		
四	古今書目		古今書目（原注：前後漢隋唐梁史宋史）	
五	五百家名書目		五百名家書目	《玄賞齋》『家名』二字誤倒。
六	名臣言行録目		名臣言行録目	
七	紹興編求四庫闕書記	紹興編年四庫閣書記二卷		《玄賞齋》『年』作『求』，《也是園》『閣』字誤。

續表

序次	《玄賞齋書目》	《也是園藏書目》	《近古堂書目》	異文考訂
八	南雍書目	南雍書目一卷	南雍書目	
九	寧獻王書目		寧獻王書目	
十	御書樓藏書目	御書樓藏書目一卷	御書樓藏書目	
十一	内閣書目	内閣書目二卷	内閣藏書目	《近古堂》有『藏』字。
十二	秘閣書目	秘閣書目二卷		
十三	文淵閣書目	文淵閣書目二卷	文淵閣書目	
十四	周藩萬卷堂書目	周藩萬卷堂書目四卷	萬卷堂書目	
十五	行人司書目		行人司書目	
十六	都察院書目	都察院書目一卷	都察院書目	
十七	葉文莊菉竹堂書目	葉文莊菉竹堂書目六卷	葉氏菉竹堂書目	《近古堂》『葉文莊』作『葉氏』。
十八	吴文公藏書目		吴文公藏書目	
十九	遂初堂書目		遂初堂書目	
二十	吴文定家藏書目	吴文定家藏書目一卷		此與第二十八種重複著録。

續表

序次	《玄賞齋書目》	《也是園藏書目》	《近古堂書目》	異文考訂
二十一	桓庾齋書目		桓庚齋書目	《近古堂》「庾」作「庚」，蓋形誤。
二十二	讀書後志	（見第二十五種）	讀書後志附志	
二十三	讀書附志		（見上）	
二十四	于文定公書目		于文定公書目	
二十五	昭德先生讀書志	晁氏讀書志上下十卷後志二卷	昭德先生讀書志	《玄賞齋》《近古堂》將前後志分別著录。
二十六	趙玄度脈望館書目	趙玄度脈望館書目八卷		
二十七	古今書刻目録	古今書刻目録一卷	古金書刻	《近古堂》「金」字顯誤。
二十八	匏翁書目		匏翁書目	《絳雲樓》卷一稱「吴匏翁書目」。
二十九	嚴子若劍映齋書目	嚴子若劍吹（原校：映）齋書目二卷		
三十	雜家目録	雜家目録一卷		

續表

序次	《玄賞齋書目》	《也是園藏書目》	《近古堂書目》	異文考訂
三十一	徐傚鉉家藏書目	徐傚弦家藏書目一卷	徐傚鉉家藏書目	《也是園》「鉉」作「弦」，《絳雲樓》卷一亦作「弦」，是。
三十二	淡生堂藏書訓約	淡生堂藏書訓約一卷		
三十三	皇明史乘		皇明史乘	
三十四	國朝文集目録	明朝文集目録一卷	國朝文集	〔一〕
三十五	皇明琬琰録書目		皇明琬琰録書目	
三十六	王巽菴家藏書目	王巽菴家藏書目一卷		
三十七	道藏書目		道藏書目	
三十八	元藏書目		元藏書目	
三十九	大明北藏聖教目録	大明北藏聖教目録四卷		

〔一〕《絳雲樓書目》卷一書目類作「國朝文集目録」，《述古堂藏書目》卷四書目類亦作「國朝文集目録二卷」，《近古堂書目》當是傳刻中誤脱「目録」二字，而《玄賞齋書目》所據《近古堂書目》當爲没有脱文的别一抄本。

續表

序次	《玄賞齋書目》	《也是園藏書目》	《近古堂書目》	異文考訂
四十	大明南藏聖教目録	大明南藏聖教目録三卷		
四十一	大明道藏經目録	大明道藏經目録四卷		
四十二	續入藏經目録	續入藏經目録一卷		
四十三	道藏闕經目録	道藏闕經目録一卷		
四十四		范氏天一閣書目一卷		《玄賞齋》不載。
四十五			金石録（原注：趙明誠）	《玄賞齋》碑刻類載之，書目類無。
四十六			楊升庵著述目録	《玄賞齋》不載。

該類共收録書目四十三種，全部抄自《也是園藏書目》『總目』類與《近古堂書目》『書目類』。從其異文看，除統一删削《也是園藏書目》著録的各書卷數外，《近古堂書目》中的『匏翁書目』省略了『吴』字，《玄賞齋書目》亦略之；《近古堂書目》『弦』誤作『鉉』，《玄賞齋書目》亦誤作『鉉』。據此亦可以進一步確定，《玄賞齋書目》直接抄録的不是《絳雲樓書目》而是《近古堂書目》。《近古堂書目》著録了《匏翁書目》，《也是園藏書目》則著録了《吴文定公藏書目》，藏主皆爲吴寬。寬字原博，號匏翁，長洲（今蘇

州)人,明成化八年(一四七二)進士,官至禮部尚書,卒謚文定,《明史》卷一八四有傳。吴氏二目實爲同一種書目,故《近古堂書目》(包括《絳雲樓書目》)與《也是園藏書目》不共載,今《玄賞齋書目》該類因抄撮二家而成,於是出現了一類之中一書重複著録而不自知的謬誤。

有的類別不是兩家書目所共有,一般就抄録類目相同的這一家,但有時也會同時抄録另一家書目中被造僞者删削的某個類別中相關的一些圖書。如:

表十五:卷二『史部・酒茗』類

序次	《玄賞齋書目》	《也是園藏書目》	《近古堂書目》譜録類	異文考訂
一	宋版酒經		宋版酒經	
二	大隱翁酒經	大隱翁酒經三卷		《也是園》皆著録卷數。此與第四種重複著録[一]。
三	無懷山人酒史	無懷山人酒史二卷		

〔一〕《直齋書録解題》卷一四雜藝術類有:『《北山酒經》三卷,大隱翁撰。』(上海古籍出版社,一九八七年,第四一九頁)據李保《北山酒經題詞序》,大隱翁爲朱肱號。《直齋書録解題》卷一三醫書類又載:『《南陽活人書》十八卷,朝奉郎直秘閣吴興朱肱翼中撰。』(第三九〇頁)是朱肱字翼中,然則《大隱翁酒經》與朱翼中《酒經》實爲同一書。故《郡齋讀書志》與《直齋書録解題》二目皆不并載,而《絳雲樓書目》與《也是園藏書目》也不同録。《玄賞齋書目》并載之,正是盲目抄撮兩家書目造成的結果。

續表

序次	《玄賞齋書目》	《也是園藏書目》	《近古堂書目》譜録類	異文考訂
四	王翼中鈔本酒經		王翼中鈔本酒經	『王』當作『朱』〔一〕。
五	醉鄉日月醉譜酒經		醉鄉日月醉譜酒經	〔二〕
六	袁宏道觴政	袁宏道觴政一卷		
七	安雅堂酒令	安雅堂酒令一卷	安雅堂酒令	
八	陸羽茶經	陸羽茶經三卷		
九	友蘭茶譜	友蘭茶譜一卷	友蘭翁茶譜	《近古堂》多『翁』字，《絳雲樓》卷二同。
十	黄儒品茶要録		宋黄儒品茶要録	《近古堂》冠朝代名。
十一	蔡襄茶録	蔡襄茶録一卷		

〔一〕《郡齋讀書志》卷一二農家類有：『《酒經》三卷，右皇朝朱肱撰。』（孫猛校證，上海古籍出版社，一九九〇年，第五四二頁）《絳雲樓書目》卷二雜藝類亦著録作：『朱翼中《酒經》。』《近古堂書目》據《絳雲樓書目》抄録而作『王翼中』，蓋字誤。《玄賞齋書目》誤同，説明其造僞所據正是《近古堂書目》。朱翼中事迹，詳見陸心源《儀顧堂題跋》卷七《南陽活人書跋》。

〔二〕《絳雲樓書目》卷二雜藝類著録作：『《醉鄉日月》《醉譜》《酒經》。』三書次序相連。《近古堂書目》誤作一書，《玄賞齋書目》亦誤作一書，亦可明其所從出。

續表

序次	《玄賞齋書目》	《也是園藏書目》	《近古堂書目》譜録類	異文考訂
十二	程用賓茶録	程用賓茶録一卷		
十三	審安老人茶具圖	審安老人茶具圖一卷		
十四		燭夜仙酒法一卷		《玄賞齋》不載。

《也是園藏書目》該類共著録十種圖書，《玄賞齋書目》采録了九種，删削了一種，同時又從被删除的《近古堂書目》『譜録類』抄録了四種内容相關的圖書。其不知『王翼中』爲『朱翼中』之誤而照録，更不知《朱翼中鈔本酒經》與《大隱翁酒經》爲同書異名而并載，亦頗可覘其造僞之迹。

再以《也是園藏書目》來檢核前文諸表，凡超出《近古堂書目》者，基本上都可從錢氏該目中找到根據。如表三『文説』類的《徐禎卿談藝録》，見《也是園藏書目》卷七『詩文評』類；表八『小説』類的《西湖里語》《墐户録》《寅齋聞見》《輯柳編》《家兒私語》《天中雜記》《權子雜俎》七種書，皆采自《也是園藏書目》卷五『小説』類。

至此，《玄賞齋書目》與《也是園藏書目》的抄襲關係，可謂昭然若揭。

結語

考察《玄賞齋書目》的作僞來源，基本不出《近古堂書目》與《也是園藏書目》的範圍。其所有的類目，全部采自《近古堂書目》與《也是園藏書目》而稍有删改。據兩家藏書目録拼凑的結果，便出現了國朝史部與集部分設『制書』與『制詔』兩個名異而實同的類别〔一〕，以及史部與國朝史部同設『傳記』類的荒謬〔二〕。其所著録的圖書，幾乎全部來自《近古堂書目》與《也是園藏書目》，即使是兩家書目的著録錯誤，也照録不改。其抄録二目時，有的類别衹抄録一家書目中的一類，有的類别則合并兩類或更多，有的類别以抄録一家爲主而兼抄另一家，有的則是合并兩家書目中的相關類别而成。衹有極少的若干種圖書不見於《也是園藏書目》，也不見於《近古堂書目》，當是造僞者據他書或家藏補入，或是出於作僞者的編造删改〔三〕。從文獻的角度看，今傳之《玄賞齋書目》是一部毫無使用價值的僞書目，而且是一

〔一〕『制書』類采自《近古堂書目》卷下的『本朝制書類』，『制詔』類則襲用《也是園藏書目》集部的『制詔』類，兩類皆著録有《皇明詔令》《皇明詔敕》等。

〔二〕史部『傳記』類襲用《也是園藏書目》之類名，其圖書則并入了《也是園藏書目》緊接『傳記』類之後的『忠義』『節孝』『名臣』『遺民』等類的著録。國朝史部『傳記』類則采自《近古堂書目》卷下『（本朝）傳記類』。

〔三〕造僞者據他書或家藏補入的：如卷七的六朝文集類有『《抄本陶隱居集》』，唐人文集類有『《抄本吕和叔文集》』，《近古堂（轉下頁）

部僞中之僞的私家書目。

現在的一個疑問是：《玄賞齋書目》原本就是一部僞書目，抑或祇是今傳之本是個僞本呢？從董其昌的生平事迹來看，似乎前者的可能性更大。董其昌（一五五六——一六三七），字玄宰，號思白，又號香光，松江華亭人。明萬曆十七年（一五八九）中進士第。歷任編修、湖廣學政、太常少卿。天

（接上頁）書目》皆不載，《也是園藏書目》卷六文集類僅著録作『《陶隱居集》二卷』『《吕和叔集》十卷』，而不言版本，但錢氏的另一部書目——《述古堂藏書目》卷二文集類則著録作『《陶隱居集》二卷，抄』，『《吕和叔文集》十卷，抄』，因疑《述古堂藏書目》是造僞者零星增補所依據的另一部書目。又如卷七唐人文集類中的『《錫安氏刻顔魯公集》』，兩家書目皆不載，但《顔魯公集》確實有錫山安氏刊本，當是造僞者據別家書目（孫星衍《孫氏祠堂書目・内編》卷四、《廉石居藏書記内編》卷上有著録）或自家藏書（今仍有傳本，見《藏園訂補郘亭知見傳本書目》卷一二上別集類一上傅增湘《補》，中華書局，一九九三年，第三册，第一〇七頁）而補入的（『錫山』或稱『無錫』，《玄賞齋書目》但稱『錫』，蓋不慎脱漏一字）。有的則當出自作僞者的編造。如卷七宋人集類中有《宋版米元章詩集》《真山民詩》《趙紫芝詩集》《翁靈舒詩集》《曾茶山詩》《戴東野詩集》《宋伯仁詩集》《徐靈淵詩集》《徐靈暉詩集》《裘竹齋詩集》《戴石屏詩集》《雪巗詩》十二種，不見於《絳雲樓書目》《近古堂書目》《也是園藏書目》，但《近古堂書目》卷下南宋人集類有『《宋詩十二人》』一種，其下原注有十二詩人名：『米元章、宋伯仁、雪岩詩、曾茶山、裘竹齋、戴東野、翁靈舒、趙紫芝、徐靈暉、徐靈淵、真山民、戴石屏。』而《玄賞齋書目》該類其他圖書皆據《近古堂書目》抄録，則此十二家詩集，當是造僞者據《近古堂書目》此注分別編造集名著録的結果，而又於《米元章詩集》前冠上『宋版』二字。又如《玄賞齋書目》卷二雜史類著録的『《十六國春秋》』，實際上與該類著録的其他圖書一樣，都抄自《近古堂書目》卷上雜史類，而《近古堂書目》著録的《十六國春秋》，實際上就是《絳雲樓書目》雜史類著録的『《新編十六國春秋》』，此據《近古堂書目》抄録的圖書順序可以推知，祇是造僞者刪去或遺漏了『新編』二字。陳景雲於《新編十六國春秋》下注曰：『僞書，不足據。』如此説來，這部《十六國春秋》，其實是從另一部僞書目上抄來的經過改頭換面的一部僞書。

啓初遷太常卿，修神宗實録，擢禮部右侍郎，又拜南京禮部尚書，以太子太保致仕。崇禎十年（一六三七），卒於家，年八十二，謚文敏。《明史》卷二八八有傳。董氏其人雖有不足道者，但以書畫擅名，『論者比之趙孟頫』〔一〕，生前身後都享有盛名。有《畫禪室隨筆》《容臺文集》等傳於世，《四庫全書總目》皆有著録〔二〕。這麼一個大名家，交游廣泛，個人的著述及同時代文獻流傳下來的也非常豐富，除了他收藏的字畫之外〔三〕，却幾乎没有片言隻語談及他的藏書活動〔四〕。後世一般也不視其爲一位藏書家，葉昌熾撰《藏書紀事詩》搜羅古代藏書家上千人，即不曾言及董其昌一語。如此説來，《玄賞齋書目》似乎原本就與董其昌無關，『玄賞齋』衹是書賈或藏家造僞時藉名人以自重而冒掛的一個招牌，此與前人僞造《筠軒清秘録》而托名董其昌可謂臭味相投〔五〕。若然，則《玄賞齋書目》的造僞必在乾隆初

〔一〕永瑢等《四庫全書總目》卷一七九《〈容臺文集〉提要》，中華書局，一九六五年，第一六一七頁。

〔二〕永瑢等《四庫全書總目》卷一二二《雜家類六·〈畫禪室隨筆〉提要》，中華書局，一九六五年，第一〇五五頁。

〔三〕《石渠寶笈》及《石渠寶笈續編》中載録董其昌收藏的名家字畫甚多，見《石渠寶笈索引》及《石渠寶笈續編索引》。《秘殿珠林石渠寶笈合編》，上海書店，一九八八年影印本。

〔四〕《明史》卷二八八《董其昌傳》記載董氏有受命『往南方采輯先朝章疏及遺事』之舉，考之董氏《容臺文集》卷五《報命疏》，知此行目的爲修訂《泰昌實録》而往南京采輯邸報等文獻資料，與藏書無關。

〔五〕《筠軒清秘録》三卷，舊題董其昌撰。考察其文字，完全采自明代張應文所撰的《清秘藏》，衹不過析二卷爲三卷，同時還僞造了一篇明末大名人陳繼儒的序。説見清永瑢等《四庫全書總目》卷一三〇，中華書局，一九六五年，第一一一四頁。

年以前〔一〕，而其造僞所據之僞書《近古堂書目》的出現，亦當在這一時期甚或更早。但是，董其昌作爲著名的書畫家，有一些珍貴的藏書既在情理之中，也是有迹可求的〔二〕，況且《玄賞齋書目》出現之年代也甚早，説此目是董其昌所編的一個簡單的家藏目録也是可能的〔三〕。如此看來，《玄賞齋書目》原本可能并非僞書，而衹是傳世之本成了像葉盛的《菉竹堂書目》那樣的一個僞本。此則因文獻不足而未能決者，敬俟高明教之〔四〕。

（原載《中國典籍與文化論叢》第九輯，北京大學出版社，二〇〇七年）

〔一〕首先著録《玄賞齋書目》的王聞遠，卒於乾隆六年（一七四一），其生活年代主要在康、雍朝。見葉昌熾《藏書紀事詩》卷四及鄭偉章《文獻家通考》『王聞遠』條。

〔二〕孫從添《藏書記要》第三則《鈔録》有云：『明人鈔本……陳眉公、李日華、顧元慶、都穆、俞貞木、董文敏、趙凡夫、文三橋、湖州沈氏、寧波范氏吴氏、金陵焦氏、桑悦、孫西川皆有鈔本，甚精。』（祁承㸁等《澹生堂藏書約（外八種）》，上海古籍出版社，二〇〇五年，第三八—三九頁）此言董其昌藏有精鈔本。

〔三〕董氏書目若像今本《玄賞齋書目》著録的那樣豐富，而當時及身後却罕有人提及，則是匪夷所思的事情。

〔四〕拙作發表後，承蒙金程宇教授告知，日本井上進教授有《舊書筆記》（飆風の會編：《飆風》第二十五號，一九九一年二月），已提出《玄賞齋書目》爲僞書目。井上先生後又改題作《〈玄賞齋書目〉〈牧齋書目〉》，收入《書林の眺望：伝統中國の書物世界》一書中（東京：平凡社，二〇〇六年，第二五九—二六五頁）。後得弟子楊永政博士翻譯此文，知其具體觀點是：『《玄賞齋書目》是以《絳雲樓書目》爲基礎，參酌其他書目而成的一部僞書目。』并指出：《玄賞齋書目》沿襲的并非通行本的《絳雲樓書目》，而是國圖藏鈔本《牧齋書目》。拙文則略有不同，提出《玄賞齋書目》是根據《近古堂書目》與錢曾《也是園書目》拼凑而成。職此，故本集仍收録此文。筆者亦藉此機會謹向井上先生、金教授和楊博士致謝。

《四庫全書總目·〈墨子〉提要》訂誤

《四庫全書總目》卷一一七《雜家類一·〈墨子〉提要》曰：

> 考《漢書·藝文志》：《墨子》七十一篇。……宋《館閣書目》稱：《墨子》十五卷，六十一篇。此本篇數與《漢志》合，卷數與《館閣書目》合。惟七十一篇之中，僅佚《節用下第二十二》《節葬上第二十三》《節葬中第二十四》《明鬼上第二十九》《明鬼下第三十》《非樂中第三十三》《非樂下第三十四》《非儒上第三十八》，凡八篇，尚存六十三篇，與《館閣書目》不合。陳振孫《書録解題》又稱有一本止存十三篇者，今不可見。或後人以兩本相校，互有存亡，增入二篇歟？抑傳寫者訛以六十三爲六十一也？〔一〕

復檢《漢書·藝文志》、趙士煒《中興館閣書目輯考》及陳振孫《直齋書録解題》，四庫館臣所引無誤，是

〔一〕永瑢等《四庫全書總目》卷一一七，中華書局，一九六五年，第一〇〇六頁。

《墨子》原本七十一篇，宋存六十一篇，而四庫館臣所得又復出兩篇，凡六十三篇，似無疑問。清姚振宗《漢書藝文志條理》卷二之下引録此文即稱：『今本七十一篇之中，佚《節用下》《節葬上》《節葬中》《明鬼上》《明鬼下》《非樂中》《非樂下》《非儒上》，凡八篇，存六十三篇。』[一] 陳國慶《漢書藝文志注釋彙編》亦云：『(《墨子》)今存兩種版本，一《道藏》本，五十三篇；一《四庫》本，六十三篇。』[二] 但檢《四庫全書》本《墨子》[三]，實同明正統十年（一四四五）《道藏》本[四]，僅有五十三篇，而其書前提要亦稱『止存五十三篇』。這是否是《四庫全書總目》將『五十三篇』誤作了『六十三篇』呢？從提要所列亡佚的八篇目録，以及推究較宋人『六十一篇』多出兩篇之故看，此處絶不應是館臣的筆誤。那是否可能在編撰過程中，版本有更換，而未及在《四庫全書總目》中作相應的修改呢？這種情況雖然不無可能，但改換版本，自然應以優替劣，或以多替少，館臣不可能對存佚相差十篇的先秦要籍進行這種捨多取少的更換。那又是否有可能先著録的是五十三篇的本子，後來發現了一個六十三篇的善本，便據此對《四庫全書總目》

[一] 姚振宗《漢書藝文志條理》卷二之下，《二十五史補編》本，中華書局，一九五五年，第一〇二二頁。

[二] 陳國慶《漢書藝文志注釋彙編》，中華書局，一九八三年，第一四三頁。

[三] 《墨子》，《景印文淵閣四庫全書》本，臺灣『商務印書館』，一九八六年，第八四八册，第一九—一四八頁。

[四] 此僅就其所存篇目而言，非謂其版本無異同。《四庫》本《墨子》所據之底本，當爲明天啓間郎氏堂策檻刊本。參見吴毓江《墨子校注》附《墨子舊本經眼録》，中華書局，一九九三年，第一〇一五、一〇一七頁。

作了相應的修改，結果却因疏忽未及更換先前謄録的《四庫》本呢〔一〕？但考察《墨子》的各種傳本以及宋代以來的諸家藏書目録，未曾見有言及六十三篇者〔二〕。此究出何故？有助於解決這個問題的，還是《墨子》的閣書提要。其云：

> 考《漢書·藝文志》：《墨子》七十一篇。……宋《館閣書目》稱：（《墨子》）十五卷，六十一篇。此本所列篇數，終於第七十一，與《漢志》合，而按其目次，缺者十篇，正得六十一篇，與《館閣書目》亦合。惟六十一篇之中，其八篇有録無書，則陳振孫《書録解題》所稱又有一本止存五十三篇者，殆即此本歟？〔三〕

檢《四庫》本《墨子·目録》，始自『親士第一』，終於『雜守第七十一』，正如書前提要所言，篇數與《漢志》一致，但其中十篇已經亡佚（既無篇名，亦無正文），從篇目次第可知所缺爲第五十一、五十四、五十五、五十七、五十九、六十、六十四、六十五、六十六、六十七篇，故篇目僅存六十一篇，與南宋《中興館閣書

〔一〕如《四庫全書總目》卷六六載記類著録『《吴越春秋》十卷』，與今傳之元、明刻本一致，但文淵閣《四庫全書》本實爲六卷，閣書提要亦作六卷，與《總目》文中提及的《廣漢魏叢書》（原誤作《漢魏叢書》）本正相吻合，又明吴琯輯《古今逸史》本亦作六卷。是『十卷』『六卷』皆無訛誤，《總目》之異，當是初據叢書之六卷本，後來修訂時紀昀又據家藏而換用了一個十卷的單刻本，却未及對已經録畢的閣書作相應的調整（比較《吴越春秋》的十卷與六卷兩種卷本，實則同出一個祖本）。

〔二〕參見吴毓江《墨子校注》附《墨子舊本經眼録》，第一〇〇一—一〇二一頁。

〔三〕金毓黻等《文溯閣四庫全書提要》，中華書局，二〇一四年，第二一〇四頁。

目》所言『六十一篇』之數相合。而這六十一篇中，又有八篇脱去正文，所謂『有録無書』是也，即《四庫全書總目》所列之八篇（篇名下皆標注『闕』字）〔一〕，實際祇存五十三篇〔二〕。

對比兩篇提要，可知《總目》稱『尚存六十三篇』者，原因在於紀昀修改提要時對提要原稿所言『此本所列篇數……與《漢志》合』的誤解。提要原文蓋謂《墨子》的篇目從『第一』到『第七十一』，這個篇數與《漢志》著録的相同，但其中實際上有十篇亡佚了（包括篇名），因此祇有六十一篇（指篇目）。而《總目》則誤『篇數』爲『篇目』，認爲七十一篇篇目齊全，而亡佚者僅有《節用下第二十二》等八篇，故稱『尚存六十三篇』。實則其中十篇爲子虚烏有。此十篇，不僅明清時無人得見，即在宋代也已經不存。宋代書目著録《墨子》卷本有兩種，通行本爲十五卷，另一種則爲三卷〔三〕，而言及其篇數者唯見《中興館閣書目》與《直齋書録解題》。《中興館閣書目》早已亡佚，他書徵引却略有不同。王應麟《玉海》卷五三《藝文部》『《墨子》』條云：『《書目》（按：指《中興館閣書目》）：十五卷，自《親士》至《雜守》爲六十一

〔一〕唯《總目》所稱『《明鬼下第三十》』當作『《明鬼中第三十》』，字偶誤之。清姚振宗《漢書藝文志條理》卷二稱引亦誤。

〔二〕至於閣書提要推測此本爲陳振孫《書録解題》所稱五十三篇之别本，則是誤引文獻所致。《直齋書録解題》卷一〇原文作『止存十三篇』（第二九四頁），馬端臨《文獻通考・經籍考三十九》引陳氏《書録》也作『止存十三篇』（中華書局，二〇一一年，第五九七二頁），是當作『十三篇』，與陳氏著録爲『三卷』亦甚相合。

〔三〕《崇文總目》卷三、《郡齋讀書志》卷一一、《中興館閣書目》、《宋史・藝文志四》著録《墨子》并作十五卷，《直齋書録解題》卷一〇著録作三卷，《通志》卷六八《藝文略六》著録作『十五卷。又，三卷』。

篇。亡九篇。一本自《親士》至《上同》，凡十三篇。」〔一〕其《漢藝文志考證》卷七「《墨子》七十一篇」引《館閣書目》則曰：「十五卷。自《親士》至《雜守》爲七十一篇，亡《節用》《節葬》《明鬼》《非樂》《非儒》等九篇。」〔二〕《中興館閣書目》所言館閣藏本「自《親士》至《雜守》」，到底是「六十一篇」還是「七十一篇」？據《群書考索》前集卷一〇《諸子百家門·墨家》所載：「《藝文志》云：《墨子》七十一篇。今自《親士》至《雜守》爲六十一篇，亡《節用》《節葬》《明鬼》《非樂》《非儒》等九篇。」〔三〕此亦言「六十一篇」，且以「今」字强調今本與《漢志》所載之不同，若作「今……爲七十一篇」，則與上句稱「《墨子》七十一篇」犯複，而「今」字於此亦成累贅。又檢《直齋書録解題》卷一〇《墨子》解題，亦稱「《館閣書目》有十五卷六十一篇者」〔四〕，是《中興館閣書目》本稱「六十一篇」，作「七十一篇」者，蓋偶誤之〔五〕。另一個重要問題是：《中興館閣書目》所説的「亡《節用》《節葬》《明鬼》《非樂》《非儒》等九篇」，在不在這六十一篇中。换言之，此「六十一篇」是指篇目，還是實有其文？從一般行文看，文意似乎很清楚：原本七十一篇，亡佚了《節

〔一〕王應麟《玉海》（合璧本）卷五三「《墨子》」條，京都：中文出版社，一九七七年，第一六五八頁。

〔二〕王應麟《漢藝文志考證》卷七，中華書局，二〇一一年，第二三九頁。

〔三〕章如愚《群書考索》前集卷一〇，書目文獻出版社，一九九二年，第八七頁。按：此條雖未標明引自《中興館閣書目》，但據該書所引百十條文字與《玉海》所引比較，其出自《中興館閣書目》殆無可疑，故趙士煒撰《中興館閣書目輯考》，即視作逸文而徑加收録。

〔四〕陳振孫撰，徐小蠻、顧美華點校《直齋書録解題》卷一〇，上海古籍出版社，一九八七年，第二九四頁。

〔五〕趙士煒《中興館閣書目輯考》以爲「六十一」應作「七十一」，蓋因不解「六十一篇」所指而誤（《中國歷代書目叢刊》〔第一輯〕本，現代出版社，一九八七年，第四二一頁）。

用》等九篇，尚存六十一篇。但這般理解，便有兩個疑問難以解釋：一是數字明顯不合。七十一篇亡佚了九篇，應存六十二篇，而不是六十一篇。雖然説「一」「二」之間容易訛誤〔一〕，但置於此等前後數字相減的文句中就不容易相誤了，而且南宋諸家與《中興館閣書目》時代相近，其所見皆作「六十一」〔二〕，説明原本確實是作「六十一」，不可輕以字誤解之。至於説「九」字或爲「十」字之誤，則可能性更小，因爲二字形音差異甚大，頗不易於致誤。若「六十一篇」無誤，而「九篇」亦非「十篇」之訛，則亡佚之九篇非對七十一篇而言亦甚明瞭。另一個疑問是：明正統《道藏》本與明嘉靖壬子（一五五二）陸校銅活字本所存之篇目及文字，皆與《四庫》本同。正統《道藏》本乃從宋本出，而明嘉靖銅活字本之來源，日本吉田漢臣亦稱爲宋代遺本〔三〕。如此説來，《墨子》存六十一篇篇目，其中《節用》《節葬》《明鬼》《非樂》《非儒》等篇有録無書，是宋代已然〔四〕，此與《中興館閣書目》所言《墨子》「爲六十一篇」以及亡佚之篇目完全一致。據此可知，《館閣書目》稱「今自《親士》至《雜守》爲六十一篇」者，僅就其所存篇目而言，非謂尚存六十一篇舊文；所謂「亡九篇」者，乃謂六十一篇目録中雖有其目而實佚其文。唯《館閣書目》

〔一〕畢沅《墨子》校本序則以爲「六十一」爲「六十二」之訛，見吴毓江《墨子校注》，第七頁。
〔二〕作「七十一」者，其尾數仍是「一」。
〔三〕見吴毓江《墨子校注》，第一〇〇六頁。
〔四〕見孫詒讓《墨子閒詁》，《諸子集成》本，中華書局，一九五四年，第八頁。

稱『亡九篇』，而今則實亡八篇，此或《館閣書目》因所亡之篇稱『上』稱『下』而一時誤算，或其所據之本較别本多亡一篇。紀昀不解提要原稿所言此本篇數『與《漢志》合』及《館閣書目》所稱『六十一篇』之所指〔一〕，遂妄生出一個『六十三篇』本。

又，《總目》對《墨子》十五卷本之外的别種三卷本亦有誤解。《直齋書録解題》所言『二本止存十三篇者』〔二〕，陳氏著録爲三卷。具體有哪十三篇，上文所引《玉海》已明言：『自《親士》至《上同》，凡十三篇。』而五十三篇本之前十三篇，正是『《親士第一》』至『《上同第十三》』。二本互校，實無存亡可補。今傳之明正德俞弁鈔三卷本亦適可爲證〔三〕。因此《四庫全書總目》推究的較宋人『六十一篇』反增二篇之故，亦成無根臆説。

（原載《古籍整理研究學刊》二〇〇五年第五期）

〔一〕閣書提要以今本與《直齋書録解題》著録之五十三篇本比較而不與《中興館閣書目》著録之『六十一篇』本比較，亦應是誤以爲『六十一篇』指當時實有其文。王應麟《漢藝文志考證》卷七『《墨子》七十一篇』自注云：『一本自《親士》至《雜守》，爲七十一篇，所存六十一篇。且多訛脱，不相聯屬。』（第二三九頁）推其原意，亦似有誤解。

〔二〕《直齋書録解題》卷一〇《墨子》提要，第二九四頁。按：『二本』，《文獻通考·經籍考三十九》引陳氏《書録》也作『二本』。『二本』謂兩個僅存十三篇的本子。趙士煒《中興館閣書目輯考》卷四以爲字誤，『二本』當作『一本』。

〔三〕見吴毓江《墨子校注》，第一〇〇二頁。

《甘肅文獻總目提要》序

目録之學，源遠流長。自西漢劉向、劉歆父子撰著《别録》《七略》，其後各朝各代，皆有目録之作。據學者梳理統計，從西漢至明末，官書目録有六十種，私家目録七十七種，史家目録十四種，共一百五十一種〔一〕；有清一代，目録之學臻於鼎盛，各類書目合計多達近千種〔二〕。就其目録體制而言，簡目易編，而解題難成，故歷代書目主要爲賬簿式的簡目，而解題目録則爲數不多，在清代中期以前更是屈指可數。乾嘉考據勃興，學風篤實，目録之學大爲昌明，而最能『辨章學術，考鏡源流』〔三〕的解題目録隨之如春木向榮，層出不窮。要之，此一時期代表版本鑒賞一派的有于敏中等人的《天禄琳琅書目》，

〔一〕此據汪辟疆《目録學研究》之《漢唐以來目録統表》，華東師範大學出版社，二〇〇〇年，第六六—九一頁。

〔二〕據筆者研究生侯印國同學初步考察，清代私家書目即多達近千種（詳見侯印國《清代稀見私家書目研究・緒論》，南京大學二〇一五年碩士學位論文）。

〔三〕章學誠《校讎通義》卷首《自序》，王重民《校讎通義通解》，上海古籍出版社，一九八七年，第一頁。

黄丕烈的《百宋一廛書録》；代表讀書治學一派的有紀昀等人的《四庫全書總目》，周中孚的《鄭堂讀書記》；代表藏書校讎一派的有吴壽暘的《拜經樓藏書題跋記》，張金吾的《愛日精廬藏書志》；代表考訂著述一派的有吴騫的《海寧經籍備考》，邢澍的《關右經籍考》等。它們確定了後世解題目録發展的基本範式。

若就書目之性質而言，則有藏書目録、圖書總目與著述目録之别，而以藏書目録爲基本形態：或記個人之收藏，如唐吴兢《西齋書目》；或記朝廷之藏書，如唐元行沖等《開元群書四部録》；或記某處之藏書，如唐韋述《集賢書目》；或記一代之藏書，如梁阮孝緒《七録》。上述官修目録與私家目録幾乎皆屬此類。圖書總目，則以反映圖書總量與全貌爲中心，不論古今，不計存亡，此類書目後出，當以宋鄭樵《通志·藝文略》爲代表，明焦竑《國史經籍志》亦當歸於此類。著述目録，乃一反書目編製之常態，而以著録前人著作爲範圍，旨在反映一代或一地學術之面貌。此則可以史志目録爲代表，如《明史·藝文志》《清史稿·藝文志》，《明志》所出之清黄虞稷《千頃堂書目》自然也屬於此類。而推原所始，雖可追溯至北周宋孝王《關東風俗傳》之《墳籍志》〔一〕，但其書早佚，後人無緣見之，故其開啓之功還

〔一〕 劉知幾《史通》卷三《内篇·書志第八》論『藝文志』云：『近者，宋孝王《關東風俗傳》亦有《墳籍志》。其所録皆鄴下文儒之士，讎校之司；所列書名，唯取當時撰者。』（《四部叢刊初編》景明萬曆張鼎思刻本，上海書店，一九八九年，第五四册，第六頁上）是此《墳籍志》已帶有著述目録之性質。

當歸於歐陽脩《新唐書·藝文志》。《新唐書》以《舊唐書》爲藍本而修撰，其《藝文志》之修撰，自然離不開《舊唐志》。《舊唐志》繼承的是《漢書·藝文志》采録《七略》，《隋書·經籍志》采用《隋大業正御書目録》的方法，完全以唐毋煚的《古今書録》爲底本删削而成，因此《舊唐志》實質上與《古今書録》一樣，是唐朝開元一代的國家藏書目録。《新唐志》沿襲《舊唐志》〔一〕的部分被歐公稱爲『著録』，自然屬於記藏書的性質，而力圖反映唐代文獻全貌的歐公對《舊唐志》著録止於開元的缺陷自然不滿，而補足唐代中後期的文獻又没有唐代的官家藏書目録作爲藍本，於是更弦易轍，考據史傳，對於唐人之著作，不論存佚，皆録以備覽。這部分歐公稱之爲『不著録』，與前面之『著録』性質迥然不同。《新唐志》『不著録』部分專録唐人著述的創舉，對後世書目的發展産生了深遠的影響，著述目録因而成了古代書目之一大種類。最早受其影響的當是方志之藝文志。宋元方志傳於今者不過四十餘種，設有《文籍志》或《書籍》門類者僅數種，但其性質與正史藝文志不同，不是地方著作目録，而是地方詩文彙存，如總集一類。祇有南宋高似孫《剡録》卷五中的《書》門，著録剡地學人或與剡地有關人物的著作四十二種，屬於著述目録的性質，可視爲現存最早的方志藝文志的雛形。至朱明一代，方志之藝文類始有變總集爲目録者。弘治十六年（一五〇三）成書的《温州府志》，卷一九至卷二二爲《詞翰》，如一般舊志之《藝文》，專録與郡邑相關之詩文，但該志又在卷

〔一〕《新唐書·藝文志》『著録』部分較《舊唐書·經籍志》多出二百餘種二千餘卷，當是同時采用了唐朝韋述的《集賢書目》（詳見本書《〈新唐書·藝文志〉『著録』探源》，第一三七—一六五頁）。

一八設立《書目》一門，此《書目》門與南宋章如愚《群書考索》前集卷一九之《書目》門大不一樣〔一〕。章氏《書目》門可視爲書目之目録，即對漢唐幾種重要書目進行摘要介紹，與著述目録無關，也與郡邑無關，而《温州府志》之《書目》專録『吾鄉諸儒之書』，且不論『其存其亡，其顯其晦』〔二〕，凡收郡人著作經史子集數百種。其著録體例，於書名、卷數、著者之外，又屢見作序者，并偶有涉及版刻、解題者，雖有駁雜之嫌，但却能較一般的明代書目提供更多的文獻信息。此類性質之方志藝文志，萬曆以前不多見，萬曆之後漸爲興盛。如《（萬曆）温州府志》於卷一七《藝文志四》中設立《書目》類〔三〕，《（萬曆）淮安府志》於卷九設立目録類之《藝文志》〔四〕，《黔記》於卷一四設立《藝文志》，等等〔五〕。與此同時，獨立於方志之外的地方文獻目録也勃然興起。如萬曆年間李垵的《甬上著作考》〔六〕、祁承㸁《兩浙著作考》四十

〔一〕章如愚《群書考索》，書目文獻出版社，一九九二年，第一三三—一三五頁。

〔二〕鄧淮修，王瓚、蔡芳纂《（弘治）温州府志》，《天一閣藏明代方志選刊續編》影印明弘治刻本，上海書店，一九九〇年，第三二册，第八二九頁。

〔三〕湯日昭修，王光蘊等纂《（萬曆）温州府志》，明萬曆三十三年（一六〇五）刻本。

〔四〕陳文燭修，郭大綸等纂《（萬曆）淮安府志》，《天一閣藏明代方志選刊續編》影印明萬曆元年（一五七三）刻本，第八册，第五五一頁。

〔五〕郭子章纂《黔記》卷一四，明萬曆刻本。

〔六〕錢維喬修，錢大昕纂《（乾隆）鄞縣志》卷二十一載有此目（清乾隆五十三年刻本）。按：明初宋濂有《浦陽文藝録》八卷，雖然亡佚，但據王禕（董剛據宋濂《潛溪先生集》卷九《王子充字序》考其名作示旁誤，此據正〔詳見其《元末明初浙東士大夫群體研究》附録《關於王禕的名字》，浙江大學二〇〇四年博士論文，第一〇三頁〕）《王忠文公文集》卷五《浦陽文藝録叙》可知，此仍屬地方文章總集性質，而非地方文獻目録。嘉靖間楊慎編纂的《全蜀藝文志》六十四卷，也屬於此類性質。

六卷〔一〕、姜準《東嘉書目考》〔二〕，稍後又有曹學佺的《蜀中著作記》十卷等〔三〕，此皆有別於地志之一般藝文、經籍志，而成爲獨立的且能够完整反映一個地區古今學術全貌的專志，也成爲古代目録學著作中的一個重要門類。可惜這些明人撰寫的地方著述目録，除《蜀中著作記》外〔四〕，皆早已亡佚不傳。

清代目録之書各體兼備，著述目録得到了極大的發展。首先是各種正史的補志目録應運而生，就其性質而言，皆屬於《新唐志》『不著録』之類。地方志中編有《藝文》一門者，無慮百十家，而地方藝文專志亦卓然可觀。其中較早繼承明人編撰地方著述目録傳統的學者是甘肅武都的邢澍。他在嘉慶初

〔一〕黄虞稷撰，瞿鳳起、潘景鄭整理《千頃堂書目》卷一〇《簿録類》，上海古籍出版社，二〇〇一年，第二九四頁。

〔二〕周天錫《慎江文徵》卷三八，見孫詒讓《温州經籍志》卷首《叙例》、《籀廎述林》卷九《温州經籍志叙例》引。

〔三〕《千頃堂書目》卷一〇《簿録類》，第二九四頁。朱睦㮮《萬卷堂書目》卷二《書目類》尚著録有《福建書目》《東明書目》，當亦屬於此類。按：《福建書目》《千頃堂書目》卷一〇《簿録類》、舊題萬斯同《明史》卷一三四《藝文志二》著録爲『一卷』，皆不著撰人。《（乾隆）福州府志》卷七二載：『羅泰《福建書目》二卷。』羅泰，福州閩縣人，明洪武、永樂間隱居教授，《（弘治）八閩通志》卷六二《人物志》有傳，疑非此人，或後世方志誤屬之。

〔四〕曹學佺《蜀中著作記》，爲其《蜀中廣記》之一種，今國家圖書館藏有明刻本。此書後又單行，但傳本不多，今僅見中山大學圖書館、上海圖書館分別藏有清抄本和民國劉氏遠碧樓抄本（見《中國古籍總目・史部・目録類》，中華書局、上海古籍出版社，二〇〇九年，第四九七五頁）。博學如孫詒讓，其撰《温州經籍志叙例》亦誤以爲其已『不傳』。

年任浙江長興知縣時撰成《全秦藝文録》八十卷，其後不久刊印時又改作了《關右經籍考》〔一〕。洪亮吉《全秦藝文録序》贊之云：『余讀之，嘆其搜羅之廣博，類例之嚴整。大致仿歷史藝文志等書，而參以近人朱檢討彝尊《經籍考》之例，分别門類，條舉遺佚。』邢氏《全秦藝文録》不僅開啓了編撰甘肅地方文獻目録之先河，其八十卷之巨制，也奠定了有清一代地方文獻目録編撰的宏大格局。清人所撰地方文獻目録，不計亡佚，即今有傳本者就有《中州集略》六卷（張宗泰）、《海昌經籍志略》十六卷（管庭芬）、《萊郡經籍考》四卷（侯登岸）、《海虞藝文目録》十六卷（楊英彝）、《畿輔經籍目録》十六卷（佚名）、《畿輔藝文考》八卷（史夢蘭）、《淮安藝文志》十卷（佚名）、《温州經籍志》三十六卷（孫詒讓）、《錫山歷朝著述書目考》正編六卷續編三卷補編三卷（高鏻泉）、《金華文萃書目提要》八卷（胡鳳丹）、《杭州藝文志》十卷（吴慶坻）、《湖北書徵存目》十四卷（張康遜原輯、張國淦續輯）、《襄陽藝文略》五卷附録一卷（吴慶燾）等三十餘種〔二〕。其中孫氏《温州經籍志》，以其收録完備、體例謹嚴、考録精當而對後世影響尤巨。近代以來，在清人目録學傳統與地域文化觀念的影響下，地方藝文專志編撰之風愈熾，地方著述目録蔚

〔一〕邢澍《全秦藝文録》，又名《全秦藝文志》，嘉慶間刊印時改名《關右經籍考》。全書八十卷，著録甘肅學人著作，『始自三代，至於有明』，而刊本及傳世抄本僅十一卷，著録止於隋，非全本。按：洪亮吉《更生齋文甲集》卷三《全秦藝文録序》云『（邢澍）脱稿後即郵以示余』，并三稱其名爲『全秦藝文録』，則其書稿正式名稱爲『録』不爲『志』亦可無疑。

〔二〕方志之藝文或經籍志别裁單行者除外，如《陝西經籍志》二卷，即爲沈青崖等《陝西通志》卷七四、七五《經籍志》改題之單行本。

爲大觀，胡宗楙《金華經籍志》二十七卷、項元勛《台州經籍志》四十卷、張惟驤《清代毗陵書目》八卷、徐世昌《大清畿輔書徵》四十一卷、陸惟鍌《平湖經籍志》十六卷、張壽鏞《四明經籍志》四十五卷、李時燦《中州藝文録》四十二卷、蒙起鵬《廣西近代經籍志》七卷、張維《隴右著作録》六卷等，皆其著名者也。至此，地方藝文專志成了書目文獻的重要一類，也是著述目録之大宗。

在著述目録的發展歷程中，我們多次看到了甘肅學者的身影以及他們的引領作用，他們爲地方文獻目録的發展做出了重要貢獻。尤可稱道者，是甘肅學者前後相繼，矢志編目的學術理念與其目録成果。繼清代嘉慶初年邢澍編撰《全秦藝文録》之後，甘肅秦安學者安維峻於光緒末年編纂《甘肅新通志》，又特在《藝文志》中增立「著書目録」，著録隴人著作近八百種。民國時期，則有蘭州學者王烜編撰《歷代甘肅文獻録》《大清甘肅文獻録》及《歷代甘肅文獻補録稿》三種（合稱《甘肅文獻録》），著録清以前甘肅學人著述八百六十餘種。甘肅臨洮學者張維除《隴右著作録》（著録清以前甘肅學人著述近一千六百種〔一〕）外，還撰有《隴右金石録》十卷及《隴右金石録補》二卷、《隴右方志録》及《隴右方志録補》（凡著録甘肅各類地志約三百三十部〔二〕），其子令瑄又續撰《隴右著作録補》一卷（補録民國甘肅學人著

〔一〕見王鍔《張維與〈隴右方志録〉》，《西北師大學報》一九九〇年第四期，第二二一頁。按：《隴右著作録》即在張維等所編纂的《甘肅通志稿·藝文》基礎上成書的。

〔二〕見王鍔《張維與〈隴右方志録〉》，第二二三頁。

述二百七十餘種）。又有甘肅定西學者郭漢儒編撰《隴右文獻録》二十四卷，著録民國以前甘肅學人著述近一千八百種。如此豐富的省區一地之著述目録，在目録學史上可謂罕有其匹。這些地方藝文志，爲全面考察研究甘肅的歷史文獻與學術文化提供了豐富的數據和有效的工具。

而今數十年過去，又見甘肅武威郝君潤華教授，繼承鄉賢編撰地方藝文志之優良傳統，乘藉現代治學檢尋資料之便利，發揮古籍所學術團隊之優勢，編撰而成《甘肅文獻總目提要》。該《總目》廣搜博采，在上述諸家目録的基礎上，充分利用今人編纂的古籍總目以及各大館藏目録，并經過一定的實地搜訪，收録甘肅歷代學人著述多達二千一百餘種（除去甘肅現代行政區劃之外的學人著作），較此前各種地方文獻目録著録之數量有大幅的增補，是一部更能全面反映歷代甘肅學人學術面貌的地方文獻總目。該書目仿效晚清以來私家藏書目録與地方著述目録之體制，并繼承《四庫全書總目》與《隋書經籍志考證》的解題傳統，確立了較爲完善的類例，對每種文獻撰寫了内容豐富的提要，包括撰人籍貫科第、事迹著述、成書情形、卷帙版本、流傳存佚、内容體例、特點價值等方面，爲整理研究甘肅地方文獻，揚棄傳承地方文化提供了切實可靠的依據和指導。而該書目對前人著録的歸類不當、撰人事迹的闕如、非隴籍著者的誤收、圖書存佚的失考以及原書内容的謬誤等方面的辨證，則顯示了其解題所藴含的較高的學術含量。如明代張鳴鳳之《桂勝》十六卷、《桂故》八卷二書，前賢所撰書目據方志改題作《桂勝集》與《桂故集》（據傳本卷首劉繼文《序》及明人稱引，《桂勝》《桂故》當爲原名，然明代《内閣藏書目録》卷七〔一〕、清黄虞稷《千頃堂書目》卷七著録皆加『集』字〔二〕，可視爲别名），又誤撰人作『張鳳鳴』，并注『今佚』，且望文生義歸入集部别集類。今《總目》則一一爲之訂正，并詳注其版本藏所。又如明代吕顒，《（乾隆）甘肅通志》卷三五《人物》云『字幼通』〔三〕，《四庫全書總目》卷九〇《〈世譜增定〉提要》稱『字夢賓』，該《總目》則據吕顒同時人趙時春《浚谷集》贈吕幼通、吕幼誠詩，以及明代凌迪知《萬姓統譜》卷七五《上聲・六語》『吕』下吕顒小傳，考定當作『字幼通』，而『字夢賓』則當因其晚年返鄉建『夢賓書院』而致異，并據《浚谷集》文集卷一〇《登州府知府吕君墓志銘》考其『號定原先生』，以補《四庫全書總目》之闕。再如《（順治）祥符縣志》，該《總目》不僅指出其在治水史料上的價值，更指出其編纂倉促，在歷史沿革與内容斷限兩個方面含混不清的缺陷，并批評了其列孟子爲游宦之首的不倫不類。諸如此類，不勝枚舉，皆可見該《總目》絶非一般的陳陳相因、人云亦云之作。

當然，學術的精微是無止境的，該《總目》的鈎玄提要也還留有一些尚待深入的地方。如關於《西遷注》撰人張鳴鳳之籍貫，據明王世貞《弇州山人四部稿》卷四二有贈詩題稱『嶺右張羽王』〔四〕（鳴鳳字

〔一〕孫能傳、張萱《内閣藏書目録》卷七《志乘部》，民國《適園叢書》本。

〔二〕黄虞稷著，瞿鳳起、潘景鄭整理《千頃堂書目》卷七《地理類中》，第一九九頁。

〔三〕許容修，李迪等纂《甘肅通志》，清乾隆元年（一七三六）刻本。

〔四〕王世貞《弇州山人四部稿》卷四二《嶺右張羽王明府邀合郡諸名勝會餞虎丘時江右龍司理亦集輒成二章爲謝》，明萬曆刻本。

羽王），何喬遠《名山藏》卷八六吴國倫傳所言「與桂林張鳴鳳相善」〔一〕，歐大任《歐虞部集十五種・都下贈言録》〔二〕、徐象梅《兩浙名賢録》卷四七《文苑・吴明卿國倫》〔三〕、方以智《通雅》卷二〇《姓名》并稱「始安張鳴鳳」〔四〕（《内閣藏書目録》卷七《志乘部》稱「姑安張鳴鳳」，其爲「始安」字誤可知），「嶺右」指廣西，「始安」即桂林。又張鳴鳳爲歐大任撰《百越先賢志序》《南翥集序》〔五〕，爲吴國倫撰《吴明卿先生詩集叙》均自稱「始安張鳴鳳」〔六〕，則張鳴鳳爲廣西桂林人鑿然無疑。而《四庫全書總目・〈西遷注〉提要》又稱其「豐城人」，則當爲沿襲清朱彝尊《明詩綜》卷四八張鳴鳳小傳之誤〔七〕，陳田《明詩紀事》己籤卷一〇張鳴鳳小傳已然辨明：「（明）嘉靖壬子（三十一年）舉人有兩張鳴鳳，一江西豐城，一廣西臨桂。竹垞《詩綜》誤以羽王爲豐城人。」〔八〕此皆屬當辨而未及深辨者也。雖然如此，我們仍可以期待，《甘肅文

〔一〕何喬遠《名山藏》卷八六《文苑記・吴國倫》，明崇禎刻本。
〔二〕歐大任《歐虞部集十五種・都下贈言録》，清刻本。
〔三〕徐象梅《兩浙名賢録》卷四七《文苑・吴明卿國倫》，明天啓刻本。
〔四〕方以智《通雅》卷二〇《姓名》，清康熙五年（一六六六）姚文燮刻本。
〔五〕歐大任《歐虞部集十五種・百越先賢志》卷首及《南翥集》卷首，清刻本。
〔六〕吴國倫《甔甀洞稿》卷首，萬曆刻本。按：是書即由張鳴鳳校訂，每卷卷首皆署有「始安張鳴鳳校」字樣。
〔七〕朱彝尊《明詩綜》卷四八，清康熙刻本。
〔八〕陳田《明詩紀事》己籤卷一〇，清陳氏聽詩齋刻本。

獻總目提要》的問世，將爲我國著述目録的寶庫增添一種重要的地方文獻解題目録，而隨着朝乾夕惕、黽勉從事的著者們對《總目》中的些微瑕疵的後續修訂，該書目也終將成爲甘肅古代著述目録一個時代的圓滿終結。

（原載《澳門文獻信息學刊》二〇一五年第一期）